빠작

고등
국어
문법

고등 국어 빠작 시리즈

고전 문학, 현대 문학 | 올바른 독해 훈련으로 문학 독해력을 기르는 문학 기본서
비문학 독서 | 독해력과 추론적 사고력을 키우는 비문학 실전 대비서
문법 | 내신부터 수능까지, 필수 개념 30개로 끝내는 문법서
문법 실전 477제 | 수능 1등급을 위한 문법 실전서
화법과 작문 | 최신 기출 문제로 문제 해결력을 기르는 화법과 작문 실전서
필수 어휘 | 쉬운 한자 풀이로 수능 국어 필수 어휘를 익히는 어휘력 기본서

이 책을 쓰신 선생님

이지은(숭문고) 남궁민(와부고) 이용우(이대부고) 최원준(충대부고) 윤병훈(일산 대나무숲학원)

빠른 시작

빠작

고등
국어
문법

빠른 시작

이 책의 차례

I 음운

01 |음운 체계| 음운 ·· 12

02 |음운 체계| 모음 체계 ·································· 16

03 |음운 체계| 자음 체계 ·································· 20

◆ 수능 기출 문제 ·· 24

04 |음운 변동| 교체 – 음절의 끝소리 규칙, 된소리되기 ··· 26

05 |음운 변동| 교체 – 비음화, 유음화, 구개음화 ·········· 30

06 |음운 변동| 탈락 – 자음군 단순화, 자음 탈락, 모음 탈락 ··· 34

07 |음운 변동| 첨가와 축약 ································ 38

◆ 수능 기출 문제 ·· 42

II 단어

08 |단어 짜임| 형태소와 단어 ···························· 50

09 |단어 짜임| 단어의 짜임 ································ 54

◆ 수능 기출 문제 ·· 58

10 |품사| 품사의 분류 ······································ 62

11 |품사| 체언 ·· 66

12 |품사| 용언 ·· 70

13 |품사| 관계언 ·· 76

14 |품사| 수식언, 독립언 ·································· 80

◆ 수능 기출 문제 ·· 84

15 |단어 의미| 단어의 의미 ······························ 88

16 |단어 의미| 단어의 의미 관계 ······················ 92

◆ 수능 기출 문제 ·· 96

Ⅲ 문장

17 |문장 성분| 주성분 102

18 |문장 성분| 부속 성분, 독립 성분 106

19 |문장 짜임| 이어진문장 110

20 |문장 짜임| 안은문장 114

◆ 수능 기출 문제 118

21 |문법 요소| 종결 표현, 인용 표현 122

22 |문법 요소| 높임 표현 126

23 |문법 요소| 시간 표현 130

24 |문법 요소| 피동 표현, 사동 표현 134

25 |문법 요소| 부정 표현 138

◆ 수능 기출 문제 142

Ⅳ 국어 생활

26 |국어 규범| 한글 맞춤법 148

27 |국어 규범| 표준어 규정 154

28 |국어 규범| 로마자 표기법, 외래어 표기법 160

29 담화 164

◆ 수능 기출 문제 168

Ⅴ 국어의 역사

30 국어의 역사 174

◆ 수능 기출 문제 180

모의고사

모의고사 1~5회 186

[책속의 책] 정답과 해설 .... 1~60

이 책의 구성과 특징

개념 학습

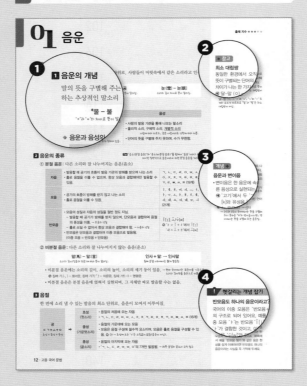

30개로 엄선된 고등 문법의 필수 개념을 예시와 함께 쉽게 이해하고 정리할 수 있습니다.

❶ 개념 설명
꼭 알아야 할 핵심 내용을 표로 쉽게 이해하고, 대표 예시와 함께 기억할 수 있어요.

❷ 참고
이해에 도움이 되는 내용을 보충할 수 있어요.

❸ 개념 +
기본 개념과 관련해 깊이 있는 심화 내용을 살펴볼 수 있어요.

❹ 헷갈리는 개념 잡기
헷갈리기 쉬운 개념을 확실하게 이해하여 문법의 기본 개념을 단단히 잡을 수 있어요.

1단계 개념 연습 문제

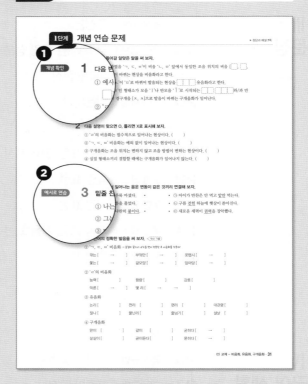

간단한 문제로 필수 개념을 확인하고 적용해 보면서 주요 개념을 충분히 익힐 수 있습니다.

❶ 개념 확인
핵심 개념을 바로 확인해 보면서 학습한 내용을 점검할 수 있어요.

❷ 예시로 연습
O/X, 선 잇기, 단답형 문제 등을 통해 주요 개념을 반복해서 익힐 수 있어요.

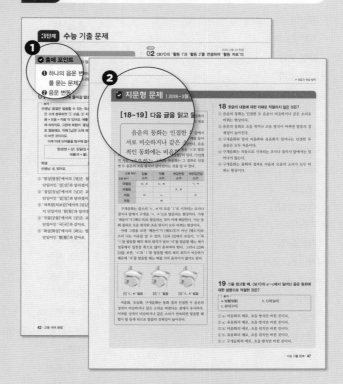

필수 개념과 관련된 다양한 내신형 문제를 통해 시험 유형을 파악하고 학교 시험에 대비할 수 있습니다.

'학력평가, 모의평가, 수능' 기출 문제로 시험에 자주 나오는 개념과 문제 유형을 종합적으로 익힐 수 있습니다.

❶ 신유형, 고난도, 서술형
다양한 유형의 내신 문제를 접해 볼 수 있어요.

❷ 고난도 서술형 대비하기
학교 시험에서 어렵게 출제되고 있는 서술형 문제를 풀어 보며 고난도 유형의 감을 익히고 1등급을 완성할 수 있어요.

❶ 출제 포인트
최근 학력평가, 모의평가, 수능 기출 문제의 출제 유형을 확인해 볼 수 있어요.

❷ 지문형 문제
수능에서 긴 지문으로 출제되는 지문형 문제를 풀어 볼 수 있어요.

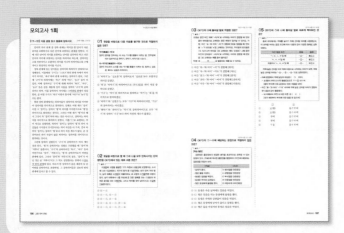

모의고사

최근 출제 경향을 고려하여, '수능'과 '모의평가' 기출 문제로 구성된 모의고사를 통해 실전 감각을 기를 수 있습니다.

문법 개념 찾아보기

ㄱ

가변어	62
가운뎃소리	12
간접 높임	126
간접 발화	164
간접 사동	134
간접 인용	122
감탄문	122
감탄사	62, 80
개구도	16
개념설	88
객체 높임법	126
거듭적기	176
거센소리	20
거센소리되기	38, 155
격 조사	76
격식체	126
격음	20
겹받침	34
경구개음	20
경음	20
경음화	26
고대 국어	174
고모음	16
고유 명사	66
공명음	20
과거 시제	130
관계 관형절	114
관계언	62, 76
관형격 조사	76
관형사	62, 80
관형어	106
관형절을 가진 안은문장	114
교체	26
구개음화	30, 156, 176
국어의 역사성	176
규칙 활용	72
긴 부정문	138
끝소리	12

ㄴ

'ㄴ' 첨가	38, 156
높임 표현	126
능동문	134
능동사	70, 134
능력 부정	138

ㄷ

'ㄷ' 불규칙	72
다의어	88
단모음	16
단순 부정	138
단어	50
단어의 의미	88
단일어	54
단형 사동	134
단형 피동	134
담화	164
대등 합성어	54
대등하게 연결된 이어진문장	110
대명사	62, 66, 80
대용 표현	164
독립 성분	106
독립어	62, 106
독립언	62, 80
동격 관형절	114
동국정운식 표기	175
동사	62, 70
동음동철어	88
동음이의어	88
동음이철어	88
동작상	130
된소리	20
된소리되기	26, 156
두음 법칙	148, 176
등급 반의어	92
띄어쓰기	150

ㄹ

'ㄹ' 탈락	34, 72
'ㄹ'의 비음화	30
'러' 불규칙	72
로마자 표기법	160
'르' 불규칙	72

ㅁ

마찰음	20
'말다' 부정문	138
맥락	164
명령문	122
명사	62, 66
명사절을 가진 안은문장	114
모음	12, 16
모음 사각도	16
모음 조화	72
모음 탈락	34
목적격 조사	76
목적어	102
목청소리	20
'못' 부정문	138
문장 부사	80
문장 부사어	106
문장 성분	102
미래 시제	130
미지칭 대명사	66

ㅂ

'ㅂ' 불규칙	72
반모음	12, 16
반모음 첨가	38, 156
반사적 의미	88
반의 관계	92
발화	164
발화시	130
방점	174
방향 반의어	92
변이음	12
보격 조사	76
보어	102
보조 용언	71, 150
보조사	76
보통 명사	66
복합어	54
본용언	71
부분 관계	92
부사	62, 80
부사격 조사	76

부사어 106
부사절을 가진 안은문장 114
부속 성분 106
부정 부사 80
부정 표현 138
부정문의 중의성 138
부정칭 대명사 66
분절 음운 12
불규칙 활용 72
불변어 62
비격식체 126
비분절 음운 12
비언어적 맥락 164
비음 20
비음화 30, 156
비통사적 합성어 54

ㅅ

'ㅅ' 불규칙 72
사건시 130
사동 접미사 134
사동 표현 134
사동 표현의 효과 134
사동문 134
사동사 70, 134
사이시옷 38, 149
사잇소리 현상 38, 156
사전적 의미 88
사회 방언 164
사회·문화적 맥락 164
사회적 의미 88
상대 높임법 126
상대 시제 130
상보 반의어 92
상위어 92
상의어 92
상징 부사 80
상하 관계 92
상황 맥락 164
새말 54
서수사 66
서술격 조사 62, 76
서술어 102

서술어의 자릿수 102
서술절을 가진 안은문장 114
선어말 어미 71
설명 의문문 122
성분 부사 80
성분 부사어 106
성상 관형사 80
성상 부사 80
성상 형용사 70
센입천장소리 20
수 관형사 80
수사 62, 66
수사 의문문 122
수식언 62, 80
수의 성분 106
순행적 유음화 30
시간 표현 130
시제 130
실질 형태소 50

ㅇ

'안' 부정문 138
안은문장 114
양수사 66
양순음 20
양태 부사 80
'ㅏ/ㅓ' 탈락 34
어간 71
어근 54, 71
어두 자음군 174
어말 어미 71
어미 71
어절 102
언어적 맥락 164
'여' 불규칙 72
여린입천장소리 20
역행적 유음화 30
연결 어미 71
연구개음 20
연음 26, 155
예사소리 20
완료상 130
외래어 표기법 160

용언 62, 70
'우' 불규칙 72
원순 모음 16
원순 모음화 176
유음 20
유음화 30, 156
유의 관계 92
융합 합성어 54
'ㅡ' 탈락 34, 72
음성 12
음소 12
음운 12
음운 변동 26
음운론적 이형태 50
음절 12
음절의 끝소리 규칙 26, 155
응집성 164
'ㅣ' 역행 동화 154
의문문 122
의미 관계 92
의미 자질 92
의미의 삼각형 88
의미의 이동 176
의미의 축소 176
의미의 확대 176
의존 명사 66, 76
의존 형태소 50
의지 부정 138
이어적기 175
이어진문장 110
이중 모음 16
이중 피동 134
이형태 50
인용 표현 122
인용절을 가진 안은문장 114
인칭 대명사 66
입술소리 20
잇몸소리 20

ㅈ

자동사 70
자립 명사 66
자립 형태소 50

문법 개념 찾아보기

자음	12, 20
자음 탈락	34
자음군 단순화	34, 155
장애음	20
장형 사동	134
장형 피동	134
재귀칭 대명사	66
재음소화	176
저모음	16
전설 모음	16
전성 어미	71, 114
절	102
절대 시제	130
접두 파생어	54
접두사	54
접미 파생어	54
접미사	54
접사	54
접속 부사	80
접속 부사어	106
접속 조사	76
접속 표현	164
정서적 의미	88
조사	62, 76
종결 어미	71
종결 표현	122
종성	12
종속 합성어	54
종속적으로 연결된 이어진문장	110
주격 조사	76
주동문	134
주동사	70
주변적 의미	88
주성분	102
주어	102
주제적 의미	88
주체 높임법	126
중모음	16
중성	12
중세 국어	174
중심적 의미	88
중철	176
지시 관형사	80
지시 대명사	66

지시 부사	80
지시 표현	164
지시 형용사	70
지시설	88
지역 방언	164
직접 구성 성분	54
직접 높임	126
직접 발화	164
직접 사동	134
직접 인용	122
진행상	130
짧은 부정문	138

ㅊ

차자 표기	174
첨가	26, 38
첫소리	12
청유문	122
청자	164
체언	62, 66
초성	12
최소 대립쌍	12
축약	26, 38
치조음	20
칠종성법	176

ㅌ

타동사	70
탈락	34
통사적 사동문	134
통사적 피동문	134
통사적 합성어	54
통일성	164

ㅍ

파생 접사	54,114
파생어	54
파생적 사동문	134
파생적 피동문	134

파열음	20
파찰음	20
판정 의문문	122
팔종성법	175
평서문	122
평순 모음	16
평음	20
표음주의	148
표의주의	148
표준 발음법	155
표준어 사정 원칙	154
품사	62
품사 통용	62
피동 접미사	134
피동 표현	134
피동 표현의 효과	134
피동문	134
피동사	70
필수 성분	106
필수적 부사어	106

ㅎ

'ㅎ' 불규칙	72
'ㅎ' 탈락	34
하위어	92
하의어	92
한글 맞춤법	148
함축적 의미	88
합성어	54
해체	126
향찰	174
현재 시제	130
형식 형태소	50
형용사	62, 70
형태론적 이형태	50
형태소	50
호격 조사	76
화자	164
활용	71
후설 모음	16
후음	20
훈민정음	174

국어 문법을 완성하는
학습 계획 세우기

✱ 단기간에 빠르게 문법을 끝내고 싶다면 '추천 플랜'에 따라 공부해 보세요.
✱ 내 속도에 맞춰서 문법을 공부하고 싶다면 '나의 플랜'에 계획을 세운 후 공부해 보세요.
TIP 복습은 틀린 문제와 기본 개념을 중심으로 부담 없이 살펴보세요.

↱ 4주만에 끝낼래요! 😊   ↱ 나에게 맞는 속도로 공부할래요! 😋

	학습 내용	4주 완성 추천 플랜	체크하기 학습	체크하기 복습	개별 맞춤 나의 플랜	체크하기 학습	체크하기 복습
1주차	**01** 음운	1일차	☐	☐		☐	☐
	02 모음 체계		☐	☐		☐	☐
	03 자음 체계	2일차	☐	☐		☐	☐
	◆ 수능 기출 문제(01~03)		☐	☐		☐	☐
	04 교체 - 음절의 끝소리 규칙, 된소리되기	3일차	☐	☐		☐	☐
	05 교체 - 비음화, 유음화, 구개음화	4일차	☐	☐		☐	☐
	06 탈락 - 자음군 단순화, 자음 탈락, 모음 탈락	5일차	☐	☐		☐	☐
	07 첨가와 축약	6일차	☐	☐		☐	☐
	◆ 수능 기출 문제(04~07)	7일차	☐	☐		☐	☐
2주차	**08** 형태소와 단어	8일차	☐	☐		☐	☐
	09 단어의 짜임		☐	☐		☐	☐
	◆ 수능 기출 문제(08~09)	9일차	☐	☐		☐	☐
	10 품사의 분류	10일차	☐	☐		☐	☐
	11 체언		☐	☐		☐	☐
	12 용언	11일차	☐	☐		☐	☐
	13 관계언	12일차	☐	☐		☐	☐
	14 수식언, 독립언	13일차	☐	☐		☐	☐
	◆ 수능 기출 문제(10~14)		☐	☐		☐	☐
	15 단어의 의미	14일차	☐	☐		☐	☐
	16 단어의 의미 관계		☐	☐		☐	☐
3주차	◆ 수능 기출 문제(15~16)	15일차	☐	☐		☐	☐
	17 주성분	16일차	☐	☐		☐	☐
	18 부속 성분, 독립 성분		☐	☐		☐	☐
	19 이어진문장	17일차	☐	☐		☐	☐
	20 안은문장	18일차	☐	☐		☐	☐
	◆ 수능 기출 문제(17~20)		☐	☐		☐	☐
	21 종결 표현, 인용 표현	19일차	☐	☐		☐	☐
	22 높임 표현	20일차	☐	☐		☐	☐
	23 시간 표현	21일차	☐	☐		☐	☐
4주차	**24** 피동 표현, 사동 표현	22일차	☐	☐		☐	☐
	25 부정 표현	23일차	☐	☐		☐	☐
	◆ 수능 기출 문제(21~25)		☐	☐		☐	☐
	26 한글 맞춤법	24일차	☐	☐		☐	☐
	27 표준어 규정		☐	☐		☐	☐
	28 로마자 표기법, 외래어 표기법	25일차	☐	☐		☐	☐
	29 담화	26일차	☐	☐		☐	☐
	◆ 수능 기출 문제(26~29)		☐	☐		☐	☐
	30 국어의 역사	27일차	☐	☐		☐	☐
	◆ 수능 기출 문제(30)	28일차	☐	☐		☐	☐
	모의고사 1회~5회	29~30일차	☐	☐		☐	☐

↳ 모의고사는 영역이 섞여 있어요. 실전처럼 풀어 보면서 부족한 개념을 확인하고 복습해 보세요!

I

음운

01 음운

02 모음 체계

03 자음 체계

04 교체 음절의 끝소리 규칙, 된소리되기

05 교체 비음화, 유음화, 구개음화

06 탈락 자음군 단순화, 자음 탈락, 모음 탈락

07 첨가와 축약

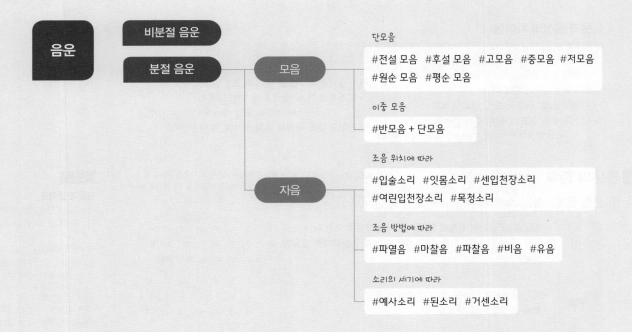

음운

비분절 음운

분절 음운 ─ 모음

단모음
#전설 모음 #후설 모음 #고모음 #중모음 #저모음
#원순 모음 #평순 모음

이중 모음
#반모음 + 단모음

자음

조음 위치에 따라
#입술소리 #잇몸소리 #센입천장소리
#여린입천장소리 #목청소리

조음 방법에 따라
#파열음 #마찰음 #파찰음 #비음 #유음

소리의 세기에 따라
#예사소리 #된소리 #거센소리

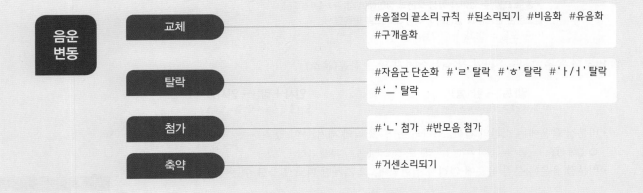

음운 변동

교체
#음절의 끝소리 규칙 #된소리되기 #비음화 #유음화
#구개음화

탈락
#자음군 단순화 #'ㄹ' 탈락 #'ㅎ' 탈락 #'ㅏ/ㅓ' 탈락
#'ㅡ' 탈락

첨가
#'ㄴ' 첨가 #반모음 첨가

축약
#거센소리되기

01 음운

1 음운의 개념

말의 뜻을 구별해 주는 가장 작은 소리의 단위로, 사람들이 머릿속에서 같은 소리라고 인식하는 추상적인 말소리

*물 – 불	강 – 공	눈:〔雪〕 – 눈〔眼〕
'ㅁ'과 'ㅂ'의 차이로 뜻이 달라짐.	'ㅏ'와 'ㅗ'의 차이로 뜻이 달라짐.	소리의 길이 차이로 뜻이 달라짐.

◆ 음운과 음성의 차이점

음운	음성
• 음성에서 공통적인 요소만을 뽑아 머릿속에서 같은 소리로 인식하는 말소리 • 관념적 소리, 추상적 소리, 사회적 소리 • 단어의 뜻을 구별해 주며, 수가 유한함. 　음운은 언어마다 다르며, 한 언어에서는 그 수가 정해져 있음.	• 사람의 발음 기관을 통해 나오는 말소리 • 물리적 소리, 구체적 소리, 개별적 소리 　사람에 따라 다르고, 같은 사람이라도 상황에 따라 다름. • 단어의 뜻을 구별해 주지 못하며, 수가 무한함.

2 음운의 종류

Tip '음소(분절 음운)'와 '운소(비분절 음운)'를 합쳐서 '음운'이라고 해. 하지만 일반적으로 음운이라고 하면 분절 음운을 가리켜!

① 분절 음운: 다른 소리와 잘 나누어지는 음운(음소)

자음	• 발음할 때 공기의 흐름이 발음 기관의 방해를 받으며 나는 소리 • 홀로 음절을 이룰 수 없으며, 항상 모음과 결합해야만 발음할 수 있음.	ㄱ, ㄴ, ㄷ, ㄹ, ㅁ, ㅂ, ㅅ, ㅇ, ㅈ, ㅊ, ㅋ, ㅌ, ㅍ, ㅎ, ㄲ, ㄸ, ㅃ, ㅆ, ㅉ (19개)
모음	• 공기의 흐름이 방해를 받지 않고 나는 소리 • 홀로 음절을 이룰 수 있음.	ㅣ, ㅔ, ㅐ, ㅟ, ㅚ, ㅡ, ㅓ, ㅏ, ㅜ, ㅗ, ㅑ, ㅒ, ㅕ, ㅖ, ㅘ, ㅙ, ㅛ, ㅝ, ㅞ, ㅠ, ㅢ (21개)
반모음	• 모음의 성질과 자음의 성질을 절반 정도 지님. 　– 발음할 때 공기가 방해를 받지 않으며, 단모음과 결합하여 음절의 중성을 이룸. → 모음의 성질 　– 홀로 쓰일 수 없어서 항상 모음과 결합해야 함. → 자음의 성질 • 반모음은 단모음과 결합하여 이중 모음으로 발음됨. 　(이중 모음 = 반모음 + 단모음)	ǐ[j], ㅗ/ㅜ[w] 예 'ㅑ = ǐ + ㅏ'에서 ǐ[j] 　'ㅙ = ㅗ + ㅐ'에서 ㅗ[w]

② 비분절 음운: 다른 소리와 잘 나누어지지 않는 음운(운소)

말〔馬〕 – 말:〔言〕	인사 + 말: → 인사말
소리의 길이(단음과 장음)에 따라 뜻이 달라짐.	둘째 음절 이하에서는 짧게 발음됨.

- 비분절 음운에는 소리의 길이, 소리의 높이, 소리의 세기 등이 있음. → 현대 국어에서는 표준어를 기준으로 소리의 길이만을 음운으로 다룸.
  예 집에 가.(↘) – 평서문, 집에 가?(↗) – 의문문, 집에 가!(→) – 명령문
- 비분절 음운은 분절 음운에 얹혀서 실현되며, 그 자체만 따로 발음할 수는 없음.

3 음절

한 번에 소리 낼 수 있는 발음의 최소 단위로, 음운이 모여서 이루어짐.

공 = ㄱ+ㅗ+ㅇ 초성 + 중성 + 종성 →	초성 (첫소리)	• 음절의 처음에 오는 자음 • ㄱ, ㄴ, ㄷ, ㄹ, ㅁ, ㅂ, ㅅ, ㅈ, ㅊ, ㅋ, ㅌ, ㅍ, ㅎ, ㄲ, ㄸ, ㅃ, ㅆ, ㅉ (18개)
	중성 (가운뎃소리)	• 음절의 가운데에 오는 모음 • 모음은 음절 구성에 필수적 요소이며, 모음은 홀로 음절을 구성할 수 있음. 예 아 → 초성에 오는 'ㅇ'은 소릿값이 없음(음운이 아님).
	종성 (끝소리)	• 음절의 마지막에 오는 자음 • 'ㄱ, ㄴ, ㄷ, ㄹ, ㅁ, ㅂ, ㅇ'의 7개만 발음됨. → 26쪽 음절의 끝소리 규칙 참고

✱ 참고

최소 대립쌍
동일한 환경에서 오직 하나의 요소로 뜻이 구별되는 단어의 짝을 말한다. 이때 차이가 나는 한 가지 요소가 음운이다.
예 달–말 (O) → 'ㄷ'과 'ㅁ'의 차이로 뜻이 구별되므로 '달'과 '말'은 최소 대립쌍이며 'ㄷ'과 'ㅁ'은 음운임.
　달–벌 (X) → 'ㄷ'과 'ㅂ', 'ㅏ'와 'ㅓ' 두 개의 요소가 다르므로 '달'과 '벌'은 최소 대립쌍이 아님.

개념 +

음운과 변이음
• 변이음은 한 음운에 속하지만 서로 다른 음성으로 실현되는 소리를 말한다.
　예 '고기'에서 두 'ㄱ'은 각각 무성음 [k]와 유성음 [g]로 다르게 발음되는 음운 'ㄱ'의 변이음임.
　→ 실제 소리가 다르지만 그 차이를 인식하지 못하고 'ㄱ'이라는 같은 음운으로 인식함.
• 어떤 언어에서의 변이음이 다른 언어에서는 음운이 될 수 있다.
　예 'reader – leader' → 리더
　→ [r]과 [l]이 국어에서는 뜻을 구별해 주지 못하는 'ㄹ'의 변이음이지만, 영어에서는 뜻을 구별해 주는 음운임.

❗ 헷갈리는 개념 잡기

반모음도 하나의 음운이라고?
국어의 이중 모음은 '반모음+단모음'의 구조로 되어 있어요. 예를 들어, 이중 모음 'ㅑ'는 반모음 ǐ[j]와 단모음 'ㅏ'가 결합한 것이고, 이중 모음 'ㅝ'는 반모음 'ㅜ[w]'와 단모음 'ㅓ'가 결합한 것입니다. 이중 모음을 하나의 음운으로 생각하는 경우가 많지만, 사실 이중 모음은 두 개의 음운으로 이루어진 모음이에요. 즉, 이중 모음을 구성하는 반모음도 하나의 음운인 것이죠. 38쪽에서 배울 '반모음 첨가'와 같은 음운 현상을 쉽게 이해하려면 반모음도 하나의 음운이라는 사실을 꼭 기억해 두세요.

개념 확인

1 **다음 빈칸에 들어갈 알맞은 말을 써 보자.**

① 음운은 말의 뜻을 구별해 주는 가장 작은 ☐☐의 단위이다.

② ☐☐은/는 추상적 소리이며 단어의 뜻을 구별할 수 있지만, ☐☐은/는 구체적 소리이며 단어의 뜻을 구별할 수 없다.

③ 다른 소리와 잘 나누어지는 음운을 ☐☐☐☐(이)라고 하고, 다른 소리와 잘 나누어지지 않는 음운을 ☐☐☐☐☐(이)라고 한다.

④ 분절 음운에는 ☐☐, ☐☐, ☐☐☐이/가 있다.

⑤ 한 번에 소리 낼 수 있는 발음의 최소 단위로 음운이 모여 이루어진 것을 ☐☐(이)라고 한다.

2 **다음 설명이 맞으면 O, 틀리면 X로 표시해 보자.**

① 음운은 사람들의 머릿속에서 하나의 소리로 인식되며, 언제나 똑같이 발음된다. (　　　)

② 음운의 개수는 언어에 따라 다를 수 있다. (　　　)

③ 자음과 모음은 모두 홀로 음절을 이룰 수 있다. (　　　)

④ 비분절 음운은 분절 음운에 얹혀 실현된다. (　　　)

예시로 연습

3 **다음 단어의 뜻을 구별해 주는 음운이 무엇인지 써 보자.**

① 산 – 손 → (　　　)와/과 (　　　)

② 가다 – 사다 → (　　　)와/과 (　　　)

③ 눈[눈]〔眼〕 – 눈[눈ː]〔雪〕 → (　　　)와/과 (　　　)

4 **다음 단어의 쌍이 최소 대립쌍이 맞으면 O, 틀리면 X로 표시해 보자.** **내신 기출**

① 머리 – 허리 (　　　)　　　　② 소리 – 오리 (　　　)

③ 볼 – 벌 (　　　)　　　　　④ 살 – 산 (　　　)

⑤ 나이 – 남 (　　　)　　　　⑥ 거울 – 겨울 (　　　)

5 **다음 단어가 몇 개의 분절 음운으로 이루어져 있는지 써 보자.**

① 머리 → (　　　)개　　　　② 찡그리다 → (　　　)개

③ 아이 → (　　　)개　　　　④ 꿀 → (　　　)개

⑤ 밤ː〔栗〕 → (　　　)개　　　⑥ 값 → (　　　)개

01 다음 중 음운의 정의로 가장 적절한 것은?

① 뜻을 가진 가장 작은 말의 단위

② 한 번에 소리 낼 수 있는 발음의 최소 단위

③ 말의 뜻을 구분해 주는 소리의 가장 작은 단위

④ 분리하여 자립적으로 쓸 수 있는 말이나 이에 준하는 말

⑤ 생각이나 감정을 말과 글로 표현할 때 완결된 내용을 나타내는 최소의 단위

02 다음 중 음운에 대한 설명으로 적절하지 <u>않은</u> 것은?

① 음운은 분절 음운과 비분절 음운으로 구분된다.

② 분절 음운에는 자음, 모음, 반모음이 있다.

③ 비분절 음운에는 소리의 길이, 소리의 높이, 소리의 세기 등이 있다.

④ 비분절 음운 중 소리의 길이는 자음에 얹혀 실현되는 것이 일반적이다.

⑤ 음운은 사람들이 머릿속에서 같은 소리라고 인식하는 추상적인 말소리이다.

고난도
03 〈보기〉의 ㉠에 해당하는 사례로 적절하지 <u>않은</u> 것은?

> 보기
> ㉠최소 대립쌍이란 둘 이상의 단어가 같은 자리에 오는 음운 하나 차이로 그 뜻이 구별되는 단어의 묶음을 말한다. 즉, 의미를 변별하게 하는 하나의 음운을 가진 단어들의 쌍이다.

① 곰 – 공   ② 양 – 왕   ③ 고을 – 노을

④ 밖 – 박   ⑤ 나무 – 너무

04 〈보기〉를 바탕으로 음운에 대해 탐구한 내용으로 적절하지 <u>않은</u> 것은?

> 보기
> 소리가 다르다고 해서 항상 단어의 뜻을 구분해 주는 것은 아니다. 예를 들어, 같은 'ㅂ'이라도 '불'의 'ㅂ'은 무성음 [p]로 발음되고, '이불'의 'ㅂ'은 유성음 [b]로 발음된다. 그러나 한국인들은 이 둘을 다른 'ㅂ' 소리로 인식하지 않는다. 반면 영어권 화자들은 무성음인 [p]와 유성음인 [b]를 별개의 음운으로 인식한다.

① 언어에 따라 음운의 종류가 다를 수 있구나.

② 한 언어에서 동일한 음운도 다르게 발음될 수 있구나.

③ 영어에서는 [p]냐 [b]냐에 따라 말의 뜻이 달라지겠구나.

④ 구체적인 발음이 한 언어에서 음운이냐 아니냐를 결정하는구나.

⑤ 다르게 발음되는 소리가 언어에 따라 말의 뜻을 구분할 수도 있고, 그렇지 않을 수도 있구나.

서술형
05 〈보기〉의 ㉠, ㉡이 모두 몇 개의 자음과 모음으로 이루어져 있는지 쓰시오.

> 보기
> ㉠ 적응   ㉡ 떡볶이

㉠: _____

㉡: _____

신유형
06 〈보기〉를 참고하여 음절의 구조를 분석한 것으로 적절하지 <u>않은</u> 것은?

> 보기
> 한국어에서 음절을 이루기 위한 가장 필수적인 요소는 음절의 핵을 이루는 중성이다. 이러한 중성을 이룰 수 있는 성분에는 단모음, 이중 모음이 있으며, 중성의 앞인 음절 초에서 실현되는 자음을 초성이라고 하고, 중성의 뒤인 음절 말에서 실현되는 자음을 종성이라고 한다.

① 야: 이중 모음

② 모: 자음 + 단모음

③ 알: 단모음 + 자음

④ 권: 자음 + 이중 모음 + 자음

⑤ 깡: 자음 + 자음 + 단모음 + 자음

07 다음 중 소리의 길이와 단어의 의미가 바르게 짝지어진 것은?

① 배[배:] – 배나무의 열매.

② 무력[무:력] – 힘이 없음.

③ 솔[솔:] – 먼지나 때를 쓸어 떨어뜨리거나 풀칠 따위를 하는 데 쓰는 도구.

④ 밤[밤:] – 해가 져서 어두워진 때부터 다음 날 해가 떠서 밝아지기 전까지의 동안.

⑤ 눈[눈] – 대기 중의 수증기가 찬 기운을 만나 얼어서 땅 위로 떨어지는 얼음의 결정체.

08 〈보기〉의 ㉠에 들어갈 내용으로 가장 적절한 것은?

┌ 보기 ┐
선생님: 말소리는 물리적인 차원의 말소리와 심리적인 차원의 말소리가 있습니다. 물리적인 차원의 말소리를 음성이라고 하고, 심리적인 차원의 말소리를 음운이라고 하지요. 음운을 설명하는 예를 한번 말해 볼까요?
학생: (㉠   )
└─────┘

① '시사'의 두 'ㅅ'이 달리 발음되는 것이 음운을 설명하는 예가 될 수 있습니다.

② 사람마다 억양이나 말의 높이가 다른 것이 음운을 설명하는 예가 될 수 있습니다.

③ 같은 문장을 읽는 두 사람의 말소리가 다른 것이 음운을 설명하는 예가 될 수 있습니다.

④ 동일한 사람이라도 컨디션에 따라 말소리가 달라지는 것이 음운을 설명하는 예가 될 수 있습니다.

⑤ 다른 사람의 불명확한 발음을 듣더라도 그 소리를 자신의 머릿속에 들어 있는 한 소리로 받아들이는 것이 음운을 설명하는 예가 될 수 있습니다.

🛡 고난도 서술형 대비하기

09 〈보기〉를 참고하여 반모음의 특징을 〈조건〉에 맞게 서술하시오.

┌ 보기 ┐
  자음은 성대를 통과한 공기가 발음하는 과정에서 방해를 받고, 모음은 발음하는 과정에서 공기가 방해를 받지 않는다. 한편 자음은 항상 모음과 결합해야만 발음할 수 있지만, 모음은 자음과 결합하지 않고도 발음할 수 있다.
└─────┘

┌ 조건 ┐
• 반모음과 모음의 공통점, 반모음과 자음의 공통점을 모두 쓸 것.
• '반모음과 모음(자음)은 ~이/가 같다.'의 형식으로 쓸 것.
• 두 문장으로 쓸 것.
└─────┘

_____

_____

10 〈보기〉의 ㉠, ㉡에서 밑줄 친 부분의 발음 차이를 쓰고, 그 이유를 〈조건〉에 맞게 서술하시오.

┌ 보기 ┐
㉠ 귀에 익은 말소리가 뚜렷하게 들려온다.
㉡ 그는 입에 침도 안 바르고 거짓말을 해 댄다.
└─────┘

┌ 조건 ┐
• ㉠과 ㉡에서 밑줄 친 부분의 발음이 어떻게 다른지를 '소리의 길이' 측면에서 구체적으로 밝힐 것.
• 발음의 차이가 나는 이유를 쓸 때에는 '음절'이라는 용어를 포함할 것.
• 발음의 차이와 그 이유를 각각 한 문장으로 쓸 것.
└─────┘

_____

_____

02 모음 체계

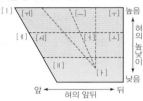

● **모음이란?** 발음할 때 공기의 흐름이 발음 기관의 방해를 받지 않고 나는 소리로, 발음 방법에 따라 단모음과 이중 모음으로 나뉨.

[빈출 개념]

◆ **단모음 체계**

혀의 높낮이 \ 혀의 앞뒤 입술 모양	전설 모음		후설 모음	
	평순 모음	원순 모음	평순 모음	원순 모음
고모음	ㅣ	ㅟ	ㅡ	ㅜ
중모음	ㅔ	ㅚ	ㅓ	ㅗ
저모음	ㅐ		ㅏ	

Tip 모음 체계는 ┌키 위 금 붕┐로 기억해 봐!
└재 외 어 종┘
└해 애 └ ┘

1 단모음

• 발음 도중 입술이나 혀가 고정되어 움직이지 않는 모음
• 국어의 단모음 체계는 혀의 앞뒤 위치나 높낮이, 입술 모양을 기준으로 분류함.
• 국어의 단모음은 'ㅏ, ㅓ, ㅗ, ㅜ, ㅐ, ㅔ, ㅚ, ㅟ, ㅡ, ㅣ' 10개가 있음.

① 혀의 앞뒤 위치에 따른 분류

전설 모음	혀의 최고점이 입안에서 앞쪽(경구개 부근)에 있을 때 발음되는 모음	ㅣ, ㅔ, ㅐ, *ㅟ, ㅚ
후설 모음	혀의 최고점이 입안에서 뒤쪽(연구개 부근)에 있을 때 발음되는 모음	ㅡ, ㅓ, ㅏ, ㅜ, ㅗ

② *혀의 높낮이에 따른 분류

고모음	혀의 위치가 가장 높은 모음	ㅣ, ㅟ, ㅡ, ㅜ
중모음	혀의 위치가 고모음과 저모음의 중간쯤 되는 모음	ㅔ, ㅚ, ㅓ, ㅗ
저모음	혀의 위치가 가장 낮은 모음	ㅐ, ㅏ

③ 입술 모양에 따른 분류

평순 모음	입술을 오므리지 않고 발음하는 모음	ㅣ, *ㅔ, ㅐ, ㅡ, ㅓ, ㅏ
원순 모음	입술을 둥글게 오므리고 발음하는 모음	ㅟ, ㅚ, ㅜ, ㅗ

2 이중 모음

• 발음할 때 입술 모양이나 혀의 위치가 달라지는 모음
• 반모음과 단모음이 결합하여 이루어짐.
• 국어의 이중 모음은 'ㅑ, ㅕ, ㅛ, ㅠ, ㅒ, ㅖ, ㅘ, ㅝ, ㅙ, ㅞ, ㅢ' 11개가 있음.

반모음 'ㅣ[j]'와 결합한 이중 모음	ㅑ, ㅕ, ㅛ, ㅠ, ㅒ, ㅖ
반모음 'ㅗ/ㅜ[w]'와 결합한 이중 모음	ㅘ, ㅙ, ㅝ, ㅞ

'ㅢ'는 'ㅡ'와 'ㅣ' 중 어느 것이 반모음인지 판단하기 쉽지 않음.

◆ **반모음**

• 단모음에 붙어 상대적으로 짧게 발음되는 소리
• 음성적 성질(발음 기관의 방해를 받지 않고 나는 소리)이 모음과 비슷하지만, 모음처럼 홀로 발음되지 못하고 반드시 다른 모음에 붙어야만 발음되는 소리
• 반달표(ˇ)를 붙여 반모음임을 표시함. 자음의 성질과 비슷하여 '반자음'이라고도 함.

[개념 +]

모음 사각도
단모음을 발음할 때, 혀의 최고점의 위치를 간략히 도표화한 것

[ㅣ] [ㅟ] [ㅡ] [ㅜ] 높음
[ㅔ] [ㅚ] [ㅓ] [ㅗ]
[ㅐ] [ㅏ] 낮음
앞 ← 혀의 앞뒤 → 뒤
혀의 높낮이

[*참고]

'ㅚ'와 'ㅟ'의 발음
'ㅚ'와 'ㅟ'는 단모음이지만 노년층을 제외한 대부분의 사람들이 이중 모음으로 발음하고 있어 표준 발음법(제4항 붙임)에서는 이중 모음으로 발음하는 것도 허용하고 있다. 예 뇌[뇌/눼]

혀의 높낮이와 개구도(開口度)
혀가 높을수록 입이 조금 열리고, 혀가 낮을수록 입이 많이 열린다. 그래서 고모음을 '폐모음', 중모음을 '반개모음', 저모음을 '개모음'이라고도 부른다.

혼동되는 모음의 발음과 표기
발음이 유사하여 구별이 어렵거나 발음을 정확하게 하지 못하면 표기에 오류가 생길 수 있으니 유의해야 한다.

'ㅔ'와 'ㅐ'	그세(×) 그새(○) 찌게(×) 찌개(○) 배게/베게(×) 베개(○)
'ㅞ'와 'ㅙ'	웬지(×) 왠지(○) 왠 떡(×) 웬 떡(○)

[! 헷갈리는 개념 잡기]

반모음 'ㅗ'와 'ㅜ'의 발음이 같다고?
국어의 이중 모음을 분석할 때, 'ㅘ'는 반모음 'ㅗ'와 단모음 'ㅏ'의 결합, 'ㅝ'는 반모음 'ㅜ'와 단모음 'ㅓ'의 결합이라고 설명하면, 반모음 'ㅗ'와 반모음 'ㅜ'를 다른 소리로 착각하는 학생들이 많아요. 하지만 한글 표기를 달리할 뿐, 반모음 'ㅗ'와 반모음 'ㅜ'는 [w]라는 같은 소리를 달리 표기한 것뿐이랍니다.

개념 확인

1 다음 빈칸에 들어갈 알맞은 말을 써 보자.

① 목청을 통과한 공기의 흐름이 발음 기관의 방해를 받지 않고 나는 소리를 ☐☐(이)라고 한다.

② 발음 도중 입술이나 혀가 고정되어 움직이지 않는 모음을 ☐☐☐(이)라고 한다.

③ 이중 모음은 ☐☐☐와/과 단모음이 결합하여 이루어진다.

④ 혀의 최고점이 입안에서 앞쪽에 있을 때 소리 나는 모음을 ☐☐☐, 혀의 최고점이 입안에서 뒤쪽에 있을 때 소리 나는 모음을 ☐☐☐(이)라고 한다.

2 다음 설명이 맞으면 O, 틀리면 X로 표시해 보자.

① 국어의 단모음은 11개, 이중 모음은 10개이다. (   )

② 국어의 단모음은 혀의 앞뒤 위치나 높낮이, 입술 모양에 따라 분류할 수 있다. (   )

③ 반모음은 단모음처럼 홀로 음절을 이룰 수 있다. (   )

④ 국어의 단모음 중 저모음은 입을 크게 벌려야 발음할 수 있다. (   )

⑤ 원순 모음은 발음할 때 입술을 동그랗게 오므려서 내는 소리이다. (   )

예시로 연습

3 다음 분류에 해당하는 모음을 바르게 연결해 보자. **내신 기출**

① 전설 모음, 원순 모음, 중모음 •   • ㉠ ㅐ

② 후설 모음, 평순 모음, 고모음 •   • ㉡ ㅚ

③ 전설 모음, 평순 모음, 저모음 •   • ㉢ ㅡ

④ 후설 모음, 원순 모음, 고모음 •   • ㉣ ㅜ

4 다음 빈칸에 들어갈 이중 모음을 써 보자.

① ĭ + ㅏ → (   )   ② ĭ + ㅓ → (   )

③ ĭ + ㅗ → (   )   ④ ĭ + ㅜ → (   )

⑤ ĭ + ㅔ → (   )   ⑥ ĭ + ㅐ → (   )

⑦ ㅗ̆ + ㅏ → (   )   ⑧ ㅜ̆ + ㅓ → (   )

⑨ ㅗ̆ + ㅐ → (   )   ⑩ ㅜ̆ + ㅔ → (   )

01 현대 국어의 모음에 대한 설명으로 적절하지 <u>않은</u> 것은?

① 반모음은 단모음과 결합해야만 발음할 수 있다.

② 모음에는 10개의 단모음과 11개의 이중 모음이 있다.

③ 단모음 중에는 이중 모음으로 발음하는 것이 허용되는 단모음이 있다.

④ 단모음과 이중 모음은 발음할 때 혀의 위치나 입의 모양에 변동이 없다.

⑤ 발음할 때 목청을 통과한 공기의 흐름이 발음 기관의 방해를 받지 않는다.

서술형
02 〈보기〉의 ㉠, ㉡에 들어갈 말을 각각 쓰시오.

> **보기**
> 모음 중, (㉠)은/는 발음할 때 혀의 위치와 입술의 모양이 변하지 않고, (㉡)은/는 혀의 위치와 입술의 모양이 변한다.

03 단모음에 대한 설명으로 적절하지 <u>않은</u> 것은?

① 고모음을 발음할 때에는 입이 작게 벌어진다.

② 혀의 위치를 낮게 하여 발음하면 저모음이다.

③ 혀의 최고점이 경구개 근처에 놓이면 전설 모음이다.

④ 평순 모음을 발음할 때에는 입술을 둥글게 오므리지 않는다.

⑤ 저모음이면서 원순 모음으로 발음해야 하는 단모음은 두 개이다.

04 〈보기〉의 ㉠~㉤에 들어갈 말이나 음운으로 적절하지 <u>않은</u> 것은?

> **보기**

혀의 앞뒤 / 입술 모양 / 혀의 높낮이	㉠		
		㉡	
	ㅣ	㉢	ㅡ	ㅜ
㉣	ㅔ	ㅚ	ㅓ	ㅗ
	ㅐ		㉤	

① ㉠: 전설 모음 ② ㉡: 평순 모음

③ ㉢: ㅟ ④ ㉣: 중모음

⑤ ㉤: ㅏ

05 〈보기〉에서 설명하는 조건을 모두 충족시키는 모음은?

> **보기**
> • 혀의 최고점이 앞쪽(경구개 부근)에 놓임.
> • 혀의 최고점의 위치가 중간으로, 입은 중간 정도 벌어짐.
> • 입술이 동그랗게 오므라듦.

① ㅣ ② ㅔ ③ ㅚ ④ ㅜ ⑤ ㅟ

신유형
06 〈보기〉에서 설명하는 (가)와 (나)의 공통점으로 적절한 것은?

> **보기**
> (가) 일부 방언에서는 단모음 'ㅓ'를 'ㅡ'에 가깝게 발음하는 경우가 있다. '없다'를 '읎다', '더럽다'를 '드럽다'로 발음하는 것이 그 예이다.
> (나) 단모음 'ㅔ'와 'ㅐ'는 발음 구분이 어려워 단모음 'ㅔ'를 'ㅣ'로 발음하는 경우가 있다. 2인칭 대명사 '네'를 '니'로 발음하는 것이 그 예이다.

① 중모음을 고모음으로 바꾸어 발음하는 현상이다.

② 저모음을 중모음으로 바꾸어 발음하는 현상이다.

③ 평순 모음을 원순 모음으로 바꾸어 발음하는 현상이다.

④ 전설 모음을 후설 모음으로 바꾸어 발음하는 현상이다.

⑤ 후설 모음을 전설 모음으로 바꾸어 발음하는 현상이다.

07 〈보기〉의 ㉠~㉣ 중 이중 모음에 대한 설명으로 알맞은 것끼리 짝지어진 것은?

┌ 보기 ┐
㉠ 국어의 이중 모음은 반모음과 단모음이 결합한 것이다.
㉡ 'ㅘ'와 'ㅟ'는 서로 다른 반모음이 결합한 구조이다.
㉢ 'ㅐ, ㅔ'는 '단모음 + 반모음'의 구조를 지니고 있다.
㉣ 국어에서 이중 모음의 개수는 모두 11개이다.

① ㉠, ㉡   ② ㉠, ㉢   ③ ㉠, ㉣
④ ㉡, ㉢   ⑤ ㉡, ㉣

───

[고난도]

08 〈보기〉는 모음의 발음에 관한 표준 발음법 규정이다. 이를 바탕으로 단어의 발음을 탐구한 내용으로 적절하지 <u>않은</u> 것은?

┌ 보기 ┐
제4항 'ㅏ ㅐ ㅓ ㅔ ㅗ ㅚ ㅜ ㅟ ㅡ ㅣ'는 단모음(單母音)으로 발음한다.
   [붙임] 'ㅚ, ㅟ'는 이중 모음으로 발음할 수 있다.
제5항 'ㅑ ㅒ ㅕ ㅖ ㅘ ㅙ ㅛ ㅝ ㅞ ㅠ ㅢ'는 이중 모음으로 발음한다.
   다만 1. 용언의 활용형에 나타나는 '져, 쪄, 쳐'는 [저, 쩌, 처]로 발음한다.
   다만 2. '예, 례' 이외의 'ㅖ'는 [ㅔ]로도 발음한다.
   다만 3. 자음을 첫소리로 가지고 있는 음절의 'ㅢ'는 [ㅣ]로 발음한다.
   다만 4. 단어의 첫음절 이외의 '의'는 [ㅣ]로, 조사 '의'는 [ㅔ]로 발음함도 허용한다.

① '위험'의 'ㅟ'는 단모음으로 발음할 수도 있고, 이중 모음으로 발음할 수도 있구나.
② '쪄서'의 '쪄'는 [쪄]로 발음할 수도 있고, [쩌]로 발음할 수도 있구나.
③ '시계'의 '계'는 [게]로도 발음할 수 있겠구나.
④ '희망'의 '희'는 [히]로 발음되겠구나.
⑤ '건의'의 '의'는 [의]로 발음할 수도 있고, [이]로 발음할 수도 있겠구나.

───

✓ 고난도 서술형 대비하기

09 〈보기〉와 같은 표기의 혼동이 발생하는 이유가 무엇인지 〈조건〉에 맞게 서술하시오.

┌ 보기 ┐
(가) '왠지'를 '웬지'로 잘못 적는 사람들이 많다.
(나) '안 돼'를 '안 되'로 잘못 적는 사람들이 많다.

┌ 조건 ┐
• 단모음의 발음과 관련지어 쓸 것.
• '(가)는 ~기 때문에 표기의 혼동이 나타나고, (나)는 ~기 때문에 표기의 혼동이 나타난다.'의 형식으로 쓸 것.

───

10 〈보기〉에서 ㉠의 이유가 무엇인지 〈조건〉에 맞게 서술하시오.

┌ 보기 ┐
　　모음은 말소리를 낼 때, 날숨이 목청을 통과하면서 목청이 떨려 울리게 되면, 그것이 입안에서 공명을 일으키면서 만들어진다. 이러한 모음에는 발음하는 동안 ㉠입술의 모양과 혀의 위치가 달라지지 않고 일정한 단모음과 입술의 모양이나 혀의 위치가 달라지는 이중 모음이 있다.

┌ 조건 ┐
• ㉠의 이유를 음운의 개수와 관련지어 쓸 것.
• '단모음은 ~이고, 이중 모음은 ~이기 때문이다.'의 형식으로 쓸 것.

03 자음 체계

● **자음이란?** *발음할 때 공기의 흐름이 발음 기관의 방해를 받으며 나는 소리로, 조음 위치와 조음 방법에 따라 나뉨.

◆ **자음 체계**

조음 방법	조음 위치	입술소리 (양순음)	잇몸소리 (치조음)	센입천장소리 (경구개음)	여린입천장소리 (연구개음)	목청소리 (후음)
파열음	예사소리	ㅂ	ㄷ		ㄱ	
파열음	된소리	ㅃ	ㄸ		ㄲ	
파열음	거센소리	ㅍ	ㅌ		ㅋ	
파찰음	예사소리			ㅈ		
파찰음	된소리			ㅉ		
파찰음	거센소리			ㅊ		
마찰음	예사소리		ㅅ			ㅎ
마찰음	된소리		ㅆ			
비음		ㅁ	ㄴ		ㅇ	
유음			ㄹ			

Tip 자음 체계는 '바다가자→서해→마늘요리'로 기억해 봐!

1 조음 위치에 따른 분류 → 공기의 흐름이 방해를 받는 위치에 따라 구분함.

입술소리(양순음)	두 입술 사이에서 나는 소리	ㅂ, ㅃ, ㅍ, ㅁ
잇몸소리(치조음)	혀끝과 윗잇몸이 닿아서 나는 소리	ㄷ, ㄸ, ㅌ, ㅅ, ㅆ, ㄴ, ㄹ
센입천장소리(경구개음)	혓바닥과 경구개 사이에서 나는 소리	ㅈ, ㅉ, ㅊ
여린입천장소리(연구개음)	혀의 뒷부분과 연구개 사이에서 나는 소리	ㄱ, ㄲ, ㅋ, ㅇ
목청소리(후음)	성대를 막거나 마찰시켜서 내는 소리	ㅎ

2 조음 방법에 따른 분류 → 공기의 흐름이 방해를 받는 방법에 따라 구분함.

파열음	공기의 흐름을 막았다가 터뜨리면서 내는 소리	ㅂ, ㅃ, ㅍ, ㄷ, ㄸ, ㅌ, ㄱ, ㄲ, ㅋ
파찰음	파열 후에 마찰을 일으켜 내는 소리로, 파열음과 마찰음의 두 가지 성질을 다 가지는 소리	ㅈ, ㅉ, ㅊ
마찰음	공기 통로를 좁혀 마찰하여 내는 소리	ㅅ, ㅆ, ㅎ
비음	입안의 통로를 막고 코로 공기를 내보내면서 내는 소리	ㅁ, ㄴ, ㅇ
*유음	혀끝을 잇몸에 가볍게 대었다 떼거나, 윗잇몸에 댄 채 공기를 그 양옆으로 흘려보내면서 내는 소리	ㄹ

3 소리의 세기에 따른 분류 → 파열음, 파찰음, 마찰음은 세 계열로 나눌 수 있음.

예사소리(평음)	숨 쉴 때와 같이 자연스럽게 나오는 평범하고 부드러운 느낌의 소리	ㄱ, ㄷ, ㅂ, ㅅ, ㅈ
된소리(경음)	긴장된 상태에서 나오는 강하고 단단한 느낌의 소리	ㄲ, ㄸ, ㅃ, ㅆ, ㅉ
거센소리(격음)	숨이 거세게 나오는, 크고 거친 느낌의 소리	ㅋ, ㅌ, ㅍ, ㅊ

✱참고

자음의 소리가 만들어지는 원리

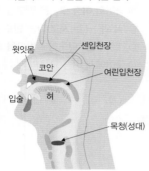

자음은 움직일 수 있는 발음 기관(혀, 아랫입술)이 움직이지 못하는 발음 기관(윗입술, 윗니, 윗잇몸, 입천장, 목청)에 닿아 그 위치에서 소리가 만들어진다.

유음

유음에 속하는 자음은 음성적 특징에 따라 설측음과 탄설음으로 나뉜다.

설측음	탄설음
• 혀끝을 윗잇몸에 아주 붙이고, 혀 양쪽의 트인 데로 날숨을 흘려 내는 소리 • 종성에서 발음되는 'ㄹ'음 예 달[tal]	• 혀끝과 잇몸 사이가 한 번 닫혔다가 열리는 동안 혀 옆으로 공기가 새어 나가면서 나는 소리 • 초성에서 발음되는 'ㄹ'음 예 다리[tari]

└ 설측음과 탄설음은 음운 'ㄹ'이 실현된 음성으로, 음운 'ㄹ'의 변이음이다.

개념 +

입안이나 코안의 울림에 따른 분류

• 장애음: 구강 통로가 폐쇄되거나 마찰이 생겨서 나는 소리. 일반적으로 장애의 정도가 큰 파열음, 마찰음, 파찰음을 가리킨다.
• 공명음: 성대를 떨게 한 공기가 구강이나 비강으로 흘러 나갈 때 덜 막혀 울리는 소리. 장애음에 상대하여 이르는 말로 모음, 반모음, 유음, 비음을 가리킨다.

❗ 헷갈리는 개념 잡기

'ㅁ, ㄴ, ㅇ, ㄹ'은 예사소리가 아니라고?

국어에서 예사소리 – 된소리 – 거센소리로 쌍을 이루는 것은 파열음과 파찰음에만 적용이 됩니다. 마찰음의 경우에도 'ㅅ'과 'ㅆ'은 예사소리, 된소리에 해당하지만, 'ㅎ'은 예사소리나 된소리가 아니에요. 비음과 유음의 경우 예사소리 – 된소리 – 거센소리의 쌍이 존재하지 않기 때문에, 'ㅁ, ㄴ, ㅇ, ㄹ'은 예사소리라고 하지 않아요!

개념 확인

1 다음 빈칸에 들어갈 알맞은 말을 써 보자.

① 자음은 발음할 때 공기의 흐름이 □□□□의 방해를 받으며 만들어지는 소리이다.

② 자음은 □□□와/과 □□□에 따라 여러 가지 소리로 나눌 수 있다.

③ 혀끝과 윗잇몸이 닿아서 나는 소리를 □□(이)라고 한다.

④ 공기의 흐름을 일단 막았다가 그 자리를 터뜨리면서 내는 소리를 □□□(이)라고 한다.

⑤ 일부 자음은 소리의 세기에 따라 예사소리, □□□, 거센소리로 나눌 수 있다.

2 다음 설명이 맞으면 O, 틀리면 X로 표시해 보자. ◁내신 기출▷

① 자음 중 양순음에는 'ㅂ, ㅃ, ㅍ, ㅁ'이 있다. (   )

② 자음 중 경구개음에는 'ㄷ, ㄸ, ㅌ, ㅅ, ㅆ, ㄴ, ㄹ'이 있다. (   )

③ 파찰음은 파열음과 마찰음의 속성을 모두 지닌 소리이다. (   )

④ 자음 중 예사소리에는 'ㄱ, ㄷ, ㅂ, ㅅ, ㅈ'이 있다. (   )

⑤ '달나라'에서 첫 음절에 쓰인 'ㄹ'과 마지막 음절에 쓰인 'ㄹ'의 소리는 같다. (   )

예시로 연습

3 다음 문장에 사용된 자음을 제시된 조음 위치와 조음 방법에 따라 분류해 보자.

①
> 그에게는 과자 한 봉지도 코끼리 비스킷이다.

입술소리: _____   잇몸소리: _____   센입천장소리: _____

여린입천장소리: _____   목청소리: _____

②
> 봄이 되면 울타리 안에 진달래와 개나리가 활짝 핀다.

파열음: _____   파찰음: _____   마찰음: _____

비음: _____   유음: _____

4 다음 단어에 색자로 표시된 자음을 소리의 세기가 같은 것끼리 연결해 보자.

① 펑펑하다	•	• ㉠ 빙빙하다	•	• ⓐ 뼁뼁하다
② 감감하다	•	• ㉡ 깜깜하다	•	• ⓑ 캄캄하다
③ 딴딴하다	•	• ㉢ 탄탄하다	•	• ⓒ 단단하다

01 다음 중 자음에 대한 설명으로 적절하지 <u>않은</u> 것은?

① 양순음은 두 입술을 맞대거나 근접시켜 발음하는 소리로 'ㅂ, ㅃ, ㅍ, ㅁ'이 있다.

② 치조음은 혀끝을 치조에 닿게 하거나 가까이 해서 발음하는 소리로, 이 위치에서 발음되는 자음의 개수가 가장 많다.

③ 경구개음은 혓바닥을 경구개에 대거나 근접시켜 내는 자음으로 그 개수가 양순음보다 많다.

④ 연구개음은 혓바닥의 뒷부분을 연구개에 대거나 가까이 하여 발음하는 소리로 'ㄱ, ㄲ, ㅋ, ㅇ'이 있다.

⑤ 후음은 성대 사이의 틈을 이용하여 내는 소리로 국어에는 'ㅎ'이 존재한다.

02 〈보기〉의 ㉠에 들어갈 말로 가장 적절한 것은?

> **보기**
> 자음은 조음 과정에서 (㉠)이/가 다양한 방해를 받으면서 발음되는 소리이다. 자음의 속성을 음향 분석기로 살펴보면 파동이 불규칙적이고 비주기적으로 나타난다. 이러한 특성은 자음을 발음할 때 (㉠)이/가 방해를 받는 것과 관련된다.

① 성대   ② 혀끝   ③ 조음점

④ 조음체   ⑤ 공기의 흐름

03 다음 중 조음 방법을 바르게 설명한 것은?

① 파열음: 혀끝을 잇몸에 가볍게 대었다가 떼거나, 윗잇몸에 댄 채 공기를 그 양옆으로 흘려보내면서 내는 소리

② 파찰음: 폐에서 나오는 공기의 흐름을 막았다가 그 자리를 터뜨리면서 내는 소리

③ 마찰음: 입안이나 목청과 같은 공기 통로를 좁혀 공기가 비집고 나오면서 마찰하여 내는 소리

④ 비음: 파열음과 마찰음의 두 가지 성질을 다 가지는 소리

⑤ 유음: 입안의 통로를 막고 코로 공기를 내보내면서 내는 소리

04 〈보기〉의 ㉠~㉣에 들어갈 말이 바르게 짝지어진 것은?

> **보기**

조음 방법 \ 조음 위치		㉠		㉡
	예사소리	ㅂ	ㄷ	ㄱ
	된소리	ㅃ	ㄸ	ㄲ
	거센소리	ㅍ	ㅌ	ㅋ
㉢	예사소리		ㅈ	
	된소리		ㅉ	
	거센소리		ㅊ	
	예사소리		ㅅ	ㅎ
	된소리		ㅆ	
㉣		ㅁ	ㄴ	ㅇ
			ㄹ	

	㉠	㉡	㉢	㉣
①	입술소리	센입천장소리	마찰음	유음
②	입술소리	센입천장소리	파찰음	비음
③	잇몸소리	여린입천장소리	파열음	유음
④	잇몸소리	여린입천장소리	파찰음	비음
⑤	잇몸소리	센입천장소리	파열음	유음

05 〈보기〉를 바탕으로 자음을 탐구한 내용으로 적절하지 <u>않</u>은 것은?

> **보기**
> 양순음은 조음 위치 중 가장 앞부분에서 발음되기 때문에 아기들이 모국어를 배울 때 가장 빨리 습득하는 음이라고 알려져 있다. 혀는 조음체 중에서 가장 활발하게 움직이며 특히 혀끝은 가장 예민하고 활발하게 움직일 수 있다. 반면 어떤 언어이든지 후음의 종류는 많지 않은데, 이는 후두를 이용하여 자유자재로 소리를 만들기가 어렵기 때문이다.

① 아기들이 '엄마', '맘마'와 같은 단어를 먼저 말하는 것은 양순음을 가장 빨리 습득하기 때문이구나.

② 혀가 앞쪽에서 움직이는 것이 더 자유로워서 연구개음보다는 경구개음의 개수가 많구나.

③ 특히 혀끝이 가장 예민하고 활발하게 움직일 수 있어서 치조음의 개수가 가장 많구나.

④ 국어에 후음이 'ㅎ'밖에 없는 것은 후두를 이용하여 소리를 만들기가 어렵기 때문이구나.

⑤ 언어의 종류가 달라도 조음 위치에 따른 공통점이 존재하는구나.

고난도

06 〈보기〉의 선생님의 설명을 참고할 때, ㉠에 들어갈 내용으로 적절하지 <u>않은</u> 것은?

┌ **보기** ┐
선생님: 파열음은 조음체가 조음점을 막아서 폐에서 나오는 공기의 흐름을 완전히 차단했다가 한꺼번에 터트려서 내는 소리입니다. 이러한 파열음의 조음은 크게 '폐쇄 – (폐쇄의) 지속 – 파열'의 세 단계를 거치게 되지요. 그런데 파열음에 해당하는 자음이 음절의 받침 자리에 오게 되면 파열이 일어나지 않습니다. 파열이 일어나지 않는 소리라고 해서 '불파음'이라고도 하지요. 한편 비음도 파열음과 마찬가지로 입안의 어느 위치에서 '폐쇄 – (폐쇄의) 지속 – 파열'의 세 단계를 거칩니다. 그러나 파열음과 다른 점은 비강이 열려 있어 발음 중 공기가 코안으로도 흐른다는 점입니다.
학생: (㉠   )
└──────────────────────────┘

① '가족'의 두 'ㄱ'은 실제로는 다르게 발음되겠군요.
② '밥'을 발음할 때에는 파열이 두 번 일어나겠군요.
③ 'ㄱ'의 발음을 'ㅇ'으로 바꾸려면 비강을 열기만 하면 되겠군요.
④ 'ㄷ'과 'ㄴ'의 차이는 발음할 때 비강이 막혀 있느냐 열려 있느냐의 차이겠군요.
⑤ 공기의 폐쇄와 파열이 입술에서 이루어지면 'ㅂ, ㅃ, ㅍ'과 같은 발음을 할 수 있겠군요.

서술형

07 〈보기〉의 ㉠, ㉡에 들어갈 자음을 쓰시오.

┌ **보기** ┐

	㉠	㉡
조음 위치	혀끝을 윗잇몸에 닿게 하거나 가까이 해서 발음하는 소리	
조음 방법	입안이나 목청의 통로를 좁히고 공기를 그 좁힌 틈 사이로 내보내 마찰을 일으키면서 내는 소리	입안의 통로를 막고 코로 공기를 내보내면서 내는 소리

㉠: _____, ㉡: _____

✔ 고난도 서술형 대비하기

08 〈보기〉의 ㉠과 ㉡에 해당하는 사례를 〈조건〉에 맞게 서술하시오.

┌ **보기** ┐
유음에 속하는 자음은 음성적 특징에 따라 탄설음과 설측음으로 구분된다. ㉠탄설음은 혀끝과 잇몸 사이가 한 번 닫혔다가 열리는 동안 혀 옆으로 공기가 새어 나가면서 나는 소리이고, ㉡설측음은 혀끝을 윗잇몸에 아주 붙이고, 혀 양쪽의 트인 데로 날숨을 흘려 내는 소리이다.
└──────────────────────────┘

┌ **조건** ┐
• 사례를 제시할 때에는 단어로 제시할 것.
• 탄설음과 설측음으로 소리 나는 음운 환경을 음절 구조 측면에서 밝혀 쓸 것.
• '㉠에 해당하는 사례는 ~이고, ㉡에 해당하는 사례는 ~이다.' 형식의 한 문장으로 쓸 것.
└──────────────────────────┘

_____

_____

_____

09 〈보기〉를 참고하여 된소리와 거센소리가 예사소리와 비교할 때 발음상 어떤 특징을 지니는지 〈조건〉에 맞게 서술하시오.

┌ **보기** ┐
우리말 자음 중 파열음, 마찰음, 파찰음은 소리의 세기에 따라 분류할 수 있다. 목 근육을 긴장시키지 않고 보통의 상태로 자연스럽게 발음하는 '예사소리', 숨은 아주 약하게 나오지만 목 근육을 긴장시켜 발음하는 '된소리', 성대를 지나는 공기의 양이 많아 숨이 거세게 터져 나오는 '거센소리'가 바로 그것이다. 예사소리보다 된소리가, 된소리보다 거센소리가 더 센 느낌을 주어 어감의 차이를 나타내며, 단어의 의미를 변별하는 기능을 한다.
└──────────────────────────┘

┌ **조건** ┐
• 된소리는 목 근육의 긴장도 측면에서, 거센소리는 성대를 통과하는 공기의 양 측면에서 보이는 특징을 쓸 것.
• '된소리는 예사소리에 비해 ~고, 거센소리는 예사소리에 비해 ~다.'의 형식으로 쓸 것.
└──────────────────────────┘

_____

_____

_____

✔ 출제 포인트

❶ 음운과 최소 대립쌍에 대한 이해를 묻는 문제가 출제된다.

❷ 음운과 음절에 대한 이해를 묻는 문제가 출제된다.

❸ 음운의 체계, 즉 음운들 사이의 공통점과 차이점에 대한 이해를 묻는 문제가 출제된다.

2014-9월 고1 학평

01 〈보기〉의 음운 카드를 활용하여 학습한 내용으로 적절하지 않은 것은?

보기

• 음운: 말의 뜻을 구별해 주는 소리의 가장 작은 단위

① 'ㅁ', 'ㅓ', 'ㄱ'을 차례로 사용하면 '먹'이라는 단어를 만들 수 있군.

② '먹'의 가운뎃소리인 'ㅓ' 대신 'ㅗ'를 사용하면 새로운 단어가 되는군.

③ '목 : 곰'에서 보면 첫소리가 끝소리에, 끝소리가 첫소리에도 쓰일 수 있군.

④ '먹 : 목'처럼 가운뎃소리는 첫소리의 오른쪽에 써야 하는군.

⑤ '목 / 먹 / 곰 / 검'처럼 음운의 결합에 따라 의미가 다른 여러 단어를 만들 수 있군.

2015-6월 고3 모평A

02 다음 〈자료〉를 바탕으로 국어의 '음절'에 대해 설명한 내용으로 적절하지 않은 것은?

자료

음운이 모여서 이루어지는 소리의 결합체를 음절이라고 한다. 현대 국어의 음절 유형은 다음 네 가지로 나눌 수 있다.

ㄱ. '중성'으로 이루어진 음절 (예 아, 야, 와, 의)
ㄴ. '초성＋중성'으로 이루어진 음절 (예 끼, 노, 며, 소)
ㄷ. '중성＋종성'으로 이루어진 음절 (예 알, 억, 영, 완)
ㄹ. '초성＋중성＋종성'으로 이루어진 음절 (예 각, 녹, 딸, 형)

① 초성에는 최대 두 개의 자음이 온다.

② 중성에 올 수 있는 음운은 모음이다.

③ 종성에 올 수 있는 음운은 자음이다.

④ 초성 또는 종성이 없는 음절도 있다.

⑤ 모든 음절에는 중성이 있어야 한다.

고난도 신유형

2019 수능

03 〈보기〉의 ㉠에 들어갈 말로 적절하지 않은 것은?

보기

선생님: 최소 대립쌍이란 하나의 소리로 인해 뜻이 구별되는 단어의 짝을 말해요. 가령 최소 대립쌍 '살'과 '쌀'은 'ㅅ'과 'ㅆ'으로 인해 뜻이 달라지는데, 이때의 'ㅅ', 'ㅆ'은 음운의 자격을 얻게 되죠. 이처럼 최소 대립쌍을 이용해 음운들을 추출하면 음운 체계를 수립할 수 있어요. 이제 고유어들을 모은 [A]에서 최소 대립쌍들을 찾아 음운들을 추출하고, 그 음운들을 [B]에서 확인해 봅시다.

[A] | 쉬리, 마루, 구실, 모래, 소리, 구슬, 머루

[B] 국어의 단모음 체계

혀의 앞뒤	전설 모음		후설 모음	
입술 모양 혀의 높낮이	평순	원순	평순	원순
고모음	ㅣ	ㅟ	ㅡ	ㅜ
중모음	ㅔ	ㅚ	ㅓ	ㅗ
저모음	ㅐ		ㅏ	

[학생의 탐구 내용]

추출된 음운들 중 _____㉠_____ 을 확인할 수 있군.

① 2개의 전설 모음

② 2개의 중모음

③ 3개의 평순 모음

④ 3개의 고모음

⑤ 4개의 후설 모음

2017-9월 고1 학평

04 다음은 자음 습득에 관한 탐구 자료이다. 이에 대한 이해로 적절하지 않은 것은?

'엄마'와 '아빠' 중에 어느 단어가 상대적으로 낮은 연령에서 발음하기가 쉬울까? 자음은 발음을 할 때 공기의 흐름이 방해를 받기 때문에 제약이 많아 연령에 따라 습득되는 자음들이 다르다. 연령에 따른 자음의 발달 단계를 살펴보면 우선 두 입술 사이에서 나는 소리가 가장 먼저 발달한다. 그중에서도 코로 공기를 내보내는 비음이자 울림소리인 'ㅁ'이 2세 때 습득된다. 그 후 3세 때에는 파열음이자 안울림소리인 'ㅃ'을 습득하게 된다. 따라서 'ㅁ'을 'ㅃ'보다 먼저 습득하게 되므로 아동들은 부모의 호칭 중 음성학적으로 '아빠'보다 '엄마'를 보다 쉽게 발음할 수 있는 것이다.

① 'ㅁ'은 'ㅃ'보다 강하게 파열되며 나는 소리구나.

② 'ㅁ'은 'ㅃ'과 달리 목청을 울리면서 소리를 내게 되는구나.

③ 'ㅁ'은 'ㅃ'과 달리 코로 공기를 내보내면서 소리를 내게 되는구나.

④ 'ㅁ'과 'ㅃ'은 모두 두 입술 사이에서 나는 소리구나.

⑤ 'ㅁ'과 'ㅃ'은 모두 공기의 흐름이 방해를 받는 소리구나.

[05~06] 다음 글을 읽고 물음에 답하시오.

　모음은 크게 두 부류로 나눌 수 있다. 발음할 때 입술 모양이나 혀의 위치가 변하지 않는 모음을 '단모음'이라 한다. '표준어 규정'은 원칙적으로 'ㅏ, ㅐ, ㅓ, ㅔ, ㅗ, ㅚ, ㅜ, ㅟ, ㅡ, ㅣ'를 단모음으로 발음할 것을 규정하고 있다.

　입술 모양이나 혀의 위치가 발음 도중에 변하는 모음은 '이중 모음'이라 하는데, 이중 모음은 홀로 쓰일 수 없는 소리인 '반모음'이 단모음과 결합한 모음이다. 예를 들어 이중 모음인 'ㅑ'의 발음은, 'ㅣ'를 짧게 발음하는 것과 유사한 소리인 반모음 '[j]' 뒤에서 'ㅏ'가 결합한 소리이다. 'ㅑ'와 마찬가지로 'ㅒ, ㅕ, ㅖ, ㅛ, ㅠ, ㅢ'의 발음은, 각각 반모음 '[j]'와 단모음 'ㅐ, ㅓ, ㅔ, ㅗ, ㅜ, ㅡ'가 결합한 소리이다. 'ㅗ'나 'ㅜ'를 짧게 발음하는 것과 유사한 반모음 '[w]'도 있는데 'ㅘ, ㅙ, ㅝ, ㅞ'의 발음은 각각 반모음 '[w]'와 단모음 'ㅏ, ㅐ, ㅓ, ㅔ'가 결합한 소리이다. 반모음이 단모음 뒤에서 결합한 소리인 'ㅢ'를 제외하고, 이중 모음의 발음은 모두 반모음이 단모음 앞에서 결합한 소리이다.

　'ㅚ'와 'ㅟ'는 단모음으로 발음하는 것이 원칙이지만 현실에서 이중 모음으로 발음하는 경우가 많다. 'ㅚ'를 이중 모음으로 발음할 경우에는 반모음 '[w]'와 'ㅔ' 소리를 연속하여 발음하며, 'ㅟ'를 이중 모음으로 발음할 경우에는 반모음 '[w]'와 'ㅣ' 소리를 연속하여 발음한다. '표준어 규정'에서도 현실 발음을 고려하여 이와 같이 'ㅚ'와 'ㅟ'를 이중 모음으로 발음하는 것을 허용하고 있다.

05 윗글에 대한 이해로 적절하지 않은 것은?

① 'ㅠ'는 발음할 때 입술 모양이나 혀의 위치가 변한다.

② 'ㅐ'는 발음할 때 입술 모양이나 혀의 위치가 변하지 않는다.

③ 'ㅖ'의 발음은 반모음 '[j]' 뒤에서 단모음 'ㅔ'가 결합한 소리이다.

④ 'ㅘ'의 발음은 단모음 'ㅗ' 뒤에서 반모음 '[j]'가 결합한 소리이다.

⑤ 반모음 '[w]'는 홀로 쓰일 수 없고 단모음과 결합하여 이중 모음을 이룬다.

06 〈보기〉는 학생들의 대화이다. 윗글을 바탕으로 할 때 〈보기〉의 ㉠, ㉡에 들어갈 내용으로 적절한 것은?

　보기

학생 1: '표준어 규정'에 따르면 'ㅚ'는 단모음으로 발음하는 것이 원칙이지만 이중 모음으로 발음하는 것도 허용하더라고. 그러면 '참외'는 [차뫼]로 발음하는 것이 원칙이지만, ＿＿＿㉠＿＿＿ 로 발음하는 것도 허용한다고 할 수 있겠어.

학생 2: 그래, 맞아. '표준어 규정'에서는 'ㅟ'도 이중 모음으로 발음하는 것을 허용하고 있어. 이에 따른 'ㅟ'의 이중 모음 발음은 'ㅑ, ㅒ, ㅓ, ㅖ, ㅘ, ㅙ, ㅛ, ㅝ, ㅞ, ㅠ, ㅢ'의 발음 중에 ＿＿＿＿㉡＿＿＿＿.

	㉠	㉡
①	[차뭬]	포함되어 있지 않아
②	[차뭬]	'ㅢ' 소리에 해당해
③	[차좨]	'ㅟ' 소리에 해당해
④	[차뭬]	포함되어 있지 않아
⑤	[차뭬]	'ㅢ' 소리에 해당해

04 교체 음절의 끝소리 규칙, 된소리되기

● ***교체란?** 한 음운이 다른 음운으로 바뀌어 발음되는 현상 → 음운 개수에는 변화 없음.

1 음절의 끝소리 규칙 → 표준 발음법 제8~9항(155쪽 참고)

국어의 음절 끝, 즉 종성에 오는 자음이 'ㄱ, ㄴ, ㄷ, ㄹ, ㅁ, ㅂ, ㅇ' 중 하나로만 발음되고 이 외의 자음이 음절 끝에 오면 'ㄱ, ㄷ, ㅂ' 중 하나로 바뀌어 발음되는 현상

안팎[안팍]	바깥[바깓]	잎[입]
ㄲ → ㄱ	ㅌ → ㄷ	ㅍ → ㅂ

① **음절의 끝소리 규칙에서 일어나는 교체** → 실제 교체는 대표음 'ㄱ, ㄷ, ㅂ' 중 하나로 이루어짐.

받침 표기		대표음	예
ㄱ, ㄲ, ㅋ	→	[ㄱ]	박[박], 안팎[안팍], 부엌[부억]
ㄴ		[ㄴ]	간[간]
ㅅ, ㅆ, ㅈ, ㅊ, ㄷ, ㅌ, ㅎ	→	[ㄷ]	옷[옫], 있고[읻꼬], 낮[낟], 꽃[꼳], 곧[곧], 끝[끋], 히읗[히읃]
ㄹ		[ㄹ]	달[달]
ㅁ		[ㅁ]	밤[밤]
ㅂ, ㅍ	→	[ㅂ]	밥[밥], 잎[입]
ㅇ		[ㅇ]	강[강]

Tip 대표음 7개는 '가느다란 물방울'로 기억해 봐!

② **음절의 끝소리 규칙이 일어나는 환경**

환경	예
뒤에 오는 형태소가 없을 때(어말)	옷[옫], 잎[입]
뒤에 자음으로 시작하는 형태소가 올 때(자음 앞)	옷과[옫꽈], 잎도[입또]
뒤에 모음으로 시작하는 실질 형태소가 올 때	옷 안[옫안 → 오단], 잎잎이[입이피 → 임니피]

→ 모음으로 시작하는 형식 형태소가 오면 *연음됨. 예 옷+이 → [오시]
(음절의 끝소리 규칙이 일어나지 않는 환경)

'ㄴ' 첨가, 비음화(30쪽, 38쪽 참고)

2 된소리되기(경음화) → 표준 발음법 제23~27항(156쪽 참고)

예사소리 'ㄱ, ㄷ, ㅂ, ㅅ, ㅈ'이 된소리 'ㄲ, ㄸ, ㅃ, ㅆ, ㅉ'으로 바뀌어 발음되는 현상

국밥[국빱]	안다[안ː따]	발전(發展)[발쩐]	놀 데[놀ː떼]
ㅂ → ㅃ	ㄷ → ㄸ	ㅈ → ㅉ	ㄷ → ㄸ

환경	현상	예
음절 끝소리 'ㄱ, ㄷ, ㅂ' 뒤에서	'ㄱ, ㄷ, ㅂ, ㅅ, ㅈ'이 된소리로 변하는 현상 → 예외 없이 반드시 일어남.	국밥[국빱], 닫다[닫따], 밥도[밥또], 몹시[몹ː씨], 직진[직찐]
용언 어간 말 'ㄴ, ㅁ' 뒤에서	어미의 첫소리 'ㄱ, ㄷ, ㅅ, ㅈ'이 된소리로 바뀌는 현상	감고[감ː꼬], 안다[안ː따], 남습니다[남ː씀니다], 옮지[옴ː찌]
한자어 'ㄹ' 뒤에서	'ㄷ, ㅅ, ㅈ'이 된소리로 바뀌는 현상	갈등(葛藤)[갈뜽], 일시(日時)[일씨], 발전(發展)[발쩐]
관형사형 어미 '-(으)ㄹ' 뒤에서	'ㄱ, ㄷ, ㅂ, ㅅ, ㅈ'이 된소리로 발음되는 현상 → 반드시 일어나는 현상은 아님.	갈 길[갈낄], 놀 데[놀ː떼], 할 바[할빠], 만날 사람[만날싸ː람], 살 집[살ː찝]

---

* 참고

음운 변동의 유형
음운 변동이란 음운이 일정한 환경에 따라 발음이 달라지는 현상을 말한다. 음운 변동에는 교체, 탈락, 첨가, 축약이 있다.

교체	음절의 끝소리 규칙, 된소리되기, 비음화, 유음화, 구개음화
탈락	자음군 단순화, 'ㄹ' 탈락, 'ㅎ' 탈락, 'ㅏ/ㅓ' 탈락, 'ㅡ' 탈락
첨가	'ㄴ' 첨가, 반모음 첨가
축약	거센소리되기

연음 → 표준 발음법 제13~15항
• 두 형태소가 결합할 때, 앞 형태소의 종성이 뒤 형태소의 초성으로 그대로 옮겨 가는 현상을 연음이라고 한다.
• 국어의 연음은 뒤에 오는 형태소가 모음으로 시작하는 형식 형태소(조사, 어미, 접사)일 때 일어난다.
  예 밥이[바비], 젊은[절믄], 높이다[노피다]
• 연음은 음운이 변하지 않으므로 음운 변동이 아니다.
  예 봄이[보미] → 초성 'ㅇ'은 음가가 없어 발음되지 않으므로 음운이 아님. '봄이'의 음운은 'ㅂ, ㅗ, ㅁ, ㅣ' 그대로임.

개념+

합성 명사에서 일어나는 된소리되기
명사와 명사가 결합하여 합성 명사를 만들 때 뒤에 오는 명사의 첫 자음이 된소리로 바뀌는 현상으로, 사잇소리 현상의 한 종류이다.
예 들쥐[들ː쮜], 봄바람[봄빠람], 물고기[물꼬기]

⚠ 헷갈리는 개념 잡기

된소리가 하나의 음운이라고?
된소리 'ㄲ, ㄸ, ㅃ, ㅆ, ㅉ'은 예사소리 2개가 모인 것이 아니라 그 자체가 1개의 음운입니다. 그래서 '국밥[국빱]'에서 일어나는 된소리되기는 첨가가 아니라 교체에 해당돼요. 음운 수의 변동 없이 다른 음운으로 바뀌었기 때문이지요. 음절의 끝소리 규칙에서 '밖'이 [박]으로 소리 나는 것 역시 탈락이 아니라 교체라는 점 잊지 마세요!

개념 확인

1 다음 빈칸에 들어갈 알맞은 말을 써 보자.

① 한 음운이 다른 음운으로 바뀌어 발음되는 현상을 음운 ☐☐(이)라고 한다.

② 국어의 음절 끝에 오는 받침은 '☐, ☐, ☐, ☐, ☐, ☐, ☐' 중 한 자음으로만 발음된다.

③ 용언의 어간 말 '☐, ☐' 뒤에 예사소리로 시작하는 어미가 결합하면 된소리되기가 일어난다.

④ ☐☐☐에서 'ㄹ' 뒤에 'ㄷ, ㅅ, ㅈ'으로 시작하는 말이 오면 된소리되기가 일어난다.

2 다음 설명이 맞으면 O, 틀리면 X로 표시해 보자.

① 음운 교체가 일어나면 음운 개수에는 변화가 생기지 않는다. (　　)

② 음절의 끝소리 규칙에서는 'ㄴ, ㄹ, ㅁ, ㅇ'이 아닌 자음이 'ㄴ, ㄹ, ㅁ, ㅇ'으로 교체되는 현상이 일어난다. (　　)

③ 연음은 음운 개수에 변화가 없는 교체 현상 중 하나이다. (　　)

④ 관형사형 어미 '–(으)ㄹ' 뒤에서 일어나는 된소리되기는 예외 없이 언제나 일어나는 현상이다.

(　　)

예시로 연습

3 다음 단어의 정확한 발음을 써 보자. 〔내신 기출〕

① 음절의 끝소리 규칙(어말, 자음 앞)

| 닭다 [ ] | 키읔 [ ] | 옷 [ ] | 있다 [ ] |
| 빚 [ ] | 꽃 [ ] | 밭 [ ] | 무릎 [ ] |

② 음절의 끝소리 규칙(실질 형태소 앞)

| 옷 아래 [ ] | 꽃 앞 [ ] | 밭 아래 [ ] | 무릎 위 [ ] |

③ 연음 현상(형식 형태소 앞) → 모음으로 시작하는 조사(형식 형태소) 앞에서는 음절의 끝소리 규칙이 적용되지 않고 연음돼.

| 옷이 [ ] | 꽃으로 [ ] | 밭을 [ ] | 무릎에 [ ] |

④ 된소리되기

| 국가 [ ] | 덮밥 [ ] | 젊다 [ ] | 신더라 [ ] |
| 먹을 것 [ ] | 갈 데 [ ] | 골수 [ ] | 물질 [ ] |

4 밑줄 친 음절의 끝소리가 같은 것끼리 바르게 연결해 보자.

① 그는 신발끈을 묶기 시작했다. •

② 유나는 산 밑 마을에 산다. •

③ 플라타너스는 잎사귀가 넓다. •

• ㉠ 그녀는 늘 시간에 쫓긴다.

• ㉡ 동녘 하늘에 달이 걸려 있다.

• ㉢ 삽으로 구덩이를 팠다.

01 다음 중 음운 교체에 대한 설명으로 적절한 것은?

① 한 음운이 사라지는 현상으로 교체 후에는 음운 개수가 줄어든다.

② 없던 음운이 새롭게 생기는 현상으로 교체 후에는 음운 개수가 늘어난다.

③ 한 음운이 다른 음운으로 바뀌는 현상으로 교체 후 음운 개수에는 변화가 없다.

④ 두 음운이 합쳐져 제3의 음운으로 바뀌는 현상으로 교체 후에는 음운 개수가 줄어든다.

⑤ 한 음운이 다른 음운으로 바뀌는 현상으로 교체 후에는 음운 개수가 늘어나거나 줄어든다.

02 〈보기〉의 단어에 나타난 음운 교체를 탐구한 내용으로 적절하지 않은 것은?

> **보기**
> ㉠ 옷도[옫또], 묶대[묵따]
> ㉡ 앞이[아피], 옷에[오세], 묶으니[무끄니]
> ㉢ 옷 아래[오다래], 앞 어른[아버른]

① ㉠을 보니, 자음으로 시작하는 형식 형태소 앞에서는 음절의 끝소리 규칙이 적용되는구나.

② ㉡을 보니, 모음으로 시작하는 형식 형태소 앞에서는 음절의 끝소리 규칙이 적용되지 않는구나.

③ ㉡을 보니, 모음으로 시작하는 형식 형태소가 뒤에 올 때에는 연음이 이루어지는구나.

④ ㉢을 보니, 모음으로 시작하는 실질 형태소 앞에서는 음절의 끝소리 규칙이 적용되는구나.

⑤ ㉢을 보니, 모음으로 시작하는 실질 형태소가 뒤에 올 때에는 연음이 이루어지지 않는구나.

03 〈보기〉의 ㉠과 ㉡이 각각 어떻게 발음되는지 쓰시오.

> **보기**
> • ㉠늪 아래에는 식물들이 많다.
> • 고통의 ㉡늪에 빠지고 말았다.

㉠: _____

㉡: _____

04 밑줄 친 말을 발음할 때 음절의 끝소리 규칙이 적용되지 않는 것은?

① 숲이 커야 짐승이 나온다.

② 사과를 깎고 감도 깎았다.

③ 바닥에 짐을 놓는 것이 좋겠다.

④ 예전에는 부엌어멈이 있는 집이 많았다.

⑤ 나이가 드니 무릎도 아프고 허리도 아프다.

05 〈보기〉의 ㉠~㉢의 사례로 적절하지 않은 것은?

> **보기**
> ㉠ 받침 'ㄲ, ㅋ', 'ㅅ, ㅆ, ㅈ, ㅊ, ㅌ', 'ㅍ'은 어말 또는 자음 앞에서 각각 대표음 [ㄱ, ㄷ, ㅂ]으로 발음한다.
> ㉡ 받침 'ㄱ(ㄲ, ㅋ, ㄳ, ㄺ), ㄷ(ㅅ, ㅆ, ㅈ, ㅊ, ㅌ), ㅂ(ㅍ, ㄼ, ㄿ, ㅄ)' 뒤에 연결되는 'ㄱ, ㄷ, ㅂ, ㅅ, ㅈ'은 된소리로 발음한다.
> ㉢ 어간 받침 'ㄴ(ㄵ), ㅁ(ㄻ)' 뒤에 결합되는 어미의 첫소리 'ㄱ, ㄷ, ㅅ, ㅈ'은 된소리로 발음한다.

① ㉠: 뱉다

② ㉠: 부엌

③ ㉡: 값어치

④ ㉡: 꽃다발

⑤ ㉢: 닮고

06 〈보기〉를 바탕으로 된소리되기가 일어나는 환경을 탐구한 내용으로 적절하지 <u>않은</u> 것은?

> **보기**
> ㉠ 잡고[잡꼬], 국수[국쑤], 닫지[닫찌]
> ㉡ 감다[감:따], 안고[안:꼬]
> ㉢ 물질(物質)[물찔], 발달(發達)[발딸], 일수(日數)[일쑤]
> ㉣ 할 것[할껃], 만날 사람[만날싸:람]
> ㉤ 물고기[물꼬기], 봄바람[봄빠람]

① ㉠: 파열음 'ㄱ, ㄷ, ㅂ' 뒤에 오는 예사소리는 된소리로 발음하는군.

② ㉡: 용언의 어간 말음 'ㄴ, ㅁ' 뒤에 예사소리로 시작하는 어미가 오면 된소리로 발음하는군.

③ ㉢: 한자어에서 'ㄹ' 뒤에 'ㄷ, ㅅ, ㅈ'이 오면 된소리로 발음하는군.

④ ㉣: 관형사형 어미 '-(으)ㄹ' 뒤에 오는 예사소리를 된소리로 발음할 수도 있군.

⑤ ㉤: 비음이나 유음 뒤에 오는 예사소리는 된소리로 발음하는군.

고난도
07 〈보기〉의 ㉠에 들어갈 수 있는 말로 적절하지 <u>않은</u> 것은?

> **보기**
> 선생님: 한 단어를 발음할 때 여러 개의 음운 변동이 일어나기도 합니다. 예를 들어 '묶다[묵따]'의 경우 'ㄲ'이 'ㄱ'으로 바뀌는 음절의 끝소리 규칙과 'ㄷ'이 'ㄸ'으로 바뀌는 된소리되기가 모두 일어나지요. 이와 같이 한 단어를 발음할 때 음절의 끝소리 규칙과 된소리되기가 모두 일어나는 단어의 예를 더 들어 볼까요?
> 학생: (㉠   )

① '깎지'는 음절의 끝소리 규칙과 된소리되기가 모두 일어나는 단어입니다.

② '웃고'는 음절의 끝소리 규칙과 된소리되기가 모두 일어나는 단어입니다.

③ '흝다'는 음절의 끝소리 규칙과 된소리되기가 모두 일어나는 단어입니다.

④ '신고'는 음절의 끝소리 규칙과 된소리되기가 모두 일어나는 단어입니다.

⑤ '젖고'는 음절의 끝소리 규칙과 된소리되기가 모두 일어나는 단어입니다.

✔ 고난도 서술형 대비하기

08 〈보기〉에서 ㉠과 ㉡의 발음이 다른 이유를 〈조건〉에 맞게 서술하시오.

> **보기**
> • 그는 서울 지리를 잘 ㉠안다.
> • 아기를 품에 ㉡안다.

> **조건**
> • ㉠과 ㉡이 각각 어떻게 발음되는지 밝히고, 그 이유를 쓸 것.
> • 음운의 장단은 무시할 것.

_____

_____

_____

09 〈보기〉의 ㉠, ㉡에서 일어나는 음운 변동을 〈조건〉에 맞게 서술하시오.

> **보기**
> '맛있다'와 '멋있다'의 표준 발음은 각각 ㉠[마딛따]와 [머딛따]인데, ㉡[마싣따]와 [머싣따]로 발음하는 사람들이 많아 두 발음 또한 표준 발음으로 허용하고 있다.

> **조건**
> • ㉠, ㉡에 적용되는 음운 변동과 그 횟수를 모두 쓸 것.
> • 연음이 일어나는 경우 연음도 언급할 것.
> • '㉠의 발음에는 ~이/가 적용되고, ㉡의 발음에는 ~이/가 적용된다.'의 형식으로 쓸 것.

_____

_____

05 교체 비음화, 유음화, 구개음화

빈출 개념

1 비음화 → 표준 발음법 제18~19항(156쪽 참고)

① 'ㄱ, ㄷ, ㅂ'이 비음 'ㄴ, ㅁ' 앞에서 각각 동일한 조음 위치의 비음 [ㅇ, ㄴ, ㅁ]으로 바뀌어 발음되는 현상 → 예외 없이 적용되며 단어와 단어 사이에서도 적용됨.

국물[궁물]	닫는[단는]	밥만[밤만]
ㄱ+ㅁ → [ㅇ]+ㅁ	ㄷ+ㄴ → [ㄴ]+ㄴ	ㅂ+ㅁ → [ㅁ]+ㅁ

책 넣는다[챙넌:는다]	밥 먹다[밤먹따]
'ㄱ'이 'ㄴ' 앞에서 [ㅇ]으로 바뀜.	'ㅂ'이 'ㅁ' 앞에서 [ㅁ]으로 바뀜.

② 'ㄹ'의 비음화: 'ㄹ'이 아닌 자음 뒤에서 'ㄹ'이 [ㄴ]으로 바뀌는 음운 현상 → 주로 한자어에서 일어나며 필수적인 현상은 아님.

종로[종노]	침략[침:냑]
ㅇ+ㄹ → ㅇ+[ㄴ]	ㅁ+ㄹ → ㅁ+[ㄴ]

독립[독닙 → 동닙]	섭리[섭니 → 섬니]
'ㄱ' 받침 뒤의 'ㄹ'이 [ㄴ]으로 바뀌고, 이 [ㄴ] 때문에 'ㄱ'이 다시 [ㅇ]으로 바뀜.	'ㅂ' 받침 뒤의 'ㄹ'이 [ㄴ]으로 바뀌고, 이 [ㄴ] 때문에 'ㅂ'이 다시 [ㅁ]으로 바뀜.

빈출 개념

2 유음화 → 표준 발음법 제20항(156쪽 참고)

'ㄴ'이 유음 'ㄹ'의 앞이나 뒤에서 [ㄹ]로 바뀌어 발음되는 현상

칼날[칼랄]	신라[실라]
ㄹ+ㄴ → ㄹ+[ㄹ] (순행적 유음화)	ㄴ+ㄹ → [ㄹ]+ㄹ (역행적 유음화)

유형	현상	예
순행적 유음화	• 'ㄹ'의 뒤에 오는 'ㄴ'이 [ㄹ]로 바뀌는 현상 • 고유어와 한자어 모두에 적용됨.	물놀이[물로리], 실내[실래]
*역행적 유음화	• 'ㄹ'의 앞에 오는 'ㄴ'이 [ㄹ]로 바뀌는 현상 • 고유어에는 적용되지 않으며, 한자어에만 적용됨.	권력[궐력], 난로[날:로]

빈출 개념

3 구개음화 → 표준 발음법 제17항(156쪽 참고)

끝소리가 'ㄷ, ㅌ'인 형태소가 모음 'ㅣ'나 반모음 'ǐ'로 시작되는 형식 형태소(조사, 접사) 앞에서 구개음 [ㅈ, ㅊ]으로 바뀌어 발음되는 현상

부사 파생 접미사
굳이[구지]
ㄷ+ㅣ → [ㅈ]+ㅣ

명사 파생 접미사
해돋이[해도지]
ㄷ+ㅣ → [ㅈ]+ㅣ

명사 파생 접미사
미닫이[미:다지]
ㄷ+ㅣ → [ㅈ]+ㅣ

조사
밭이[바치]
ㅌ+ㅣ → [ㅊ]+ㅣ

사동 접미사
붙이다[부치다]
ㅌ+ㅣ → [ㅊ]+ㅣ

피동 접미사
닫히다[다티다 → 다치다]
'ㄷ+ㅎ'이 [ㅌ]으로 축약된 후, 'ㅣ' 앞에서 [ㅊ]으로 바뀜.

• 구개음화는 모음 'ㅣ'와 반모음 'ǐ'가 발음되는 위치가 경구개 부근이기 때문에 선행하는 자음 'ㄷ, ㅌ'이 후행하는 모음의 조음 위치로 닮아 가는 현상으로 일종의 동화 현상임.
• 'ㄷ, ㅌ' 뒤에 모음 'ㅣ'나 반모음 'ǐ'가 오더라도 그것이 실질 형태소면 구개음화가 일어나지 않음.

예 밭일[반닐](○), [바칠](×) → 음절의 끝소리 규칙, 'ㄴ' 첨가, 비음화가 일어남.

＊참고

음운 변동의 원리

교체의 경우 발음을 쉽게 하려는 경제성의 원리에 의해 일어난다. 예를 들어 비음이 아닌 자음이 비음을 만나면 조음 방법을 바꾸어 같은 위치에 있는 비음으로 바뀐다. 이처럼 성격이 비슷하거나 같은 소리가 연속되면 발음할 때 힘이 덜 들어 편하게 발음할 수 있다.

구분	양순음	치조음	경구개음	연구개음	후음
파열음	ㅂㅃㅍ	ㄷㄸㅌ		ㄱㄲㅋ	
파찰음			ㅈㅉㅊ		
마찰음		ㅅㅆ			ㅎ
비음	ㅁ	ㄴ		ㅇ	
유음		ㄹ			

역행적 유음화와 'ㄹ'의 비음화

역행적 유음화와 'ㄹ'의 비음화 중 어떤 것이 적용될지를 명확히 설명하기는 어렵지만, 한자어의 '분리 가능성'에 따라 달라지는 경향성을 보인다. '난로, 권력'과 같이 한자어들이 결합해 한 단어를 이루는 경우에는 대체로 역행적 유음화가 적용되고, '결단력, 의견란'과 같은 단어들은 '결단+력', '의견+란'처럼 쉽게 나뉘는 분리성이 있어 'ㄹ'의 비음화가 적용되는 비율이 높다.

예 난로[날:로], 권력[궐력]
→ 역행적 유음화
결단력[결딴녁], 공권력[공꿘녁]
→ 'ㄹ'의 비음화

개념＋

역사적 구개음화와 공시적 구개음화

역사적 구개음화	• 하나의 형태소 내부에서 일어나는 구개음화 • 형태 변화 있음. 예 디혜>지혜 티다>치다
공시적 구개음화	• 형태소와 형태소가 결합할 때(형태소 2개) 형태소 경계에서 일어나는 구개음화 → 현대 국어 • 형태 변화 없고 발음만 변함. 예 같−+−이[가치]

！ 헷갈리는 개념 잡기

'ㄹ'과 'ㄴ'이 인접하지 않아도 유음화가 일어날 수 있다고?

유음화가 일어나는 단어 중에는 '닳는[달른]', '앓는[알른]', '훑는[훌른]'과 같은 것들이 있어요. 'ㄹ'과 'ㄴ' 사이에 다른 자음이 있는데 어떻게 유음화가 일어나는 걸까요? 겹받침 'ㅀ'과 'ㄾ'은 각각 'ㅎ'과 'ㅌ'이 탈락해 [ㄹ]로 발음되기 때문이에요. 이에 따라 'ㄹ'은 'ㄴ'과 인접하게 되고, 뒤에 있는 'ㄴ'이 'ㄹ'로 바뀌는 유음화의 원리가 적용되는 것입니다.

1단계 개념 연습 문제

개념 확인

1 다음 빈칸에 들어갈 알맞은 말을 써 보자.

① 예사소리인 파열음 'ㄱ, ㄷ, ㅂ'이 비음 'ㄴ, ㅁ' 앞에서 동일한 조음 위치의 비음 [　], [　], [　]으로 발음이 바뀌는 현상을 비음화라고 한다.

② 'ㄹ' 뒤에 오는 'ㄴ'이 'ㄹ'로 바뀌어 발음되는 현상을 [　　　] 유음화라고 한다.

③ 끝소리가 'ㄷ, ㅌ'인 형태소가 모음 'ㅣ'나 반모음 'ĭ'로 시작되는 [　][　][　]와/과 만나면 'ㄷ, ㅌ'이 경구개음 [ㅈ, ㅊ]으로 발음이 바뀌는 구개음화가 일어난다.

2 다음 설명이 맞으면 O, 틀리면 X로 표시해 보자.

① 'ㄹ'의 비음화는 필수적으로 일어나는 현상이다. (　　　)

② 'ㄱ, ㄷ, ㅂ' 비음화는 예외 없이 일어나는 현상이다. (　　　)

③ 구개음화는 조음 위치는 변하지 않고 조음 방법이 변하는 현상이다. (　　　)

④ 실질 형태소끼리 결합할 때에는 구개음화가 일어나지 않는다. (　　　)

예시로 연습

3 밑줄 친 단어에서 일어나는 음운 변동이 같은 것끼리 연결해 보자.

① 나는 <u>국물</u>을 후루룩 마셨다. •　　　• ㉠ 아이가 반찬은 안 먹고 <u>밥만</u> 먹는다.

② 그는 <u>줄넘기</u>로 몸을 풀었다. •　　　• ㉡ 구름 <u>걷힌</u> 하늘에 햇살이 쏟아진다.

③ 메모지를 벽에 나란히 <u>붙이다</u>. •　　　• ㉢ 새로운 세력이 <u>권력</u>을 장악했다.

4 다음 단어의 정확한 발음을 써 보자. < 내신 기출 >

① 'ㄱ, ㄷ, ㅂ' 비음화 → 음절의 끝소리 규칙을 먼저 적용한 후 비음화를 적용해!

깎는 [　　　→　　　]　부엌만 [　　　→　　　]　옷맵시 [　　　→　　　]

쫓는 [　　　→　　　]　겉모양 [　　　→　　　]　앞마당 [　　　→　　　]

② 'ㄹ'의 비음화

능력 [　　　]　함량 [　　　]　강릉 [　　　]

막론 [　　　→　　　]　몇 리 [　　　→　　　→　　　]

③ 유음화

논리 [　　　]　천리 [　　　]　편리 [　　　]　대관령 [　　　]

찰나 [　　　]　물난리 [　　　]　줄넘기 [　　　]　설날 [　　　]

④ 구개음화

맏이 [　　　]　같이 [　　　]　굳히다 [　　　→　　　]

샅샅이 [　　　]　곧이듣다 [　　　]　묻히다 [　　　→　　　]

01 비음화, 유음화, 구개음화를 모두 아우르는 설명으로 가장 적절한 것은?

① 한 음운이 다른 음운을 닮아 가는 현상이다.

② 한 자음이 다른 자음을 닮아 가는 현상이다.

③ 한 자음이 다른 모음을 닮아 가는 현상이다.

④ 한 음운이 다른 음운과 더 멀어지는 현상이다.

⑤ 한 자음이 다른 자음과 더 멀어지는 현상이다.

02 〈보기〉를 바탕으로 단어를 발음할 때 일어나는 음운 변동을 설명한 것으로 가장 적절한 것은?

| 보기 |

조음 방법 \ 조음 위치		양순음	치조음	경구개음	연구개음	후음
파열음	예사소리	ㅂ	ㄷ		ㄱ	
	된소리	ㅃ	ㄸ		ㄲ	
	거센소리	ㅍ	ㅌ		ㅋ	
파찰음	예사소리			ㅈ		
	된소리			ㅉ		
	거센소리			ㅊ		
마찰음	예사소리		ㅅ			ㅎ
	된소리		ㅆ			
비음		ㅁ	ㄴ		ㅇ	
유음			ㄹ			

① '국민'은 조음 위치가 바뀌는 음운 변동이 일어나고, '논란'은 조음 방법이 바뀌는 음운 변동이 일어난다.

② '꽃말'은 조음 방법이 바뀌는 음운 변동이 일어나고, '달님'은 조음 위치가 바뀌는 음운 변동이 일어난다.

③ '잡는', '광한루'는 모두 조음 위치는 바뀌지 않고, 조음 방법만 바뀌는 음운 변동이 일어난다.

④ '먹물', '물놀이'는 모두 조음 방법은 바뀌지 않고, 조음 위치만 바뀌는 음운 변동이 일어난다.

⑤ '옆문', '탄로'는 모두 동일한 조음 위치와 조음 방법 내에서 소리의 성질만 바뀌는 음운 변동이 일어난다.

03 〈보기〉의 ㉠에 해당하는 단어로 적절하지 않은 것은?

| 보기 |

㉠'ㄹ'의 비음화는 'ㄹ'을 제외한 자음 뒤에서 'ㄹ'이 동일한 조음 위치의 비음 'ㄴ'으로 바뀌는 음운 현상이다. 'ㄹ'의 비음화가 일어나려면 'ㄹ'을 제외한 자음으로 끝나는 형태소와 'ㄹ'로 시작하는 형태소가 결합해야 한다. 그런데 이러한 환경은 고유어에서는 충족되지 않으므로, 'ㄹ'의 비음화는 한자어 또는 외래어에서만 일어난다. 그러나 'ㄴ' 뒤에 'ㄹ'이 놓일 때에는 'ㄹ'의 비음화 대신 역행적 유음화가 적용되는 경우도 있다.

① 담력　　　② 산란기　　　③ 입원료

④ 임진란　　　⑤ 생산량

서술형

04 〈보기〉의 ㉠과 ㉡의 표준 발음과, 두 단어에서 일어나는 음운 변동이 무엇인지 쓰시오.

| 보기 |

㉠ 쌀눈　　　　㉡ 변론

㉠의 표준 발음: _____

㉡의 표준 발음: _____

㉠과 ㉡의 음운 변동: _____

05 〈보기〉에 나타난 음운 변동에 대한 설명으로 적절하지 않은 것은?

| 보기 |

㉠ 별님[별림], 칼날[칼랄]

㉡ 울-+-는 → 우는[우:는], 놀-+-니 → 노니[노:니]

㉢ 닳는[달른], 훑는[훌른]

㉣ 권력[궐력], 난로[날:로]

㉤ 공권력[공꿘녁], 의견란[의:견난]

① ㉠: 'ㄹ' 뒤에 'ㄴ'이 오면 'ㄴ'이 'ㄹ'로 바뀌어 소리 난다.

② ㉡: 용언 어간 말에 오는 'ㄹ'은 'ㄴ'으로 시작하는 어미가 오면 탈락해 'ㄴ'이 'ㄹ'로 바뀌지 않는다.

③ ㉢: 용언이 활용할 때 'ㄹ'과 'ㄴ' 사이에 다른 자음이 놓이면 'ㄴ'이 'ㄹ'로 바뀌어 소리 난다.

④ ㉣: 한자어에서 'ㄹ' 앞에 'ㄴ'이 오면 'ㄴ'이 'ㄹ'로 바뀌어 소리 난다.

⑤ ㉤: 한자어에서 'ㄴ' 뒤에 'ㄹ'이 오는 경우 'ㄹ'은 'ㄴ'으로 바뀌어 소리 난다.

고난도

06 〈보기〉의 ㉠~㉢에 나타난 구개음화 현상을 탐구한 내용으로 적절하지 <u>않은</u> 것은?

보기
㉠ 티다＞치다, 띠다＞찌다, 텬하＞천하
㉡ 해돋이[해도지], 밭이[바치], 붙이다[부치다], 벼훑이[벼훌치]
㉢ 홑이불[혼니불]

① ㉠을 보니, 예전에는 'ㅳ'이 'ㅉ'로 바뀌는 구개음화도 존재하였구나.
② ㉠을 보니, 단어의 형태가 변할 때에는 형태소 내부에서 구개음화가 일어나기도 하였구나.
③ ㉡을 보니, 현대 국어의 구개음화는 형태소와 형태소가 결합할 때 일어나는구나.
④ ㉡을 보니, 현대 국어의 구개음화는 모음 'ㅣ'로 시작하는 조사, 접사, 어미가 결합할 때 일어나는구나.
⑤ ㉢을 보니, 현대 국어에서 'ㅌ' 뒤에 모음 'ㅣ'로 시작하는 실질 형태소가 올 때에는 구개음화가 일어나지 않는구나.

07 〈보기〉의 ㉠에 해당하는 단어의 예로 적절하지 <u>않은</u> 것은?

보기
선생님: 끝소리가 'ㄷ, ㅌ'인 형태소가 모음 'ㅣ'나 반모음 'ㅣ'로 시작하는 형식 형태소와 만나면 'ㄷ, ㅌ'이 경구개음 'ㅈ, ㅊ'으로 발음이 바뀌는 현상을 구개음화라고 합니다. 또 'ㅎ'의 앞이나 뒤에 'ㄱ, ㄷ, ㅂ, ㅈ'이 오는 경우 두 자음이 축약되어 'ㅋ, ㅌ, ㅍ, ㅊ'으로 발음되는 현상을 거센소리되기라고 하는데요, ㉠<u>한 단어를 발음할 때 이 두 현상이 모두 나타나기도 합니다.</u>

① 열어 놓은 문이 바람에 <u>닫혔다</u>.
② 나는 콩고물을 <u>묻힌</u> 떡을 좋아한다.
③ 그 골은 승리를 <u>굳히는</u> 골이 되었다.
④ 흥분을 <u>가라앉히고</u> 제 말을 들어 보십시오.
⑤ 점차 구름이 <u>걷히고</u> 날이 밝아지기 시작했다.

✔고난도 서술형 대비하기

08 〈보기〉를 참고하여 '비음화'와 '구개음화'가 공통적으로 어떤 동화에 해당하는지 〈조건〉에 맞게 서술하시오.

보기
교체에 속하는 음운 현상 중에는 '동화'라고 볼 수 있는 현상들이 있다. '동화'는 한 음운이 다른 음운을 닮아 가는 현상으로, 발음을 편하게 하기 위해서 일어난다. 동화 현상에서 동화를 시키는 음을 동화음, 동화를 입는 음을 피동화음이라고 한다. 동화는 동화의 방향에 따라 동화음이 피동화음보다 앞에 있는 순행 동화와 동화음이 피동화음보다 뒤에 있는 역행 동화로 나눌 수 있다. 또 동화의 정도에 따라 피동화음이 동화음과 같아지는 완전 동화와, 피동화음이 동화음의 일부 특성만 닮는 부분 동화로 나눌 수 있다.

조건
•동화의 방향과 정도에 따른 분류를 모두 포함할 것.
•'ㄹ'의 비음화는 제외할 것.
•'비음화와 구개음화는 ~에 해당한다.'의 형식으로 쓸 것.

09 〈보기〉에서 ㉠은 구개음화가 일어나지 않고 ㉡은 구개음화가 일어나는 이유가 무엇인지 〈조건〉에 맞게 서술하시오.

보기
•할아버지께서는 ㉠밭이랑에 채소를 심으셨다.
•할아버지께서는 논이랑 ㉡밭이랑 집을 모두 아버지께 상속하셨다.

조건
•음운적 조건은 서술하지 않고, 형태적 조건만 쓸 것.
•'형태소'라는 표현을 사용하여 쓸 것.

06 탈락 — 자음군 단순화, 자음 탈락, 모음 탈락

● **탈락이란?** 원래 있던 음운이 없어지는 현상 → 음운의 개수가 줄어듦.

빈출 개념

1 *자음군 단순화 → 표준 발음법 제10~11항(155쪽 참고)

음절의 끝에 *겹받침(자음군)이 오면 두 자음 중 하나가 탈락하고 하나만 발음되는 현상

① 겹받침 중 탈락하는 자음이 규칙적인 경우

받침 표기	발음	예
ㄳ	[ㄱ]	넋[넉], 샀다[삭] → 'ㅅ'이 탈락
ㄵ, ㄶ	[ㄴ]	앉다[안따], 얹다[언따], 않는[안는], 끊는[끈는] → 'ㅈ', 'ㅎ'이 탈락
ㄻ	[ㅁ]	삶[삼:], 젊다[점:따] → 'ㄹ'이 탈락
ㄽ, ㄾ, ㅀ	[ㄹ]	외곬[외골/웨골], 핥다[할따], 끓는[끌른] → 각각 'ㅅ', 'ㅌ', 'ㅎ'이 탈락
ㄿ	[ㅂ]	읊다[읍따] → 'ㄹ'이 탈락한 후 음절의 끝소리 규칙이 적용되어 'ㅍ'이 [ㅂ]으로 발음됨.
ㅄ	[ㅂ]	값[갑], 가엾다[가엽:따] → 'ㅅ'이 탈락

② 겹받침 중 탈락하는 자음이 규칙적이지 않은 경우

받침 표기	발음		탈락하는 자음
ㄺ	원칙	[ㄱ]	'ㄹ'이 탈락함. 예 닭[닥], 읽다[익따], 읽지[익찌]
	예외	[ㄹ]	어간 뒤에 'ㄱ'으로 시작하는 어미가 올 때에는 'ㄱ'이 탈락함. 예 읽고[일꼬], 맑게[말께]
ㄼ	원칙	[ㄹ]	'ㅂ'이 탈락함. 예 넓다[널따]

	예외	[ㅂ]	• '밟-'은 뒤에 자음이 오면 'ㄹ'이 탈락함.
			  예 밟다[밥:따]
			• 넓죽하다, 넓둥글다, 넓적하다'는 'ㄹ'이 탈락함.
			  예 넓죽하다[넙쭈카다], 넓둥글다[넙뚱글다], 넓적하다[넙쩌카다]

Tip 'ㄼ, ㄿ, ㄺ'만 뒤의 자음으로 발음해. 'ㄺ'이 앞인 '명품관'으로 기억해 봐! 나머지는 모두 앞 자음으로 발음하니 예외만 잘 챙겨 둬.

2 자음 탈락

'ㄹ' 탈락	• 용언이 활용할 때 어간의 끝소리 'ㄹ'이 'ㄴ, ㅅ' 등으로 시작하는 어미 앞에서 탈락하는 현상 → 모든 용언에서 일어나는 규칙적인 현상(규칙 활용 72쪽 참고) • 표기에도 반영되는 음운 현상임.	예 살-+-는 → 사는 알-+-니 → 아니 놀-+-느라 → 노느라
'ㅎ' 탈락	• 용언이 활용할 때 어간의 끝소리 'ㅎ'이 모음으로 시작하는 어미나 접사 앞에서 'ㅎ'이 탈락하는 현상 • 표기에 반영되지 않으며 예외 없이 일어남.	예 낳-+-아 → 낳아[나아] 놓-+-이-+-다 → 놓이다[노이다]

3 모음 탈락

'ㅕ'는 반모음 'ㅣ'와 모음 'ㅓ'가 결합한 모음이므로 이 경우에도 'ㅓ' 탈락에 해당됨.

'ㅏ/ㅓ' 탈락	모음 'ㅏ/ㅓ'로 끝나는 어간이 모음 'ㅏ/ㅓ'로 시작하는 어미와 결합할 때 'ㅏ/ㅓ'가 탈락하는 현상	예 가-+-아 → 가 서-+-어 → 서 펴-+-어 → 펴
'ㅡ' 탈락	용언이 활용할 때 어간의 끝 모음 'ㅡ'가 'ㅏ/ㅓ'로 시작하는 어미 앞에서 탈락하는 현상	예 크-+-어 → 커 담그-+-아서 → 담가서 치르-+-어 → 치러

★ 참고

자음군 단순화가 일어나는 환경

자음군 단순화가 일어나는 환경은 음절의 끝소리 규칙이 일어나는 환경과 같다.

• 뒤에 오는 형태소가 없을 때(어말)
  예 값[갑]
• 뒤에 자음으로 시작하는 형태소가 올 때(자음 앞) 예 값과[갑꽈]
• 뒤에 모음으로 시작하는 실질 형태소가 올 때(모음 앞) 예 값있다[가빋따]

받침의 음운 개수

홑받침	ㄱ, ㄴ, ㄷ, ㄹ, ㅁ, ㅂ, ㅅ, ㅇ, ㅈ, ㅊ, ㅋ, ㅌ, ㅍ, ㅎ	1개
쌍받침	ㄲ, ㅆ	
겹받침	ㄳ, ㄵ, ㄶ, ㄺ, ㄻ, ㄼ, ㄽ, ㄾ, ㄿ, ㅀ, ㅄ, ㄶ, ㄵ	2개

예 '깎다[깍따]'에서 쌍받침 'ㄲ'이 [ㄱ]으로 소리 나는 것은 음운이 교체된 것이므로 음운 개수에 변화가 없다.
→ 음절의 끝소리 규칙

예 '앉다[안따]'에서 겹받침 'ㄵ'이 [ㄴ]으로 소리 나는 것은 'ㄴ+ㅈ' 중에 'ㅈ'이 탈락한 것이므로 음운의 개수가 2개에서 1개로 줄었다.
→ 자음군 단순화

개념 +

복합어 형성에서 일어나는 'ㄹ' 탈락

'소나무(솔+나무), 바느질(바늘+-질)'처럼 합성어나 파생어가 만들어질 때 'ㄹ'이 탈락하는 경우가 있다. 그러나 동일한 환경이라도 '활시위(활+시위)'처럼 'ㄹ' 탈락이 일어나지 않는 예외가 많아 규칙화하기는 어렵다.

! 헷갈리는 개념 잡기

자음군 단순화보다 '된소리되기'를 먼저 적용하라고?

음운 변동에 순서가 정해져 있는 것은 아니지만 변동을 이해하기 쉽도록 순서를 정해 살펴볼 수 있습니다. 만약 한 단어에서 '된소리되기'와 '자음군 단순화'가 모두 일어날 때에는 '된소리되기'를 먼저 적용해야 오류가 없어요. 예를 들어 '핥고[할꼬]'는 [핥고 → 핥꼬(음절의 끝소리 규칙) → 핥꼬(된소리되기) → 할꼬(자음군 단순화)]의 과정을 거친 것으로 봅니다. 그래야 이 단어에서 일어나는 된소리되기를 파열음 'ㄷ' 뒤에서 일어나는 된소리되기로 설명할 수 있기 때문이에요. 만약 '자음군 단순화'를 먼저 적용하게 되면 용언 어간 'ㄹ' 뒤에서 된소리되기가 일어나는 것으로 보아야 하는데(핥고 → 할고 ✗ 할꼬?), 용언 어간 'ㄹ' 뒤에서는 된소리되기가 일어나지 않으므로(예 알고[알:고], 살고[살:고]) 이러한 음운 변동은 설명하기가 곤란해진답니다. 그러니 이 경우에는 꼭 순서를 기억하세요!

개념 확인

1 다음 빈칸에 들어갈 알맞은 말을 써 보자.

① 겹받침이 음절 종성에 오면 둘 중 하나만 남고, 하나는 탈락하는 현상을 ☐☐☐☐ ☐(이)라고 한다.

② 'ㄹ' 탈락은 용언의 어간 끝소리에 있는 'ㄹ'이 '☐, ☐' 등으로 시작하는 어미와 결합할 때 탈락하는 현상이다.

③ 'ㅎ' 탈락은 'ㅎ'으로 끝나는 용언의 어간이 '☐☐'(으)로 시작하는 형식 형태소와 결합할 때 'ㅎ'이 탈락하는 현상이다.

④ 'ㅡ' 탈락은 'ㅡ'로 끝나는 용언 어간이 '☐/☐'로 시작하는 어미와 결합할 때 'ㅡ'가 탈락하는 현상이다.

2 다음 설명이 맞으면 O, 틀리면 X로 표시해 보자.

① 탈락이 일어나면 음운의 개수가 줄어든다. (　　)

② 자음군 단순화가 일어나는 음운 환경은 음절의 끝소리 규칙이 일어나는 음운 환경과 동일하다. (　　)

③ 'ㄹ' 탈락은 표기에 반영되지 않지만, 'ㅎ' 탈락은 표기에 반영된다. (　　)

④ 'ㅏ/ㅓ' 탈락은 동일한 음운이 연속될 때 하나가 탈락하는 현상이다. (　　)

예시로 연습

3 다음 단어의 정확한 발음을 써 보자. < 내신 기출 >

① 자음군 단순화(어말, 자음 앞)

넋과 [　　　]	앉다 [　　　]	많소 [　　　]	앎 [　　　]
외곬 [　　　]	핥다 [　　　]	닳는 [　　　]	읊조리다 [　　　]
없다 [　　　]	닭 [　　　]	맑고 [　　　]	여덟 [　　　]

② 자음군 단순화(실질 형태소 앞)

넋 없다 [　　　]　　닭 앞에 [　　　]　　흙일 [　　　]　　값있는 [　　　]

③ 'ㅎ' 탈락

좋아 [　　　]　　끊어서 [　　　]　　쌓이다 [　　　]　　끓이다 [　　　]

④ 'ㄹ' 탈락 → 표기에도 반영되는 음운 현상이야!

만들-+-는 → [　　　]　　울-+-사-+-는 → [　　　]　　둥글-+-니 → [　　　]

⑤ 'ㅏ/ㅓ' 탈락

가-+-아 → [　　　]　　서-+-어 → [　　　]　　펴-+-어 → [　　　]

⑥ 'ㅡ' 탈락

담그-+-아 → [　　　]　　쓰-+-어 → [　　　]　　잠그-+-아 → [　　　]

01 〈보기〉의 ㉠~㉤ 중 음운 탈락 현상에 해당하지 <u>않는</u> 것은?

보기
㉠ 삶다[삼:따]
㉡ 만들− + −는 → [만드는]
㉢ 색연필[생년필]
㉣ 끓이다[끄리다]
㉤ 잠그− + −아서 → [잠가서]

① ㉠　　② ㉡　　③ ㉢　　④ ㉣　　⑤ ㉤

02 다음 밑줄 친 부분 중, 〈보기〉에서 설명하는 음운 변동이 일어나지 <u>않는</u> 것은?

보기
　탈락은 한 음운이 없어지는 음운 현상으로 변화 전과 후를 비교하면 음운의 수가 하나 줄어든다는 차이가 있다.

① 아이가 밥을 먹지 <u>않아서</u> 걱정이다.
② 박물관 내에서는 규정에 <u>따라</u> 주십시오.
③ 이러다간 내 꿈이 물거품이 <u>돼</u> 버릴지도 모른다.
④ 동생이 이를 심하게 <u>가는</u> 바람에 잠을 자기가 힘들었다.
⑤ <u>외곬</u> 인생이란 한평생 북만을 만들어 온 그를 두고 하는 말 같다.

03 〈보기〉를 바탕으로 겹받침의 발음을 탐구한 내용으로 적절하지 <u>않은</u> 것은?

보기
㉠ 넋[넉], 값[갑]
㉡ 값도[갑또], 닭과[닥꽈]
㉢ 닭이[달기], 삶을[살믈]
㉣ 값있다[가빋따], 여덟아홉[여더라홉]
㉤ 넋이[넉씨], 값을[갑쓸]

① ㉠: 겹받침 뒤에 이어지는 음절이 없는 경우에는 자음군 단순화가 일어난다.
② ㉡: 겹받침 뒤에 자음으로 시작하는 음절이 오는 경우에는 자음군 단순화가 일어난다.
③ ㉢: 겹받침 뒤에 모음으로 시작하는 형식 형태소가 오면 자음군 단순화가 일어나지 않는다.
④ ㉣: 겹받침 뒤에 모음으로 시작하는 실질 형태소가 오면 자음군 단순화가 일어나지 않는다.
⑤ ㉤: 겹받침의 'ㅅ'이 연음될 때 [ㅆ]으로 발음된다.

04 다음은 올바른 발음 생활에 대한 〈학습 활동〉이다. 빈칸에 들어갈 알맞은 말을 쓰시오.

학습 활동
잘못된 발음: 흙이[흐기], 여덟은[여더른], 값을[가블]

• 잘못 발음한 이유는?
　겹받침 뒤에 모음으로 시작하는 형식 형태소가 올 때에는 (㉠) 이/가 일어나지 않는다. 그런데 겹받침에서 두 자음 중 하나를 탈락시켜 발음했다.
• 올바르게 발음하려면?
　형식 형태소는 실질적인 뜻을 지니지 않기 때문에 겹받침의 (㉡) 번째 자음을 뒤 음절로 옮겨 발음해야 한다.
• 정확한 발음은?
　'흙이'는 [㉢], '여덟은'은 [㉣], '값을'은 [㉤]로 발음한다.

_____

_____

05 〈보기〉의 ㉠에 들어갈 수 있는 말로 적절하지 <u>않은</u> 것은?

보기
선생님: 'ㄹ' 탈락은 'ㄹ'로 끝나는 용언 어간이 'ㄴ, ㅅ' 등으로 시작하는 어미와 결합할 때 'ㄹ'이 탈락하는 현상을 말합니다. 'ㄹ' 탈락이 일어나는 예를 하나씩 말해 볼까요?
학생: (　　　　　　　　㉠　　　　　　　　)

① '날−'과 '−는'이 결합하면 [나는]이 되는 것이 예가 될 수 있습니다.
② '옮−'과 '−는'이 결합하면 [옴는]이 되는 것이 예가 될 수 있습니다.
③ '얼−'과 '−느냐'가 결합하면 [어느냐]가 되는 것이 예가 될 수 있습니다.
④ '살−'과 '−시−', '−는'이 결합하면 [사시는]이 되는 것이 예가 될 수 있습니다.
⑤ '놀−'과 '−ㄴ−', '−다'가 결합하면 [논다]가 되는 것이 예가 될 수 있습니다.

06 〈보기〉의 ㉠~㉢에 들어갈 말이 알맞게 짝지어진 것은?

> 보기
> '☐' 탈락은 'ㅎ'으로 끝나는 용언 어간 뒤에 모음으로 시작하는 형식 형태소가 결합할 때 'ㅎ'이 탈락하는 현상이다. 따라서 '낳아'는 (㉠), '놓이다'는 (㉡), '교훈'은 (㉢)으로 발음해야 한다.

	㉠	㉡	㉢
①	[나아]	[노이다]	[교운]
②	[나아]	[노히다]	[교운]
③	[나아]	[노이다]	[교훈]
④	[나하]	[노히다]	[교훈]
⑤	[나하]	[노이다]	[교훈]

07 〈보기〉의 설명에 해당하는 단어의 예로 적절하지 <u>않은</u> 것은?

> 보기
> 'ㅏ'나 'ㅓ'로 끝나는 용언 어간 뒤에 'ㅏ'나 'ㅓ'로 시작하는 어미가 올 때에는 같은 모음이 연속되기 때문에 'ㅏ'나 'ㅓ' 중 하나가 탈락하는 현상이 일어난다.

① 성냥을 <u>켜</u> 불을 붙였다.
② 식당에 <u>가서</u> 밥을 먹었다.
③ 의자에 <u>앉아</u> 책을 읽었다.
④ 무릎을 <u>펴서</u> 바르게 서세요.
⑤ 다리를 <u>건너</u> 숲을 향해 걸어갔다.

08 〈보기〉의 밑줄 친 단어에서 일어나는 음운 탈락과 같은 현상이 일어나는 예로 적절하지 <u>않은</u> 것은?

> 보기
> 우리 아들은 키가 <u>커</u>.

① 나는 수첩에 일기를 <u>써</u> 왔다.
② 그는 잘못의 대가를 <u>치러야</u> 했다.
③ 그는 자물쇠로 책상 서랍을 <u>잠갔다</u>.
④ 비가 온 뒤라 앞산이 <u>푸르러</u> 보인다.
⑤ 여러 사람의 의견을 <u>모아</u> 계획을 세워 보자.

✔ 고난도 서술형 대비하기

09 〈보기〉의 밑줄 친 ㉠과 ㉡에서 어간이 어미 '-아'와 결합할 때, 어떤 음운 변동이 일어나는지 〈조건〉에 맞게 서술하시오.

> 보기
> • 어머니는 해마다 김치를 ㉠<u>담가</u> 주신다.
> • 말을 ㉡<u>삼가</u> 언행을 조심하려고 한다.

> 조건
> • ㉠과 ㉡의 기본형을 밝힐 것.
> • '㉠의 기본형은 ～이고, ～이/가 일어난다. ㉡의 기본형은 ～이고, ～이/가 일어난다.'의 형식으로 쓸 것.

_____

_____

_____

10 〈보기〉의 밑줄 친 ㉠, ㉡을 발음할 때 일어나는 음운 변동을 〈조건〉에 맞게 서술하시오.

> 보기
> • 그 차는 기름이 많이 ㉠<u>닳는다</u>.
> • 신발이 다 ㉡<u>닳아</u> 못 쓰게 되었다.

> 조건
> • ㉠, ㉡에 적용되는 음운 변동을 모두 쓸 것.
> • 연음이 일어나는 경우 연음도 언급할 것.
> • '㉠을 발음할 때에는 ～이/가 일어나고, ㉡을 발음할 때에는 ～이/가 일어난다.'의 형식으로 쓸 것.

_____

_____

_____

07 첨가와 축약

● **첨가란?** 원래 없던 음운이 새로 생기는 현상 → 음운의 개수가 늘어남.

빈출 개념
1 *'ㄴ' 첨가* → 표준 발음법 제29항(156쪽 참고)

합성어나 파생어에서 앞말의 끝이 자음이고 뒷말이 모음 'ㅣ'나 반모음 'ㅣ'로 시작하는 형태소(ㅑ, ㅕ, ㅛ, ㅠ)가 올 때 그 사이에 'ㄴ'이 첨가되는 현상 → 필수적으로 일어나는 현상은 아님.

맨입[맨닙]	솜이불[솜:니불]	색연필[색년필 → 생년필]
자음 'ㄴ'과 모음 'ㅣ' 사이에 'ㄴ'이 첨가됨.	자음 'ㅁ'과 모음 'ㅣ' 사이에 'ㄴ'이 첨가됨.	'ㄴ' 첨가 후 'ㄱ'이 [ㅇ]으로 비음화됨.

2 *사잇소리 현상으로서의 'ㄴ' 첨가* → 표준 발음법 제30항(156쪽 참고)

합성어에서 앞말과 뒷말 사이에 'ㄴ' 또는 'ㄴㄴ'이 첨가되어 발음되는 현상으로 사잇소리 현상의 일부에 해당함.

① 'ㄴ' 첨가
앞말이 모음으로 끝나고, 뒷말이 'ㄴ, ㅁ'으로 시작할 때 'ㄴ'이 첨가되어 발음되는 현상

이 + 몸 → 잇몸[읻몸 → 인몸]	코 + 날 → 콧날[콛날 → 콘날]

└→ 사잇소리 현상임을 표시하는 사이시옷으로, 결합하는 명사 중 하나 이상이 고유어이고 앞말이 모음으로 끝날 때 표기함.

② 'ㄴㄴ' 첨가
앞말이 모음으로 끝나고, 뒷말이 모음 'ㅣ'나 반모음 'ㅣ'로 시작할 때 'ㄴㄴ'이 첨가되어 발음되는 현상

나무 + 잎 → 나뭇잎[나묻닙 → 나문닙]	도리깨 + 열 → 도리깻열[도리깯녈 → 도리깬녈]

3 반모음 첨가 → 표준 발음법 제22항(156쪽 참고)

모음으로 끝나는 형태소 뒤에 단모음으로 시작하는 형태소가 결합할 때 반모음 'ㅣ'가 첨가되어 발음되는 현상 → 모음 충돌을 막기 위해 일어나며, 필수적인 현상은 아님.

피- + -어 → [피어/피여]	아니- + -오 → [아니오/아니요]
[피어]로 발음하는 것이 원칙이고, [피여]도 표준 발음으로 허용함.	[아니오]로 발음하는 것이 원칙이고, [아니요]도 표준 발음으로 허용함.

- 반모음 'ㅗ/ㅜ' 첨가는 표준 발음으로 인정하지 않음.
  예 좋- + -아도 → [조아도(○)/조와도(×)]

- 체언 뒤 조사가 결합할 때에도 반모음 첨가가 일어나며 표준 발음으로 인정하지 않음.
  예 학교 + 에 → [학교에(○)/학교예(×)] Tip 호격 조사에 반모음이 첨가되는 것은 표준 발음으로 인정해. 예 철수+아 → [철수야](○)

● **축약이란?** 두 음운이 합쳐져 제3의 음운으로 바뀌는 현상 → 음운의 개수가 줄어듦.

빈출 개념
1 거센소리되기 → 표준 발음법 제12항(155쪽 참고)

'ㅎ'과 'ㄱ, ㄷ, ㅂ, ㅈ'이 만나 거센소리 'ㅋ, ㅌ, ㅍ, ㅊ'으로 축약되어 발음되는 현상

놓고[노코]	좋다[조:타]	넣지[너:치]
ㅎ+ㄱ → [ㅋ]	ㅎ+ㄷ → [ㅌ]	ㅎ+ㅈ → [ㅊ]
먹히다[머키다]	맏형[마텽]	법학[버팍]
ㄱ+ㅎ → [ㅋ]	ㄷ+ㅎ → [ㅌ]	ㅂ+ㅎ → [ㅍ]

---

* 참고

2음절 한자어에서의 'ㄴ' 첨가
2음절 한자어에서는 '금융[그뮹/금늉], 검열[거:멸/검:녈]' 등 몇몇의 예외를 제외하고는 'ㄴ' 첨가가 일어나지 않는다.
예 절약[저략]

'ㄴ' 첨가와 사잇소리 현상으로서의 'ㄴ' 첨가의 차이점
① 'ㄴ'이 첨가되는 위치: 'ㄴ' 첨가는 'ㄴ'이 뒷말의 초성에 첨가되지만, 사잇소리 현상으로서의 'ㄴ' 첨가는 앞말의 종성에 첨가된다.
② 'ㄴ'이 첨가되는 음운 환경: 'ㄴ' 첨가는 앞말이 자음으로 끝나고 뒷말이 'ㅣ'나 'ㅣ'로 시작해야 하지만, 사잇소리 현상으로서의 'ㄴ' 첨가는 앞말이 모음으로 끝나고 뒷말이 'ㄴ, ㅁ'으로 시작해야 한다.

개념 +

음절의 축약으로서의 모음 축약
'되어'가 '돼'로 줄어들거나, '하여'가 '해'로 줄어드는 현상은 모음 'ㅚ'와 'ㅓ'가 'ㅙ'로 축약되거나, 'ㅏ'와 'ㅕ'가 'ㅐ'로 줄어드는 것인데, 이는 음운 변동 양상이 음운의 축약과는 달리 음절의 축약으로 본다.

! 헷갈리는 개념 잡기

'낳다'의 표준 발음이 [나:타]라고?
단어의 발음에 음운 변동을 적용하다 보면 혼동되는 경우가 있습니다. 특히 '낳다'와 같이 용언의 어간이 'ㅎ'으로 끝나고 뒤에 'ㄱ, ㄷ, ㅈ'과 같은 자음이 오는 경우 축약을 우선적으로 적용해야 하는데, 그렇지 않고 음절의 끝소리 규칙과 된소리되기를 적용하여 [낟따]로 잘못 발음하는 경우가 있습니다. 이런 경우에는 음절의 끝소리 규칙이 아니라 거센소리되기가 먼저 적용된다는 걸 잊지 마세요!

1단계 개념 연습 문제

개념 확인

1 다음 빈칸에 들어갈 알맞은 말을 써 보자.

① 없던 음운이 새로 생기는 현상을 음운 ☐☐(이)라고 하고, 두 음운이 합쳐져 제3의 음운으로 바뀌는 현상을 음운 ☐☐(이)라고 한다.

② 합성어나 파생어에서 자음으로 끝나는 형태소 뒤에 모음 'ㅣ'나 반모음 'ㅣ̆'로 시작하는 형태소가 올 때에는 그 사이에 '☐'이/가 첨가되어 발음된다.

③ '피어'를 [피여]로 발음하는 것은 모음으로 끝나는 형태소와 모음으로 시작하는 형태소가 결합할 때 ☐☐☐을/를 첨가하여 발음한 것이다.

④ 'ㅎ'이 인접한 'ㄱ, ㄷ, ㅂ, ㅈ'과 합쳐져 'ㅋ, ㅌ, ㅍ, ㅊ'으로 발음되는 현상을 ☐☐☐☐ ☐☐(이)라고 한다.

2 다음 설명이 맞으면 O, 틀리면 X로 표시해 보자.

① 'ㄴ' 첨가와 사잇소리 현상으로서의 'ㄴ' 첨가는 서로 다른 음운 현상이다. (　　　)

② 2음절 한자어에서는 'ㄴ' 첨가가 필수적으로 일어난다. (　　　)

③ 반모음 첨가는 모음으로 끝나는 형태소와 모음으로 시작하는 형태소가 결합할 때 필수적으로 일어나는 현상이다. (　　　)

④ 거센소리되기가 일어날 때 'ㅎ'은 'ㄱ, ㄷ, ㅂ, ㅈ'의 앞에 놓일 수도 있고 뒤에 놓일 수도 있다.

(　　　)

예시로 연습

3 다음 단어의 발음에서 일어난 음운 변동을 찾아 바르게 연결해 보자.

① 한여름[한녀름]　•　　　•　㉠ 'ㄴ' 첨가

② 되어[되여]　•　　　•　㉡ 거센소리되기

③ 뱃머리[밴머리]　•　　　•　㉢ 반모음 첨가

④ 좁히다[조피다]　•　　　•　㉣ 사잇소리 현상으로서의 'ㄴ' 첨가

4 다음 단어의 정확한 발음을 써 보자.

① 'ㄴ' 첨가

막일 [　　　]　　솜이불 [　　　]　　구급약 [　　　]

맨입 [　　　]　　집일 [　　　]　　색연필 [　　　]

② 거센소리되기

먹히다 [　　　]　　쌓지 [　　　]　　않던 [　　　]

③ 사잇소리 현상으로서의 'ㄴ' 첨가

아랫니 [　　　]　　뒷일 [　　　]　　댓잎 [　　　]

01 〈보기〉의 ㉠과 ㉡의 사례가 바르게 짝지어진 것은?

┌ 보기 ┐
㉠첨가는 원래 없던 음운이 새로 생기는 현상을 말하고, ㉡축약은 두 음운이 합쳐져 제3의 음운으로 바뀌는 현상을 말한다. 두 음운 현상 모두 음운의 개수에 변화를 보인다.
└────────┘

	㉠	㉡
①	암탉	끓지
②	외곬	식후
③	물약	따뜻하다
④	호박엿	피어
⑤	늦여름	만화

02 〈보기〉의 ㉠~㉤에 나타난 'ㄴ' 첨가를 탐구한 내용으로 적절하지 <u>않은</u> 것은?

┌ 보기 ┐
㉠ 홑이불[혼니불], 신여성[신녀성]
㉡ 눈요기[눈뇨기], 내복약[내:봉냑]
㉢ 그럼요[그러묘, *그럼뇨], 밥요[바뵤, *밤뇨]
㉣ 한 일[한닐], 외국 요리[외:궁뇨리]
㉤ 한국인[한:구긴], 식용유[시굥뉴]

※ '*'는 비표준 발음임을 나타냄.
└────────┘

① ㉠을 보니, 파생어에서 'ㄴ' 첨가가 일어나는구나.
② ㉡을 보니, 합성어에서 'ㄴ' 첨가가 일어나는구나.
③ ㉢을 보니, 받침이 있는 말 뒤에 보조사 '요'가 결합할 때에 'ㄴ' 첨가가 일어나지 않는구나.
④ ㉣을 보니, 단어와 단어 사이에서도 'ㄴ' 첨가가 일어날 수 있구나.
⑤ ㉤을 보니, 3음절로 된 한자어에서는 'ㄴ' 첨가가 일어나지 않는구나.

03 〈보기〉의 현상이 일어나는 사례로 적절하지 <u>않은</u> 것은?

┌ 보기 ┐
합성어나 파생어에서 앞말이 자음으로 끝나고 뒷말의 첫음절이 모음 'ㅣ'나 반모음 'ㅣ'가 오는 경우 뒷말의 초성 자리에 'ㄴ'이 첨가되어 발음된다.
└────────┘

① 들일 　　② 영업용 　　③ 가락엿
④ 서울역 　　⑤ 아랫니

04 〈보기〉의 ㉠과 ㉡에 대한 설명으로 적절하지 <u>않은</u> 것은?

┌ 보기 ┐
㉠ 코 + 날 → 콧날[콘날], 이 + 몸 → 잇몸[인몸]
㉡ 나무 + 잎 → 나뭇잎[나문닙], 도리깨 + 열 → 도리깻열[도리깬녈]
└────────┘

① ㉠과 ㉡은 모두 합성 명사에서 일어나는 음운 현상이다.
② ㉠과 ㉡은 모두 앞말과 뒷말 사이에 'ㅅ'이 추가로 표기된다.
③ ㉠과 ㉡은 모두 앞말이 모음으로 끝날 때 일어나는 음운 현상이다.
④ ㉠은 발음할 때 'ㄴ'이 한 개 첨가되고, ㉡은 발음할 때 'ㄴ'이 두 개 첨가된다.
⑤ ㉠과 ㉡은 모두 뒷말이 비음인 자음으로 시작할 때 일어나는 음운 현상이다.

신유형
05 ㉠~㉤ 중, 〈보기〉의 (가)와 (나)에서 일어나는 음운 변동을 비교한 내용으로 적절하지 <u>않은</u> 것은?

┌ 보기 ┐
(가) 급행 + 열차 → 급행열차[그팽녈차]
　　설- + 익다 → 설익다[설릭따]
(나) 코 + 날 → 콧날[콘날]
　　뒤 + 머리 → 뒷머리[뒨:머리]
└────────┘

구분	(가)	(나)
첨가되는 'ㄴ'의 위치	뒷말의 초성 ········· ㉠	앞말의 종성
적용 환경	앞말이 자음으로 끝나고 뒷말이 'ㅣ'나 'ㅣ'로 시작함. ········· ㉡	앞말이 모음으로 끝나고 뒷말이 비음으로 시작함. ········· ㉢
적용 범위	합성어나 파생어에서 일어남. ········· ㉣	파생어에서 일어남. ········· ㉤

① ㉠　　② ㉡　　③ ㉢　　④ ㉣　　⑤ ㉤

11 〈보기〉의 선생님의 설명을 바탕으로 ㉠~㉢에 대해 학생이 발표한 내용으로 적절한 것은?

┌─ 보기 ┐

선생님: 음운의 변동은 한 음운이 다른 음운으로 바뀌는 교체, 한 음운이 없어지는 탈락, 새로운 음운이 생기는 첨가, 두 음운이 하나의 음운으로 합쳐지는 축약으로 구분됩니다. 음운의 변동이 일어날 때 음운의 개수가 늘어나기도 하고 줄어들기도 합니다. 다음 예시에 나타난 음운의 변동에 대해 발표해 봅시다.

┌─────────────────────────┐
│ ㉠ 꽃잎 → [꼰닙]   │
│ ㉡ 맑지 → [막찌]   │
│ ㉢ 막힘없다 → [마키멉따] │
└─────────────────────────┘

└──────┘

① ㉠과 ㉡은 첨가 현상이 일어났습니다.

② ㉠과 ㉢은 탈락 현상이 일어났습니다.

③ ㉡과 ㉢은 축약 현상이 일어났습니다.

④ ㉠과 ㉡은 음운의 개수가 늘었습니다.

⑤ ㉡과 ㉢은 음운의 개수가 줄었습니다.

12 〈보기〉의 (가), (나)를 중심으로 음운 변동을 이해한 내용으로 적절한 것은?

┌─ 보기 ┐

국어의 음운 변동은 교체, 탈락, 첨가, 축약으로 구분된다. 이 중에는 음절의 종성과 관련된 음운 변동이 있다.

(가) ┌─ 음절의 종성에 마찰음, 파찰음이 오거나 파열음 중 거센소리나 된소리가 올 경우, 모두 파열음의 예사소리로 교체된다. 이는
    └─ 종성에서 발음될 수 있는 자음의 종류가 제한됨을 알려 준다.

(나) ┌─ 또한 음절의 종성에 자음군이 올 경우, 한 자음이 탈락한다.
    └─ 이는 종성에서 하나의 자음만이 발음될 수 있음을 알려 준다.

└──────┘

① '꽂힌 [꼬친]'에는 (가)에 해당하는 음운 변동이 있다.

② '몫이 [목씨]'에는 (나)에 해당하는 음운 변동이 있다.

③ '비옷 [비옫]'에는 (나)에 해당하는 음운 변동이 있다.

④ '않고 [안코]'에는 (가), (나) 모두에 해당하는 음운 변동이 있다.

⑤ '읊고 [읍꼬]'에는 (가), (나) 모두에 해당하는 음운 변동이 있다.

13 〈보기〉의 학습 과제를 수행한 결과로 가장 적절한 것은?

┌─ 보기 ┐

○ 학습 내용: 음운 변동의 유형에는 교체, 탈락, 첨가, 축약이 있다. 음운 변동은 한 단어를 단독으로 발음하는 경우에만 일어나는 것이 아니라 둘 이상의 단어를 이어서 한 마디로 발음하는 경우에도 일어날 수 있다. 예를 들어 '낮'과 '한때'를 각각 단독으로 발음하는 경우에 '낮[낟]'은 교체가 일어나고 '한때[한때]'는 음운 변동이 일어나지 않는다. 그런데 '낮'과 '한때'를 이어서 한 마디로 발음하는 경우에는 교체와 축약이 일어나 '낮 한때[나탄때]'로 발음된다.

○ 학습 과제: 아래의 ㄱ과 ㄴ에서 두 단어를 이어서 한 마디로 발음하는 경우 공통적으로 일어나는 음운 변동의 유형을 찾고, 그 유형의 적절한 예를 제시하시오.

　ㄱ. 잘 입다[잘립따]
　ㄴ. 값 매기다[감매기다]

└──────┘

	공통적인 음운 변동의 유형	예
①	교체	책 넣는다[챙넌는다]
②	교체	좋은 약[조:은냑]
③	교체	잘한 일[잘한닐]
④	첨가	슬픈 얘기[슬픈내기]
⑤	첨가	먼 옛날[먼:녠날]

14 〈보기〉의 ⓐ~ⓓ를 발음할 때 일어나는 음운 변동을 탐구한 내용으로 적절한 것은?

┌─ 보기 ┐

• ⓐ밭일을 하며 발에 ⓑ밟힌 벌을 보았다.

• ⓒ숱한 시련을 이겨 내 승리를 ⓓ굳혔다.

└──────┘

① ⓐ에서는 뒷말의 초성이 앞말의 종성과 조음 방법이 같아지는 비음화가 일어난다.

② ⓐ에서는 '일'이 실질 형태소이기 때문에 구개음화가 일어나지 않고 'ㅌ'이 연음된다.

③ ⓑ와 ⓒ에서는 모두 음운 변동의 결과 전체 음운의 개수가 줄어든다.

④ ⓑ와 ⓓ에서는 모두 어떤 음운이 다른 음운으로 바뀌는 교체 현상이 일어난다.

⑤ ⓒ와 ⓓ에서는 모두 거센소리되기가 먼저 일어난 후 구개음화가 일어난다.

15 〈보기〉의 ㉮, ㉯에 들어갈 예로 적절한 것은?

보기

 'ㅎ'은 다양한 음운 변동이 일어나기 때문에 표준 발음법에 별도의 규정을 두고 있다. 'ㅎ'의 음운 변동에는 'ㅎ'이 다른 음운으로 바뀌는 교체, 'ㅎ'이 다른 음운과 합쳐져 새로운 음운이 되는 축약, 'ㅎ'이 없어져 발음되지 않는 탈락이 있다. 가령 '놓친[논친]'은 'ㅎ'이 'ㄷ'으로 바뀌어 발음되므로 교체의 예에 해당한다.

'ㅎ'의 음운 변동			
유형	교체	축약	탈락
예	놓친[논친]	㉮	㉯

	㉮	㉯
①	좋고[조ː코]	닿아[다아]
②	좋고[조ː코]	쌓네[싼네]
③	넣는[넌ː는]	닿아[다아]
④	넣는[넌ː는]	쌓네[싼네]
⑤	좁힌[조핀]	닳지[달치]

16 〈보기〉의 ㉠이 일어나는 사례로 적절한 것은?

보기

 음운 변동에는 ㉠교체, 탈락, 첨가 등이 있는데, 용언의 활용에서 단모음과 단모음이 만날 때에도 이러한 현상이 일어날 수 있다. 이러한 모음의 음운 변동을 이해하기 위해서는 아래의 모음 종류를 참고할 필요가 있다.

   ○ 단모음: ㅏ, ㅐ, ㅓ, ㅔ, ㅗ, ㅚ, ㅜ, ㅟ, ㅡ, ㅣ
   ○ 반모음: ĭ, ㅗ/ㅜ
   ○ 이중 모음(반모음 + 단모음): ㅑ, ㅕ, ㅛ, ㅠ, ㅘ, ㅝ…
예를 들어 '오−+−아'가 [와]로 되는 음운 변동을 설명하면,

	(변동 전)	(변동 후)
오− + −아 → [와]	ㅗ + ㅏ	ㅘ

와 같이 교체되는 것을 알 수 있다.

	사례	변동 전	변동 후
①	뛰− + −어 → [뛰여]	ㅟ + ㅓ	ㅟ + ㅕ
②	살피− + −어 → [살펴]	ㅣ + ㅓ	ㅕ
③	치르− + −어 → [치러]	ㅡ + ㅓ	ㅓ
④	끼− + −어 → [끼여]	ㅣ + ㅓ	ㅣ + ㅕ
⑤	자− + −아서 → [자서]	ㅏ + ㅏ	ㅏ

17 〈보기〉의 선생님의 질문에 답한 내용으로 적절하지 않은 것은?

보기

선생님: 우리말에서 어근과 어근이 결합하여 합성 명사를 이룰 때, 뒤 어근의 예사소리가 된소리로 바뀌거나 두 어근 사이에 'ㄴ'이 첨가되기도 합니다. 다음은 이와 관련된 표준 발음법의 규정을 정리한 것입니다.

   ㉮ 'ㄱ, ㄷ, ㅂ, ㅅ, ㅈ'으로 시작하는 단어 앞에 사이시옷이 올 때는 이들 자음만을 된소리로 발음하는 것을 원칙으로 하되, 사이시옷을 [ㄷ]으로 발음하는 것도 허용한다.
   ㉯ 사이시옷 뒤에 'ㄴ, ㅁ'이 결합되는 경우에는 [ㄴ]으로, '이' 음이 결합되는 경우에는 [ㄴㄴ]으로 발음한다.

 ㉮는 앞 어근의 끝소리가 울림소리이고 뒤 어근의 첫소리가 안울림 예사소리이면 뒤의 예사소리가 된소리로 바뀌는 현상과 관련된 규정입니다. 그리고 ㉯는 앞 어근이 모음으로 끝나고 뒤 어근이 'ㄴ, ㅁ'으로 시작하면 앞 어근의 끝소리에 'ㄴ' 소리가 첨가되는 현상, 혹은 앞 어근이 모음으로 끝나고 뒤 어근이 모음 'ㅣ'나 반모음 'ㅣ'로 시작되면 앞 어근의 끝소리와 뒤 어근의 첫소리에 각각 'ㄴ'이 첨가되는 현상과 관련된 규정입니다.

 그러면, 이를 바탕으로 다음 단어들에 대해 설명해 볼까요?

   빨랫돌[빨래똘/빨랟똘], 옷깃[온낃],
   홑이불[혼니불], 뱃머리[밴머리], 깻잎[깬닙]

① '빨랫돌'은 합성 명사로, 앞 어근의 끝소리가 울림소리이고 뒤 어근의 첫소리가 된소리로 바뀌므로 ㉮의 예로 볼 수 있어요.

② '옷깃'은 합성 명사이고 예사소리가 된소리로 바뀌는 현상이 나타나므로 ㉮의 예로 볼 수 있어요.

③ '홑이불'은 'ㄴ'의 첨가가 나타나지만, '홑−'이 접사이므로 ㉯의 예로 볼 수 없어요.

④ '뱃머리'는 합성 명사로, 앞 어근이 모음으로 끝나고 뒤 어근이 'ㅁ'으로 시작하는 음운 환경에서 앞 어근의 끝소리에 'ㄴ'이 첨가되므로 ㉯의 예로 볼 수 있어요.

⑤ '깻잎'은 합성 명사로, 앞 어근이 모음으로 끝나고 뒤 어근이 'ㅣ'로 시작되는데 앞 어근의 끝소리와 뒤 어근의 첫소리에 각각 'ㄴ'이 첨가되므로 ㉯의 예로 볼 수 있어요.

✔ 지문형 문제 | 2018-3월 고1 학평

[18~19] 다음 글을 읽고 물음에 답하시오.

음운의 동화는 인접한 두 음운 중 어느 한쪽 또는 양쪽이 서로 비슷하거나 같은 소리로 바뀌는 현상이다. 국어의 대표적인 동화에는 비음화, 유음화, 구개음화가 있다.

비음화는 비음이 아닌 'ㅂ, ㄷ, ㄱ'이 비음 'ㅁ, ㄴ' 앞에서 비음 'ㅁ, ㄴ, ㅇ'으로 바뀌어 소리 나는 현상이다. 예를 들어 '국민'이 [궁민]으로 발음되는 것은 비음화에 해당한다. 유음화는 비음 'ㄴ'이 유음 'ㄹ'의 앞이나 뒤에서 유음 'ㄹ'로 발음되는 현상이다. 유음화의 예로는 '칼날[칼랄]'이 있다. ㉠아래의 자음 체계표를 보면, 비음화와 유음화는 그 결과로 인접한 두 음운의 조음 방식이 같아진다는 것을 알 수 있다.

조음 위치 조음 방식	입술 소리	잇몸 소리	센입천장 소리	여린입천장 소리
파열음	ㅂ, ㅍ	ㄷ, ㅌ		ㄱ, ㅋ
파찰음			ㅈ, ㅊ	
비음	ㅁ	ㄴ		ㅇ
유음		ㄹ		

구개음화는 끝소리 'ㄷ, ㅌ'이 모음 'ㅣ'로 시작되는 조사나 접미사 앞에서 구개음 'ㅈ, ㅊ'으로 발음되는 현상이다. 가령 '해돋이'가 [해도지]로 발음되는 것이 이에 해당한다. 이는 동화 결과로 조음 위치와 조음 방식이 모두 바뀌는 현상이다.

아래 그림을 보면 '해돋이'가 [해도디]가 아닌 [해도지]로 소리 나는 이유를 알 수 있다. [1]과 [2]에서 보듯이, 'ㄷ'과 'ㅣ'를 발음할 때의 혀의 위치가 달라 '디'를 발음할 때는 혀가 잇몸에서 입천장 쪽으로 많이 움직여야 한다. 그러나 [2]와 [3]을 보면, 'ㅈ'과 'ㅣ'를 발음할 때의 혀의 위치가 비슷하기 때문에 '지'를 발음할 때는 혀를 거의 움직이지 않아도 된다.

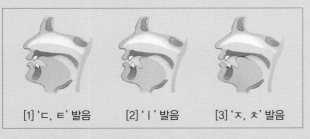

[1] 'ㄷ, ㅌ' 발음　　[2] 'ㅣ' 발음　　[3] 'ㅈ, ㅊ' 발음

비음화, 유음화, 구개음화는 동화 결과 인접한 두 음운의 성격이 비슷하거나 같은 소리로 바뀐다는 점에서 유사하다. 이처럼 성격이 비슷하거나 같은 소리가 연속되면 발음할 때 힘이 덜 들게 되므로 발음의 경제성이 높아진다.

18 윗글의 내용에 대한 이해로 적절하지 <u>않은</u> 것은?

① 음운의 동화는 인접한 두 음운이 비슷하거나 같은 소리로 바뀌는 현상이다.

② 음운의 동화로 조음 위치나 조음 방식이 바뀌면 발음의 경제성이 높아진다.

③ 구개음화와 달리 비음화와 유음화가 일어나는 인접한 두 음운은 모두 자음이다.

④ 구개음화는 자음으로 시작되는 조사나 접미사 앞에서는 일어나지 않는다.

⑤ 구개음화는 동화의 결과로 자음과 모음의 소리가 모두 바뀌는 현상이다.

19 ㉠을 참고할 때, 〈보기〉의 a~c에서 일어난 음운 동화에 대한 설명으로 적절한 것은?

> **보기**
> a. 밥물[밤물]　　　　　b. 신라[실라]
> c. 굳이[구지]

① a: 비음화의 예로, 조음 방식만 바뀐 것이다.

② a: 유음화의 예로, 조음 방식만 바뀐 것이다.

③ b: 비음화의 예로, 조음 위치만 바뀐 것이다.

④ b: 유음화의 예로, 조음 위치만 바뀐 것이다.

⑤ c: 구개음화의 예로, 조음 방식만 바뀐 것이다.

II

단어

08 형태소와 단어

09 단어의 짜임

10 품사의 분류

11 체언

12 용언

13 관계언

14 수식언, 독립언

15 단어의 의미

16 단어의 의미 관계

형태소

종류

자립성 유무에 따라
#자립 형태소 #의존 형태소

의미에 따라
#실질 형태소 #형식 형태소

이형태 ─── #음운론적 이형태 #형태론적 이형태

단어의 짜임

단일어 ─── #단 하나의 어근

복합어

파생어 ─── #어근 + 파생 접사 #접두 파생어 #접미 파생어

합성어 ─── #둘 이상의 어근 #통사적 합성어 #비통사적 합성어
#대등 합성어 #종속 합성어 #융합 합성어

품사의 분류

불변어

체언 ─── #명사 #대명사 #수사

수식언 ─── #관형사 #부사

독립언 ─── #감탄사

관계언 ─── #조사 #서술격 조사 '이다'는 가변어

가변어

용언 ─── #동사 #형용사

단어의 의미

단어의 의미 ─── #동음이의어 #다의어 #중심적 의미 #주변적 의미

단어의 의미 관계 ─── #유의 관계 #반의 관계 #상하 관계

08 형태소와 단어

● **형태소란?** 뜻을 가진 가장 작은 말의 단위

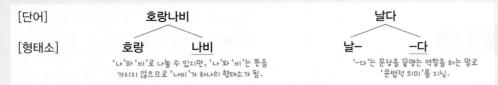

[단어]	호랑나비		날다	
[형태소]	호랑	나비	날-	-다

'나'와 '비'로 나눌 수 있지만, '나'와 '비'는 뜻을 가지지 않으므로 '나비'가 하나의 형태소가 됨.

'-다'는 문장을 끝맺는 역할을 하는 말로 '문법적 의미'를 지님.

1 형태소의 종류

구분		개념	예
자립성 유무에 따라	자립 형태소	다른 형태소와 결합하지 않고 홀로 쓰일 수 있는 형태소 → 모두 단어임.	봄에는 꽃이 활짝 핀다.
	의존 형태소	다른 형태소와 결합하지 않으면 쓰일 수 없는 형태소	• 자립 형태소: 봄, 꽃, 활짝 체언(명사, 대명사, 수사), 수식언(관형사, 부사), 감탄사 • 의존 형태소: 에, 는, 이, 피-, -ㄴ-, -다 조사, 접사, 용언의 어간, 어미
의미에 따라	실질 형태소	구체적인 대상이나 동작, 상태를 표시하는 형태소로 실질적인 의미를 갖는 형태소	• 실질 형태소: 봄, 꽃, 활짝, 피- 체언(명사, 대명사, 수사), 수식언(관형사, 부사), 감탄사, 용언의 어간
	형식 형태소	실질 형태소에 붙어 주로 말과 말 사이의 관계를 표시하는 형태소	• 형식 형태소: 에, 는, 이, -ㄴ-, -다 조사, 접사, 용언의 어미

2 형태소와 이형태

한 형태소가 주위 환경에 따라 음상(音相)을 달리하는 경우가 있는데, 이때 달라진 한 형태소의 여러 모양을 이형태라고 함.

모음이나 자음을 교체함으로써 단어의 기본적인 의미는 그대로 두고 단어의 어감만 다르게 하는 음운 현상

음운론적 이형태	주변 음운의 제약에 의해 생긴 이형태	예 모음으로 끝나는 말 뒤에는 주격 조사 '가'가 쓰이고 자음으로 끝나는 말 뒤에는 주격 조사 '이'가 쓰임.
형태론적 이형태	• 선행하는 형태소에 따라 모습이 바뀌는 이형태 • 음운 환경과 관계없이 나타남.	예 '하-'로 끝나는 어간에는 어미 '-아/어(-았/었-)'가 아니라 '-여(-였-)'가 나타남.

● **단어란?**

자립성

• 자립할 수 있는 말이나 자립할 수 있는 형태소에 붙어서 쉽게 분리될 수 있는 말로, 하나 이상의 형태소가 모여 이루어짐.

분리성

• *조사는 자립 형태소가 아니라 의존 형태소이지만 예외적으로 단어의 자격을 부여하고 있음.

문장	꽃나무에 꽃이 활짝 핀다.							
단어	꽃나무		에	꽃	이	활짝		핀다
형태소	꽃 ↓ 자립, 실질	나무 ↓ 자립, 실질	에 ↓ 의존, 형식	꽃 ↓ 자립, 실질	이 ↓ 의존, 형식	활짝 ↓ 자립, 실질	피- ↓ 의존, 실질	-ㄴ- ↓ 의존, 형식	-다 ↓ 의존, 형식

Tip 용언의 어간은 의존 형태소이면서 실질 형태소니까 주의해!

개념 확인

1 다음 빈칸에 들어갈 알맞은 말을 써 보자.

① 뜻을 가진 가장 작은 말의 단위를 □□□(이)라고 한다.

② 형태소는 자립성 유무에 따라 □□□□□와/과 □□□□□(으)로 나눈다.

③ □□□□은/는 실질 형태소에 붙어 주로 말과 말 사이의 관계를 표시하는 형태소이다.

④ 일반적으로 □□할 수 있는 말이나 □□할 수 있는 형태소에 붙어서 쉽게 분리될 수 있는 말을 단어라고 한다.

2 다음 설명이 맞으면 O, 틀리면 X로 표시해 보자.

① 형태소는 그 의미에 따라 실질 형태소와 형식 형태소로 나눌 수 있다. (　　　)

② 국어의 자립 형태소에는 조사, 접사, 용언의 어미 등이 포함된다. (　　　)

③ 단어는 문장에서 자립적으로 쓰일 수 있는 말의 최소 단위이다. (　　　)

④ 국어의 단어 중에는 그 자체로 형태소에 해당되는 것들이 있다. (　　　)

예시로 연습

3 다음 문장을 형태소와 단어로 분석해 보자. 〈내신 기출〉

(1)
> 나는 높고 푸른 가을 하늘을 보았다.

① 자립 형태소: (　　　　　　　　　　　　　　　　)

② 의존 형태소: (　　　　　　　　　　　　　　　　)

③ 실질 형태소: (　　　　　　　　　　　　　　　　)

④ 형식 형태소: (　　　　　　　　　　　　　　　　)

⑤ 단어: (　　　　　　　　　　　　　　　　)

(2)
> 무늬 있는 강아지가 예뻤다.

① 자립 형태소: (　　　　　　　　　　　　　　　　)

② 의존 형태소: (　　　　　　　　　　　　　　　　)

③ 실질 형태소: (　　　　　　　　　　　　　　　　)

④ 형식 형태소: (　　　　　　　　　　　　　　　　)

⑤ 단어: (　　　　　　　　　　　　　　　　)

01 〈보기〉의 ⊙에 들어갈 말로 가장 적절한 것은?

┌ 보기 ┐
선생님: 의미를 가지고 언어 표현에 쓰이는 단위를 문법 단위라고 하는데, 문법 단위에는 형태소, 단어, 구, 절, 문장 등이 있습니다. 혹시 형태소가 무엇인지 설명할 수 있는 학생이 있을까요?
학생: (　　　　　　　　⊙　　　　　　　　)

① 뜻을 가진 가장 작은 말의 단위입니다.

② 문장 성분의 최소 단위로서 띄어쓰기의 단위입니다.

③ 하나의 종합된 음의 느낌을 주는 말소리의 단위입니다.

④ 분리하여 자립적으로 쓸 수 있는 말이나 이에 준하는 말입니다.

⑤ 생각이나 감정을 말과 글로 표현할 때 완결된 내용을 나타내는 최소의 단위입니다.

02 〈보기〉의 문장을 자립 형태소와 의존 형태소로 바르게 분류한 것은?

┌ 보기 ┐
누나의 눈이 반짝반짝 빛나고 있었다.

	자립 형태소	의존 형태소
①	누나, 눈, 반짝, 반짝, 빛	의, 이, 나-, -고, 있-, -었-, -다
②	누나, 눈, 반짝반짝, 빛	의, 이, 나-, -고, 있-, -었-, -다
③	누나, 눈, 반짝, 반짝	의, 이, 빛, 나-, -고, 있-, -었-, -다
④	누나, 눈, 반짝, 반짝, 빛, 나-, 있-	의, 이, -고, -었-, -다
⑤	누나, 눈, 빛	의, 이, 반짝반짝, 나-, -고, 있-, -었-, -다

[서술형] 03 〈보기〉의 문장에 포함된 실질 형태소와 형식 형태소의 개수를 각각 쓰시오.

┌ 보기 ┐
하늘엔 새 몇 마리가 날고 있다.

• 실질 형태소: _____

• 형식 형태소: _____

04 다음 문장의 형태소를 분석한 내용으로 적절하지 않은 것은?

┌─────────────────────────┐
골짜기에는 작은 개울이 흐르고 있었다.
└─────────────────────────┘

① 이 문장은 모두 12개의 형태소로 이루어져 있다.

② 이 문장에 속한 실질 형태소는 모두 5개이다.

③ 이 문장에 속한 형식 형태소는 모두 7개이다.

④ 이 문장에 속한 자립 형태소는 모두 2개이다.

⑤ 이 문장에 속한 의존 형태소는 모두 9개이다.

05 〈보기〉의 문장을 분석한 내용으로 적절하지 않은 것은?

┌ 보기 ┐
형이 돌다리를 건넜다.

① 이 문장은 모두 8개의 형태소로 이루어져 있군.

② '돌다리'는 2개의 형태소로 이루어진 단어로군.

③ '이', '를'은 의존 형태소이지만 단어로 인정되는 것들이군.

④ 이 문장에서 의존 형태소이면서 형식 형태소인 것은 모두 4개이군.

⑤ 이 문장에서 자립 형태소이면서 실질 형태소인 것은 모두 4개이군.

고난도

06 〈보기〉의 ㉠에 해당하는 사례로 적절하지 <u>않은</u> 것은?

> **보기**
>
> 형태소는 동일한 의미를 가지고 있음에도, 특정한 환경에서 꼴을 달리하기도 하는데, 그 각각을 '이형태'라고 한다. 이러한 이형태 중에는 '㉠음운론적 이형태'라는 것이 있는데, 예를 들면 앞 음절이 자음으로 끝날 때에는 주격 조사 '이'가 나타나고 앞 음절이 모음으로 끝날 때에는 '가'가 나타나는 것이 이에 해당한다. 이처럼 음운론적 조건에 따라 모양이 바뀌어 나타나는 것을 음운론적 이형태라고 한다.

① ┌ 나는 책을 읽는다.
   └ 나는 나무를 심었다.

② ┌ 네가 맞아.
   └ 나 지금 밥 먹어.

③ ┌ 개는 늑대와 비슷하다.
   └ 이것은 내 것과 같다.

④ ┌ 어제는 내내 공부를 하였다.
   └ 나는 생일날 선물을 받았다.

⑤ ┌ 모든 길은 로마로 통한다고 했다.
   └ 나는 미국으로 여행을 떠났다.

신유형

07 ㉠~㉤ 중 〈보기〉의 빈칸에 공통적으로 들어갈 말에 해당하는 것은?

> **보기**
>
> 단어를 정의할 때, '자립할 수 있는 형태소에 붙어서 쉽게 분리될 수 있는 말'이라는 표현을 사용한 것은 (   )을/를 단어로 처리하기 위한 것이다. (   )은/는 의존 형태소이지만, 그 선행 요소가 자립 형태소이기 때문에 (   )도 그에 준하는 자립성을 가지는 것으로 볼 수 있다.
>
> 이번 태풍은 정말 지독했다.
> ㉠   ㉡ ㉢   ㉣   ㉤

① ㉠   ② ㉡   ③ ㉢   ④ ㉣   ⑤ ㉤

🛡 고난도 서술형 대비하기

08 〈보기〉의 문장이 각각 몇 개의 단어와 형태소로 이루어져 있는지 〈조건〉에 맞게 서술하시오.

> **보기**
>
> 어제까지 내린 눈이 뜰에 가득 쌓여 있다.

> **조건**
>
> '이 문장은 ~개의 단어와 ~개의 형태소로 이루어져 있다.'의 형식으로 쓸 것.

09 〈보기〉에 제시된 문장을 (가), (나)와 같이 형태소 분류를 할 때, (가)와 (나)에 적용된 형태소 분류 기준과 형태소의 종류를 〈조건〉에 맞게 서술하시오.

> 우리가 밝은 곳에서 그 나비 하나를 또 잡았어.
>
> ▼

(가)	우리, 곳, 그, 나비, 하나, 또
	가, 밝-, -은, 에서, 를, 잡-, -았-, -어
(나)	우리, 밝-, 곳, 그, 나비, 하나, 또, 잡-
	가, 은, 에서, 를, -았-, -어

> **조건**
>
> • (가)와 (나)의 형태소 분류 기준을 쓸 것.
> • 형태소의 종류를 구체적으로 쓸 것.
> • '(가)는 ~에 따라 ~로 분류하였고, (나)는 ~에 따라 ~로 분류하였다.'의 형식으로 쓸 것.

10 〈보기〉의 문장에 사용된 의존 형태소 중 이형태를 지니는 것을 모두 찾아 〈조건〉에 맞게 서술하시오.

> **보기**
>
> 나는 오늘 아침 일찍 산에 올랐다.

> **조건**
>
> '이 문장에 포함된 의존 형태소 중 이형태를 지니는 것은 ~이고, 각각의 이형태는 ~이다.'의 형식으로 쓸 것.

09 단어의 짜임

1 단어의 구조

단어를 구성하는 형태소	어근		단어의 실질적인 의미를 나타내는 중심 부분
	접사		어근에 붙어 그 뜻을 한정하는 주변 부분
		접두사	어근 앞에 결합하는 파생 접사 ⑩ 날고기: 날-(접두사) + 고기(어근)
		접미사	어근 뒤에 결합하는 파생 접사 ⑩ 구경꾼: 구경(어근) + -꾼(접미사)

> **Tip** 접미사는 접두사와 달리 어근의 품사를 바꾸기도 해. ⑩ 먹-(동사 어간)+-이(명사 파생 접미사) → 먹이(명사)

2 단어의 유형

형성 방법에 따라	단일어		하나의 어근으로 이루어진 단어 ⑩ 산, 하늘, 강, 나비, 날다
	복합어		둘 이상의 형태소가 결합하여 이루어진 단어
		파생어	어근과 파생 접사가 결합하여 만들어진 단어 ⑩ 풋나물, 향기롭다
		합성어	둘 이상의 어근이 결합하여 만들어진 단어 ⑩ 돌다리, 볶음밥

① 파생어: 어근과 접사가 결합하여 이루어진 단어

접두 파생어	접미 파생어
• 접사가 어근 앞에 결합하여 특정한 뜻을 더함. • 어근의 품사가 바뀌지 않음.	• 접사가 어근 뒤에 결합하여 특정한 뜻을 더함. • 어근의 품사가 바뀔 수 있음.
⑩ 맏-: 맏딸, 맏며느리, 맏아들, 맏사위 맨-: 맨손, 맨입, 맨발, 맨눈 되-: 되감다, 되돌다, 되묻다	⑩ -꾸러기: 잠꾸러기, 말썽꾸러기, 욕심꾸러기 -(으)ㅁ: 웃음, 울음, 춤, 얼음 → 동사가 명사로 바뀜. -스럽-: 어른스럽다, 고집스럽다, 걱정스럽다

② 합성어: 둘 이상의 어근으로 이루어진 단어

어근의 배열 방식에 따라	통사적 합성어	국어의 일반적인 문장 구성 방법을 따르는 합성어	⑩ 새해 → 관형사 + 명사 찬밥 → 용언의 관형사형 + 명사 힘들다 → 명사 + 동사 돌아보다 → 동사의 연결형 + 동사
	비통사적 합성어	국어의 일반적인 문장 구성 방법과는 다른 방식으로 형성된 합성어	⑩ 접칼 → 동사의 어간 + 명사 검붉다 → 형용사의 어간 + 형용사 산들바람 → 부사 + 명사
어근의 의미 관계에 따라	대등 합성어	두 어근의 관계가 대등한 합성어	⑩ 논밭, 강산, 마소
	종속 합성어	앞의 어근이 뒤의 어근을 수식하는 합성어	⑩ 손가락, 손수건, 돌다리, 쌀밥
	융합 합성어	두 어근이 결합하면서 새로운 의미를 나타내는 합성어	⑩ 밤낮(늘, 항상), 집안(가문), 돌아가다(죽다), 쥐꼬리(극소량), 산수(경치)

3 새말의 형성

• 새말: 새로운 사물이나 개념을 표현하기 위해 새로 만들어 사용하는 말
• 새말은 국어 순화의 결과로 만들어지기도 함. → 계속 쓰이기도 하고 잠깐 쓰이다가 사라지기도 함.
• 새말의 형성 방법

합성의 방식	⑩ 꽃미남(꽃 + 미남), 반려동물(반려 + 동물), 꿀피부(꿀 + 피부)
파생의 방식	⑩ -족: 엄지족(엄지 + -족), 캥거루족(캥거루 + -족)
머리글자를 결합하는 방식	⑩ 남사친(남자 사람 친구), 심쿵(심장이 쿵), 강추(강력 추천), 혼밥[혼자 (먹는) 밥]
단어의 일부를 결합하는 방식	⑩ 네티켓(네트워크 + 에티켓), 쫄볶이(쫄면 + 떡볶이), 득템[得(얻을 득) + 아이템]

개념 +

직접 구성 성분
'직접 구성 성분'은 단어를 두 조각으로 한 번만 나눌 때 나온 구성 요소로, 세 개 이상의 형태소로 이루어진 단어의 짜임을 분석할 때 활용된다.

⑩

코웃음
형태소는 '코+웃+-(으)ㅁ'으로 구성되지만, 일차적으로 나눈 직접 구성 성분은 '코'와 '웃음'이므로 '코웃음'을 합성어로 분석함.

비웃음
형태소는 '비-+웃+-(으)ㅁ'으로 구성되지만, 일차적으로 나눈 직접 구성 성분은 '비웃-'과 '-(으)ㅁ'이므로 '비웃음'을 파생어로 분석함.

⚠ 헷갈리는 개념 잡기

'어간'과 '어근'은 어떻게 다를까?
'어간'은 용언이 활용할 때 변하지 않는 부분으로 '어미'에 상대되는 개념이라면, '어근'은 단어의 형성을 설명할 때 사용하는 개념으로 '접사'와 상대되는 개념이라고 할 수 있어요. 예를 들어 '뒤섞이다'는 '뒤섞이고, 뒤섞이어, 뒤섞이니'와 같이 활용하므로 고정된 부분인 '뒤섞이-'가 어간이고, 단어의 실질적 의미를 나타내는 형태소인 '섞-'이 어근에 해당돼요. 어떤 단어는 어간과 어근의 형태가 일치하기도 해요. '섞다, 먹다'와 같은 단어가 그러하지요. 어간과 어근을 헷갈리기 시작하면 문법이 어려워질 수 있으니 반드시 구분하여 이해하도록 하세요!

개념 확인

1 다음 빈칸에 들어갈 알맞은 말을 써 보자.

① 단어를 형성하는 요소에는 단어의 실질적인 의미를 나타내는 중심 부분인 ☐☐와/과 그것
에 붙어 그 뜻을 한정하는 주변 부분인 ☐☐이/가 있다.

② 하나의 어근으로 이루어진 단어를 ☐☐☐, 둘 이상의 형태소가 결합하여 이루어진 단어를
☐☐☐(이)라고 한다.

③ 복합어에는 ☐☐☐와/과 ☐☐☐이/가 있다.

④ 파생 접사는 어근에 결합하는 위치에 따라 ☐☐☐와/과 ☐☐☐(으)로 나눌 수 있다.

2 다음 설명이 맞으면 O, 틀리면 X로 표시해 보자.

① 파생어와 합성어는 모두 복합어에 해당한다. (　　　)

② 접두사는 어근의 품사를 바꿀 수 있으나, 접미사는 어근의 품사를 바꿀 수 없다. (　　　) ◁ 내신 기출

③ 국어의 일반적인 문장 구성 방법과는 다른 방식으로 형성된 합성어를 통사적 합성어라고 한
다. (　　　)

④ 앞의 어근이 뒤의 어근을 수식하는 합성어는 종속 합성어이다. (　　　)

예시로 연습

3 다음 단어에 해당하는 구조를 찾아 바르게 연결해 보자.

① 하늘　　　•　　　•　㉠ 단일 어근

② 봄꽃　　　•　　　•　㉡ 파생 접사 + 어근

③ 헛수고　　•　　　•　㉢ 어근 + 파생 접사

④ 감자볶음　•　　　•　㉣ 어근 + 어근

⑤ 낚시질　　•　　　•　㉤ 어근 + [어근 + 파생 접사]

4 다음 단어가 파생어에 해당하면 '파', 합성어에 해당하면 '합'이라고 써 보자.

① 젊은이 (　　　)　　　② 함박눈 (　　　)　　　③ 거짓말쟁이 (　　　)

④ 개살구 (　　　)　　　⑤ 산들바람 (　　　)　　　⑥ 콜록거리다 (　　　)

5 다음 중 비통사적 합성어에 해당하는 것을 모두 골라 O로 표시해 보자.

| 잡곡밥 | 접칼 | 검푸르다 | 돌아가다 | 논밭 |

01 〈보기〉의 ㉠에 들어갈 내용으로 적절하지 <u>않은</u> 것은?

> **보기**
> 선생님: 단어는 하나의 실질 형태소로 이루어진 단일어와 둘 이상의 형태소가 결합하여 이루어진 복합어로 나눌 수 있습니다. 또한 복합어는 파생 접사와 어근이 결합한 파생어와 두 개 이상의 어근이 결합한 합성어가 있습니다.
> 학생: (㉠   )

① '바다'는 하나의 형태소로 이루어진 단일어이군요.
② '반짝반짝'은 두 개의 어근이 결합한 합성어이군요.
③ '웃음'은 어근과 파생 접사로 이루어진 파생어이군요.
④ '달리기'는 어근과 파생 접사로 이루어진 파생어이군요.
⑤ '졸졸'은 두 개 이상의 형태소로 이루어진 복합어이군요.

02 〈보기〉의 ㉠에 들어갈 내용으로 적절하지 <u>않은</u> 것은?

> **보기**
> 접두사와 접미사는 복합어 중 파생어를 형성한다는 공통점이 있다. 하지만 접두사는 어근의 품사를 바꾸지 않는 데에 비해, 접미사는 어근의 품사를 바꾸기도 한다. 접미사가 어근의 품사를 바꾸는 예로는 (㉠   )이/가 있다.

① '먹보'의 '-보'　　　② '지우개'의 '-개'
③ '맛나다'의 '-나다'　　④ '학생답다'의 '-답-'
⑤ '가느다랗다'의 '-다랗-'

03 〈보기〉의 ㉠과 ㉡의 예끼리 알맞게 짝지어진 것은?

> **보기**
> 합성어는 둘 이상의 어근으로 이루어진 단어이다. 합성어는 형성 절차에 따라 국어의 일반적인 문장 구성 방법을 따르는 ㉠통사적 합성어와 국어의 일반적인 문장 구성 방법과는 다른 방식으로 형성된 ㉡비통사적 합성어로 나눌 수 있다.

	㉠	㉡
①	말다툼	살짝곰보
②	높푸르다	덮밥
③	섞어찌개	어린이
④	검붉다	힘들다
⑤	잘못	산돼지

04 〈보기〉의 내용을 바탕으로 ㉠~㉤의 짜임을 분석한 내용으로 적절하지 <u>않은</u> 것은?

> **보기**
> 부사를 만드는 접미사 중 대표적인 것에는 '-이'와 '-히'가 있는데, '-이'와 '-히'가 결합한 형태는 다음과 같은 것들이 있다.
>
> > ㉠ 같이, 많이
> > ㉡ 깨끗이, 느긋이
> > ㉢ 일찍이, 더욱이
> > ㉣ 나날이, 집집이
> > ㉤ 가만히, 고요히

① ㉠은 형용사의 어근에 '-이'가 결합하여 파생된 부사들이다.
② ㉡은 '-하다'가 붙을 수 있는 어근에 '-이'가 결합하여 파생된 부사들이다.
③ ㉢은 부사에 다시 '-이'가 결합하여 파생된 부사들이다.
④ ㉣은 명사의 반복형을 어근으로 하여 '-이'가 결합하여 파생된 부사들이다.
⑤ ㉤은 '-하다'가 붙을 수 없는 어근에 '-히'가 결합하여 파생된 부사들이다.

_{서술형}
05 〈보기〉의 내용을 참고하여 '코웃음'과 '비웃음'이 합성어인지 파생어인지 구분하여 쓰시오.

> **보기**
> 여러 개의 형태소로 이루어진 단어가 합성어인지 파생어인지를 판단하기 위해서는 직접 구성 성분 분석(IC)을 한다. 직접 구성 성분은 어떤 언어 단어를 층위를 두고 분석할 때 일차적으로 분리되어 나오는 성분이다.

06 〈보기〉의 내용을 참고하여 ㉠의 짜임을 이해한 내용으로 적절하지 <u>않은</u> 것은?

> **보기**
>
> 단어를 구성하는 요소에는 어근과 접사가 있다. 어근은 단어에서 의미상 중심이 되는 부분이고, 접사는 어근에 붙어 문법적인 기능을 나타내거나 부분적으로 의미를 더해 주는 요소이다. 접사에는 파생 접사와 굴절 접사가 있는데, 파생 접사는 단어 형성에 참여하여 새로운 단어를 만드는 역할을 하고, 일반적으로 굴절 접사는 용언이 활용할 때 어간에 붙어서 형태가 변하는 부분으로 국어의 어미가 이에 해당한다.

> 그의 연설은 민족의식을 ㉠드높이었다.

① '높–'이 의미상 중심이 되는 부분이므로 어근에 해당하겠군.

② '드–'는 '심하게' 또는 '높이'의 의미를 지니고 있으므로, 어근에 의미를 더해 주는 역할을 하는 파생 접사에 해당하겠군.

③ '–이–'는 사동의 의미를 더하고 있으므로 파생 접사에 해당하겠군.

④ '–었–'은 단어의 의미와는 관계없이 과거 시제임을 나타내는 문법적 기능을 하고 있으므로 굴절 접사에 해당하겠군.

⑤ '–다'는 단어의 기본형을 채워 주는 형태소이므로 파생 접사에 해당하겠군.

07 〈보기〉를 바탕으로 새말의 형성 방법에 대해 탐구한 내용으로 적절하지 <u>않은</u> 것은?

> **보기**
>
> ㉠ 반짝세일, 꽃미남　　　㉡ 엄지족, 누리꾼
> ㉢ 강추, 버카충　　　　　㉣ 네티켓, 쫄볶이
> ㉤ 차계부, 뇌피셜

① ㉠은 '반짝＋세일', '꽃＋미남'과 같이 어근과 어근이 결합하여 만들어졌구나.

② ㉡은 '엄지', '누리'에 각각 접미사 '–족', '–꾼'이 결합하여 만들어졌구나.

③ ㉢은 '강력 추천', '버스 카드 충전'에서 각각의 단어 첫 말을 따서 만들었구나.

④ ㉣은 '네트워크 에티켓', '쫄면 떡볶이' 두 단어에서 한 음절씩을 결합하여 만들었구나.

⑤ ㉤은 '차 가계부', '뇌 오피셜'에서 한 단어를 절단한 후 다른 단어와 결합하여 만들어졌구나.

✔ 고난도 서술형 대비하기

08 〈보기〉의 ㉠, ㉡은 같은 형태의 접사가 결합한 파생어이다. 두 접사는 문법적으로 어떤 차이가 있는지 〈조건〉에 맞게 서술하시오.

> **보기**
>
> • 안개가 껴서 산의 ㉠높이를 가늠하기 어렵다.
> • 몇 년 사이에 나무가 ㉡높이 자랐다.

> **조건**
>
> • 단어의 품사와 관련지어 쓸 것.
> • '㉠의 '–이'는 ～이고, ㉡의 '–이'는 ～라는 점에서 차이가 있다.'의 형식으로 쓸 것.

_____

_____

09 통사적 합성어와 비통사적 합성어가 무엇인지 설명하고 각각의 예를 하나씩 들어 서술하시오.

> **조건**
>
> • 통사적 합성어와 비통사적 합성어를 설명할 때 각각 별개의 문장으로 쓸 것.
> • '(비)통사적 합성어는 ～로, 예로는 ～이/가 있다.'의 형식으로 쓸 것.

_____

_____

10 어근의 의미 관계에 따라 합성어를 분류할 때 ㉠과 ㉡의 합성어의 종류는 무엇인지 〈조건〉에 맞게 서술하시오.

> **보기**
>
> ㉠ 손가락　　　㉡ 아들딸

> **조건**
>
> • 분류 근거를 제시할 것.
> • '㉠은 ～이고, ㉡은 ～이다.'의 형식으로 쓸 것.

_____

❹ 본용언과 보조 용언

가지고 싶다
본용언   보조 용언

본용언	• 자립하여 쓰여 실질적인 의미를 나타내는 용언 • 단독으로 서술어가 될 수 있음. 예 먹다, 놀다
보조 용언	• 자립하여 쓰이지 않고 본용언 뒤에 붙어서 의미를 더해 주는 용언 • 단독으로 서술어가 될 수 없음. 예 나는 놀고 싶다.(ㅇ) / 나는 싶다.(×) • 활용 형태에 따라 보조 동사와 보조 형용사로 나뉨. 예 놀아 본다(보조 동사), 놀고 싶다(보조 형용사) → '보다'는 현재 시제 선어말 어미 '-ㄴ-'과 결합되므로 보조 동사, '싶다'는 결합이 불가능하므로 보조 형용사임.

◆ 본용언과 보조 용언의 구별

• 용언이 두 개 이상 연결된 경우, 선행하는 용언이 본용언임.
  예 사과를 먹어 보고 싶다.
       본용언 보조 용언

• 두 번째 이하의 용언 중, 단독으로 쓰일 때 서술어가 되면 본용언, 서술어가 되지 못하면 보조 용언임.
  예 쓰레기를 {갖다 버리다/버리다}. → 문장이 성립되므로 '버리다'는 본용언

  동생이 과자를 다 {먹어 버리다/*버리다}. → 문장이 성립되지 않으므로 '버리다'는 보조 용언

빈출 개념
❺ 용언의 활용

용언은 '어간+어미'로 구성되는데, 한 어간에 여러 어미가 번갈아 결합해 형태가 변하는 것을 '활용'이라고 함. → 단어의 형태만 변하는 것이고 품사는 변하지 않음.

어간 ← **가-** + **-시-** + **-었-** + **-다** ···→ 어미
         선어말 어미   선어말 어미   어말 어미

*어간	용언이 활용할 때 형태가 고정된 부분	예 가다, 가고, 가서, 가니 ……
어미	용언이 활용할 때 형태가 변하는 부분	→ 어간 '가-'는 고정되고 어간 뒤에 다양한 어미 '-다, -고, -서, -니' 등이 붙어 문법적 기능을 더해 줌.

◆ 국어 어미의 체계

구분			어미와 예문
선어말 어미 → 어말 어미의 앞 자리에 들어가는 어미	높임, 시제 등		-시- 예 아버지께서 말씀하시었다.
			-ㄴ/는-, -었/았-, -겠- 등 예 밥을 먹는다/먹었다/먹겠다
어말 어미 → 단어 끝자리에 들어가는 어미	**종결 어미** → 문장을 끝맺어 주는 기능을 하는 어미	평서형	-다, -네, -오, -ㅂ니다 등 예 공부를 열심히 합니다.
		의문형	-니, -나, -ㅂ니까 등 예 밥 먹었니?
		명령형	-아라/어라, -ㅂ시오 등 예 어서 먹어라.
		청유형	-자, -세 등 예 열심히 공부하자.
		감탄형	-구나, -군, -로구나 등 예 아기가 정말 귀엽구나!
	연결 어미 → 문장과 문장을 연결해 주는 기능을 하는 어미	대등적	-고, -며, -면서, -거나 등 예 하늘은 푸르고 물은 맑다.
		종속적	-면, -니, -려고, -러 등 예 봄이 오면 꽃이 핀다.
		보조적	-아/어, -게, -지, -고 등 예 빨래를 밖에 널어 두었다.
	전성 어미 → 용언의 서술 기능을 다른 기능으로 바꾸어 주는 어미	명사형	-(으)ㅁ, -기 예 나는 경찰관이 되기를 원한다.
		*관형사형	-는, -(으)ㄴ, -(으)ㄹ, -던 예 지금 떠드는 사람이 누구니?
		부사형	-도록, -게, -듯이, -(아)서 등 예 안 되면 되게 하라.

Tip 선어말 어미는 경우에 따라 없을 수도 있고 둘 이상이 오는 것도 가능해. 그러나 문장에서 어말 어미는 반드시 있어야 해.

* 참고
어간과 어근의 차이

어간	• 용언에서 형태가 변하지 않는 부분 • 용언의 활용에서 거론되는 개념 • 어간+어미
어근	• 단어를 분석할 때 실질적 의미를 나타내는 중심 부분 • 단어의 형성에서 거론되는 개념 • 어근+접사

관형사형 어미와 시간 표현
관형사형 어미 '-는, -(으)ㄴ, -(으)ㄹ'은 시간을 표현하는 데 쓰인다. → 130쪽 참고
예 이미 간 사람 (과거)
  지금 가는 사람 (현재)
  곧 갈 사람 (미래)

개념 +
연결 어미의 의미
대등적 연결 어미는 문장이 서로 맞섬의 성격을 나타내게 하는 어미로, 이어지는 두 문장이 주로 나열, 대조, 상반, 중첩 등의 의미를 갖게 한다.
예 너는 놀고, 나는 쉴게. (나열)
  너는 놀지만, 나는 공부할게. (상반)

종속적 연결 어미는 두 문장을 주종 관계로 연결하는데, 주로 동시, 원인·이유, 양보, 목적·의도 등의 의미를 갖게 한다.
예 까마귀 날자 배 떨어진다. (동시)
  머리가 아파서 일어났다. (원인)

! 헷갈리는 개념 잡기
같은 '웃음'인데 품사가 다르다고?
"크게 웃음. / 옅은 웃음을 참다."에서 '웃음'의 품사는 각각 동사와 명사입니다. 앞엣것은 동사의 어간 '웃-'에 명사형 전성 어미 '-(으)ㅁ'이 결합한 형태이고, 뒤엣것은 동사의 어근 '웃-'에 명사 파생 접미사 '-(으)ㅁ'이 결합한 형태지요. 두 단어는 형태가 같아 구분하기 쉽지 않아요. 그러나 명사형 전성 어미가 결합한 단어는 부사어의 수식을 받으며 서술성이 있으나, 명사 파생 접미사가 결합한 단어는 관형어의 수식을 받으며 서술성이 없어요. 이러한 차이는 각 품사의 특성 차이로, 용언인 형용사도 동사와 같은 특징을 지닌답니다.
예 활짝 웃음으로써 나의 기쁨을 표현했다.
  → 웃음: 부사어 '활짝'의 수식을 받음. 주어의 움직임을 서술함. (동사)
  → 기쁨: 관형어 '나의'의 수식을 받음. 서술성이 없음. (명사)

① 규칙 활용

용언이 활용할 때 어간이나 어미의 기본 형태가 유지되거나, 달라지더라도 'ㄹ' 탈락이나 'ㅡ' 탈락처럼 규칙적으로 활용하는 경우

어간, 어미 모두 형태 변화가 없는 활용		예 뽑다: 뽑-+-고, 뽑-+-아서, 뽑-+-으니 얻다: 얻-+-고, 얻-+-어서, 얻-+-으니
어간과 어미의 형태가 바뀌지만 일반적인 음운 규칙으로 설명할 수 있는 활용	모음 조화	예 먹-+-어 → 먹어 → 양성 모음은 양성 모음끼리, 음성 모 잡-+-아 → 잡아 음은 음성 모음끼리 어울리는 현상
	'ㄹ' 탈락	예 살-+-는 → 사는 → 어간의 끝소리 'ㄹ'이 'ㄴ'으로 시작 하는 어미 앞에서 탈락하는 현상
	'ㅡ' 탈락	예 쓰-+-어 → 써 → 어간의 끝소리 'ㅡ'가 '-아/어'로 시작 하는 어미 앞에서 탈락하는 현상

↪ 탈락 34쪽 참고

② 불규칙 활용

용언이 활용할 때 어간이나 어미의 형태가 규칙적이지 않게 활용하는 경우

유형		조건과 활용	예
어간이 바뀌는 경우	'ㅅ' 불규칙	어간의 끝소리 'ㅅ'이 모음 어미 앞에서 탈락함.	짓-+-어 → 지어 잇-+-어 → 이어 낫-+-아 → 나아 (규칙 활용: 벗-+-어 → 벗어)
	'ㄷ' 불규칙	어간의 끝소리 'ㄷ'이 모음 어미 앞에서 'ㄹ'로 바뀜.	걷-+-어 → 걸어 듣-+-어 → 들어 묻-+-어 → 물어 (규칙 활용: 얻-+-어 → 얻어)
	'ㅂ' 불규칙	어간의 끝소리 'ㅂ'이 모음 어미 앞에서 반모음 'ㅗ/ㅜ'로 바뀜.	돕-+-아 → 도와 곱-+-아 → 고와 줍-+-어 → 주워 (규칙 활용: 잡-+-아 → 잡아)
	'르' 불규칙	어간의 끝소리 '르'가 모음 어미 앞에서 'ㄹㄹ'로 바뀜.	흐르-+-어 → 흘러 빠르-+-아 → 빨라 배부르-+-어 → 배불러 (규칙 활용: 따르-+-아 → 따라)
	'우' 불규칙	어간의 끝소리 '우'가 모음 어미 앞에서 탈락함.	푸-+-어 → 퍼 (규칙 활용: 주-+-어 → 줘)
어미가 바뀌는 경우	'여' 불규칙 → '하다'와 '-하다' 가 붙은 모든 용언	어간이 '하-'로 끝나는 용언 뒤에서 모음 어미 '-아'가 '-여'로 바뀜.	하-+-아 → 하여 일하-+-아 → 일하여 (규칙 활용: 파-+-아 → 파)
	'러' 불규칙	어간이 '르'로 끝나는 용언 뒤에서 모음 어미 '-어'가 '-러'로 바뀜.	이르-+-어 → 이르러 푸르-+-어 → 푸르러 누르-+-어 → 누르러 (규칙 활용: 치르-+-어 → 치러)
어간과 어미가 모두 바뀌는 경우	'ㅎ' 불규칙 → 색채를 나타내는 형용사들	'ㅎ'으로 끝나는 어간에 '아/어'가 오면, 어간의 'ㅎ'이 탈락하고 어미도 변함.	파랗-+-아 → 파래 누렇-+-어 → 누레 (규칙 활용: 좋-+-아 → 좋아)

⚠ 헷갈리는 개념 잡기

'합격을 바라.'가 맞는 표현이라고?

어떤 일이 이루어지기를 마음속으로 기대하는 뜻의 '바라다'는 어간 '바라-'에 여러 어미가 결합해서 '바라고, 바라니, 바라는' 등으로 활용해요. 그래서 '바라-'에 어미 '-아'가 붙을 때에는 '바라'로 적어야 한답니다! 동일한 모음 'ㅏ'가 연속되어 하나가 탈락해 쓰이기 때문이에요(34쪽 참고). 이를 '바래'라고 잘못 쓰면 색이 변한다는 뜻으로 문장의 의미가 완전 달라지니 주의하세요!
예 바라다 → 합격을 바라. / 바람.
    바래다 → 누렇게 바랜 종이

개념 확인

1 다음 괄호 안에 들어갈 알맞은 말에 ○로 표시해 보자.

① 용언은 문장에서 (서술어 / 목적어)의 역할을 한다.

② 용언은 문장에서 쓰일 때 형태가 변하는 (불변어 / 가변어)이다.

③ 동사는 주어의 (상태나 성질 / 움직임)을 나타내는 말이다.

④ 형용사는 주어의 (상태나 성질 / 움직임)을 나타내는 말이다.

2 다음 빈칸에 들어갈 알맞은 말을 써 보자.

① 용언이 활용할 때 형태가 고정된 부분은 [ ][ ]이고, 그 뒤에 붙어 형태가 변하는 부분은 [ ]
[ ]이다. ⟨내신 기출⟩

② 어미는 [ ][ ][ ] 어미와 [ ][ ] 어미로 나눌 수 있다.

③ 동사는 형용사와 달리 현재 시제 선어말 어미 '-[ ]-', '-[ ]-'과 결합할 수 있다.

④ [ ][ ][ ]은/는 본용언 뒤에 붙어서 뜻을 보충하는 역할을 한다.

예시로 연습

3 다음 문장의 밑줄 친 용언을 동사와 형용사로 구분하여 그 단어의 기본형을 써 보자. ⟨내신 기출⟩

① 나는 어제저녁에 양말을 깨끗하게 빨았다.

→ 동사: (   )   형용사: (   )

② 눈 덮인 세상은 정말 아름답구나.

→ 동사: (   )   형용사: (   )

③ 진희는 누구에게나 친절해서, 최우수 직원상을 수상했다.

→ 동사: (   )   형용사: (   )

④ 달콤한 아이스크림이 생각나는 날씨야.

→ 동사: (   )   형용사: (   )

⑤ 이 넓은 운동장을 최대한 빨리 뛸 것이다.

→ 동사: (   )   형용사: (   )

4 용언의 불규칙 활용의 유형과 그 예를 바르게 연결해 보자.

① 'ㄷ' 불규칙 활용 •   • ㉠ 아침마다 30분씩 걸어서 학교에 간다.

② '러' 불규칙 활용 •   • ㉡ 물놀이를 하는 동생의 입술이 파래.

③ 'ㅎ' 불규칙 활용 •   • ㉢ 산 정상에 이르러 휴식을 취했다.

01 다음 중 용언에 대한 설명으로 적절하지 않은 것은?

① 용언은 조사와 결합할 수 없으며, 주로 관형사의 수식을 받는다.

② 용언은 문장 속에서 다양한 형태로 활용하면서 여러 문법 기능을 수행한다.

③ 용언은 시제를 표현할 수 있다는 점에서, 주로 문장에서 서술 기능을 담당한다.

④ '달리다', '아름답다'와 같이 사물의 움직임이나 상태를 표현하는 단어를 일컫는다.

⑤ 활용을 할 때 형태가 변하지 않는 부분을 '어간', 다양하게 형태가 변하는 부분을 '어미'라고 한다.

02 〈보기〉의 밑줄 친 단어의 품사에 대한 설명으로 적절하지 않은 것은?

┌─ 보기 ─────────────────────
㉠ 언니는 나보다 키가 <u>크다</u>.
㉡ 아이들은 따뜻한 말 한마디에 <u>큰다</u>.
㉢ 사람은 <u>늙는</u> 것을 피할 수 없다.
㉣ 어머니는 나이에 비해 마음이 <u>젊다</u>.
└─────────────────────────

① ㉠의 '크다'와 ㉡의 '큰다'는 품사가 다르다.

② ㉠의 '크다'는 현재 시제 선어말 어미가 결합할 수 없다.

③ ㉡의 '큰다'는 성질이나 속성을 표현하므로 형용사이다.

④ ㉢의 '늙는'은 시간의 흐름과 형상의 변화를 의미하므로 동사이다.

⑤ ㉣의 '젊다'는 명령형 어미가 결합할 수 없으므로 형용사이다.

03 밑줄 친 단어의 품사가 같은 문장끼리 바르게 묶인 것은?

① ┌ 나는 새 옷을 <u>입었다</u>.
  └ 겨울바람이 정말 <u>차갑구나</u>.

② ┌ 상품을 큰 <u>묶음</u>으로 파는 가게가 많다.
  └ 무용수들이 군무를 <u>춤</u>과 동시에 조명이 켜졌다.

③ ┌ 기름은 물보다 <u>가볍다</u>.
  └ 날씨가 맑아 빨래가 잘 <u>마른다</u>.

④ ┌ 바지 길이가 <u>길다</u>.
  └ 그녀는 머리가 잘 <u>기는</u> 편이다.

⑤ ┌ 얼마 전 길에서 만난 <u>예쁜</u> 여학생이 떠올라.
  └ 오늘 아침에는 <u>눈부시게</u> 하얀 눈이 내렸어.

04 밑줄 친 단어의 품사를 쓰고, 그렇게 판단한 이유를 쓰시오.

┌─ 보기 ─────────────────────
㉠ 초저녁부터 달이 휘영청 <u>밝았다</u>.
㉡ 날이 <u>밝는</u> 대로 이곳을 떠나겠다.
└─────────────────────────

㉠: _____

㉡: _____

_____

05 다음은 용언에 대한 탐구 활동이다. ㉠~㉤에 들어갈 말로 적절한 것은?

┌──────────────────────────────
[탐구 문제] 다음 단어들을 기준에 맞게 분류해 보자.

┌─────────────────────────────
많다, 피다, 이러하다, 태우다, 떠오르다, 믿다
└─────────────────────────────

[탐구 과정]

1. 주체의 성질이나 상태를 나타내는 단어

구분	단어	종류
성질이나 상태를 나타내는 단어	많다 →	㉠
지시성을 나타내는 단어	㉡ →	지시 형용사

2. 주체의 움직임이나 작용을 나타내는 단어

구분	단어	종류
움직임이 주어에만 관련되는 단어	㉢ →	자동사
움직임이 다른 대상, 즉 목적어에 미치는 단어	㉣ →	㉤
└──────────────────────────────

① ㉠: 성상 형용사

② ㉡: 피다, 떠오르다

③ ㉢: 태우다, 믿다

④ ㉣: 이러하다

⑤ ㉤: 피동사

06 밑줄 친 단어의 성격이 나머지 넷과 <u>다른</u> 하나는?

① 봄에는 제주도로 여행을 가고 싶<u>다</u>.

② 그 종이는 휴지통에 잘 찢어 버려<u>라</u>.

③ 넌 할 수 있을 거야. 한번 도전해 <u>봐</u>!

④ 그는 친구들의 고민을 잘 들어 <u>주었다</u>.

⑤ 현재를 살아가고 <u>있는</u> 우리 젊은이들에게.

고난도

07 〈보기〉의 ㉠~㉤에 대한 설명으로 적절하지 <u>않은</u> 것은?

> **보기**
> ㉠ 메모를 남겨 주다니, 넌 참 친절하구나.
> ㉡ 나도 모르게 스르륵 잠이 들었다.
> ㉢ 새로 만든 쿠키를 먹어 보았다.
> ㉣ 시험이 끝나고 친구들과 놀고 싶다.
> ㉤ 운동을 꾸준히 하려고 했는데 생각만큼 쉽지 않다.

① ㉠의 '친절하구나'의 '-구나'는 종결 어미이다.

② ㉡의 문장에 쓰인 용언은 2개이다.

③ ㉢의 '먹어 보았다'에 쓰인 어말 어미는 2개이다.

④ ㉣의 '놀고 싶다'에서 연결 어미 '-고'가 쓰였다.

⑤ ㉤의 '쉽지 않다'에는 전성 어미 '-지'가 쓰였다.

---

08 〈보기〉의 단어에 대한 설명으로 적절하지 <u>않은</u> 것은?

> **보기**
> 듣다, 걷다, 푸르다, 짓다, 빠르다, 솟다, 치르다, 먹다

① '짓다'와 '솟다'는 'ㅅ' 불규칙 활용의 예에 해당한다.

② '듣다'는 '걷다'와 같이 불규칙 활용을 하는 용언이다.

③ '치르다', '먹다'는 활용 시 형태가 규칙적으로 변화하는 용언이다.

④ '푸르다'는 불규칙 활용 중에서도 어미가 불규칙하게 바뀌는 경우에 해당한다.

⑤ '빠르다'는 어간의 '르'가 모음 어미 앞에서 'ㄹㄹ'로 변하는 불규칙 활용의 예이다.

✔ **고난도** 서술형 대비하기

09 ㉠의 불규칙 활용에 대해 〈조건〉에 맞게 서술하시오.

> **보기**
> 민주: 고기를 잘 ㉠구워서 그릇에 예쁘게 담아 줘.
> 준성: 알았어. 근데 집게가 굽어서, 고기가 잘 안 집히네.

> **조건**
> • ㉠의 기본형과 의미를 밝히고, ㉠의 불규칙 활용 양상을 구체적으로 밝힐 것.
> • '㉠의 기본형은 ~이고, ~라는 의미를 가지고 있다. ㉠은 ~ 불규칙 활용에 해당한다.'의 형식으로 쓸 것.

---

10 〈보기〉의 밑줄 친 ㉠과 ㉡의 품사가 다른 이유를 〈조건〉에 맞게 서술하시오.

> **보기**
> • 그 자리의 ㉠모든 사람들이 크게 웃었다.
> • 급한 일이니 ㉡빠른 처리 부탁드립니다.

> **조건**
> • ㉠, ㉡의 품사를 각각 밝힐 것.
> • 각 품사의 기능적 특성을 고려하여 품사가 다른 이유를 서술할 것.
> • '㉠의 품사는 ~이고, ㉡의 품사는 ~이다. 왜냐하면 ㉠과 달리 ㉡은 ~기 때문이다.'의 형식으로 쓸 것.

13 관계언

● **관계언이란?** 주로 체언 뒤에 붙어서 다양한 문법적 관계를 나타내거나 특별한 의미를 더해 주는 기능을 하는 단어

> **민희는 나윤이와 희정이를 좋아한다고 말했다.**
> 　　보조사　　　접속 조사　　　격 조사

1 조사

- 형태가 변하지 않음.(서술격 조사 '이다'는 예외)
- 홀로 쓰일 수 없고 다른 말에 붙어 사용됨.
- 자립성이 없으나, 다른 말과 쉽게 분리된다는 점에서 단어로 인정됨.
- 기능과 의미는 같지만 조건에 따라 다른 모습으로 나타나기도 함. → 이형태 50쪽 참고
  - 예) 요리사는 식탁에 사과와 빵을 내려 놓았다. / 동생은 식탁에 수박과 차를 내려 놓았다.
- 여러 개의 조사가 한꺼번에 결합하기도 함.
  - 예) 학교에서뿐만이 아니라

2 조사의 종류

① ***격 조사:** 앞에 오는 체언이 문장 안에서 일정한 자격을 가지도록 해 주는 조사

종류	자격	격조사	예
주격 조사	주어	이/가, 께서, 에서	장미꽃이 활짝 피었다.
목적격 조사	목적어	을/를	누나가 새 신발을 샀다.
관형격 조사	관형어	의	이것은 나의 그림이다.
보격 조사	보어	*이/가	그 아이는 내 동생이 아니다.
부사격 조사	부사어	에, 에게, *에서, (으)로 등	거리에 사람들이 많다.
호격 조사	독립어	아/야	친구야, 나가서 같이 놀자.
서술격 조사	서술어	이다	나는 선생이고, 너는 학생이다.

② **보조사:** 앞말에 특별한 의미를 더해 주는 조사

보조사	의미	예
은/는	대조, 화제, 강조	산은 좋지만 바다는 싫어. 바나나는 노랗다.
만, 뿐	한정, 단독, 유일	그걸 나만 몰랐어.
도	역시, 포함·첨가	구름도 쉬어 넘는 고개
부터	어떤 범위의 시작	내일부터 좀 쉬어야겠다.
까지	어떤 범위의 끝, 포함·첨가	그 소문은 먼 곳까지 전해졌다.
마다	낱낱이 모두	학교마다 축제를 여는구나.
마저	포함·첨가	너마저 나를 떠나면 어떡하나.
요	상대 높임	오늘은요, 학교에서 재미있는 노래를 배웠어요.

③ **접속 조사:** 두 단어나 구를 같은 자격으로 이어 주는 조사

접속 조사	쓰임	예
*와/과	주로 문어에서 쓰임.	나는 떡볶이와 군만두를 좋아한다.
하고	주로 구어에서 쓰임.	넌 칫솔하고 비누 가져오면 돼.
(이)랑		준호랑 진희는 오랜 친구야.

격 조사의 생략

격 조사는 생략되는 경우가 많다.
예) 엄마, 제가 빵을 먹었어요.
　　엄마, 저 빵 먹었어요.

'이/가' – 주격 조사와 보격 조사

보격 조사는 서술어 '되다', '아니다' 앞에 오는 '이/가'만을 말한다. 이외에는 주격 조사이다.
예) 물이 순식간에 얼음이 되었다.
　　주격 조사　　　보격 조사

'에서' – 주격 조사와 부사격 조사

'에서'는 단체가 주어임을 나타내는 주격 조사로도 쓰이고, 장소를 나타내는 부사격 조사로도 쓰인다.
예) 정부에서 실시한 조사 결과가 발표되었다. → 주격 조사
　　우리는 도서관에서 만나기로 하였다. → 부사격 조사

'와/과' – 접속 조사와 부사격 조사

조사 '와'는 접속 조사뿐만 아니라 부사격 조사로 쓰이기도 한다.
예) 나는 배와 사과를 좋아한다.
　　　→ 접속 조사
　　배는 사과와 다르다.
　　　→ 부사격 조사 [비교의 의미]

조사와 의존 명사의 구별

조사는 문장에서 혼자 쓰일 수 없기 때문에 앞말에 붙여 쓰지만, 의존 명사는 앞말과 띄어 쓴다.

조사	의존 명사
우리 셋뿐이다.	그저 웃을 뿐이다.
약속대로 열심히 할게요.	너 아는 대로 다 말해라.
하나만 알고 둘은 모른다.	이틀 만에 다시 움직인다.

'은/는'은 주격 조사가 아니라고?

주격 조사라고 하면 '은/는, 이/가'를 떠올리는 사람들이 있어요. 하지만 '은/는'은 주격 조사가 아니고 보조사입니다. 예를 들어 '오늘은 금요일이다.'라는 문장에서 '은'은 주어 자리에 쓰였지만 '오늘'이 화제임을 나타내는 역할을 할 뿐 주어의 자격을 갖게끔 하지는 않아요. '은/는'이 목적어나 부사어 등 다른 자리에서 쓰이는 것을 통해서도 보조사라는 것을 알 수 있어요.
예) 다빈이가 굴은 좋아해.
　　→ 목적어 자리에 쓰인 보조사 '은'
　　여기에서는 그런 일이 없어.
　　→ 부사어 자리에 쓰인 보조사 '는'

개념 확인

1 다음 설명이 맞으면 O, 틀리면 X로 표시해 보자.

① 조사는 홀로 쓰일 수 없으며 반드시 다른 말에 붙어 쓰인다. (　　　)

② 조사는 두 개 이상이 연속해서 쓰일 수 없다. (　　　)

③ 조사는 불변어이지만, 서술격 조사 '이다'는 활용을 하는 가변어이다. (　　　)

④ 앞말에 특별한 뜻을 더해 주는 조사를 보조사라고 한다. (　　　) ◁내신 기출

2 다음 빈칸에 들어갈 알맞은 말을 써 보자.

① '나는 학생이 아니다.'에서 '이'는 □□ 조사이다.

② '천 원밖에 없다.'에서 '밖에'는 □□□(이)고 '그것 이외의'라는 의미를 더해 준다.

③ '나는 1반이고, 학급의 회장을 맡고 있다.'에 쓰인 조사의 개수는 □개이다.

④ '재희와 재경은 쌍둥이 자매이다.'에서 '와'는 두 단어나 구를 같은 자격으로 이어 주는 □
□ 조사이다.

예시로 연습

3 밑줄 친 조사의 종류가 같은 것끼리 바르게 연결해 보자.

① 사과는 좋은데, 배는 싫어.　　•　　　•　㉠ 빨간색과 파란색을 좋아한다.

② 나는 공원에서 자전거를 탔다.　•　　　•　㉡ 나도 정말 즐거웠어.

③ 선지랑 동훈이는 친구 사이야.　•　　　•　㉢ 오랜 친구에게서 편지를 받았다.

4 다음 문장의 밑줄 친 조사를 종류에 따라 분류해 보자.

① 너의 소원은 무엇이니?

→ 격 조사: (　　　　　)　　　보조사: (　　　　　)

② 가는 회초리만 바닥에 놓여 있다.

→ 격 조사: (　　　　　)　　　보조사: (　　　　　)

③ 거리에는 사람이 한 명도 없었다.

→ 격 조사: (　　　　　)　　　보조사: (　　　　　)

④ 선생님은 예의와 배려를 강조하셨다.

→ 격 조사: (　　　　　)　　　보조사: (　　　　　)　　　접속 조사: (　　　　　)

⑤ 민지야, 여기로 와서 장미꽃이랑 백합꽃도 좀 봐.

→ 격 조사: (　　　　　)　　　보조사: (　　　　　)　　　접속 조사: (　　　　　)

01 다음 중, 밑줄 친 조사의 기능이 나머지 넷과 다른 것은?

① 할머니께서 선물을 주셨다.

② 햇살이 방 안을 밝게 비췄다.

③ 공부는 안 하면서 욕심만 많다.

④ 가을의 선선함은 우리를 기분 좋게 한다.

⑤ 언제나 나를 사랑하시는 분은 나의 어머니이다.

02 〈보기〉의 ㉠~㉤에 대한 설명으로 적절하지 않은 것은?

┌ 보기 ┐
㉠ 꽃이 활짝 피었다.
㉡ 어머께서 식사를 준비하셨다.
㉢ 선생님의 그림이 전시되었다.
㉣ 물이 얼음이 되었다.
㉤ 나는 아침 일찍 학교에 갔다.
└────┘

① ㉠: '이'는 주격 조사이다.

② ㉡: '식사'는 준비하는 행위의 대상이다.

③ ㉢: '의'는 앞말의 체언이 '그림'을 수식하고 있음을 나타낸다.

④ ㉣: '얼음'은 '되었다'의 주어에 해당한다.

⑤ ㉤: '에'는 앞말이 처소의 부사어임을 나타낸다.

고난도
03 〈보기〉의 밑줄 친 부분에 대한 설명으로 적절하지 않은 것은?

┌ 보기 ┐
㉠ 내 이름은 어머니가 지어 주셨다.
㉡ 마을(의) 안에서 큰 잔치가 벌어졌다.
㉢ 플라스틱은 지구의 오염을 가속화한다.
㉣ 두 명의 경찰관이 그에게 다가갔다.
└────┘

① ㉠~㉣에는 모두 관형격 조사 '의'가 쓰였다.

② ㉠에서 '내'는 대명사 '나'와 관형격 조사 '의'가 결합하여 줄어든 말이다.

③ ㉡에서 '의'는 위치나 방향을 가리키므로 생략해서는 안 된다.

④ ㉢에서 '의'가 결합한 체언이 뒤에 오는 체언의 의미를 한정하는 역할을 한다.

⑤ ㉣에서 '의'가 결합한 명사구는 뒤의 체언과 의미상 동격이다.

04 〈보기〉의 ㉠~㉢에 사용된 조사에 대해 탐구한 결과로 적절하지 않은 것은?

┌ 보기 ┐
㉠ 너만은 믿음과 희망을 잃지 말아야 한다.
㉡ 이곳이 내가 언니와 다녔던 학원이다.
㉢ 이것도 보라의 공책이 아니다.
└────┘

① ㉠의 '만은'과 같이 조사를 여러 개 쓸 수 있다.

② ㉠의 '과'는 '믿음'과 '희망'을 같은 자격으로 연결해 주고 있다.

③ ㉡의 '이'와 ㉢의 '이'는 둘 다 주격 조사이다.

④ ㉡의 '이다'는 앞말이 서술어의 자격을 갖도록 해 준다.

⑤ ㉢의 '도'는 '이것'에 붙어서 특수한 의미를 더해 준다.

서술형
05 〈보기〉에 쓰인 조사 ㉠과 ㉡의 종류를 쓰시오.

┌ 보기 ┐
• 이번 대회는 우리 학교㉠에서 우승을 차지했다.
• 우리 오늘 공원㉡에서 만나자.
└────┘

㉠: _____

㉡: _____

06 밑줄 친 단어 중, 〈보기〉의 설명에 해당하는 것은?

┌ 보기 ┐
• 형태가 변하지 않으며 활용하지 않는다.
• 앞말에 붙어서 문법적인 관계를 나타내 준다.
• 앞말에 새로운 의미를 부여하기도 한다.
└────┘

① 봄이 오니, 꽃이 만발했다.

② 나도 너와 함께 놀고 싶다.

③ 온갖 소문들이 마을을 떠돌았다.

④ 요즈음 저 둘은 항상 붙어다닌다.

⑤ 내 숙제 외의 다른 일에는 관심이 없다.

07 〈보기〉에 쓰인 보조사 ㉠과 ㉡의 의미로 적절한 것은?

┌ 보기 ┐
• 아기가 엄마㉠만 따라다닌다.
• 내일㉡부터 좀 쉬어야겠다.

	㉠	㉡
①	추측	당연
②	모두	포함
③	한정, 유일	시작
④	대조, 비교	역시
⑤	끝	단독

신유형
08 〈보기 1〉은 국어사전에서 '보다'를 찾은 결과이다. 이를 바탕으로 〈보기 2〉에 대해 설명한 것으로 알맞은 것은?

┌ 보기 1 ┐
보다²「부사」
　어떤 수준에 비하여 한층 더.

보다³「조사」
　서로 차이가 있는 것을 비교하는 경우, 비교의 대상이 되는 말에 붙어 '~에 비해서'의 뜻을 나타내는 격 조사.

┌ 보기 2 ┐
㉠ 보다 높이 보다 멀리 뛰어라.
㉡ 너보다 내가 더 잘 먹는다.
㉢ 나는 예전보다 더 성실해졌다.

① ㉠~㉢ 모두 '보다²'의 의미로 쓰였다.
② ㉠과 ㉢의 '보다'는 둘 다 부사이다.
③ ㉠의 '보다'는 '뛰다'라는 동사를 수식한다.
④ ㉡의 '보다'는 '~에 비해서'의 뜻을 나타낸다.
⑤ ㉢의 '보다'는 앞말과 띄어 쓰는 것이 옳다.

✔ 고난도 서술형 대비하기

09 〈보기〉를 통해 알 수 있는 보조사 '은/는'의 특성을 〈조건〉에 맞게 서술하시오.

┌ 보기 ┐
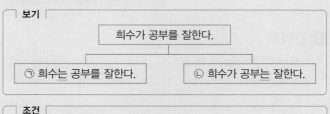
희수가 공부를 잘한다.
㉠ 희수는 공부를 잘한다. ┃ ㉡ 희수가 공부는 잘한다.

┌ 조건 ┐
• 보조사의 기능을 포함하여 쓸 것.
• 보조사가 나타나는 자리와 관련된 특징을 쓸 것.
• '보조사 '은/는'은 ~ 기능을 하며, ~ 특성을 갖는다.'의 형식으로 쓸 것.

10 〈보기〉에서 ㉠과 ㉡의 밑줄 친 단어의 품사를 각각 밝히고, 품사가 다른 이유를 〈조건〉에 맞게 서술하시오.

┌ 보기 ┐
㉠ 노력한 만큼 대가를 얻다.
㉡ 배가 풍선만큼 부풀어 올랐다.

┌ 조건 ┐
• 각 품사의 특징을 활용하여 ㉠과 ㉡의 차이점이 포함되도록 쓸 것.
• '㉠의 품사는 ~이고, ㉡의 품사는 ~이다. 왜냐하면 ~기 때문이다.'의 형식으로 쓸 것.

14 수식언, 독립언

● **수식언이란?** 다른 말을 꾸며 주는 기능을 하는 단어

> 나는 그 노래를 자주 들어.
>
> 체언 '노래'를 꾸밈.(관형사)   용언 '들어'를 꾸밈.(부사)

1 관형사

- 체언(주로 명사)을 수식하는 단어
- 형태가 변하지 않으며, 조사와 결합하지 않음.

> **Tip** 관형사는 형태가 변하지 않는다는 점에서 용언과 구별되고, 조사와 결합하지 않는다는 점에서 체언과 구별된다는 것을 기억하자!

*종류	의미	예
성상 관형사	사물의 성질이나 상태를 꾸며 주는 관형사	새, *헌, 옛, 순, 맨, 온갖
지시 관형사	어떤 대상을 가리키는 관형사	이, 그, 저, 이런, 저런, 어느, 아무, 무슨, 다른
수 관형사	수량이나 순서와 같은 수 개념을 나타내는 관형사	한, 두, 첫째, 둘째, 여러, 모든

예 {새 옷 / 이 옷 / 옷 두 벌}을 입었더니 기분이 좋다.
　　성상 관형사　지시 관형사　　수 관형사

2 부사

- 용언이나 관형사, 부사, 문장 등을 수식하는 단어
- 형태가 변하지 않으며, 보조사와 결합할 수 있음. 예 자꾸만, 아직도

종류		의미	예
성분 부사	성상 부사	사람이나 사물의 모양, 상태, 성질을 꾸미는 부사	매우, 바로, *아장아장
	지시 부사	특정 대상을 가리키는 부사	이리, 그리, 저리
	부정 부사	부정의 뜻을 가진 부사	안, 못, 아니
문장 부사	양태 부사	화자의 태도를 나타내는 부사	다행히, 과연, 설마
	접속 부사	앞뒤 문장을 이어 주는 부사	그러나, 그리고, 따라서

문장의 어느 한 성분만을 수식 → 성분 부사
문장 전체를 수식 → 문장 부사

예 설마 {그가 나를 훌쩍 떠났을까.} 그러나 {내가 그리로 갔을 때, 그는 이미 안 남아 있었다.}
　　양태 부사　　　　　성상 부사　　접속 부사　　　　지시 부사　　　　　부정 부사

● **독립언이란?** 문장 속의 다른 성분에 얽매이지 않고 독립적으로 쓰이는 단어

> 어머나! 꽃이 정말 많이 피었네.
>
> 화자의 느낌을 나타냄.

3 감탄사

- 화자의 부름, 느낌, 놀람이나 대답을 나타내는 단어
- 문장의 다른 성분과 문법적 관련 없이 독립적으로 쓰임. 예 네, 알겠습니다.
- 주로 문장 첫머리에 놓이나 문장 내 위치가 비교적 자유로움.

예 글쎄, 그렇다니까. / 그렇다니까, 글쎄.

종류	예
부름을 나타내는 감탄사	여보, 여보세요, 야, 얘
놀람이나 느낌을 나타내는 감탄사	앗, 허허, 저런, 아이고, 어머나
대답을 나타내는 감탄사	네, 응, 예, 아니, 그래, 오냐
입버릇을 나타내는 감탄사	음, 아, 저

개념 연습 문제

개념 확인

1 다음 설명이 맞으면 O, 틀리면 X로 표시해 보자.

① 수식언에는 관형사, 부사, 감탄사가 있다. (　　　)

② 관형사와 부사는 형태가 변하지 않으며, 뒤에 오는 말을 꾸며 주는 기능을 한다. (　　　)

③ 관형사는 체언 앞에 놓여 그 뜻을 제한하고 수식한다. (　　　)

④ 부사는 동사나 형용사와 같이 서술하는 말을 꾸며 준다. (　　　)

⑤ 감탄사는 화자의 부름, 놀람이나 느낌 등을 나타내는 말이다. (　　　)

2 다음 빈칸에 들어갈 알맞은 말을 써 보자.

① 관형사는 □□와/과 결합하지 않는다. 〈내신 기출〉

② 부사는 관형사와 달리 □□□와/과 결합할 수 있다.

③ 부사는 어느 한 문장 성분을 수식하기도 하고, □□ 전체를 수식하기도 한다.

④ 독립언은 다른 성분에 얽매이지 않고 홀로 쓰이는 말로 □□□이/가 이에 해당한다.

예시로 연습

3 밑줄 친 단어의 품사를 쓰고, 각각이 수식하는 말을 찾아 써 보자.

① 옷장의 헌 옷가지를 정리했다.　→ 품사: (　　　　　)　수식하는 말: (　　　　　　)

② 빨리 한다고 좋은 것은 아니다.　→ 품사: (　　　　　)　수식하는 말: (　　　　)

③ 저 거리에는 항상 사람이 많다.　→ 품사: (　　　　　)　수식하는 말: (　　　　)

④ 모든 사람이 만족할 순 없다.　→ 품사: (　　　　　)　수식하는 말: (　　　　　)

⑤ 설마 그녀가 떠나겠니?　→ 품사: (　　　　　)　수식하는 말: (　　　　)

4 다음 문장에 쓰인 수식언의 개수를 써 보자.

① 한 아이가 아주 열심히 달린다. → (　　　)개

② 비가 보슬보슬 내려서 새 우산을 꺼냈다. → (　　　)개

③ 날씨가 정말로 너무 더워서 아이스크림을 세 개나 먹었다. → (　　　)개

④ 온갖 정성을 다해 노래를 부르다니 정말 감동적이다. → (　　　)개

5 다음 중 감탄사가 쓰인 문장을 골라 기호로 써 보자.

ㄱ. 아니, 이게 어떻게 된 일이냐.

ㄴ. 철수야, 어디 가니?

ㄷ. 청춘, 이는 듣기만 하여도 가슴이 설레는 말이다.

ㄹ. 큰일 났네, 정말!

01 다음 중 수식언에 대한 설명으로 적절하지 <u>않은</u> 것은?

① '이 친구, 그 사람'에서 '이'와 '그'는 어떤 대상을 가리키므로 지시 관형사이다.

② '새 신발, 헌 운동화'에서 '새'와 '헌'은 사물의 상태를 수식하므로 성상 관형사이다.

③ '천천히 그는 내 앞으로 다가왔다.'에서 '천천히'는 서술어를 수식하는 성분 부사이다.

④ '두 자루, 셋째 아이'에서 '두'와 '셋째'는 대상의 수량이나 순서를 가리키므로 수 관형사이다.

⑤ '많이 걱정했는데 다행히 병이 나았다.'에서 '많이'는 문장 전체를 수식하므로 문장 부사이다.

02 〈보기〉의 ㉠~㉤ 중, 수식언에 해당하는 것은?

┌ 보기 ┐
㉠내 손을 ㉡잡으세요.
각자의 ㉢눈을 마주 보세요.
그러면 곧 ㉣서로에게 마음이 ㉤활짝 열릴 거예요.
└────────┘

① ㉠   ② ㉡   ③ ㉢   ④ ㉣   ⑤ ㉤

고난도
03 〈보기〉의 ㉠과 ㉡에 대한 설명으로 적절한 것은?

┌ 보기 ┐
• 그는 나와 음식 취향이 ㉠다른 사람이다.
• 그것 말고 ㉡다른 영화를 봤어.
└────────┘

① ㉠과 ㉡은 모두 관형사이다.

② ㉠은 '이외의 것에 대한 선택'의 의미로 쓰였다.

③ ㉡은 형태가 변하지 않는 점에서 용언과 구별된다.

④ ㉠은 '<u>다른</u> 사람들은 어디 갔지?'의 '다른'과 품사가 같다.

⑤ ㉡은 '주문한 것과 <u>다른</u> 상품이다.'의 '다른'과 품사가 같다.

04 밑줄 친 단어의 품사가 <u>다른</u> 하나는?

① 넌 <u>무슨</u> 음식을 좋아하니?

② 나는 <u>아무</u> 말도 하지 못했어.

③ <u>열</u> 손가락 깨물어 안 아픈 손가락 없다.

④ 최근에 <u>헌</u> 그 집 자리에 새로운 건물이 들었다.

⑤ <u>전통적</u> 풍습을 지키려는 노력이 계속되고 있다.

서술형
05 〈보기〉는 단어 '오늘'에 대해 탐구한 내용이다. 빈칸에 들어갈 알맞은 말을 서술하시오.

┌ 보기 ┐

[탐구 과제]
밑줄 친 '오늘'의 품사가 다른 이유는 무엇일까?

[탐구 자료]
1) 사전에서 '오늘' 찾아보기

┌──────────────────┐
오늘
① 명
　① 지금 지나가고 있는 이날.
　② 지금의 시대.
② 부 지금 지나가고 있는 이날에.
└──────────────────┘

2) 예문에서 살펴보기

┌──────────────────┐
㉠ <u>오늘</u>이 첫 출근 날이다. → 명사 '오늘'
㉡ 그가 <u>오늘</u> 왔다. → 부사 '오늘'
└──────────────────┘

[탐구 결과]
문장에서의 쓰임을 고려했을 때, ㉠의 '오늘'과 ㉡의 '오늘'이 품사가 다른 이유는 ＿＿＿＿＿＿＿＿＿＿＿＿＿＿＿＿＿＿＿＿＿＿＿＿＿＿＿＿＿ 때문이다.
└────────┘

＿＿＿＿＿＿＿＿＿＿＿＿＿＿＿＿＿＿＿＿＿＿＿＿＿＿

＿＿＿＿＿＿＿＿＿＿＿＿＿＿＿＿＿＿＿＿＿＿＿＿＿＿

06 다음 중 감탄사가 쓰이지 <u>않은</u> 문장은?

① 후유, 이제 겨우 일을 다 마쳤네.

② 학생! 여기 책을 두고 가면 어떡해.

③ 어허, 그것만은 절대 안 된다고 했잖니.

④ 음, 어차피 내가 할 일인데 뭐, 괜찮아.

⑤ 네? 뭐라고 했는지 다시 한번 말씀해 주세요.

신유형

07 다음은 한 학생이 감탄사에 대해 정리한 내용이다. 이에 대한 설명으로 적절하지 않은 것은?

> 1. **정의**: 부름이나 대답, 느낌 등을 나타내는 단어
> 2. **특성**: 독립적으로 쓰임.
> 3. **예시**
>   ㉠ 날 무시하다니, <u>어쭈</u>, 너 가만히 안 둬!
>   ㉡ <u>얘</u>, 이따 같이 놀러 가지 않을래?
>   ㉢ <u>어머나</u>, 갑자기 이게 무슨 일이야?
>   ㉣ <u>민준아</u>, 이제 책 좀 읽도록 해라.
>   ㉤ <u>아서라</u>, 지금 상태로는 움직이지 마.

① 감탄사는 문장 첫머리에 쓰여야 하므로 ㉠을 수정해야 한다.
② ㉡과 같이 상대방을 부르는 말로 감탄사가 사용되기도 한다.
③ ㉢은 다른 문법 요소와의 결합 없이 쓰이는 감탄사의 특징을 보여 준다.
④ 이름에 '아/야'가 결합한 형태는 감탄사의 예시로 적절하지 않으므로 ㉣은 삭제해야 한다.
⑤ ㉤은 상대방에게 그렇게 하지 말라고 금지할 때 쓰는 감탄사이다.

08 〈보기〉의 밑줄 친 ㉠에 해당하지 않는 것은?

> **보기**
> 부사는 용언이나 문장을 수식하는 것을 본래의 기능으로 하지만 간혹 체언을 수식하는 경우도 있다. 이런 부류를 이른바 ㉠체언 수식 부사라고 한다.

① <u>특히</u> 너는 조심할 필요가 있다.
② <u>겨우</u> 돈 때문에 이 고생을 했니?
③ 그는 삼 년 동안 <u>오직</u> 공부에만 열중했다.
④ 공부를 잘 하려면 <u>다만</u> 책이라도 읽어야 해.
⑤ 몸이 안 좋아 평소보다 <u>일찍</u> 잠자리에 들었다.

✅ 고난도 서술형 대비하기

09 〈보기〉의 밑줄 친 단어의 품사를 밝히고, 그렇게 파악한 근거를 〈조건〉에 맞게 서술하시오.

> **보기**
> • 커피를 좋아하는 사람 ㉠다섯이 카페에 모였다.
> • 커피를 좋아하는 ㉡다섯 사람이 카페에 모였다.

> **조건**
> • 각 품사의 구분 기준이 명확히 드러나도록 할 것.
> • '㉠의 품사는 ～(으)므로 ～이고, ㉡의 품사는 ～(으)므로 ～이다.'의 형식으로 쓸 것.

10 〈보기〉의 밑줄 친 부사 ㉠과 ㉡의 차이점을 〈조건〉에 맞게 서술하시오.

> **보기**
> • 철수는 ㉠매우 빨리 달린다.
> • ㉡설마 내 차례까지 안 올까?

> **조건**
> • 부사가 수식하는 내용과 부사의 종류를 각각 밝힐 것.
> • '㉠은 ～을/를 수식하는 ～이고, ㉡은 ～을/를 수식하는 ～이다.'의 형식으로 쓸 것.

03 〈보기〉의 ㉠~㉤에 대한 설명으로 적절하지 않은 것은?

┌─ 보기 ┐
선생님: 안녕? 어, 손에 들고 있는 그거 뭐니?
학생: 네, 중생대 공룡에 관한 책이에요. 할아버지께서는 제 생일마다 책들을 사 주셨는데, ㉠이것도 ㉡그것 중 하나예요. 해마다 할아버지께서는 ㉢당신 손으로 직접 골라주신답니다.
선생님: 그렇구나. ㉣우리 집 아이들도 공룡 책을 참 좋아하지. 우리 아이들은 ㉤저희들끼리 책을 고르려고 아옹다옹한단다.
└─────┘

① ㉠은 대화 상황에서 눈에 보이는 대상, 곧 학생이 들고 있는 책을 가리킨다.
② ㉡은 앞서 언급한 대상, 곧 할아버지께서 사 주신 책들을 가리킨다.
③ ㉢은 3인칭으로 사용되고 있다.
④ ㉣은 청자를 포함하지 않는다.
⑤ ㉤은 1인칭으로 사용되고 있다.

❶ 품사의 특성, 기능, 하위 분류 등을 묻는 문제가 출제된다.
❷ 품사 통용과 품사 종류를 관련지어 묻는 문제가 출제된다.
❸ 품사의 특성과 단어의 형성, 문장 표현 등을 연결 지어 묻는 문제가 출제된다.

01 다음은 문법 수업의 내용을 정리한 학생의 노트이다. 이를 바탕으로 〈보기〉를 탐구한 내용으로 적절하지 않은 것은?

단어의 분류 기준 ─┬─ 형태 변화 여부
　　　　　　　　├─ 문장 안에서 수행하는 기능
　　　　　　　　└─ 단어가 지닌 의미

┌─ 보기 ┐
• 우리도 두 팔을 넓게 벌려 원 하나를 이루었다.
• 동생이 나무로 된 탁자에 그린 꽃만 희미하다.
└─────┘

① '도'와 '만'은 형태가 변하지 않는 단어이다.
② '이루었다'와 '그린'은 형태가 변하는 단어이다.
③ '두'와 '하나'는 문장 안에서 수식의 기능을 하는 단어이다.
④ '나무'와 '꽃'은 사물의 이름을 나타내는 단어이다.
⑤ '넓게'와 '희미하다'는 대상의 상태를 나타내는 단어이다.

02 밑줄 친 부분이 〈보기〉의 ㉠에 해당하지 않는 것은?

┌─ 보기 ┐
　국어에서는 의존 명사가 수량을 표현하는 말 뒤에 쓰여 수효나 분량 따위의 단위를 나타내는 경우가 일반적이지만, ㉠자립 명사가 단위를 나타내는 경우도 있다. 예를 들어 '사람'은 자립 명사로 쓰이기도 하지만 수량을 표현하는 말 뒤에 쓰여 사람을 세는 단위를 나타낼 수도 있다.

• 의존 명사: 그 아이는 올해 아홉 살이다.
• 자립 명사: 그는 사람을 부리는 재주가 있다.
• 자립 명사가 단위를 나타내는 경우: 친구 다섯 사람과 함께 도서관에 갔다.
└─────┘

① 이 글에는 여러 군데 잘못이 있다.
② 앉은자리에서 밥 두 그릇을 다 먹었다.
③ 시장에서 수박 세 덩어리를 사 가지고 왔다.
④ 할아버지께서는 밥을 몇 숟가락 겨우 뜨셨다.
⑤ 나는 서너 발자국 뒤로 물러서다가 냅다 도망쳤다.

04 〈보기〉에 대한 설명으로 가장 적절한 것은?

┌─ 보기 ┐
　부사는 수식하는 범위에 따라 문장의 한 성분을 수식하는 성분 부사와 문장 전체를 수식하는 문장 부사로 나뉜다. 이 중 성분 부사는 주로 용언을 수식하지만 때로는 체언을 수식하거나 관형사, 부사를 수식하는 경우도 있다.

ㄱ. 그녀는 매우 빨리 달린다.
ㄴ. 설마 나에게 맞는 옷이 없을까?
ㄷ. 우리 학교 바로 옆에 우체국이 있다.
ㄹ. 내 차는 얼마 전까지 아주 새 차였다.
ㅁ. 과연 그 아이는 재능이 정말 뛰어나군.
└─────┘

① ㄱ에서 '매우'는 용언을 수식하고 있다.
② ㄴ에서 '설마'는 체언을 수식하고 있다.
③ ㄷ에서 '바로'는 부사를 수식하고 있다.
④ ㄹ에서 '아주'는 관형사를 수식하고 있다.
⑤ ㅁ에서 '과연'과 '정말'은 문장을 수식하고 있다.

05 〈보기 1〉의 ㉠~㉢에 해당하는 가장 적절한 예를 〈보기 2〉에서 고른 것은?
2020-4월 고3 학평

─ 보기 1 ─

용언의 활용은 규칙 활용과 불규칙 활용으로 나눌 수 있다. ㉠규칙 활용은 용언이 활용될 때 어간과 어미의 기본 형태가 바뀌지 않거나, 어간이나 어미의 기본 형태가 바뀌는 모습을 일정한 규칙으로 설명할 수 있다. 한편 불규칙 활용은 용언이 활용될 때 어간이나 어미의 기본 형태가 바뀌는 이유를 일정한 규칙으로 설명할 수 없다. 불규칙 활용에는 ㉡어간이 불규칙적으로 바뀌는 경우, ㉢어미가 불규칙적으로 바뀌는 경우, ㉣어간과 어미가 모두 불규칙적으로 바뀌는 경우가 있다.

─ 보기 2 ─

• 놀이터에서 놀다 보니 옷에 흙이 묻었다.
• 나는 동생에게 출발 시간을 일러 주었다.
• 우리는 한라산 정상에 이르러 잠시 쉬었다.
• 드디어 사람들은 그를 우러러 섬기게 되었다.
• 하늘은 맑고 강물은 파래 기분이 정말 상쾌했다.

	㉠	㉡	㉢	㉣
①	묻었다	이르러	일러, 우러러	파래
②	일러	이르러, 파래	묻었다	우러러
③	이르러	묻었다, 우러러	파래	일러
④	묻었다, 우러러	일러	이르러	파래
⑤	일러, 우러러	묻었다	파래	이르러

06 ⓐ~ⓔ는 잘못된 표기를 바르게 고친 것이다. 고치는 과정에서 해당 단어에 적용된 용언 활용의 예로 적절하지 <u>않은</u> 것은?
2021 수능

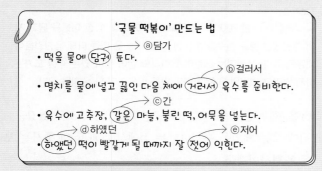

'국물 떡볶이' 만드는 법
• 떡을 물에 (담궈) 둔다. → ⓐ담가
• 멸치를 물에 넣고 끓인 다음 체에 (거러서) 육수를 준비한다. → ⓑ걸러서
• 육수에 고추장, (갈은) 마늘, 불린 떡, 어묵을 넣는다. → ⓒ간
• (하얬던) 떡이 빨갛게 될 때까지 잘 (저어) 익힌다. → ⓓ하얬던 → ⓔ저어

① ⓐ: 예쁘- + -어도 → 예뻐도
② ⓑ: 푸르- + -어 → 푸르러
③ ⓒ: 살- + -니 → 사니
④ ⓓ: 동그랗- + -아 → 동그래
⑤ ⓔ: 긋- + -은 → 그은

07 〈보기〉의 ㉠~㉢에 쓰인 ⓐ, ⓑ에 대한 설명으로 옳지 <u>않</u>은 것은?
2017-9월 고3 모평

─ 보기 ─

용언은 어간에 어미가 붙어 다양한 의미를 나타내며 활용된다. 어미는 ⓐ선어말 어미와 ⓑ어말 어미로 나뉜다. 어말 어미는 다시 종결 어미, 연결 어미, 전성 어미로 나뉜다. 용언의 활용형에서 선어말 어미는 없는 경우가 있어도 어말 어미는 반드시 있어야 한다.

㉠ 민수가 그 나무를 심<u>었</u>구<u>나</u>!
㉡ 저기서 청소<u>하</u>는 아이가 내 동생이야.
㉢ 그 친구가 설마 그 음식을 다 먹<u>었겠니</u>?
㉣ 그가 나에게 권한 책은 이미 읽<u>은</u> 책이다.
㉢ 주말에 바람은 불<u>겠지만</u> 비는 오지 않을 것이다.

① ㉠에는 과거 시제를 나타내는 '-었-'이 ⓐ로 쓰였고, 감탄형 종결 어미 '-구나'가 ⓑ로 쓰였다.
② ㉡에는 ⓐ는 없고 동사의 현재 시제를 나타내는 관형사형 전성 어미 '-는'이 ⓑ로 쓰였다.
③ ㉢에는 과거 시제를 나타내는 '-었-'과 주체의 의지를 나타내는 '-겠-'이 ⓐ로 쓰였고, 의문형 종결 어미 '-니'가 ⓑ로 쓰였다.
④ ㉣에는 ⓐ는 없고 동사의 과거 시제를 나타내는 관형사형 전성 어미 '-은'이 ⓑ로 쓰였다.
⑤ ㉢에는 추측의 의미를 나타내는 '-겠-'이 ⓐ로 쓰였고, 대등적 연결 어미 '-지만'이 ⓑ로 쓰였다.

고난도 신유형   2020 수능

08 〈학습 활동〉을 해결한 내용으로 적절한 것은?

┌─ 학습 활동 ─────────────────────────────
　관형사형 어미의 형태는 시제 및 단어의 품사에 의해 결정된다. [자료]에서 밑줄 친 단어의 품사와 시제를 분석하여 그 단어에 쓰인 어미가 [표]의 ㉠~㉢ 중 어느 것에 해당하는지 확인해 보자.

[자료]

ⓐ 하늘에 뜬 태양	ⓑ 우리가 즐겨 부르던 노래
ⓒ 늘 푸르던 하늘	ⓓ 운동장에 남은 아이들
ⓔ 네가 읽는 소설	ⓕ 이미 아이들로 가득 찬 교실
ⓖ 달리기가 제일 빠른 친구	

[표] 관형사형 어미 체계

	동사	형용사
현재	-는	㉠
과거	㉡	㉢
	-던	
미래	-(으)ㄹ	-(으)ㄹ
──

① ⓐ의 '뜬'에 쓰인 어미 '-(으)ㄴ'은 ㉠에 해당한다.

② ⓑ의 '부르던'과 ⓒ의 '푸르던'에 쓰인 어미 '-던'은 ㉢에 해당한다.

③ ⓓ의 '남은'과 ⓕ의 '찬'에 쓰인 어미 '-(으)ㄴ'은 ㉡에 해당한다.

④ ⓔ의 '읽는'에 쓰인 어미 '-는'은 ㉡에 해당한다.

⑤ ⓖ의 '빠른'에 쓰인 어미 '-(으)ㄴ'은 ㉢에 해당한다.

2019-10월 고3 학평

09 〈보기〉의 밑줄 친 단어의 품사에 대한 이해로 적절하지 않은 것은?

┌─ 보기 ──────────────────────────────────
ㄱ. 그곳에서는 빵을 아주 쉽게 구울 수 있다.
ㄴ. 그 사람은 자기가 잠을 잘 잤다고 말했다.
ㄷ. 멋진 형이 근처 식당에서 밥을 지어 왔다.
──

① ㄱ의 '그곳'과 ㄴ의 '그'는 어떤 처소나 대상을 지시하는 대명사이다.

② ㄱ의 '아주'와 ㄴ의 '잘'은 용언 앞에 놓여서 그 뜻을 한정하는 부사이다.

③ ㄱ의 '구울'과 ㄷ의 '지어'는 용언의 어간이 불규칙적으로 활용되는 동사이다.

④ ㄱ의 '쉽게'와 ㄷ의 '멋진'은 어떤 대상의 성질이나 상태를 나타내는 형용사이다.

⑤ ㄴ의 '가'와 ㄷ의 '에서'는 앞말과 다른 말과의 문법적인 관계를 나타내는 조사이다.

2018-3월 고2 학평

10 밑줄 친 말 중 ㉠의 예로 적절하지 않은 것은?

┌─ 보기 ──────────────────────────────────
　조사는 주로 체언에 붙어서, 그 체언이 문장 중의 다른 단어와 맺는 관계를 나타내거나 특별한 뜻을 더해 주는 단어이다. 조사는 체언이 문장 속에서 다른 말과 맺는 관계를 표현하는 격 조사, 둘 이상의 체언을 같은 자격으로 이어서 하나의 명사구를 형성하는 접속 조사, ㉠앞말에 특별한 뜻을 더해 주는 보조사로 구분된다.
──

① 오직 새소리만 들렸다.

② 시험까지 한 달도 안 남았다.

③ 나는 개와 고양이를 좋아한다.

④ 할아버지께서는 신문을 보셨다.

⑤ 그는 평생 가족밖에 모르고 살았다.

2019-7월 고3 학평

11 〈보기 1〉은 '사전 활용하기' 학습 활동을 위한 자료이다. 〈보기 1〉을 바탕으로 〈보기 2〉의 ㉠~㉺을 이해한 내용으로 적절하지 않은 것은?

┌─ 보기 1 ────────────────────────────────
한⁰¹ 관

① (일부 단위를 나타내는 말 앞에 쓰여) 그 수량이 하나임을 나타내는 말.

② '어떤'의 뜻을 나타내는 말.

③ '같은'의 뜻을 나타내는 말.

④ (수량을 나타내는 말 앞에 쓰여) '대략'의 뜻을 나타내는 말.

한⁰² 명

① ('-는 한이 있더라도' 또는 '-는 한이 있어도' 구성으로 쓰여) 어떤 일을 위하여 희생하거나 무릅써야 할 극단적 상황을 나타내는 말.

② (주로 '-는 한' 구성으로 쓰여) 조건의 뜻을 나타내는 말.
──

┌─ 보기 2 ────────────────────────────────
　결승점을 ㉠한 200미터 앞두고 달리고 있다. ㉡한 이불을 덮고 자며 훈련했던 동료 선수들의 응원 속에 나는 온 힘을 다해 ㉢한걸음씩 내딛고 있다. 쓰러지는 ㉣한이 있더라도 힘이 남아 있는 ㉤한 포기는 하지 말라고 외치던 ㉥한 친구의 말을 떠올리며 나는 힘을 낸다.
──

① ㉠은 '한⁰¹④'의 뜻으로, ㉡은 '한⁰¹③'의 뜻으로 쓰였겠군.

② 뒤에 오는 체언을 수식한다는 점에서 ㉠과 ㉥의 품사는 모두 관형사이겠군.

③ ㉡과 ㉣은 서로 동음이의 관계이겠군.

④ ㉢의 '한'은 '한⁰¹①'의 의미를 가지므로 '한∨걸음'으로 띄어 써야겠군.

⑤ '옛날 강원도의 한 마을에 효자가 살고 있었다.'의 '한'은 ㉥과 같은 의미로 쓰였겠군.

[12~13] 다음 글을 읽고 물음에 답하시오.

국어에는 체언이나 부사, 어미 따위에 붙어 그 말과 다른 말과의 문법적 관계를 표시하거나 그 말의 뜻을 도와주는 품사가 있는데, 이를 조사라고 한다. 조사는 그 기능과 의미에 따라 격 조사, 보조사, 접속 조사로 분류한다.

격 조사는 앞에 오는 체언이 문장 안에서 일정한 자격을 가지도록 해 준다. '이/가'와 같이 문장 안에서 체언이나 체언 구실을 하는 말 뒤에 붙어 주어의 자격을 가지게 하는 주격 조사도 있고, '을/를'과 같이 목적어가 되게 하는 목적격 조사도 있다. 또 '의'와 같이 관형어가 되게 하는 관형격 조사도 있고, '이/가'와 같이 '되다', '아니다'와 함께 쓰여 보어가 되게 하는 보격 조사도 있다. 그밖에 '에', '에서', '(으)로', '와/과', '보다'처럼 체언이나 체언 구실을 하는 말 뒤에 붙어 부사어의 자격을 가지게 하는 부사격 조사와 '아/야'와 같이 독립어 가운데 부름말이 되게 하는 호격 조사 등도 격 조사에 속한다. 특히 체언에 붙어 서술어의 자격을 가지게 하는 '이다'는 서술격 조사라고 하는데, 마치 동사나 형용사처럼 활용하는 특징이 있다.

보조사는 체언, 부사, 활용 어미 따위에 붙어서 어떤 특별한 의미를 더해 주는 구실을 한다. 보조사에는 '은/는', '도', '만', '까지', '마저', '조차', '부터' 따위가 있다. '인생은 짧고 예술은 길다.'에 쓰인 '은'은 체언에 붙어서 어떤 대상이 다른 것과 대조됨을 나타내는 보조사이다. 또 '고구마는 구워도 먹고 삶아도 먹는다.'에 쓰인 '도'는 활용 어미 뒤에 붙어서 둘 이상의 대상이나 사태를 똑같이 아우름을 나타내는 보조사이다.

접속 조사는 둘 이상의 단어나 구 따위를 같은 자격으로 이어 주는 구실을 한다. 접속 조사에는 '와/과', '하고', '(이)나', '(이)랑' 등이 있다. '배하고 사과하고 감을 가져오너라.'에 쓰인 '하고'는 둘 이상의 사물을 같은 자격으로 이어 주는 접속 조사이다.

그런데 ⓐ동일한 형태의 조사가 문장에서 서로 다른 기능을 하기도 한다. 예를 들어 조사 '가'는 앞말이 주어임을 나타내는 격 조사로 쓰일 때도 있고, 앞말을 강조하는 뜻을 나타내는 보조사로 쓰일 때도 있다. '를'은 앞말이 목적어임을 나타내는 격 조사로 쓰일 때도 있고, 앞말을 강조하는 뜻을 나타내는 보조사로 쓰일 때도 있다. 또 '에'는 앞말이 부사어임을 나타내는 격 조사로 쓰일 때도 있고, 둘 이상의 사물을 같은 자격으로 이어 주는 접속 조사로 쓰일 때도 있다. '과'는 앞말이 부사어임을 나타내는 격 조사로 쓰일 때도 있고, 두 단어나 문장 따위를 이어 주는 접속 조사로 쓰일 때도 있다. 또 '에서'는 앞말이 부사어임을 나타내는 격 조사로 쓰일

때도 있고, 단체를 나타내는 명사 뒤에 붙어 앞말이 주어임을 나타내는 격 조사로 쓰일 때도 있다.

12 윗글을 바탕으로 〈보기〉의 ㉠~㉤을 탐구한 내용으로 적절하지 않은 것은?

┌ **보기** ┐
㉠ 그는 보통 인물이 아니다.
㉡ 철수야, 내일이 무슨 날이니?
㉢ 이번에 성적이 많이도 올랐구나!
㉣ 언니가 동생의 간식을 만들고 있다.
㉤ 백화점에 가서 구두랑 모자랑 샀어요.
└────────────────────────┘

① ㉠의 '이'는 체언인 '인물'에 붙어 주어의 자격을 갖게 한다.

② ㉡의 '이니'는 체언인 '날'에 붙어 서술어의 자격을 갖게 한다.

③ ㉢의 '도'는 부사인 '많이'에 붙어 특별한 의미를 더해 주는 구실을 한다.

④ ㉣의 '의'는 체언인 '동생'에 붙어 관형어의 자격을 갖게 한다.

⑤ ㉤의 '랑'은 '구두'와 '모자'를 같은 자격으로 이어 주는 역할을 한다.

13 밑줄 친 조사 중 ⓐ의 사례로 적절한 것은?

① ┌ 방이 깨끗하지가 않다.
  └ 친구마저 미덥지가 못하다.

② ┌ 그녀는 장미를 좋아한다.
  └ 그는 도서관에서 잡지를 읽었다.

③ ┌ 그는 요란한 소리에 잠을 깼다.
  └ 그까짓 일에 너무 마음 상하지 마라.

④ ┌ 친구들과 어울려 늦게까지 놀았다.
  └ 그는 다섯 살 아래의 여성과 결혼했다.

⑤ ┌ 너는 부산에서 몇 시에 출발할 예정이냐?
  └ 우리 학교에서 올해도 우승을 차지했다.

15 단어의 의미

1 단어의 의미: 단어는 말소리(음성, 기호)와 의미(내용)로 이루어져 있는데, 단어의 의미는 접근 방식에 따라 여러 의미로 설명할 수 있음.

① **지시설:** 단어가 지시하는 실제 사물을 단어의 의미라고 보는 관점

> 예 '사과[사과]'라는 말소리는 실제 존재하는 '사과'를 가리키는데, 이 지시물이 단어의 의미임.

② ***개념설:** 한 단어에 대해 사람들의 머릿속에서 만들어지고 저장된 생각을 단어의 의미라고 보는 관점 예 '열정'이라는 단어를 쓰고 말했을 때 떠올리는 개념이 단어의 의미임.

◆ **의미의 종류**

• **사전적 의미:** 단어가 지니고 있는 가장 기본적이고 객관적인 의미(사전에 등재된 의미)

> 예 해가 중천에 떴다. → '태양'을 일상적으로 이르는 말

• **함축적 의미:** 사전적 의미에 덧붙어서 연상이나 관습 등에 의하여 형성되는 의미

> 예 해야 솟아라, 해야 솟아라, 말갛게 씻은 얼굴 고운 해야 솟아라 → 희망, 광명을 의미함.

• **사회적 의미:** 언어를 사용하는 사람의 사회적 환경(출신지, 사회적 지위, 교양 등)과 관련되는 의미 예 혼저옵서예! → 말하는 이의 출신 지역이 제주도임이 드러남.

• **정서적 의미:** 어조나 문체에 따라 말하는 이의 태도나 감정을 드러내는 의미

> 예 "잘 한다." → 어조에 따라 의미가 달라짐.

• **주제적 의미:** 어순을 바꾸거나 특정 부분을 강조함으로써 말하는 이의 의도를 드러내는 의미

> 예 나는 너를 사랑해. / 나는 사랑해, 너를. → '너를'이 강조됨.

• **반사적 의미:** 원래 뜻과 관계없이 나타나는 특정한 의미 예 이름 '한송이' → 꽃과 관련된 의미, 긍정적 의미가 전달됨.

빈출 개념
2 다의어 → 하나의 단어, 여러 가지 의미(의미적 관련성 ○)

• 한 단어가 둘 이상의 의미를 지니고 있을 때 그 단어를 다의어라고 함.

• 다의어의 의미는 중심적 의미와 주변적 의미로 나눌 수 있음.

중심적 의미	가장 기본적이고 핵심적인 의미	예 양말에 <u>구멍</u>이 났다. → 뚫어지거나 파낸 자리
주변적 의미	중심적 의미에서 확장된 의미	예 빠져나갈 <u>구멍</u>이 없다. → 어려움을 헤쳐 나갈 길을 비유적으로 이르는 말

> **벗다** 「동사」 → '벗다'라는 하나의 표제어에 여러 가지 의미를 지님.
>
> 「1」 사람이 자기 몸 또는 몸의 일부에 착용한 물건을 몸에서 떼어 내다. 예 옷을 <u>벗다</u>. → 중심적 의미
>
> 「2」 메거나 진 배낭이나 가방 따위를 몸에서 내려놓다. 예 배낭을 <u>벗다</u>.
> 「3」 동물이 껍질, 허물, 털 따위를 갈다. 예 허물을 벗는 뱀
> → 중심적 의미에서 확장된 주변적 의미

> **Tip** 사전에 등재된 의미가 1개이면 사전적 의미가 곧 중심적 의미이고, 다의어처럼 뜻이 여러 개인 것은 중심적 의미와 주변적 의미가 모두 사전적 의미야!

빈출 개념
3 동음이의어 → 서로 다른 단어, 다른 의미(의미적 관련성 ×)

• 소리는 같지만 뜻이 다른 단어들을 동음이의어라고 함.

• 동음이의어들은 단어의 형태와 문법적 지위도 같지만 의미상 연관이 없음.

> 별개의 표제어로 의미적 관련성이 없음.
>
> **쓰다¹** 「동사」
>
> 「1」 붓, 펜, 연필과 같이 선을 그을 수 있는 도구로 종이 따위에 획을 그어서 일정한 글자의 모양이 이루어지게 하다. 예 방명록에 이름을 <u>쓰다</u>.
>
> **쓰다²** 「동사」
>
> 「1」 모자 따위를 머리에 얹어 덮다. 예 모자를 <u>쓰다</u>.
>
> **쓰다³** 「동사」
>
> 「1」 어떤 일을 하는 데에 재료나 도구, 수단을 이용하다. 예 마음의 병에는 쓸 약도 없다.

＊참고

의미의 삼각형

```
            개념

   언어              지시
   표현              대상
  (상징)           (지시물)
```

의미의 삼각형은 언어 표현과 지시 대상이 직접 관계를 맺지 않고 개념에 의해 매개된다는 것을 보여 준다.

개념 +

동음동철어와 동음이철어

동음이의어에는 발음과 철자가 모두 같은 동음동철어와 발음은 같지만 철자는 다른 동음이철어가 있다.

> 예 배(배나무 열매)-배(선박)-배(신체 일부) → 동음동철어
> 너머-넘어 → 동음이철어

! 헷갈리는 개념 잡기

표제어를 보면 '다의어'와 '동음이의어'를 구별할 수 있다고?

문법 문제를 풀다 보면 사전 정보를 〈보기〉로 제시하고 다의어와 동음이의어를 구별하는 문제가 출제되곤 해요. 주어진 사전 정보에서 표제어를 보면 어느 것이 다의어이고 동음이의어인지 쉽게 구분할 수 있습니다.

우선 별개의 표제어로 등재되어 있는 단어들은 동음이의어예요. 동음이의어는 의미 간의 관련성이 전혀 없는, 서로 다른 단어이기 때문이지요. 반면 다의어는 하나의 표제어 밑에 여러 의미를 가지고 있어요. 이는 하나의 중심적 의미와 거기에서 확장된 주변적 의미들이므로 다의어는 의미 간의 관련성이 있답니다. 이젠 사전을 보며 다의어와 동음이의어를 구별할 수 있겠지요? 사전에서 같은 표제어인지 다른 표제어인지를 꼭 확인하세요!

개념 확인

1 다음 설명이 맞으면 O, 틀리면 X로 표시해 보자.

① 단어가 지니고 있는 가장 기본적이고 객관적인 의미를 사전적 의미라고 한다. (   )

② 다의어는 한 단어가 둘 이상의 의미를 지니는 단어를 말한다. (   )

③ 다의어는 중심적 의미와 주변적 의미를 하나씩 갖는다. (   )

④ 단어의 중심적 의미와 주변적 의미는 모두 사전적 의미에 해당한다. (   )

⑤ 동음이의어는 서로 소리는 같지만 의미적 관련성이 없는 단어들이다. (   ) ⟨내신 기출⟩

⑥ 다의어와 동음이의어는 국어사전에 하나의 표제어로 등재된다. (   )

예시로 연습

2 다음 단어의 의미에 해당하는 사례를 찾아 바르게 연결해 보자.

① 반사적 의미 ・

② 정서적 의미 ・

③ 주제적 의미 ・

④ 사회적 의미 ・

・ ㉠ '나는 가난하지만 행복하다.'와 '나는 행복하지만 가난하다.'에 나타나는 의미가 다르다.

・ ㉡ '바늘'은 '아픔, 피, 실, 병' 등과 관련된 의미를 불러일으킨다.

・ ㉢ '동생이 운다.'를 '동생이 짠다.'로 표현하면 의미가 달라진다.

・ ㉣ 음식의 간을 맞출 때 넣는 소금을 실험실에서는 염화나트륨이라고 한다.

3 밑줄 친 단어의 의미가 중심적 의미에 해당하면 '중심', 주변적 의미에 해당하면 '주변'으로 써 보자.

①
┌ 이 방에는 볕이 잘 든다. → (   )
└ 숲속에 드니 공기가 훨씬 맑았다. → (   )

②
┌ 책상 다리가 하나 부러졌다. → (   )
└ 너무 걸었더니 다리가 후들후들 떨렸다. → (   )

③
┌ 나는 점심으로 된장찌개를 먹었다. → (   )
└ 하루 종일 욕만 호되게 먹었다. → (   )

4 밑줄 친 두 단어의 의미적 관련성을 고려할 때, 다의어와 동음이의어 중 해당되는 것에 바르게 연결해 보자.

① 비행기에 타다. – 장작이 타다. ・

② 별이 반짝이다. – 국문학계의 큰 별이 지다. ・

③ 물이 반 컵이나 차다. – 혀를 끌끌 차다. ・

④ 국이 맵다. – 시집살이가 맵다. ・

⑤ 손을 깨끗이 씻어야 한다. – 그 가게는 손이 많다. ・

・ ㉠ 다의어

・ ㉡ 동음이의어

1단계 | **개념 연습 문제**

개념 확인

1 다음 설명이 맞으면 O, 틀리면 X로 표시해 보자.

① 문장 성분은 문장에서 일정한 문법적인 기능을 하는 각 부분이다. (　　　)

② 어절은 문장 성분이 될 수 있지만, 구는 문장 성분이 될 수 없다. (　　　)

③ 문장에서 주성분에 해당하는 것은 주어, 서술어, 목적어, 보어이다. (　　　)

④ 목적어는 서술어가 타동사일 때 필요하다. (　　　)

2 다음 문장의 빈칸에 들어갈 알맞은 말을 써 보자.

① 주어는 '무엇이 어찌하다/어떠하다/무엇이다'의 문장 형식에서 '　　　'에 해당한다.

② 문장의 구조를 결정하기 때문에 　　　은/는 다른 문장 성분에 비해 중요도가 크다.

③ 목적어는 　　　 또는 　　　 구실을 하는 구나 절에 목적격 조사 '　/　'이/가 붙어 나타나는데, 이때 목적격 조사는 생략할 수 있고, 　　　이/가 붙을 수도 있다.

④ 조사 '이/가'는 주어를 만드는 데에도 사용되고 　　　을/를 만드는 데에도 사용된다.

3 다음 문장 성분에 해당하는 설명을 찾아 바르게 연결해 보자.

① 주어　　　•

② 서술어　　•

③ 목적어　　•

④ 보어　　　•

• ㉠ 서술어가 나타내는 동작이나 행동의 대상이 되는 성분

• ㉡ 주어의 동작, 성질, 상태 등을 풀이하는 성분

• ㉢ 문장에서 동작 또는 성질·상태의 주체가 되는 성분

• ㉣ '되다'나 '아니다'라는 서술어가 사용된 문장에서 주어 외에 반드시 필요한 성분

예시로 연습

4 다음 문장에서 밑줄 친 부분의 문장 성분을 써 보자.

① <u>현명한 농부가</u> 때맞춰 <u>볍씨도</u> <u>뿌립니다</u>.
　　(　　　)　　　　　(　　　) (　　　)

② <u>그 사람이</u> 어느새 <u>할아버지가</u> <u>되었군요</u>.
　　(　　　)　　　　　(　　　) (　　　)

③ <u>나의 꿈은</u> 성공한 <u>사업가는</u> <u>아니다</u>.
　　(　　　)　　　　(　　　) (　　　)

5 다음 문장에서 밑줄 친 서술어의 자릿수를 파악하여 써 보자. 〈내신 기출〉

① 아기가 참 예쁘게도 <u>웃는구나</u>. → (　　　　　　　)

② 민지는 수경이에게 편지를 <u>주었다</u>. → (　　　　　　　)

③ 신기하게도 그 아이는 아빠와 무척 <u>닮았다</u>. → (　　　　　　　)

01 다음 중 주성분만으로 이루어진 문장은?

① 마음이 몹시 초조합니다.

② 나무가 참 빨리 자라네요.

③ 아들이 중학생이 되었습니다.

④ 큰 새가 푸른 하늘을 날고 있다.

⑤ 아이가 너무 오래 기다리는군요.

02 밑줄 친 말이 주어가 <u>아닌</u> 것은?

① 그 아저씨는 <u>돈이</u> 많다.

② <u>아빠와 나는</u> 서로 힘을 합쳤다.

③ 그는 전쟁을 승리로 이끈 <u>영웅이</u> 되었다.

④ <u>내가 부른 노래가</u> 어제 라디오에 나왔어.

⑤ <u>나 역시</u> 너처럼 지난주에 놀이공원에 다녀왔어.

03 〈보기〉의 ㉠~㉣에 대한 설명으로 적절한 것은?

> **보기**
> ㉠ 갑자기 그가 울었다.
> ㉡ 벌써 밤공기가 차구나.
> ㉢ 학생 대표는 해결책을 제시했다.
> ㉣ 모든 사건이 현실적인 것이 아니다.

① ㉠과 ㉡에서 주어는 서술어가 나타내는 동작의 주체이다.

② ㉠과 ㉢에서는 격 조사가 문장의 주어를 나타내 주고 있다.

③ ㉡과 ㉣에서 주어는 합성어인 체언에 조사가 붙은 형태이다.

④ ㉢과 ㉣에서 주어는 체언 구실을 하는 구에 조사가 붙은 형태이다.

⑤ ㉣에서는 성질이나 상태를 나타내는 서술어의 영향으로 주어가 두 번 쓰였다.

04 〈보기〉의 ㉠, ㉡에 들어갈 말을 쓰시오.

> **보기**
> 문장 성분 중 보어는 서술어가 '(㉠)'나 '(㉡)'일 때만 필수적인 성분이다.

05 〈보기〉에서 제시한 ㉠~㉢의 예로 알맞은 것끼리 짝지어진 것은?

> **보기**
> 어떤 종류의 서술어가 사용되었는지를 기준으로 하여 국어 문장의 형식을 최대한 단순화하면 다음과 같다.
> ㉠ 무엇이 어찌하다.
> ㉡ 무엇이 어떠하다.
> ㉢ 무엇이 무엇이다.

	㉠	㉡	㉢
①	우리 누나가 활짝 웃는다.	우리 누나는 대학생이다.	우리 누나는 착하다.
②	우리 누나는 착하다.	우리 누나가 활짝 웃는다.	우리 누나는 대학생이다.
③	우리 누나가 활짝 웃는다.	우리 누나는 착하다.	우리 누나는 대학생이다.
④	우리 누나는 착하다.	우리 누나는 대학생이다.	우리 누나가 활짝 웃는다.
⑤	우리 누나는 대학생이다.	우리 누나는 착하다.	우리 누나가 활짝 웃는다.

06 〈보기〉를 참고할 때, 밑줄 친 말이 보조 용언이 <u>아닌</u> 것은?

> **보기**
> 한 문장에서 서술어 자리에 용언이 두 개 연달아 올 때, 앞의 것은 본용언이고 뒤의 것은 보조 용언일 때가 있다. 그렇지 않고 본용언과 본용언이 이어진 경우에는 둘 사이에 다른 말을 삽입하거나 앞의 용언에 '-아서/어서'와 같은 어미를 결합할 수 있지만, 본용언과 보조 용언이 이어져 하나의 서술어를 이루는 경우에는 이런 일이 불가능하다.

① 그럴 거면 차라리 가 <u>버려</u>.

② 나도 곧 그 책을 사 <u>읽을게</u>.

③ 그가 금세 빵을 먹어 <u>치웠어</u>.

④ 언니는 지금 학교에 가고 <u>있어</u>.

⑤ 그녀가 웨딩드레스를 입어 <u>보았다</u>.

07 다음 중 서술어의 자릿수가 나머지 넷과 <u>다른</u> 하나는?

① 그는 동창회에서 오랜만에 단짝 친구와 <u>만났다</u>.

② 내가 친구의 동생에게 맛있는 과자를 몰래 <u>건넸다</u>.

③ 다시 말하지만 저는 절대로 그런 사람이 <u>아닙니다</u>.

④ 그녀가 길거리 카페에서 뜨거운 커피를 <u>마시는군요</u>.

⑤ 바로 그때 내가 있는 방으로 갑자기 그가 <u>들어왔습니다</u>.

08 〈보기〉를 통해 목적어에 대해 탐구한 내용으로 적절하지 <u>않은</u> 것은?

┌ 보기 ┐
ㄱ 경호가 노래 부른다.
ㄴ 경호가 노래도 부른다.
ㄷ 경호가 노래마저 부른다.
ㄹ 경호가 우리의 노래를 부른다.
└────┘

① ㄱ을 보니 목적어는 조사가 생략된 채 쓰일 수도 있군.

② ㄴ을 보니 목적격 조사인 '도'를 쓸 수 있군.

③ ㄷ을 보니 목적어에는 격 조사 대신 보조사가 붙을 수도 있군.

④ ㄹ을 보니 목적어는 체언 구실을 하는 구의 형태로 실현될 수도 있군.

⑤ ㄱ~ㄹ을 보니 목적어는 서술어인 '부른다'가 나타내는 동작의 대상이 되는 성분이군.

고난도
09 다음 문장에 대한 설명으로 알맞은 것은?

┌─────────────────┐
ㄱ 형이 저런 노래까지 부르는구나.
ㄴ 정부에서 불법 무기류를 단속했습니다.
└─────────────────┘

① ㄱ과 ㄴ은 주성분이 네 개씩 들어 있는 문장이다.

② ㄱ의 '부르는구나'와 ㄴ의 '단속했습니다'는 두 자리 서술어이다.

③ ㄱ의 '저런 노래까지'와 달리 ㄴ의 '불법 무기류를'은 목적어이다.

④ ㄴ의 '불법'과 달리 ㄱ의 '저런'은 보어이다.

⑤ ㄴ의 '정부에서'와 달리 ㄱ의 '형이'는 주어이다.

✔ 고난도 서술형 대비하기

10 〈보기〉에 제시된 문장에서 ㉠과 ㉡의 문장 성분이 무엇인지 쓰고, 그 이유를 〈조건〉에 맞게 서술하시오.

┌ 보기 ┐
• 물이 ㉠얼음이 되었다.
• 물이 ㉡얼음으로 되었다.
└────┘

┌ 조건 ┐
• '㉠의 문장 성분은 ~이고, ㉡의 문장 성분은 ~이다. 왜냐하면 ㉠은 ~이고, ㉡은 ~기 때문이다.'의 형식으로 쓸 것.
└────┘

_____

_____

_____

11 〈보기 1〉의 예시를 참고하여, 〈보기 2〉에 제시된 ㉠과 ㉡의 잘못된 점을 설명하고, 올바른 문장으로 고쳐 쓰시오.

┌ 보기 1 ┐

내 말의 요점은 우리 모두 최선을 다하자.

잘못된 점	주어와 서술어가 호응하지 않는다.
수정한 문장	내 말의 요점은 우리 모두 최선을 다하자는 것이다.

┌ 보기 2 ┐
㉠ 지난 주말에 우리는 등산과 공을 찼다.
㉡ 그는 이웃 사람들에게 기대기도 하지만 때로는 무시하기도 한다.
└─────┘

	㉠	㉡
잘못된 점		
수정한 문장		

18 부속 성분, 독립 성분

● **부속 성분이란?** 주로 주성분의 내용을 꾸며 주는 성분

1 관형어

• 체언을 꾸며 주는 문장 성분

관형사	관형사는 그 자체로 관형어가 됨.	예 어제 그는 헌 신발을 내다 팔았다.
체언 + 관형격 조사 '의'	체언에 관형격 조사 '의'가 붙어 만들어짐.	예 저 아이가 {명수의/명수} 친구이다. {시골의/시골} 풍경이 정겨운 느낌을 주네.
용언의 관형사형	용언의 어간에 관형사형 어미 '-(으)ㄴ, -는, -(으)ㄹ, -던'이 붙어 만들어짐.	예 꽃밭에 예쁜 꽃이 피었다.

• 기본적으로 *수의 성분이지만, 의존 명사 앞에 있는 관형어는 필수 성분임.
  예 저기 보이는 것이 우리 집이다. → 의존 명사 '것'은 관형어 '보이는'이 있어야 쓰일 수 있음.

• 관형어는 뒤에 오는 체언과 구를 이루어 하나의 문장 성분으로 기능하는 경우가 있음.
  예 <u>가난한 생활</u>이 <u>불행한 삶</u>은 아니다.
     주어의 일부   보어의 일부

빈출 개념
2 *부사어

• 주로 용언을 꾸며 주는 문장 성분

부사	부사는 그 자체로 부사어가 됨.	예 밥이 너무 많아요.
체언 + 부사격 조사	체언에 부사격 조사 '에, 에서, 에게, (라)고, (으)로, 와/과' 등이 붙어 만들어짐.	예 미영이는 학교에 갔는데요.
용언의 부사형	용언의 어간에 부사형 어미 '-게' 등이 붙어 만들어짐.	예 시간이 빠르게 지나갔습니다.

• 주로 용언을 꾸며 주지만 때로는 관형어나 부사어, 문장 전체를 꾸며 주기도 함.

성분 부사어	• 문장 속의 특정 성분을 수식함. • 주로 용언을 수식하지만, 관형어, 다른 부사어를 수식하기도 함.	예 나는 수영을 참 좋아한다. 그것은 매우 새로운 것이었다. → 관형어 '새로운'을 수식함. 너는 아주 빨리 뛰는구나! → 부사어 '빨리'를 수식함.
문장 부사어	문장 전체를 수식함.	예 과연 그의 말이 맞았구나.
접속 부사어	단어나 문장을 이어 줌.	예 너 그리고 나 우유를 많이 마셨다. 그러나 키가 크지 않았다.

◆ **필수적 부사어:** 부사어는 수의 성분이지만, 서술어에 따라 필수 성분이 되는 부사어
  예 나는 그를 <u>우상으로</u> 삼았다. / 이 모자는 <u>나에게</u> 잘 어울린다. → 생략하면 의미가 불완전해짐.

● **독립 성분이란?** 다른 문장 성분과 직접적인 관련이 없는 성분

1 독립어

문장의 어느 성분과도 문법적 관계를 맺지 않는 문장 성분

감탄사	감탄사는 그 자체로 독립어가 됨.	예 앗! 그건 나의 실수였어.
체언 + 호격 조사	체언에 호격 조사 '아, 야, (이)여' 등이 붙어 만들어짐.	예 경호야, 이리 좀 와 볼래? 엄마, 제 설명도 좀 들어 보세요. → 호격 조사가 생략되어 부르는 말로 쓰임.
제시어	제시어나 표제어가 독립어가 되기도 함.	예 청춘, 이는 듣기만 하여도 가슴 설레는 말이다. → 문장의 제시어로 쓰임.

★참고
필수 성분과 수의 성분

필수 성분	• 문장이 성립하기 위해 반드시 필요한 문장 성분 • 주어, 서술어, 목적어, 보어, 필수적 부사어
수의 성분	• 문장이 성립하는 데 필수적이지는 않으나 의미를 풍부하게 하는 문장 성분 • 관형어, 부사어(필수적 부사어 제외), 독립어

부사어의 특징
• 보조사가 붙을 수 있다.
  예 세월이 참 빨리도 간다.
     그는 엄마와도 안 닮았다.
• 성분 부사어보다 문장 부사어의 자리 옮김이 더 자유롭다.
  예 ┌ 그는 아주 빨리 달린다.(○)
     └ 그는 빨리 아주 달린다.(×)
  예 ┌ 확실히 그는 달리기가 빠르다.(○)
     ├ 그는 확실히 달리기가 빠르다.(○)
     └ 그는 달리기가 확실히 빠르다.(○)

! 헷갈리는 개념 잡기

관형사는 관형어가 맞지만, 관형어라고 해서 모두 관형사인 건 아니라고?
관형사와 관형어는 모두 체언을 꾸미고 이름도 비슷해서 헷갈릴 수 있어요. 하지만 두 개념은 범주 자체가 다릅니다. '관형사'는 단어 자체의 성격을 말하는 품사이고, '관형어'는 문장 안에서 일정한 문법적 기능을 하는 단위를 말하는 문장 성분이에요. 관형어의 유형은 크게 3가지로 다음과 같아요

위의 도표를 통해 관형어에 해당하는 품사가 관형사, 체언(명사, 대명사, 의존 명사), 용언(동사, 형용사)인 것을 알 수 있지요? 이처럼 관형어의 품사가 모두 관형사인 건 아니니 헷갈리지 않도록 하세요!

개념 확인

1 다음 설명이 맞으면 O, 틀리면 X로 표시해 보자.

① 부속 성분은 문장에서 필수적으로 요구하는 성분이다. (　　　)

② 용언의 활용형은 문장에서 관형어나 부사어로 쓰일 수 있다. (　　　) ◁내신 기출

③ 독립어는 문장 내에서 부속 성분이 아닌 주성분과만 문법적 관계를 맺는다. (　　　)

2 다음 문장 성분에 해당하는 설명을 찾아 알맞게 연결해 보자.

① 관형어　•

② 부사어　•

③ 독립어　•

•　㉠ 체언을 꾸며 주는 문장 성분

•　㉡ 다른 문장 성분과 직접적인 관련이 없는 문장 성분

•　㉢ 용언이나 관형어, 또는 부사어나 문장 전체를 꾸며 주는 문장 성분

예시로 연습

3 다음 문장에서 밑줄 친 부분의 문장 성분을 각각의 빈칸에 써 보자.

①
> 새로운 생각이 갑자기 떠올랐다.
> ㄱ　　ㄴ　　ㄷ　　ㄹ

ㄱ: _____　　ㄴ: _____　　ㄷ: _____　　ㄹ: _____

②
> 눈물이 엄청나게 많이 흘렀다.
> ㄱ　　ㄴ　　ㄷ　　ㄹ

ㄱ: _____　　ㄴ: _____　　ㄷ: _____　　ㄹ: _____

③
> 옛 생각을 떠올리며 가만히 앉아 있네요.
> ㄱ　ㄴ　　ㄷ　　ㄹ　　ㅁ

ㄱ: _____　ㄴ: _____　ㄷ: _____　ㄹ: _____　ㅁ: _____

④
> 엄마, 빨리 이 노래 들어 보세요.
> ㄱ　　ㄴ　ㄷ　　ㄹ　　ㅁ

ㄱ: _____　ㄴ: _____　ㄷ: _____　ㄹ: _____　ㅁ: _____

⑤
> 어이쿠, 괜히 너까지 괴롭혔구나.
> ㄱ　　ㄴ　　ㄷ

ㄱ: _____　　ㄴ: _____　　ㄷ: _____　　ㄹ: _____

⑥
> 응, 진규가 우리 학교에서 제일 똑똑해.
> ㄱ　ㄴ　　ㄷ　　ㄹ　ㅁ　ㅂ

ㄱ: _____　ㄴ: _____　ㄷ: _____　ㄹ: _____　ㅁ: _____　ㅂ: _____

01 다음 밑줄 친 말의 문장 성분을 잘못 파악한 것은?

① 네, 뭐, 그렇게 알고 있겠습니다. – 독립어
② 그의 눈길이 푸른 하늘에 닿았다. – 관형어
③ 나는 친구에게 급하게 말을 걸었다. – 부사어
④ 우리 큰오빠는 무척 험상궂게 생겼다. – 부사어
⑤ 우리가 갔던 찻집이 오늘도 문을 닫았다. – 관형어

02 〈보기〉를 통해 관형어에 대해 탐구한 내용으로 적절하지 않은 것은?

> **보기**
> ㉠ 바로 오늘이 주희의 생일이다.
> ㉡ 네가 준 책을 오늘에야 다 읽었어.

① ㉠의 '바로'처럼 관형사가 체언을 수식하는 기능을 할 수 있군.
② ㉠의 '주희의'처럼 체언에 조사가 결합된 형태가 관형어로 쓰일 수 있군.
③ ㉠의 '바로'와 '주희의'처럼 관형어는 뒤에 오는 체언의 의미를 한정해 줄 수 있군.
④ ㉡의 '네가 준'처럼 주어와 서술어를 갖춘 절의 형태가 관형어로 쓰일 수 있군.
⑤ ㉡의 '네가 준'처럼 관형어에는 시간 표현이 사용될 수 있군.

03 다음 밑줄 친 말 중 〈보기〉에 제시된 ㉠~㉣의 예로 적절하지 않은 것은?

> **보기**
> 관형어는 다음의 네 가지 유형으로 나눌 수 있다.
>
> ㉠ 관형사가 관형어로 사용되는 경우
> ㉡ 체언에 결합된 관형격 조사가 생략되고 체언이 관형어로 사용되는 경우
> ㉢ 체언에 관형격 조사가 결합해 관형어로 사용되는 경우
> ㉣ 용언의 어간에 관형사형 어미가 결합해 관형어로 사용되는 경우

① ㉠: 저기 큰 파도가 덮쳐 온다.
② ㉠: 이제 다른 생각은 하지 마십시오.
③ ㉡: 어제 길에서 친구 엄마를 만났다.
④ ㉢: 실패는 성공의 어머니입니다.
⑤ ㉣: 할아버지는 넓은 집에 살고 계십니다.

04 〈보기〉에서 설명한 ㉠과 ㉡의 예로 적절하지 않은 것은?

> **보기**
> 부사어는 수식의 대상이 무엇이냐에 따라 ㉠성분 부사어와 ㉡문장 부사어로 나눈다. 문장 내에서 어떤 한 성분을 수식해 주면 성분 부사어이고, 문장 전체를 수식해 주면 문장 부사어이다.

① ㉠: 급하게 먹으면 체하기 쉽다.
② ㉠: 자꾸 부탁해서 정말로 미안해.
③ ㉠: 가뜩이나 매운 음식에 고추장을 더 넣다니!
④ ㉡: 많이 바쁘니까 너한테 부탁을 하잖아.
⑤ ㉡: 다행히 우리 집에는 아무런 이상이 없었다.

05 〈보기〉의 밑줄 친 부사어에 대한 설명으로 적절하지 않은 것은?

> **보기**
> ㉠ 오빠가 바닥에 가방을 잔뜩 내려놓았다.
> ㉡ 과연 이 소설 작품이 무척 재미있긴 하군요.
> ㉢ 저는 아주 헌 자동차를 사서 마구 몰고 있습니다.
> ㉣ 그는 아무런 신뢰 없이 돈을 많이 빌려주지는 않지요.

① ㉠: '바닥에'는 체언에 조사가 결합하여, '잔뜩'은 부사가 그대로 부사어로 쓰였다.
② ㉠: '바닥에'와 달리 '잔뜩'은 문장에서 필수적인 성분이 아니다.
③ ㉡: '과연'은 문장 전체를, '무척'은 '재미있긴 하군요'를 수식한다.
④ ㉢: '아주'는 관형사 '헌'을, '마구'는 서술어 '몰고 있습니다'를 수식한다.
⑤ ㉣: '아무런 신뢰 없이'와 '많이'는 용언의 부사형을 사용하여 부사어를 만들었다.

고난도

06 문장에서 문장 성분을 생략하거나 보충하는 활동을 통해 '필요한 문장 성분'에 대해 탐구할 때, 〈보기〉를 바탕으로 하여 판단한 내용으로 적절한 것은?

┌ 보기 ┐
ㄱ 아이들이 넓은 운동장에서 시끄럽게 논다.
ㄴ 아이가 유치원에서 그림을 그린다.
ㄷ 그 아이는 친구와 다퉜다.
ㄹ 걱정스러운 것이 참 많습니다.
ㅁ 나도 과연 언제 재개될지 모른다.

① ㄱ에서 꼭 필요한 문장 성분은 주어와 부사어야.
② ㄴ에서 필수적인 문장 성분은 네 개야.
③ ㄷ을 보면 부사어도 필수적인 문장 성분이 될 수 있어.
④ ㄹ의 관형어는 부속 성분이므로 생략될 수 있어.
⑤ ㅁ에는 필수적인 문장 성분이 빠졌으니 서술어 '모른다'의 목적어를 보충해야 해.

07 〈보기〉를 통해 알 수 있는 독립어의 특성으로 적절하지 않은 것은?

┌ 보기 ┐
• 아니요, 저는 싫어요.   • 아우야, 나 좀 보고 가라.
• 어머나, 깜빡 속았네.   • 아, 이 영화 정말 슬프다.

① 놀람이나 느낌의 의미를 전달한다.
② 감탄사가 독립어로 사용될 수 있다.
③ 부름이나 대답을 표현할 때 사용한다.
④ 체언 단독으로도 독립어가 될 수 있다.
⑤ 체언에 호격 조사가 결합한 형태가 독립어로 실현될 수 있다.

08 〈보기〉의 ㄱ에 해당하는 예로 가장 적절한 것은?

┌ 보기 ┐
우리말 문장에서 성분 간의 문법적 관계를 추측하는 것이 가능할 때 격 조사는 비교적 쉽게 생략될 수 있다. 하지만 때로는 격 조사의 생략으로, ㄱ뒤에 조사가 붙지 않은 체언이 어떤 성분으로 쓰인 것인지가 불분명한 경우도 있다.

① 이번 일은 용규 시켰어.
② 우리는 점심에 빵 먹었다.
③ 거기 있는 사진 좀 볼래?
④ 지민이 아까 학원 갔는데, 왜?
⑤ 그 책은 고민 끝에 그냥 미진이 줬어.

✔ 고난도 서술형 대비하기

09 〈보기〉의 문장 성분을 분석하여, 〈조건〉에 맞게 서술하시오.

┌ 보기 ┐
와, 내가 이번 영화를 보니 도입부의 음악이 정말 좋더라.

┌ 조건 ┐
• 각각의 어절이 어떤 문장 성분에 해당하는지 해당 어절과 문장 성분의 종류를 구체적으로 밝혀 쓸 것.
• '주성분은 ~이다. 부속 성분은 ~이다. 독립 성분은 ~이다.'의 형식으로 쓸 것.

_____

_____

_____

10 〈보기〉의 탐구 내용에 들어갈 적절한 설명을 〈조건〉에 맞게 서술하시오.

┌ 보기 ┐
[탐구 자료]
(가) 이 그림은 ㄱ저 사진과 비슷하다.
(나) 우리는 ㄴ아이들이 지나가도록 차를 세웠다.

[탐구 내용]
(가)와 (나)에서 ㄱ과 ㄴ은 각각 부사어로 사용되었다는 공통점이 있다. 그러나 ㄱ과 ㄴ은 두 가지 면에서 차이점을 지니고 있다.
첫째, _____.
둘째, _____.

┌ 조건 ┐
차이점을 각각 한 문장으로 밝힌 후 구체적으로 설명할 것.

_____

_____

_____

19 이어진문장

● 문장의 구조

주어와 서술어의 관계가 한 번만 나타나는 문장을 '홑문장'이라고 하고, 주어와 서술어의 관계가 두 번 이상 나타나는 문장을 '겹문장'이라고 함.

Tip 주어는 자주 생략되기 때문에 홑문장과 겹문장은 서술어의 개수로 구별해야 해!

빈출 개념

● 이어진문장이란? 두 개 이상의 홑문장이 연결 어미로 결합된 문장

└ 국어의 어미 체계 기록 참고

1 대등하게 연결된 이어진문장 의미 관계가 대등한 두 개 이상의 홑문장이 이어진 문장

> **비가 오고 바람이 분다.**
> 연결 어미 '-고'를 통해 '비가 오다.'와 '바람이 분다.'가 연결됨.

• 대등적 연결 어미가 사용되며, 연결 어미에 따라 앞 절과 뒤 절이 나열, 대조, 선택 등으로 의미 관계를 맺음.

의미 관계	연결 어미	예
나열	*-고, -(으)며	날씨도 좋고 바람도 시원하다.
대조	-지만, -(으)나	바람은 불지만 기온은 높다.
선택	-거나, -든(지)	비가 오거나, 눈이 올 것이다.

• 앞 절과 뒤 절의 순서를 바꾸어도 의미에 큰 변화가 없음.

> 예 날씨도 좋고 바람도 시원하다. ≒ 바람도 시원하고 날씨도 좋다.
>
> 바람은 불지만 기온은 높다. ≒ 기온은 높지만 바람은 분다.

2 종속적으로 연결된 이어진문장 앞 절의 의미가 뒤 절의 의미에 종속되어 있는 겹문장

> **비가 와서 땅이 젖었다.**
> 연결 어미 '-아서'를 통해 '비가 오다.'와 '땅이 젖었다.'가 연결됨.

• 종속적 연결 어미가 사용되며, 연결 어미에 따라 앞 절과 뒤 절의 의미 관계가 달라짐.

의미 관계	연결 어미	예
원인·이유	-아서/어서, -(으)니, -(으)니까, -(으)므로 등	비가 내려서 땅이 질다.
의도·목적	-(으)러, -(으)려고, -고자 등	나는 너를 만나려고 여기까지 왔단다.
배경 상황	-는데 등	어제 집에 가는데 우연히 친구를 만났어.
조건·가정	-(으)면, -거든, -아야/어야, -던들 등	이번 일이 잘 해결되면 여행이라도 다녀옵시다.
양보	-아도/어도, -더라도, -(으)ㄹ지라도 등	아무리 바빠도 할머니께 전화는 드려라.
중단·전환	-다가 등	영희는 책을 읽다가 그만 잠들고 말았다.
정도의 심화	-ㄹ수록 등	공부를 열심히 할수록 실력이 쌓입니다.

개념 +

접속 조사 '와/과'로 이어진 문장

• 접속 조사 '와/과'가 쓰여 겹문장이 되기도 한다. 접속 조사로 연결된 각각의 단어가 서술어와 호응하는 성분이 되기 때문에 겹문장으로 볼 수 있다.
   예 레몬과 귤은 비타민 씨(C)가 많다.
   나는 시와 소설을 좋아한다.
   그녀는 집과 도서관에서 공부했다.
   사람들이 앞문과 뒷문으로 들어갔다.

• '와/과'는 부사격 조사로도 쓰이는데, 이때는 홑문장이다.
   예 윤하는 연우와 닮았다.
   나는 친구와 카페에서 만났다.
   나는 너와 다르다.
   나는 민수와 골목에서 마주쳤다.

✱ 참고

연결 어미 '-고'의 쓰임

연결 어미 '-고'는 문장을 대등적으로 연결하기도 하고 종속적으로 연결하기도 한다.
   예 인생은 짧고, 예술은 길다. → 대등
   상한 음식을 먹고 탈이 났다. → 종속

! 헷갈리는 개념 잡기

종속적으로 연결된 이어진문장을 부사절을 가진 안은문장으로도 볼 수 있을까?

종속적으로 연결된 이어진문장에서는 앞 절이 뒤 절로 이동할 수 있어요. 예를 들어, '비가 와서 우리는 나들이를 취소했다.'를 '우리는 비가 와서 나들이를 취소했다.'로 바꿀 수 있는 것이죠. 이는 '비가 와서'라는 부사절이 안겨 있는 것으로 볼 수도 있습니다. 이런 이유로, 종속적으로 연결된 이어진문장을 부사절을 가진 안은문장으로 간주하는 경우도 있어요.

개념 확인 **1** 다음 설명이 맞으면 O, 틀리면 X로 표시해 보자.

① 문장은 주어와 서술어의 관계가 나타나는 횟수에 따라 홑문장과 겹문장으로 나눈다. (   )

② 주어와 서술어의 관계가 세 번 나타나면 겹문장이다. (   )

③ 국어에서 홑문장이 아닌 모든 문장은 이어진문장이다. (   )

④ 이어진문장의 의미 관계는 연결 어미가 무엇이냐에 따라 결정된다. (   ) **내신 기출**

⑤ 이어진문장을 만들 때, 뒤 절의 주어가 앞 절의 주어와 같으면 생략할 수 있다. (   )

2 다음 문장의 빈칸에 들어갈 알맞은 말을 써 보자.

① 이어진문장에서 앞 절과 뒤 절을 이을 때, 대등하게 연결된 이어진문장은 [   ][   ][   ] 연결 어미를 사용하고, 종속적으로 연결된 이어진문장은 [   ][   ][   ] 연결 어미를 사용한다.

② 앞 절과 뒤 절의 순서를 서로 바꾸어도 의미에 큰 변화가 없는 것은 [   ][   ][   ][   ] 연결된 이어진문장이다.

예시로 연습 **3** 다음 문장의 종류를 파악하여 홑문장이면 '홑', 대등하게 연결된 이어진문장이면 '대', 종속적으로 연결된 이어진문장이면 '종'을 써 보자.

① 파란색도 좋고, 연두색도 좋아. (   )

② 마음은 아프지만 너를 보내 줄게. (   )

③ 실패가 거듭되더라도 좌절하지 말자. (   )

④ 목욕을 하고 있는데 전화기가 울리더라고. (   )

⑤ 바로 저 사람이 우리에게 그런 말을 했어요. (   )

4 앞뒤 절의 의미 관계에 해당하는 예문을 찾아 알맞게 연결해 보자.

앞뒤 절의 의미 관계	예문
① 나열　　　•	•　㉠ 그렇게 피곤하면 일찍 자도록 하렴.
② 대조　　　•	•　㉡ 벌써 산에는 꽃이 피고 새도 우네요.
③ 원인·이유　•	•　㉢ 겨우 이 옷을 사려고 돈을 모았던 거니?
④ 의도·목적　•	•　㉣ 운동을 많이 해서 몸이 건강해졌습니다.
⑤ 조건·가정　•	•　㉤ 그런 경험을 거듭할수록 전략이 정교화될 거야.
⑥ 정도의 심화　•	•　㉥ 나는 한식을 좋아하지만, 동생은 중식을 즐긴답니다.

01 다음 중 이어진문장에 해당하는 것은?

① 집에 가는데 그를 만났어.
② 올해는 성탄절이 일요일이다.
③ 그 친구의 오빠는 이국적으로 생겼다.
④ 어머니는 내가 드린 돈을 받으셨다.
⑤ 우리 앞에 여러 어려움이 놓여 있습니다.

02 〈보기〉의 ㉠에 해당하는 문장으로 적절하지 <u>않은</u> 것은?

┌ 보기 ┐
선생님: 여러분, 지난 시간에 이어진문장을 배웠죠? 문장은 홑문장과 겹문장으로 나눌 수 있고, 겹문장은 다시 이어진문장과 안은문장으로 나눌 수 있지요. 또, 이어진문장은 앞 절과 뒤 절의 의미가 대등한 관계에 있는 '대등하게 연결된 이어진문장'과, 앞 절의 의미가 뒤 절의 의미에 종속되는 ㉠'종속적으로 연결된 이어진문장'으로 나눌 수 있어요.

① 농부는 잡초를 뽑으러 밭으로 갔다.
② 형은 요리사가 되려고 자격증을 땄다.
③ 이 집이 마음에 들면 당장 계약합시다.
④ 내가 공부를 그만두자 엄마는 잔소리를 하셨다.
⑤ 그는 나를 만나러 왔고 나는 그녀를 만나러 갔다.

03 대등하게 연결된 이어진문장에서 앞 절과 뒤 절의 의미 관계가 나머지 넷과 <u>다른</u> 하나는?

① 오늘은 습도가 높지만 덥지는 않다.
② 나는 너를 사랑하고 너도 나를 사랑하네.
③ 그는 밧줄을 손으로 잡으며 앞으로 나간다.
④ 어느새 산에는 온갖 꽃이 피고 새들이 웁니다.
⑤ 기회는 오직 한 번뿐이었고 나는 그것을 잡았다.

04 〈보기〉의 ㉠에 해당하는 문장으로 적절한 것은?

┌ 보기 ┐
종속적으로 연결된 이어진문장은 두 개 이상의 문장이 연결 어미로 이어져 있다. 이때 앞 절과 뒤 절은 인과, ㉠조건, 의도, 양보, 배경 등의 의미 관계를 나타낸다.

① 운동을 많이 하면 체력이 향상된다.
② 운동을 하려고 실내 체육관으로 갔다.
③ 운동을 아무리 해도 근육이 늘지 않는다.
④ 운동을 하고 있는데 친구가 나를 찾아왔다.
⑤ 운동을 너무 오래 해서 그는 그만 지쳐 버렸다.

05 다음 문장에 대한 설명으로 적절하지 <u>않은</u> 것은?

┌─────────────────────────────┐
그는 도서관에 가려고 재빠르게 버스를 탔다.
└─────────────────────────────┘

① '-려고'는 의도를 나타내는 연결 어미이다.
② 뒤 절과 달리 앞 절에는 필수적 부사어가 있다.
③ 앞 절과 뒤 절이 종속적으로 연결된 이어진문장이다.
④ 앞 절의 주어와 동일하여 뒤 절의 주어가 생략되었다.
⑤ 뒤 절의 서술어와 달리 앞 절의 서술어는 두 자리 서술어이다.

06 앞 절과 뒤 절의 의미 관계가 알맞게 연결되지 <u>않은</u> 것은?

① 봄은 따스하고 가을은 선선하다. - 나열
② 여기에 이 숫자를 더하면 답이 나온다. - 가정
③ 어제는 피곤했지만 오늘은 기운이 난다. - 대조
④ 너무 힘이 들어서 너한테 잠시 기댄 거였어. - 이유
⑤ 고통이 찾아올지라도 나는 결코 쓰러지지 않아. - 인과

서술형
07 다음 겹문장을 두 개의 홑문장으로 나누어 쓰시오.

┌─────────────────────────────┐
영화를 보고 있는데 친구가 나를 찾아왔다.
└─────────────────────────────┘

고난도

08 홑문장과 홑문장을 연결하여 주어진 겹문장으로 바꾼다고 할 때, 의미가 자연스럽지 **않은** 것은?

① 겨울은 춥다. + 여름은 덥다.
　　→ 대등하게 연결된 이어진문장

② 동생은 부지런하다. + 동생은 어리석다.
　　→ 대등하게 연결된 이어진문장

③ 강물이 오염되었다. + 물고기들이 죽었다.
　　→ 종속적으로 연결된 이어진문장

④ 나는 대학에 합격한다. + 나는 공부를 한다.
　　→ 종속적으로 연결된 이어진문장

⑤ 바닷물은 시원했다. + 수영은 재미있었다.
　　→ 종속적으로 연결된 이어진문장

신유형

09 〈보기〉의 ⓐ와 ⓑ를 이용하여 만든 이어진문장의 예로 적절한 것은?

> **보기**
> ⓐ 나는 휴식을 취했다. 　　ⓑ 나는 책을 덮었다.

	대등하게 연결된 이어진문장	종속적으로 연결된 이어진문장
①	나는 책을 덮고 휴식을 취했다.	나는 책을 덮었지만 휴식을 취했다.
②	나는 책을 덮었지만 휴식을 취했다.	나는 휴식을 취하고 책을 덮었다.
③	나는 책을 덮고 휴식을 취했다.	나는 휴식을 취하려고 책을 덮었다.
④	나는 휴식을 취하려고 책을 덮었다.	나는 책을 덮으면 휴식을 취했다.
⑤	나는 휴식을 취하고 책을 덮었다.	나는 책을 덮고 휴식을 취했다.

✅ 고난도 서술형 대비하기

10 〈보기〉의 ㉠~㉢을 통해 이어진문장과 관련하여 이끌어 낼 수 있는 결론을 〈조건〉에 맞게 서술하시오.

> **보기**
> ㉠ 내가 그를 불렀고, 그녀도 그를 불렀다.
> ㉡ 책을 읽자 두통이 시작됐다.
> 　*책을 읽었자 두통이 시작됐다.
> ㉢ 밥을 먹으려고 텔레비전을 껐다.
> 　*밥을 먹었으려고 텔레비전을 껐다.
> 　　　　　　　　　　　　　　'*'은 비문법적 문장임.

> **조건**
> • 이어진문장의 종류에 따라 나누어 쓰되, 연결 어미의 특성을 대비하여 쓸 것.
> • '대등하게 연결된 이어진문장인 ~ 수 있지만, 종속적으로 연결된 이어진문장인 ~ 수 없다.'의 형식으로 쓸 것.

11 〈보기〉의 ㉠에 들어갈 내용을 〈조건〉에 맞게 서술하시오.

> **보기**
> [탐구 과제] 이어진문장의 종류별 특성 이해
>
> [탐구 방법] 이어진문장에서 절의 순서나 위치를 변화시켜 본다.
>
> [탐구 내용]
> (1) 예문 설정하기
> 　ⓐ 나는 국어는 좋아하지만, 일본어는 싫어한다.
> 　ⓑ 네가 와서 나도 기쁘다.
> (2) 앞 절과 뒤 절의 순서 바꿔 보기
> 　ⓐ′ 나는 일본어는 싫어하지만, 국어는 좋아한다.
> 　ⓑ′ 나도 기뻐서 네가 온다.
> (3) 앞 절을 뒤 절 안으로 보내 보기
> 　ⓐ″ 일본어는 나는 국어는 좋아하지만, 싫어한다.
> 　ⓑ″ 나도 네가 와서 기쁘다.
>
> [탐구 결과] (　　　　　　　　　㉠　　　　　　　　　)

> **조건**
> • 대등하게 연결된 이어진문장과 종속적으로 연결된 이어진문장을 비교하여 각각의 특성을 파악할 것.
> • 이어진문장의 종류별 특성을 각각 한 문장으로 쓸 것.

20 안은문장

빈출 개념

● 안은문장이란?

한 문장이 그 속에 다른 홑문장을 하나의 문장 성분으로 안고 있는 겹문장
└ 안긴문장. 절의 형식으로 안김.

1 명사절을 가진 안은문장

- 명사의 기능을 하는 절을 안고 있는 문장
- 명사절은 명사형 어미 '-(으)ㅁ'이나 '-기'가 결합하여 만들어짐.
- 명사절에는 격 조사가 붙을 수 있으며, 문장에서 주어, 목적어, 부사어 등 다양한 성분으로 쓰일 수 있음.

  예 그 소문이 진실임이 밝혀졌다. → '그 소문이 진실이-'에 어미 '-(으)ㅁ'이 결합한 명사절. 주어로 쓰임.

  농부들은 비가 오기를 기다린다. → '비가 오-'에 어미 '-기'가 결합한 명사절. 목적어로 쓰임.

  그가 내 곁에 있음에 감사하고 있어요. → '내 곁에 있-'에 어미 '-(으)ㅁ'이 결합한 명사절. 부사어로 쓰임.

2 *관형절을 가진 안은문장

체언을 수식함.
- 관형어의 기능을 하는 절을 안고 있는 문장
- 관형절은 관형사형 어미 '-(으)ㄴ', '-는', '-(으)ㄹ', '-던'이 결합하여 만들어짐.

  예 이것은 내가 읽은 책이다. → 어미 '-(으)ㄴ'을 통해 과거를 나타냄.

  나도 네가 밥을 먹는 모습을 보고 싶다. → 어미 '-는'을 통해 현재를 나타냄.

  이게 바로 네가 살 집이야. → 어미 '-(으)ㄹ'을 통해 미래를 나타냄.

  어쩐지 그녀가 부르던 노래가 떠오르네요. → 어미 '-던'을 통해 회상을 나타냄.

3 부사절을 가진 안은문장

서술어를 수식함.
- 부사어의 기능을 하는 절을 안고 있는 문장
- 부사절은 부사형 어미 '-이', '-게', '-도록', '-아서/어서' 등이 결합하여 만들어짐.

  예 지혁이는 돈도 없이 여행을 떠났다. → '돈도 없-'에 어미 '-이'가 결합함.

  김치가 맛이 있게 익었구나. → '맛이 있-'에 어미 '-게'가 결합함.

  제발 구급차가 지나가도록 길을 터 주세요. → '구급차가 지나가-'에 어미 '-도록'이 결합함.

  날이 비가 와서 습하다. → '비가 오-'에 어미 '-아서'가 결합함.

- 부사절은 생략되어도 문장의 골격을 이루는 데는 크게 지장이 없음.

4 서술절을 가진 안은문장

- 서술어의 기능을 하는 절을 안고 있는 문장
- 주어가 두 개인 것처럼 보이며, 서술절은 다른 안긴문장과 달리 절임을 나타내는 *표지가 없음.

  예 코끼리는 코가 길다. → 문장 전체의 주어는 '코끼리는'이고 서술어는 '코가 길다'임.

  희영이는 얼굴이 하얗다. → 문장 전체의 주어는 '희영이는'이고 서술어는 '얼굴이 하얗다'임.

5 인용절을 가진 안은문장

- 어떤 말이나 생각을 인용한 것을 절의 형식으로 안고 있는 문장
- 말이나 생각을 직접 인용한 것을 직접 인용절이라고 하고, 말하는 사람의 표현으로 바꿔 인용한 것을 *간접 인용절이라고 함.
- 인용절이 될 절에 조사 '라고'(직접 인용)나 '고'(간접 인용)가 붙어서 실현됨.

  예 경진이는 나에게 "축제가 언제까지니?"라고 물었다. → 직접 인용

  경진이는 나에게 축제가 언제까지냐고 물었다. → 간접 인용

＊참고

관계 관형절과 동격 관형절
- 관계 관형절: 수식을 받는 체언이 관형절의 한 성분이 되는 관형절
  (관형절 내 문장 성분 생략 ○)
  예 내가 만든 요리는 무척 맛있었다.
  → 절이 수식하는 '요리'는 관형절의 목적어가 됨.(내가 요리를 만들었다.)
- 동격 관형절: 수식을 받는 체언의 내용이 되는 관형절
  (관형절 내 문장 성분 생략 ×)
  예 네가 이사를 간다는 소문이 들리더라.
  (네가 이사를 간다. = 소문)

절 표지
절이라는 것을 나타내는 형식을 말한다.
- 명사절: 명사형 전성 어미 '-(으)ㅁ, -기'
- 관형절: 관형사형 전성 어미 '-(으)ㄴ, -는, -(으)ㄹ, -던'
- 부사절: 부사형 전성 어미 '-이, -게, -도록, -아서/어서'
- 인용절: 인용의 조사 '라고, 고'
- 서술절: 없음.

간접 인용절의 종결 어미
간접 인용절은 문장의 종류에 따라 종결 어미가 달라진다.

평서문, 감탄문	-다고	**예** 간다고
청유문	-자고	**예** 가자고
명령문	-라고	**예** 가라고
의문문	-냐고	**예** 가냐고

개념 +

전성 어미와 파생 접사
전성 어미는 용언이 다른 품사의 기능을 할 수 있도록 만들어 주는 어말 어미로, 용언이 다른 품사의 모양으로 활용하는 것이므로 품사는 변하지 않는다. 반면 파생 접사는 어근에 결합하여 새로운 단어를 만드는 접사로, 단어의 품사가 변한다.
예 잠을 잠.
→ 앞의 '잠'은 파생 접사 '-(으)ㅁ'이 어근 '자-'에 결합하여 파생된 명사임.
→ 뒤의 '잠'은 명사형 어미 '-(으)ㅁ'이 용언 어간 '자-'에 결합한 동사임.

❗ 헷갈리는 개념 잡기

주어가 서술절 안으로 들어갈 수 있다고?
일반적으로 안은문장의 요소는 자리 옮김이 안 되지만, 서술절을 가진 안은문장에서는 문장의 전체 주어가 서술절 안으로 이동할 수 있어요. 다음 예문을 통해 살펴볼까요?
예 정훈이는 키가 크다.
  그는 내가 산 책을 빌려갔다.
첫 번째 문장에서 전체 문장의 주어 '정훈이는'은 '키가 크다.'라는 서술절 안으로 들어가 '키가 정훈이는 크다.'라는 문장을 만드는 것이 가능해요. 하지만 두 번째 문장에서는 주어 '그는'이 '내가 산'이라는 관형절 안으로 들어가 *'내가 그는 산 책을 빌려갔다.'가 될 수 없어요.

개념확인

1 다음 설명이 맞으면 O, 틀리면 X로 표시해 보자.

① 이어진문장은 홑문장이 다른 문장 안에서 하나의 문장 성분처럼 쓰인 문장을 말한다. (   )

② 절이 아닌 관형어나 부사어를 사용하면 겹문장이 된다. (   ) ◁내신기출▷

③ 명사절은 격 조사와 결합하여 문장 안에서 주어나 목적어의 역할을 할 수 있다. (   )

④ 한 문장 안에서 체언을 수식하는 기능을 하는 절을 부사절이라고 한다. (   )

2 다음 안은문장에 해당하는 설명을 찾아 알맞게 연결해 보자.

① 명사절을 가진 안은문장 •

② 관형절을 가진 안은문장 •

③ 부사절을 가진 안은문장 •

④ 서술절을 가진 안은문장 •

⑤ 인용절을 가진 안은문장 •

• ㉠ 절 표지가 없는 안긴문장을 안고 있음.

• ㉡ 어미 '-(으)ㅁ'이나 '-기'가 결합하여 만들어진 절을 안고 있음.

• ㉢ 어미 '-이', '-게', '-도록' 등이 결합하여 만들어진 절을 안고 있음.

• ㉣ 조사 '라고'나 '고'가 붙어 실현된 절을 안고 있음.

• ㉤ 어미 '-(으)ㄴ', '-는', '-(으)ㄹ', '-던'이 결합하여 만들어진 절을 안고 있음.

예시로 연습

3 〈보기〉와 같이 문장에서 안긴문장에 밑줄을 긋고 안긴문장의 종류를 빈칸에 써 보자.

┌─ 보기 ┌───
나는 뜰이 넓은 집에 살고 싶어. (관형절)
└──

① 너는 미소가 참 예뻐. (   )

② 그가 숨이 가쁘게 집으로 달려왔다. (   )

③ 우리는 정의가 결국에는 승리함을 믿는다. (   )

④ 선생님께서 우리 반 점수가 너무 낮다고 말씀하셨다. (   )

4 다음 홑문장을 주어진 설명에 따라 겹문장으로 바꿔 보자.

┌───
ㄱ. 동주가 학교에 갔다.   ㄴ. 나도 그 사실을 알았어.
└───

① ㄱ에 '학교'를 수식하는 관형절을 추가해 보자.

→ _____

② ㄱ에 부사절을 추가해 보자.

→ _____

③ ㄴ의 '그 사실' 대신에 명사절을 넣어 보자.

→ _____

④ ㄴ을 직접 인용절로 하는 겹문장을 만들어 보자.

→ _____

01 다음 중 겹문장이 <u>아닌</u> 것은?

① 그는 참 꿈이 크다.

② 네가 오기만 기다리고 있어.

③ 그만 집에 가자고 말했잖아?

④ 슬픈 노래는 이제 듣고 싶지 않아요.

⑤ 우리 집 앞마당에는 며칠 전부터 꽃이 활짝 피었습니다.

02 다음 중 안긴문장을 분석한 내용으로 적절한 것은?

① [저 토끼는 한쪽 [귀만 길다].]

② [어디로 가느냐고 [그가 물었다].]

③ [[물론 내가 본] 영화도 재미있었어.]

④ [이제야 [깍두기가 맛이 있게] 익었네요.]

⑤ [우리는 [예전에 자주 갔던] 서점에 들렀다.]

03 〈보기〉를 통해 명사절을 탐구한 내용으로 적절하지 <u>않은</u> 것은?

┌ 보기 ┐
ㄱ 아직은 집에 가기에 이른 시간이야.
ㄴ 우리는 봄이 서서히 다가옴을 느꼈다.
ㄷ 그가 축구에 무척 소질이 있음이 학교에 알려졌다.
└─────┘

① ㄱ~ㄷ을 보니 명사절을 만들 때는 '-기/-(으)ㅁ'이라는 어미가 사용되는군.

② ㄱ과 ㄷ을 보니 명사절은 안은문장에서 주어로 쓰일 수 있군.

③ ㄴ을 보니 명사절에 조사 '을'이 붙으면 안은문장의 목적어가 될 수 있군.

④ ㄴ과 ㄷ을 보니 명사절 안에는 부사어가 있을 수 있군.

⑤ ㄴ과 ㄷ을 보니 명사절의 주어와 안은문장의 주어는 서로 다르군.

04 명사절을 가진 안은문장이 <u>아닌</u> 것은?

① 엄마는 내가 무사함에 안도했다.

② 그의 움직임이 점차 빨라지고 있어.

③ 나는 동생이 욕심을 자제하기를 바란다.

④ 오빠는 친구들이 자기를 멀리함을 깨달았다.

⑤ 내가 가까이 다가감은 모두 너를 위한 일이다.

05 밑줄 친 부분이 〈보기〉의 ㉠에 해당하는 문장인 것은?

┌ 보기 ┐
관형절의 종류는 관계 관형절과 ㉠동격 관형절로 나눌 수 있다. 관계 관형절은 그것의 수식을 받는 체언이 해당 관형절의 한 성분이 되는 관형절이고, 동격 관형절은 안은문장의 어떤 성분과 동일한 대상을 지시하는 관형절이다.
└─────┘

① 꽃가게에는 <u>빨간</u> 장미가 많이 있다.

② 나는 <u>네가 사 준</u> 선물을 잃어버렸다.

③ 그는 <u>그녀가 결혼했다는</u> 소식을 들었다.

④ 이 아이가 <u>태어난</u> 팔월은 가장 더운 달이다.

⑤ 이것이 <u>내가 작년부터 가끔 봤던</u> 드라마이다.

06 다음 문장의 서술절을 설명한 내용으로 알맞은 것만 〈보기〉에서 고른 것은?

┌─────┐
성실한 학생이 성적도 대체로 우수하다.
└─────┘

┌ 보기 ┐
ㄱ. 서술절이 두 개 안겨 있다.
ㄴ. 서술절 안에 부사어가 포함되어 있다.
ㄷ. 서술절임을 알려 주는 별도의 표지가 없다.
ㄹ. 서술절의 주어가 관형어의 수식을 받고 있다.
└─────┘

① ㄱ, ㄴ   ② ㄱ, ㄷ   ③ ㄴ, ㄷ

④ ㄴ, ㄹ   ⑤ ㄷ, ㄹ

07 다음 중 부사절을 가진 안은문장이 <u>아닌</u> 것은?

① 내 동생은 발에 땀이 나도록 뛰었다.

② 키가 훤칠한 아이가 우리 아들이란다.

③ 언니는 아는 것도 없이 잘난 척을 한다.

④ 승하는 효준이와 다르게 말을 잘한다.

⑤ 그날 우리는 밤이 새도록 토론을 거듭하였다.

서술형 신유형

08 다음 〈학습 과제〉의 ⓐ~ⓒ에 들어갈 문장을 쓰시오.

┌ 학습 과제 ┐

홑문장인 ㉠~㉢으로 안은문장을 만들어 보자.

㉠ 그가 중얼거렸다.
㉡ 꽃밭에 꽃이 피었다.
㉢ 우리가 꽃밭을 만들었다.

㉠과 ㉡으로 만든 안은문장	그가 꽃밭에 꽃이 피었다고 중얼거렸다.
㉠과 ㉢으로 만든 안은문장	ⓐ:
㉡과 ㉢으로 만든 안은문장	ⓑ:
㉠, ㉡, ㉢으로 만든 안은문장	ⓒ:

09 〈보기〉의 ㉠에 들어갈 문장으로 가장 적절한 것은?

┌ 보기 ┐

직접 인용절을 가진 안은문장: 어제 손자가 나에게 "내일부터는 진지를 천천히 드시는 게 좋겠어요."라고 말했다.
→ 간접 인용절을 가진 안은문장: _____ ㉠

① 어제 손자가 나에게 내일부터는 밥을 천천히 먹는 게 좋겠다고 말했다.

② 어제 손자가 나에게 오늘부터는 밥을 천천히 먹는 게 좋겠다고 말했다.

③ 어제 손자가 나에게 내일부터는 밥을 천천히 드시는 게 좋겠다고 말했다.

④ 어제 손자가 나에게 오늘부터는 진지를 천천히 드시는 게 좋겠다고 말했다.

⑤ 어제 손자가 할아버지에게 오늘부터는 밥을 천천히 먹는 게 좋겠다고 말했다.

✅ 고난도 서술형 대비하기

10 〈보기〉의 문장에서 안긴문장을 모두 찾아 〈조건〉에 맞게 서술하시오.

┌ 보기 ┐

그가 남들이 모르게 험한 일을 해 왔음이 밝혀졌다.

┌ 조건 ┐

• 안긴문장의 절의 종류를 각각 밝혀 쓸 것.
• 'A는 ○○절이고, B는 ○○절이고, C는 ○○절이다.'의 형식으로 쓸 것. (A, B, C는 문장에서 해당되는 부분을 그대로 밝혀 쓸 것.)

11 ⓐ에 들어갈 알맞은 말을 서술하시오.

선생님: 지금까지 겹문장에 대한 모든 내용을 다 공부했으니까, 이어진문장과 안은문장이 섞여 있는 꽤 복잡한 겹문장이라도 그 구조를 분석할 수 있겠지요? 다시 예를 들어 볼게요. '나는 짠 음식을 주문했고, 너는 단 음식을 주문했다.'라는 문장은 어떻게 분석될까요? 답을 말해 볼 테니 잘 들으세요. '음식이 짜다.'라는 문장이 '나는 음식을 주문했다.'라는 문장에 관형절로 안겨 있는 문장과, '음식이 달다.'라는 문장이 '너는 음식을 주문했다.'라는 문장에 관형절로 안겨 있는 문장이 나열의 의미 관계로 대등하게 연결된 이어진문장입니다. 복잡하죠? 자, 이번엔 여러분이 해 볼 차례입니다. 다음 ㉠의 문장 구조를 분석해 설명해 보세요.

㉠ 토끼는 앞발이 짧고 뒷발이 길다.

단, 홑문장 단위로까지 분석하여 겹문장의 종류를 정확히 설명해야 하고, '㉠은'을 주어로 하는 한 개의 문장으로 답해야 합니다.

학생: 네, 제가 답을 말해 볼게요. _____ ⓐ

❶ 각 문장 성분(특히 서술어, 관형어, 부사어)에 관해 탐구하는 형식의 문제가 출제된다.

❷ 대등하게 연결된 이어진문장과 종속적으로 연결된 이어진문장의 특징, 앞 절과 뒤 절의 의미 관계에 대한 문제가 출제된다.

❸ 안은문장의 종류를 판별하고 구조를 분석할 수 있는지, 절 안에서 생략된 성분을 파악할 수 있는지 묻는 문제가 출제된다.

2013–10월 고3 학평A

01 〈보기〉를 바탕으로 '주어'에 대해 탐구한 내용으로 적절하지 않은 것은?

┌ 보기 ┐
지난 토요일에 ㉠사촌 동생이 왔다. 뭘 할까 고민하다 ㉡사촌 동생에게 미술관에 가자고 했다. ㉢지하철이 있었지만, 한 정거장이라 걸어가기로 했다. 재미있게 놀다 오라고 하시며 ㉣어머니께서 용돈을 주셨다. 걷다 생각해 보니, ㉤우리가 함께 노는 것도 오랜만이었다. 다들 바빠서인지 ㉥친척도 서로 만나기가 쉽지 않은 듯하다.
└─────┘

① ㉠, ㉣, ㉥을 보니, 주어는 '무엇이 어찌한다/어떠하다'에서 '무엇이'에 해당하는군.

② ㉠과 ㉣을 비교해 보니, 서술어의 자릿수에 따라 주격 조사의 형태가 달라지는군.

③ ㉡을 보니, 문맥상 주어를 분명히 알 수 있을 경우에는 주어가 생략되기도 하는군.

④ ㉢과 ㉤을 비교해 보니, 자음 뒤에서는 '이', 모음 뒤에서는 '가'가 주격 조사로 쓰이는군.

⑤ ㉥을 보니, 체언뿐 아니라 명사절도 주어가 될 수 있군.

2020–3월 고1 학평

02 〈보기〉에 있는 '자료'의 밑줄 친 부분에 ㄱ~ㄷ에 해당하는 예를 찾아 넣으려고 할 때, 적절하지 않은 것은?

┌ 보기 ┐
목적어는 문장에서 주로 서술어가 나타내는 동작의 대상이 되는 문장 성분이다. 문장에서 목적어는 다음과 같은 형태로 나타난다.
• 체언 + 목적격 조사 '을/를'
• 체언 + 특정한 의미를 더해 주는 보조사 ·········· ㄱ
• 체언 단독 ······································· ㄴ
• 체언 + 보조사 + 목적격 조사 ·················· ㄷ

[자료]
그는 _____ 갔어.
└─────┘

① ㄱ의 예로 '산책을'을 넣을 수 있다.

② ㄱ의 예로 '이사도'를 넣을 수 있다.

③ ㄴ의 예로 '꽃구경'을 넣을 수 있다.

④ ㄴ의 예로 '배낭여행'을 넣을 수 있다.

⑤ ㄷ의 예로 '한길만을'을 넣을 수 있다.

2017–6월 고2 학평

03 〈보기〉의 수업 상황에서, 밑줄 친 물음에 대한 학생의 대답으로 적절하지 않은 것은?

┌ 보기 ┐
이번 시간에는 문장을 구성할 때 반드시 있어야 하는 성분인 주성분에 대해 살펴보겠습니다. 주성분에는 주어, 서술어, 목적어, 보어가 있습니다. 주어는 문장에서 동작 또는 상태나 성질의 주체를 나타내는 것입니다. 서술어는 주어의 동작, 상태, 성질 따위를 풀이하는 기능을 하는 성분입니다. 서술어의 동작 대상이 되는 문장 성분을 목적어라고 하고, 서술어 '되다, 아니다'가 필요로 하는 문장 성분 중에서 주어를 제외하고 조사 '이/가'가 붙은 것을 보어라고 합니다.
자, 그럼 다음 문장의 주성분에 대해 알아볼까요?

ㄱ. 철수의 동생이 사진을 찍었다.
ㄴ. 언니는 올해 대학생이 되었다.
└─────┘

① ㄱ의 '찍었다'는 '동생'의 동작을 풀이하는 서술어입니다.

② ㄴ의 '올해'는 '되었다'가 꼭 필요로 하므로 주성분입니다.

③ ㄱ에는 목적어가 있지만, ㄴ에는 목적어가 없습니다.

④ ㄱ과 ㄴ에는 주어가 하나씩 있습니다.

⑤ ㄱ과 ㄴ에는 주성분의 종류가 세 가지씩 있습니다.

2021–3월 고2 학평

04 〈보기〉의 '선생님'의 질문에 대한 답으로 적절한 것은?

┌ 보기 ┐
선생님: 서술어의 자릿수란 서술어가 필요로 하는 성분의 개수를 의미합니다. 그런데 다의어의 경우 의미에 따라 서술어의 자릿수가 달라질 수 있습니다. 가령 '밝다'의 경우, '달이 밝다.'에서는 한 자리 서술어, '그는 지리에 밝다.'에서는 두 자리 서술어입니다. 그럼, 학습지에 제시된 다의어 '가다'와 '생각하다'의 의미와 예문을 보고, ㉠~㉤ 중에서 두 자리 서술어로 쓰인 경우를 모두 골라 볼까요?

┌────────────────────────────┐
│ **가다**
│ 1. 한 곳에서 다른 곳으로 장소를 이동하다.
│   ¶ 친구가 내일 서울로 간다. ·················· ㉠
│ 2. 금, 줄, 주름살, 흠집 따위가 생기다.
│   ¶ 바지에 구김이 너무 간다. ·················· ㉡
│ 3. 기계 따위가 제대로 작동하다.
│   ¶ 낡은 괘종시계가 잘 간다. ·················· ㉢
│ **생각하다**
│ 1. 사물을 헤아리고 판단하다.
│   ¶ 학생이 진로를 생각한다. ·················· ㉣
│ 2. 어떤 일에 대한 의견이나 느낌을 가지다.
│   ¶ 우리가 투표를 의무로 생각한다. ············ ㉤
└────────────────────────────┘
└─────┘

① ㉠, ㉣   ② ㉡, ㉢   ③ ㉠, ㉡, ㉣

④ ㉠, ㉢, ㉤   ⑤ ㉡, ㉢, ㉤

2016–9월 고3 모평B

05 〈보기〉를 참고할 때 밑줄 친 서술어의 문형 정보를 바르게 추출한 것은?

┌ 보기 ┐

　서술어의 필수적 문장 성분은 사전의 문형 정보에 제시되어 있다. 이러한 문형 정보를 추출하는 과정을 '지내다'의 예로 간략히 보이면 아래와 같다.

['지내다'의 문형 정보 추출 과정]

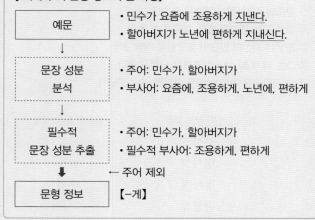

	예문	문형 정보
①	• 이 나라는 국토가 대부분 산으로 되어 있다. • 요즘에 가죽으로 된 지갑이 인기다.	➡ 【…으로】
②	• 모두 그 속임수에 아무렇지 않게 넘어갔다. • 제 꾀에 자기가 자연스럽게 넘어간 꼴이다.	➡ 【-게】
③	• 나는 언니와 옷 때문에 다투기도 했다. • 그는 누군가와 한밤중에 다투곤 했다.	➡ 【…에】
④	• 가방에 지갑이 사은품으로 딸려 있다. • 그 책에 단어장이 부록으로 딸려 있다.	➡ 【…으로】
⑤	• 옷에서 때가 깨끗하게 빠졌다. • 청바지에서 물이 허옇게 빠졌다.	➡ 【-게】

2020–10월 고3 학평

06 〈보기〉의 밑줄 친 관형어에 대해 탐구한 내용으로 적절하지 않은 것은?

┌ 보기 ┐

　나의 일기장에는 "일에는 정해진 시기가 있는 법이니 그 시기를 놓치면 안 된다."라고 적혀 있다. 이 구절은 온갖 시련으로 방황했던 사춘기의 나를 반성하게 만든다.

① '그', '이', '온갖'은 관형사가 그대로 관형어로 쓰인 경우에 해당한다.

② '정해진', '있는', '방황했던'은 용언의 관형사형이 관형어로 쓰인 경우에 해당한다.

③ '그', '이'는 앞에서 이미 언급된 것을 가리키며 뒤에 있는 말을 꾸며 주는 역할을 한다.

④ '나의', '사춘기의'는 체언에 관형격 조사가 결합된 형태가 관형어로 쓰인 경우에 해당한다.

⑤ '정해진', '있는', '온갖', '방황했던'은 각각 문장에서 생략할 수 없는 필수 성분에 해당한다.

2018 수능

07 다음은 부사어에 대해 탐구한 것이다. 탐구 내용으로 적절하지 않은 것은?

①	• 하늘이 눈이 부시게 푸른 날이다. ⇨ 절인 '눈이 부시게'가 부사어로 쓰였군.
②	• 함박눈이 하늘에서 펑펑 내리고 있다. ⇨ 부사격 조사가 결합한 '하늘에서'와 부사 '펑펑'이 부사어로 쓰였군.
③	• 그는 너무 헌 차를 한 대 샀다. ⇨ 부사어 '너무'가 서술어 '샀다'를 수식하는군.
④	㉠ 영이는 엄마와 닮았다. / *영이는 닮았다. ㉡ 영이는 취미로 책을 읽는다. / 영이는 책을 읽는다. ⇨ ㉠의 '엄마와', ㉡의 '취미로'는 둘 다 부사어인데, ㉠의 '엄마와'는 ㉡의 '취미로'와 달리 필수 성분이군.
⑤	㉠ 모든 것이 재로 되었다. / *모든 것이 되었다. ㉡ 모든 것이 재가 되었다. / *모든 것이 되었다. ⇨ ㉠의 '재로'는 부사어이고 ㉡의 '재가'는 보어로서, 문장 성분은 서로 다르지만 서술어가 반드시 필요로 하는 성분이라는 점에서는 같군.

※ '*'는 비문임을 나타냄.

08 〈보기 1〉을 바탕으로 〈보기 2〉를 탐구한 결과로 적절하지 **않은** 것은?

┌ 보기 1 ┐

이어진문장

　둘 이상의 홑문장이 이어져 있는 문장으로, 주어가 같은 홑문장이 이어질 때는 주어를 하나만 사용할 수도 있음.

• 대등하게 연결된 이어진문장

　둘 이상의 홑문장이 동등한 자격으로 이어진 문장으로, 앞 절과 뒤 절이 '나열, 대조, 선택' 등의 의미 관계를 가짐.

• 종속적으로 연결된 이어진문장

　앞 홑문장과 뒤 홑문장의 의미가 독립적이지 못하고 종속적으로 이어진 문장으로, 앞 절과 뒤 절이 '원인, 조건, 의도' 등의 의미 관계를 가짐.

┌ 보기 2 ┐

ㄱ. 암벽 등반은 힘들고 재미있다.

ㄴ. 암벽 등반은 힘들어서 재미있다.

ㄷ. 암벽 등반은 힘들지만 재미있다.

① ㄱ, ㄴ, ㄷ은 '암벽 등반은 힘들다.'와 '암벽 등반은 재미있다.'라는 두 홑문장이 이어진 문장이군.

② ㄱ, ㄴ, ㄷ은 앞 절과 뒤 절의 순서를 바꾸어도 의미에 변화가 생기지 않는 이어진문장이군.

③ ㄱ, ㄴ, ㄷ에서 뒤 절의 주어가 없는 것은 앞 절과 주어가 같기 때문이군.

④ ㄱ, ㄷ은 두 홑문장이 각각 나열, 대조의 의미를 갖는 어미 '-고'와 '-지만'으로 연결된 대등하게 이어진 문장이군.

⑤ ㄴ은 두 홑문장이 원인의 의미를 갖는 어미 '-어서'로 연결된 종속적으로 이어진 문장이군.

09 〈보기〉의 ⓐ~ⓒ를 이해한 내용으로 적절하지 **않은** 것은?

┌ 보기 ┐

ⓐ 그는 위기를 좋은 기회로 삼았다.

ⓑ 바다가 눈이 부시게 파랗다.

ⓒ 동주는 반짝이는 별을 응시했다.

① ⓐ의 '삼았다'는 주어 이외에도 두 개의 문장 성분을 필수적으로 요구하는군.

② ⓑ의 '바다가'와 '눈이'는 각각 다른 서술어의 주어이군.

③ ⓒ의 '별을'은 안긴문장의 목적어이면서 안은문장의 목적어이군.

④ ⓐ의 '좋은'과 ⓒ의 '반짝이는'은 안긴문장의 서술어이군.

⑤ ⓑ의 '눈이 부시게'와 ⓒ의 '반짝이는'은 수식의 기능을 하는군.

10 〈보기〉의 자료를 탐구한 결과로 적절한 것은?

┌ 보기 ┐

• 탐구 과제

　하나의 문장이 안긴문장으로 다른 문장에 안길 때, 원래 있던 문장 성분이 생략되는 경우가 있다. 아래의 각 문장에서 안긴문장을 파악한 후, 생략된 문장 성분이 있다면 무엇인지 확인해 보자.

• 자료

㉠ 부모님은 자식이 건강하기를 바란다.

㉡ 그 친구는 연락도 없이 그곳에 안 왔다.

㉢ 동생은 자신의 판단이 옳았음을 깨달았다.

㉣ 그는 내가 늘 쉬던 공원에서 산책을 했다.

㉤ 그 사람들은 아주 어려운 과제를 금방 끝냈다.

		안긴문장의 종류	생략된 문장 성분
①	㉠	부사절	없음
②	㉡	명사절	없음
③	㉢	명사절	주어
④	㉣	관형절	부사어
⑤	㉤	관형절	목적어

고난도

11 ㉠~㉣의 문장 성분과 문장 구조에 대한 설명으로 적절하지 **않은** 것은?

┌ 보기 ┐

㉠ 그녀는 따뜻한 봄이 빨리 오기를 기다린다.

㉡ 내가 만난 친구는 마음이 정말 착하다.

㉢ 피곤해하던 동생이 엄마가 모르게 잔다.

㉣ 그가 시장에서 산 배추는 값이 비싸다.

① ㉠과 ㉡은 체언을 수식하는 안긴문장이 있다.

② ㉢과 ㉣은 서술어의 기능을 하는 안긴문장이 있다.

③ ㉠은 명사절 속에 부사어가 있고, ㉡은 서술절 속에 부사어가 있다.

④ ㉠은 주어가 생략된 안긴문장이 있고, ㉣은 목적어가 생략된 안긴문장이 있다.

⑤ ㉢은 부사어의 기능을 하는 안긴문장이 있고, ㉣은 관형어의 기능을 하는 안긴문장이 있다.

✔ **지문형 문제** | 2022-3월 고1 학평

[12~13] 다음 글을 읽고 물음에 답하시오.

문법적으로 적절한 문장은 필수적인 문장 성분을 온전히 갖추어야 한다. 이때 필수적인 문장 성분은 서술어에 따라 달라진다. 예를 들어 '풀다'가 서술어로 쓰이면 이 서술어는 주어와 목적어를 요구한다. 따라서 다른 맥락이 주어지지 않는다면 '*나는 풀었다.'라는 문장은 서술어가 요구하는 문장 성분이 온전히 갖추어지지 않아서 문법적으로 부적절한 문장이 된다.

서술어가 요구하는 문장 성분에 대한 정보는 국어사전에서 확인할 수 있다. 다음은 국어사전의 일부이다.

> **풀다** 동
> ① 【…을】
> 「1」 묶이거나 감기거나 얽히거나 합쳐진 것 따위를 그렇지 아니한 상태로 되게 하다.
> ⋮
> 「5」 모르거나 복잡한 문제 따위를 알아내거나 해결하다.
> ② 【…에 …을】
> 「1」 액체에 다른 액체나 가루 따위를 섞다.

[A] '【 】' 기호 안에는 표제어 '풀다'가 서술어로 쓰일 때 요구하는 문장 성분에 대한 정보가 제시되어 있다. 이러한 정보를 '문형 정보'라고 한다. 원칙적으로 서술어는 주어를 항상 요구하므로 문형 정보에는 주어를 제외한 필수적 문장 성분에 대한 정보가 제시된다. 하나의 단어가 여러 의미를 가진 경우도 있다. 이러한 단어가 서술어로 쓰일 때 어떤 의미로 쓰이는지에 따라 서술어가 요구하는 문장 성분이 다를 수 있으며, 국어사전에서도 문형 정보가 다르게 제시된다.

필수적인 문장 성분이 갖추어져 있어도 문장 성분 간에 호응이 되지 않으면 문법적으로 부적절한 문장이 될 수 있다. 호응이란 어떤 말이 오면 거기에 응하는 말이 오는 것을 말한다.

> 길을 걷다가 흙탕물이 신발에 튀었다. 나는 신발에 얼룩을 남기고 싶지 않았다. *그래서 나는 물에 세제와 신발을 풀었다. 다행히 금세 자국이 없어졌다.

위 예에서 밑줄 친 문장이 문법적으로 부적절한 이유는 ┌─ ㉠ ─┐와 서술어가 호응하지 않기 때문이다. 여기에 쓰인 '풀다'의 ┌─ ㉠ ─┐로는 ┌─ ㉡ ─┐이 와야 호응이 이루어진다.

※ '*'는 문법적으로 부적절한 문장임을 나타냄.

12 [A]를 이해한 내용으로 적절하지 않은 것은?

① ②-「1」의 의미로 쓰이는 '풀다'는 부사어를 요구한다.

② 문형 정보에 주어가 표시되지 않았지만 '풀다'는 주어를 요구한다.

③ ①-「1」과 ②-「1」의 의미로 쓰이는 '풀다'는 모두 목적어를 요구한다.

④ '풀다'가 ①-「1」의 의미로 쓰일 때와 ①-「5」의 의미로 쓰일 때는 필수적 문장 성분의 개수가 같다.

⑤ '그는 십 분 만에 선물 상자의 매듭을 풀었다.'에 쓰인 '풀다'의 문형 정보는 사전에 '【…에 …을】'로 표시된다.

13 ㉠, ㉡에 들어갈 말로 적절한 것은?

	㉠	㉡
①	목적어	액체나 가루 따위에 해당하는 말
②	목적어	복잡한 문제 따위에 해당하는 말
③	부사어	액체에 해당하는 말
④	주어	복잡한 문제 따위에 해당하는 말
⑤	주어	액체에 해당하는 말

21 종결 표현, 인용 표현

1 종결 표현

화자가 자신의 생각이나 느낌을 청자에게 효과적으로 전달하기 위하여 종결 어미를 적절히 활용하여 표현하는 방법

비가 내린다.	비가 내리니?
내리-+-ㄴ-(현재 시제 선어말 어미)+-다(평서형 종결 어미)	내리-+-니(의문형 종결 어미)

◆ *문장의 종결 표현

종류	개념	예
평서문	화자가 청자에게 특별히 요구하는 바 없이 단순하게 진술하는 문장	시원한 바람이 분다. 불-+-ㄴ-+-다(평서형 종결 어미)
의문문	일반적으로 화자가 청자에게 질문하여 대답을 요구하는 문장	바람이 심하게 부나? 불-+-나(의문형 종결 어미)
*명령문	화자가 청자에게 어떤 행동을 하도록 강하게 요구하는 문장	바람이 부니 모자를 써라. 쓰-+-어라(명령형 종결 어미)
청유문	화자가 청자에게 어떤 행동을 함께 하도록 요청하거나 제안하는 문장	바람이 부니까 집으로 가자. 가-+-자(청유형 종결 어미)
감탄문	화자가 청자를 별로 의식하지 않거나 거의 독백하는 상태에서 자신의 느낌을 표현하는 문장	바람이 참 시원하게 부는구나! 불-+-는-+-구나(감탄형 종결 어미)

빈출 개념
◆ 의문문의 종류

종류	개념	예
설명 의문문	의문사를 사용하여 일정한 설명을 요구하는 의문문 └→ '누구, 언제, 어디, 무엇' 등 의문의 초점이 되는 사물이나 사태를 지시하는 말	방학이 언제부터지? → '언제'에 대한 설명을 요구함.
판정 의문문	의문사를 사용하지 않고, 긍정이나 부정의 단순 대답을 요구하는 의문문 '예' 또는 '아니요'	주말에 시간 있으세요? → '예/아니요'의 대답을 요구함.
수사 의문문	답변을 요구하지 않고 서술, 명령, 감탄 등의 효과를 내는 의문문	이 영화 정말 좋지 않니? → 대답을 요구하는 것이 아니라, 영화가 정말 좋다는 감탄의 의미임.

2 인용 표현

다른 사람의 말이나 글을 끌어다가 표현하는 방법

종류	개념	실현 방법	예
직접 인용	다른 사람의 말이나 글을 형식과 내용 그대로 유지한 채 인용하는 표현 방법	인용절에 큰따옴표를 붙이고 인용절 뒤에 인용격 조사 '라고'를 붙임.	영희는 "무궁화꽃이 피었습니다."라고 중얼거렸다. → 큰따옴표 사용, 인용격 조사 '라고' 사용함.
간접 인용	다른 사람의 말이나 글을 인용할 때, 형식은 유지하지 않고 내용만 화자의 입장에서 이해하여 바꾸어 쓰는 표현 방법	인용절 뒤에 인용격 조사 '고'를 붙임.	영희는 무궁화꽃이 피었다고 중얼거렸다. → 큰따옴표 사용 안 함. 인용격 조사 '고' 사용함.

※ 참고

문장의 종류와 종결 어미
• 국어의 문장은 종결 어미의 형태에 따라 결정되는데 이를 통해 화자의 생각이나 느낌을 표현할 수 있다.

종류	종결 어미
평서문	-다, -ㅂ니다 등
의문문	-니, -냐, -ㅂ니까 등
명령문	-아라/어라 등
청유문	-자, -(으)ㅂ시다 등
감탄문	-구나, -아라/어라 등

• 종결 어미는 청자에 대한 높임 정도 (상대 높임의 등급)에 따라 바뀐다. → 126쪽 참고
예 (어른에게) 집에 갑니다.
　　(친구에게) 집에 간다.

명령문과 청유문의 특징
• 명령문의 주어는 청자가 되어야 하고, 청유문의 주어는 화자와 청자 모두를 포함해야 한다. 이에 따라 명령문과 청유문의 주어는 생략되는 경우가 많다.
예 (너는) 운동을 해라.
　　(우리) 함께 운동을 하자.
• 명령문과 청유문의 서술어로는 동사만 올 수 있다.
예 가라, 가자 (○)
　　예뻐라, 예쁘자 (×)

개념 +

직접 인용과 간접 인용의 차이
직접 인용은 인용하는 다른 사람의 말이나 글을 원래의 형식과 내용 그대로 끌어다 쓰지만, 간접 인용은 화자의 입장에서 인용하는 말이나 글의 내용을 재해석하여 자신의 말로 바꾼 것이다. 그래서 인칭 표현, 지시 표현, 시간 표현, 높임 표현, 종결 표현 등을 상황에 맞게 바꾸어 사용해야 한다.
예 동생은 "나도 함께 가겠습니다."라고 말했다. → 동생은 자기도 함께 가겠다고 말했다.

！ 헷갈리는 개념 잡기

종결 어미의 활용에 제약이 있다고?
명령문과 청유문은 청자에게 어떤 행동을 요구하거나 요청하는 문장이므로, 동작성이 없는 형용사가 서술어로 쓰일 수 없어요. 형용사는 성질이나 상태를 나타내기 때문에 명령형 종결 어미나 청유형 종결 어미와의 결합에 제약이 따르는 것입니다. 예를 들면, 형용사 '예쁘다'는 '너는 예뻐라.'처럼 명령이나 '우리 예쁘자.'처럼 청유의 형태로 쓰일 수 없어요.

개념 확인 **1** 다음 설명이 맞으면 O, 틀리면 X로 표시해 보자.

① 평서문은 청자의 대답을 요구하는 화자의 의도가 담긴 문장이다. (　　　)

② 청유문은 화자가 청자에게 어떤 행동을 하도록 강하게 요구하는 문장이다. (　　　)

③ 수사 의문문은 답변을 요구하기보다 서술, 명령, 감탄 등의 효과를 내는 의문문이다. (　　　) ◁ 내신 기출

④ 간접 인용 표현은 큰따옴표는 사용하지 않고 인용격 조사 '고'를 사용한다. (　　　)

예시로 연습 **2** 종결 표현을 고려하여 다음 문장의 종류를 써 보자.

① 봄이 되면 새싹이 돋아난다. ……………………………………………… (　　　　　)

② 당신도 바다에 가고 싶습니까? ………………………………………… (　　　　　)

③ 아이고, 추워라! ………………………………………………………… (　　　　　)

④ 우리 서로 마음의 문을 열자. …………………………………………… (　　　　　)

⑤ 건강을 위해서 열심히 걸어라. ………………………………………… (　　　　　)

3 다음 문장의 종결 표현에 해당하는 설명을 찾아 알맞게 연결해 보자.

① 오늘 점심에는 뭐가 먹고 싶니?　•　　　　•　㉠ 자신의 느낌을 표현한다.

② 벌써 가을이 되었구나!　　　　•　　　　•　㉡ '무엇'에 대한 대답을 요구한다.

③ 빵만 먹지 말고 밥도 먹어라.　•　　　　•　㉢ 명령형 종결 어미를 사용한다.

4 다음 문장의 인용 표현을 직접 인용과 간접 인용으로 구분해 써 보자.

① 형이 "영화는 재미있었니?"라고 물었다. ……………………………… (　　　　　)

② 선생님께서 수업 끝나고 면담을 하자고 말씀하셨다. ……………… (　　　　　)

③ 할머니께서는 "비가 왔으면 좋겠다."라고 혼잣말을 하셨다. ……… (　　　　　)

④ 철수가 자기는 청소 당번이 아니라고 주장하였다. ………………… (　　　　　)

5 다음 빈칸에 들어갈 알맞은 말을 써 보자.

① [직접 인용] 누나는 "장미가 정말 예쁘구나!"라고 말했다.

　→ [간접 인용] 누나는 장미가 정말 □□□□ 말했다.

② 직접 인용을 간접 인용으로 바꿀 때는 인칭 표현, □□ 표현, 높임 표현, □□ 표현, 종결 표현 등을 상황에 맞게 바꾸어야 한다.

01 문장의 종결 표현에 대한 설명으로 적절하지 <u>않은</u> 것은?

① 종결 표현은 상대 높임의 등급에 따라 달라진다.

② 종결 표현은 종결 어미가 무엇이냐에 따라 결정된다.

③ 평서문은 종결 어미 '-다, -ㅂ니다' 등으로 실현된다.

④ 명령문의 주어는 주로 청자이기 때문에 생략되는 경우가 많다.

⑤ 감탄문은 화자가 자신의 느낌을 표현하는 것이므로 서술어를 형용사로 쓴다.

02 다음 밑줄 친 부분의 종결 표현에 대한 설명으로 적절하지 <u>않은</u> 것은?

① 드디어 네 꿈을 <u>이루었구나!</u>

→ 감탄형 종결 어미로 화자의 느낌을 나타냄.

② 여러분, 우리 모두 힘을 <u>냅시다.</u>

→ 청유형 종결 어미로 행동을 함께할 것을 제안함.

③ 이 산들바람이 어디서 <u>불어오니?</u>

→ 의문형 종결 어미로 긍정, 부정의 대답을 요구함.

④ 영화의 결말은 뭉클한 감동을 <u>주었다.</u>

→ 평서형 종결 어미로 단순한 내용을 전달함.

⑤ 네 마음이 원하는 그곳으로 끝까지 <u>가라.</u>

→ 명령형 종결 어미로 청자의 행동을 요구함.

03 〈보기〉에서 설명하는 문장의 예로 가장 적절한 것은?

> **보기**
> 명령문과 마찬가지로 화자가 청자에게 어떤 행동을 하도록 요구하는 문장이지만, 명령문과 달리 화자와 청자가 함께 행동하기를 요구한다는 특징이 있다.

① 돌다리도 두들겨 보고 건너라.

② 풀잎에 맺힌 이슬이 참 곱구나.

③ 오늘부터 아침 운동을 시작하자.

④ 바람이 거셀 때는 잠시 멈춰도 좋다.

⑤ 아까부터 왜 자꾸 웃기만 하는 거야?

04 (고난도) 〈보기〉에 제시된 종결 표현에 대한 설명으로 적절하지 <u>않은</u> 것은?

> **보기**
> ㉠ 그냥 집으로 가라.
> ㉡ 철수는 방에서 지금 음악 들어.
> ㉢ 그곳에 가려면 무엇을 타고 가야 하니?
> ㉣ 코로나19 감염증을 예방할 수 있는 방법을 찾아봅시다.

① ㉠에는 명령의 의미가, ㉣에는 청유의 의미가 담겨 있다.

② ㉠과 달리 ㉣에서는 청자의 행동을 강하게 요구하고 있다.

③ ㉡의 문장 끝을 내려서 발음하면 평서문이 되고, 올려서 발음하면 의문문이 된다.

④ ㉡은 단순한 내용 전달을 하고 있고, ㉢은 청자의 대답을 요구하고 있다.

⑤ ㉢과 ㉣은 청자를 높이는 정도가 다르다고 할 수 있다.

05 (서술형) 〈보기〉의 ㉠과 ㉡에 들어갈 의문문의 실제 의미를 각각 쓰시오.

> **보기**
> 문장의 종결 표현은 의문문이지만, 대답을 요구하기보다는 서술이나 명령, 감탄 등의 효과를 내는 의문문이 있습니다.
> ·공든 탑이 무너지랴? ···················· (㉠)
> ·내일부터 시험인데, 이제 텔레비전을 끄는 게 좋지 않겠니?
> ···················· (㉡)

㉠: _____

㉡: _____

06 〈보기〉의 ㉠과 ㉡에 대한 설명으로 적절하지 <u>않은</u> 것은?

> **보기**
> ㉠ 그녀는 "나는 방탄 소년단을 좋아해."라고 말했다.
> ㉡ 그녀는 자기는 방탄 소년단을 좋아한다고 말했다.

① ㉠은 직접 인용, ㉡은 간접 인용 표현이다.

② ㉠을 ㉡으로 바꿀 때 인용절의 어미에 변화가 없다.

③ ㉠과 달리 ㉡은 화자의 입장에서 재해석할 수 있다.

④ ㉠에는 조사 '라고'가, ㉡에는 조사 '고'가 쓰였다.

⑤ ㉠을 ㉡으로 바꿀 때 상대 높임은 중요한 의미가 없다.

07 〈보기〉의 ㉠, ㉡에 해당하는 예가 알맞게 짝지어진 것은?

> **보기**
>
> 대답을 요구하는 의문문에는 ㉠긍정이나 부정의 대답을 요구하는 것과 구체적인 설명을 요구하는 것이 있다. 대답을 요구하지 않는 의문문은 구체적인 담화 상황에 따라 화자의 의도를 나타내는데, 서술을 나타내는 경우, ㉡감탄을 나타내는 경우, 명령을 나타내는 경우 등이 있다.

	㉠	㉡
①	누굴 기다리니?	회의에 나까지 가야겠니?
②	너는 바다가 좋아?	창문 좀 열어 주시겠어요?
③	내가 옷 한 벌 못 사 주겠냐?	조용히 할 수 없겠니?
④	나랑 같이 공원에 가겠니?	이 음악 정말 좋지 않니?
⑤	독서 모임을 어디서 하면 좋겠니?	설마 한 달에 한 번 못 만나겠어?

신유형

08 〈보기〉의 선생님의 질문에 대한 답으로 알맞은 것끼리 묶인 것은?

> **보기**
>
> 선생님: 직접 인용은 인용하는 다른 사람의 말이나 글을 원래의 형식과 내용 그대로 끌어다 쓰지만, 간접 인용은 화자의 입장에서 인용하는 말이나 글의 내용을 재해석하여 자신의 말로 바꾼 것입니다. 그래서 평서문이나 감탄문의 종결 표현은 '–다'로, 의문문의 경우는 '–냐'로, 명령문은 '–(으)라'로, 청유문은 '–자'로 표현되는 것이지요.
> 　그렇다면 다음 중 직접 인용문을 간접 인용문으로 바꿀 때 간접 인용절의 어미가 '–다'로 표현되는 것은 무엇일까요?
>
> ㉠ 동생은 "나도 함께 가겠습니다."라고 말했다.
> ㉡ 민주는 "식당이 어디에 있습니까?"라고 물었다.
> ㉢ 어머니께서는 "밥을 맛있게 먹자."라고 말씀하셨다.
> ㉣ 그녀는 "바람이 정말 시원하군."이라고 중얼거렸다.

① ㉠, ㉡　　　② ㉠, ㉢　　　③ ㉠, ㉣
④ ㉡, ㉢　　　⑤ ㉡, ㉣

✅ 고난도 서술형 대비하기

09 〈보기〉를 보고, 품사에 따라 문장 종결 표현에 어떤 차이가 있는지 〈조건〉에 맞게 서술하시오.

> **보기**
>
> (가) 여기서는 마음껏 웃어라.
> 　　 여기서는 마음껏 예뻐라.*
>
> (나) 여기서는 마음껏 웃자.
> 　　 여기서는 마음껏 예쁘자.*
>
> 　　　　　　　　　　'*'는 비문임을 나타냄.

> **조건**
>
> • 밑줄 친 말의 품사와 종결 어미를 밝힐 것.
> • 한 문장으로 서술하되, 대조적 연결 어미를 활용할 것.

_____
_____
_____

10 〈보기〉의 문장을 간접 인용문으로 바꿀 때 생기는 문법 요소의 변화를 〈조건〉에 맞게 서술하시오.

> **보기**
>
> 민수가 어제 "선생님께서 내일 오십니다."라고 말했다.

> **조건**
>
> • 바꾼 간접 인용문을 먼저 한 문장으로 제시할 것.
> • 종결 표현, 지시 표현, 시간 표현 중에서 바뀐 내용을 구체적으로 밝혀 한 문장으로 쓸 것.

_____
_____
_____

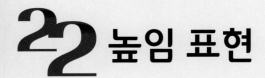

높임 표현

빈출 개념

● ***높임 표현이란?** 화자가 어떤 대상에 대하여 높고 낮은 정도를 언어적으로 구별하여 표현한 것. 높이는 대상에 따라 상대 높임법, 주체 높임법, 객체 높임법이 있음.

주로 종결 어미 사용 주로 선어말 어미 사용 주로 특수 어휘 사용

1 상대 높임법

개념	화자가 청자를 높이거나 낮추어 표현하는 방법
실현 방법	• 주로 종결 어미로 실현됨. ⓓ 어디 가십니까? → '-ㅂ니까'를 통해 청자를 아주 높임. • 보조사 '요'를 통해 실현되기도 함. ⓓ 어디 가요? → 청자에게 존대의 뜻을 나타내는 '요'를 사용함.

종류		구분	평서법	의문법	명령법	청유법	감탄법
종류	격식체	하십시오체 (아주높임)	가십니다	가십니까?	가십시오	(가시지요)	–
		하오체 (예사 높임)	가(시)오	가(시)오?	가(시)오 가구려	갑시다	가는구려
		하게체 (예사 낮춤)	가네 감세	가는가? 가나?	가게	가세	가는구먼
		해라체 (아주낮춤)	간다	가냐? 가니?	가(거)라 가렴 가려무나	가자	가는구나
	비격식체	해요체 (두루높임)	가요	가요?	가(세/셔)요	가(세/셔)요	가(세/셔)요
		해체 (두루낮춤)	가 가지	가? 가지?	가 가지	가 가지	가 가지

2 주체 높임법

개념	화자가 서술의 주체를 높이는 방법 문장의 주어, 동작이나 상태의 주체
실현 방법	• 주격 조사 '께서', 선어말 어미 '-(으)시-'를 통해 실현됨. ⓓ 어머니께서 꽃밭을 가꾸신다. → '께서', '-시-'를 사용해 주체인 '어머니'를 높임. • *특수한 어휘를 통해 실현됨. ⓓ 할아버지께서 주무신다. → '자다' 대신 '주무시다'를 사용해 주체인 '할아버지'를 높임.

◆ 주체 높임의 유형

직접 높임	화자가 서술의 주체를 직접 높임.	ⓓ 아버지께서 집에 오셨다. → '께서'와 '-시-'를 통해 '아버지'를 직접 높임.
간접 높임	• 높여야 할 대상의 신체 일부, 소유물, 생각 등 주체와 관련된 사물이나 사람을 높임으로써 주체를 간접적으로 높임. • 직접 높임과 달리, 높임을 나타내는 특수 어휘가 쓰이지 않음.	ⓓ 할머니께서 약속이 있으시다. → '-(으)시'가 '약속'을 높임으로써 이와 관련된 대상인 할머니를 간접적으로 높임. 할머니께서 약속이 계시다.(×) → 간접 높임에서는 특수 어휘를 쓰지 않음.

3 객체 높임법

개념	화자가 서술의 객체를 높이는 방법 문장의 목적어나 부사어의 지시 대상
실현 방법	• 체언에 부사격 조사 '께'를 붙여 실현함. • 특수한 어휘 '드리다, 모시다, 뵈다/뵙다, 여쭈다/여쭙다' 등을 통해 실현함. ⓓ 영희는 그 문제를 선생님께 여쭈어 보았다. → 조사 '께'와 특수 어휘 '여쭈다'를 사용해 객체인 '선생님'을 높임. 나는 할머니를 모시고 공원으로 갔다. → 특수 어휘 '모시다'를 사용해 객체인 '할머니'를 높임.

---

* 참고

높임의 제약
• 객관적인 서술로 단순 사실을 전달할 때는 높임을 쓸 필요가 없다.
  ⓓ 세종이 한글을 창제했다.
• 개별적인 친근감, 존경심을 표현할 때 높임을 사용할 수 있다.
  ⓓ 세종께서 한글을 창제하셨다.

주체 높임의 특수 어휘
주체 높임에서는 '잡수시다, 계시다, 주무시다, 드시다, 댁, 진지, 연세, 성함, 말씀' 등과 같은 특수 어휘를 사용하여 높임을 실현할 수 있다.
  ⓓ 할아버지께서 진지를 드셨다.

개념 +

격식체와 비격식체의 사용과 효과

격식체	• 상대방과의 공식적인 관계를 중시하여 정중하게 표현함. • 상대방의 나이, 사회적 지위 등을 대우함. • 심리적 거리감이 느껴짐.
비격식체	• 사적인 상황에서 인간관계를 중시하여 친밀하게 표현함. • 심리적 거리감을 해소하고 친근감을 줌.

격식체와 비격식체는 동일한 대화 맥락에서 한 청자에게 자연스럽게 섞어 사용하기도 한다.

! 헷갈리는 개념 잡기

주체와 객체가 가리키는 대상은 누구?
주체란 바로 서술어가 나타내는 동작이나 상태의 주체를 말해요. 즉, 문장의 주어라고 할 수 있지요. '아버지께서 오셨다.'에서 '오다'라는 행위를 하는 사람은 '아버지'이므로 이 문장의 주체는 '아버지'입니다. 이 개념은 말하는 이인 화자와 혼동하기 쉬우니 헷갈리지 않도록 주의하세요!
한편 객체는 문장의 목적어나 부사어가 지시하는 대상을 말해요. '나는 선생님께 정답이 무엇인지 여쭈어 보았다.'에서 '정답'을 물어본 대상, 즉 문장의 부사어인 '선생님'이 객체에 해당합니다. 이처럼 객체는 서술어인 동사의 행위가 미치는 대상을 말해요.

1단계 개념 연습 문제

개념 확인

1 다음 설명이 맞으면 O, 틀리면 X로 표시해 보자.

① 높임 표현은 화자가 어떤 대상에 대하여 높고 낮은 정도를 구별하여 표현한 것이다. (   )

② 상대 높임법은 보조사 '요'를 통해 실현되기도 한다. (   )

③ 주체 높임법은 서술의 대상인 목적어와 부사어를 높이는 표현 방법이다. (   )

④ 객체 높임법은 부사격 조사 '에게' 대신에 '께'를 붙여 실현할 수도 있다. (   )

예시로 연습

2 다음 문장의 밑줄 친 부분이 높이는 대상을 찾아 '상대', '주체', '객체'로 써 보자. `내신 기출`

① 저는 집으로 <u>갑니다</u>. ······································ (   )

② 선생님께서 교실로 <u>오셨다</u>. ···································· (   )

③ 그 분은 어린 따님이 <u>있으시다</u>. ································ (   )

④ 이번 방학에는 할머니를 <u>뵈러</u> 가야겠다. ·················· (   )

⑤ 오늘은 점심으로 국수를 <u>먹읍시다</u>. ······················ (   )

⑥ 나는 할아버지께 과일을 <u>드렸다</u>. ·························· (   )

⑦ 장마철이 되니까 비가 너무 많이 <u>내려요</u>. ················ (   )

⑧ 힘들면 그 의자에 좀 <u>앉게</u>. ···································· (   )

⑨ 어머니께서 김치전을 <u>부치셨다</u>. ···························· (   )

⑩ 사장님을 <u>모시고</u> 바로 가겠습니다. ························ (   )

3 다음 문장에 해당하는 설명을 찾아 알맞게 연결해 보자.

① 설악산에는 언제 가십니까? •   • ㉠ 청자를 매우 높이는 표현이다.

② 우리 함께 음악을 들어요. •   • ㉡ 특수 어휘로 주체를 높이고 있다.

③ 할아버지께서 주무신다. •   • ㉢ 서술의 객체를 높이고 있다.

④ 네가 선생님께 여쭤 보렴. •   • ㉣ 비격식체를 사용하여 두루 높이고 있다.

4 다음 문장의 밑줄 친 부분을 높임 표현에 맞게 고쳐 써 보자.

① 어머니께서 너를 <u>모시고</u> 오라고 하셨어. → (   )

② 삼촌께서 방에서 혼자 노래를 <u>부른다</u>. → (   )

③ 할아버지께서는 귀가 <u>밝다</u>. → (   )

④ 아버지<u>가</u> 힘들게 설거지를 하셨다. → (   )

01 다음 중 높임 표현에 대한 설명으로 적절하지 <u>않은</u> 것은?

① 높임 표현의 대상은 상대, 주체, 객체로 나뉜다.

② 주체 높임법은 직접 높임과 간접 높임으로 나눌 수 있다.

③ 상대 높임법은 종결 어미에 따라 다양한 형태로 실현된다.

④ 주체 높임법과 객체 높임법은 특수 어휘를 통해서도 실현할 수 있다.

⑤ '해요체'는 비격식체이므로 공식적인 자리에서 '하십시오체'와 혼용할 수가 없다.

02 〈보기〉의 ⓐ~ⓔ와 관련한 내용으로 적절하지 <u>않은</u> 것은?

┌─ 보기 ┌─
　　화자가 어떤 대상에 대하여 ⓐ<u>높고 낮은 정도를 언어적으로 구별하여 표현하는 것</u>을 높임 표현이라고 한다. 높임 표현은 높이는 대상에 따라 ⓑ<u>상대 높임법</u>, 주체 높임법, ⓒ<u>객체 높임법</u>이 있다. 상대 높임법은 화자가 청자를 높이거나 ⓓ<u>낮추어 표현하는 방법</u>이고, 주체 높임법은 ⓔ<u>서술의 주체</u>를, 객체 높임법은 서술의 객체를 높이는 방법이다.
└─

① ⓐ: 화자와 어떤 대상 사이의 신분, 지위 등과 관련이 된다.

② ⓑ: '하게체'는 자기와 비슷하거나 높은 대상을 대우하는 표현이다.

③ ⓒ: 화자가 서술의 객체인 부사어와 목적어를 높이는 것이다.

④ ⓓ: '해라체', '해체'는 낮춤 표현에 해당한다.

⑤ ⓔ: '댁', '연세', '진지' 등과 같은 특수 어휘로 높이기도 한다.

03 〈보기〉의 ㉠에 해당하는 표현으로 적절한 것은?

┌─ 보기 ┌─
　　상대 높임법은 주로 종결 어미로 실현되거나 보조사 '요'를 통해 실현되는데, 격식체와 ㉠비격식체로 나눌 수 있다. 격식체는 공식적 상황에서 쓰며 심리적인 거리감이 느껴지는 반면, 비격식체는 사적 상황에서 주로 쓰며 친근감을 준다.
└─

① 내일도 비가 오나요?

② 손님은 어떤 물건을 찾으십니까?

③ 이렇게 만나다니 정말 반갑구먼.

④ 여기 앉아서 이야기를 좀 나눕시다.

⑤ 내 고향의 저녁 노을은 참 아름답다.

04 〈보기〉의 ㉠~㉢에 나타난 높임 표현에 대한 설명으로 적절하지 <u>않은</u> 것은?

┌─ 보기 ┌─
㉠ 선생님께서 하실 말씀이 있으시다고 하셨어요.
㉡ 거기에 잠깐 앉아서 기다리게.
㉢ 우리 반의 단합을 위해서 서로 힘을 모읍시다.
└─

① ㉠과 ㉡은 비격식체로 상대와의 친근감을 표시하고 있다.

② ㉠과 ㉢ 모두 대화 상대를 높이는 표현을 쓰고 있다.

③ ㉠의 '말씀'은 '선생님'을 간접적으로 높이는 특수 어휘에 해당한다.

④ ㉡은 '하게체'로 상대를 예사 낮추는 표현이다.

⑤ ㉢은 '하오체'로 상대를 예사 높이는 표현이다.

05 〈보기〉의 ㉠과 ㉡을 높임 표현에 맞게 고쳐 쓰시오.

┌─ 보기 ┌─
㉠ 선생님께서 출석을 부른다.
㉡ 말씀으로만 듣던 분을 직접 보게 되어 영광입니다.
└─

㉠: ＿＿＿＿＿＿＿＿＿＿＿＿＿＿＿＿＿＿＿＿

㉡: ＿＿＿＿＿＿＿＿＿＿＿＿＿＿＿＿＿＿＿＿

06 〈보기〉의 ㉠~㉢에 대해 이해한 내용으로 적절하지 <u>않은</u> 것은?

┌─ 보기 ┌─
㉠ 비가 내리니까 우산을 챙겨 가라.
㉡ 선생님께서 심화 탐구 보고서를 제출하라고 하셨어.
㉢ 오늘은 할아버지를 뵙고 용돈을 드리고 싶습니다.
└─

① ㉠은 청자가 화자보다 낮은 대상이다.

② ㉡은 '께서'와 '-시-'를 사용해서 주체 높임을 실현하고 있다.

③ ㉢에는 객체 높임과 상대 높임이 동시에 나타나 있다.

④ ㉠과 달리 ㉡은 주로 공식적인 자리에서 사용한다.

⑤ ㉡과 달리 ㉢의 청자는 화자보다 높은 대상이다.

07 〈보기 1〉의 ⓐ가 바르게 실현된 문장을 〈보기 2〉에서 모두 골라 묶은 것은?

보기 1

ⓐ주체 높임법은 화자가 서술의 주체를 높이는 방법이다. 일반적으로 주격 조사 '께서'와 선어말 어미 '-(으)시-'를 통해 실현되지만, '주무시다', '계시다'와 같은 특수한 어휘를 통해 실현되기도 한다. 또한 주어인 명사에 '-님'이 결합하기도 한다.

보기 2

㉠ 누나는 손이 참 크시다.
㉡ 배고프면 먼저 햄버거를 먹어.
㉢ 축제에 선배님들을 모시고 갈게.
㉣ 시험 범위는 선생님께 여쭤 보렴.
㉤ 할아버지께서는 쑥떡을 맛있게 잡수셨다.

① ㉠, ㉡
② ㉠, ㉢
③ ㉠, ㉤
④ ㉡, ㉣
⑤ ㉡, ㉢, ㉤

고난도

08 〈보기〉의 ㉠, ㉡이 모두 사용된 문장으로 적절한 것은?

보기

우리말에서 높임 표현을 실현하는 여러 방법 중 높임의 의미를 나타내는 특수한 어휘를 사용하는 방법이 있다. 높임 표현에 쓰이는 어휘들은 다음과 같이 분류할 수 있다.

• 서술의 주체를 높이는 용언(예 주무시다)
• 서술의 객체를 높이는 용언(예 뵙다) ·················· ㉠
• 높여야 할 인물을 직접 높이는 명사(예 사장님) ·········· ㉡
• 높여야 할 인물과 관련된 것을 높이는 명사(예 댁)

① 삼촌은 할머니께 감기약을 드리러 가셨다.
② 할아버지께서는 돋보기를 쓰시고 신문을 읽으신다.
③ 선생님 성함은 어떻게 되시는지요?
④ 우리는 부모님을 모시고 다도해로 여행을 떠났습니다.
⑤ 어머니께서는 거실에서 진지를 잡수시고 계신다.

✅ 고난도 서술형 대비하기

09 〈보기〉의 ㉠에 쓰인 높임 표현을 〈조건〉에 맞게 서술하시오.

보기

점원: 손님, 어떤 옷을 찾으세요?
손님: 외투요. 아버지 생신이라 선물하려고요.
점원: 이건 어떠세요? 가볍고 촉감이 좋아서 ㉠아버지께 선물로 드리면 무척 좋아하실 겁니다.
손님: 아버지 취향이 확고하셔서 괜찮을지 잘 모르겠네요.
점원: 그러시면 아버지를 모시고 한번 들러 주세요.

조건

• 높임 표현의 종류를 밝힐 것.
• 높임 대상을 구체적으로 제시할 것.
• '㉠에는 ～이 나타난다.'의 형식으로 쓸 것.

10 〈보기〉의 설명을 참고하여 ㉠에 쓰인 높임의 양상을 〈조건〉에 맞게 서술하시오.

보기

국어의 높임법은 높임의 대상에 따라 상대 높임법, 주체 높임법, 객체 높임법으로 나뉜다. 각각의 높임법은 실제 국어 사용에서 독립적으로 사용되기보다는 두세 가지가 동시에 사용된다. 이처럼 문장에 사용된 여러 높임법은 [＋]와 [－]를 활용해 기호로 나타낼 수 있는데, 높임은 [＋]로 비높임은 [－]로 표시한다. 예를 들어 '철수야, 할아버지 오셨어.'와 같은 문장은 [상대 높임 －], [주체 높임 ＋]로 표시할 수 있다.

㉠ 삼촌께서 할머니를 모시고 공원으로 산책을 나가셨어요.

조건

• [＋], [－]를 활용해 ㉠에 쓰인 높임의 양상을 나타낼 것.
• 문장에 나타난 높임 표현과 그 실현 방법을 모두 쓸 것.

23 시간 표현

빈출 개념

● **시간 표현이란?** 화자가 전달하는 사건이 말하는 시점을 기준으로 언제 이루어졌는지를 언어적으로 표현한 것. 시간 표현에는 시제와 동작상이 있음.
(발화시 / 사건시)

1 시제

어떤 일이 과거에 일어난 일인지, 현재 일어나고 있는 일인지, 앞으로 일어날 일인지를 나타내는 언어적 표현을 시제라고 함. 사건시와 발화시의 관계에 따라 '과거-현재-미래'로 나뉨.

	개념	실현 방법
과거 시제	사건이 일어난 시점이 말하는 시점보다 앞서 있는 시제 ─○ 사건시 ─── ○ 발화시 ──→	• 선어말 어미: *-았/었-, -았었/었었-, -더- 과거 상황과의 단절의 의미 과거 경험 회상 예 나는 동아리방에서 영수를 보았다. 우리 가족은 한옥에 살았었다. 그녀가 식당에서 고기를 먹더라. • 관형사형 어미: 동사일 때 '-(으)ㄴ', 형용사나 서술격 조사일 때 '-던' 예 그가 입은 바지가 참 멋졌다. → 동사 어리던 동생이 벌써 중학생이 되었다. → 형용사 • 시간 부사어: 어제, 옛날, 아까 등 예 어제 비가 너무 많이 내렸다.
현재 시제	사건이 일어난 시점과 말하는 시점이 일치하는 시제 ─○ 사건시 = 발화시 ──→	• 선어말 어미: 동사일 때 '-ㄴ/는-', 형용사나 서술격 조사일 때 없음. 예 나는 오솔길을 걷는다. 정원의 꽃이 예쁘다. 형용사는 특정한 어미 결합 없이 실현됨. • 관형사형 어미: 동사일 때 '-는', 형용사나 서술격 조사일 때 '-(으)ㄴ' 예 뛰는 모습을 보니 기분이 좋다. → 동사 맑은 하늘을 보니 기분이 상쾌하다. → 형용사 • 시간 부사어: 오늘, 지금 등 예 나는 지금 산책을 한다.
미래 시제	말하는 시점이 사건이 일어나는 시점보다 앞서 있는 시제 ─○ 발화시 ─── ○ 사건시 ──→	• 선어말 어미: *-겠-, -(으)리- 예 내일 남해안에 비가 내리겠습니다. • 관형사형 어미: -(으)ㄹ- 예 집에 갈 사람은 서둘러 일어나라. • 시간 부사어: 내일, 모레 등 예 모레 우리는 국어 탐구 대회를 할 것이다. '-(으)ㄹ 것-'의 형태로도 미래 시제를 표현함.

2 동작상

시간의 흐름 속에서 발화시를 기준으로 어떤 동작이 진행 중인지, 완료되었는지 동작의 양상을 표현한 것으로 진행상과 완료상이 있음.

	개념	실현 방법
진행상	어떤 동작이 진행되고 있음을 나타냄. → 동작의 진행	• '-고 있다', '-아/어 가다', '-(으)면서' 등 예 동생은 학교에 가고 있다. → 보조 용언으로 실현 예 물감이 말라 간다. → 보조 용언으로 실현 예 음악을 들으면서 청소를 한다. → 연결 어미로 실현
완료상	어떤 동작이 이미 완료되었음을 나타냄. → 동작의 완료	• '-아/어 있다', '-아/어 버리다', '-고서' 등 예 나팔꽃이 피어 있다. → 보조 용언으로 실현 예 숙제를 모두 해 버렸다. → 보조 용언으로 실현 예 산책을 하고서 집으로 갔다. → 연결 어미로 실현

★ 참고

선어말 어미 '-았/었-'의 다양한 쓰임
선어말 어미 '-았/었-'은 완료된 상황이 현재까지 이어짐을 나타내거나 미래에 대한 확신을 나타낼 때도 쓰인다.
예 나는 아버지와 많이 닮았다.
  → 상황의 지속
  그거 언니 것인데, 넌 이제 언니한테 혼났다. → 미래에 대한 확신

선어말 어미 '-겠-'의 다양한 쓰임
선어말 어미 '-겠-'은 동사, 형용사, 서술격 조사 등 여러 품사와 어울려 미래 시제를 나타낸다. 또한 추측, 주체의 의지, 가능성이나 능력 등을 표현하기도 한다.
예 서울에는 비가 많이 왔겠다. → 추측
  나는 꼭 축구 선수가 되겠다. → 의지
  그 정도는 나도 다 먹겠다. → 가능성

개념 ✛

현재 시제의 특별한 사용
보편적인 사실과 미래에 확실하게 일어날 일을 표현할 때도 현재 시제를 사용한다.
예 물은 위에서 아래로 흐른다.
  → 보편적인 사실
  나는 내일 제주도에 간다.
  → 미래에 확실하게 일어날 일

⚠ 헷갈리는 개념 잡기

절대 시제와 상대 시제도 있다고?
'나는 운동장에서 휴지를 줍는 영수를 도왔다.'의 시제는 과거입니다. 사건시가 발화시보다 앞서 있고 선어말 어미 '-았-'을 통해 과거 시제라는 것을 알 수 있지요. 이렇게 발화시를 기준으로 하는 시제를 절대 시제라고 하며 주로 종결형에서 나타납니다.
그런데 '줍는'을 보면 현재 시제를 나타내는 관형사형 어미 '-는'이 결합되어 있습니다. '도왔다'라는 전체 문장의 사건시를 기준으로 판단할 때 현재이기 때문에 '줍는'으로 표현한 것입니다. 이렇게 사건시를 기준으로 하는 시제를 상대 시제라고 하며, 상대 시제는 주로 관형사형에서 나타납니다.

개념 확인

1 다음 설명이 맞으면 O, 틀리면 X로 표시해 보자.

① 과거 시제는 사건시가 발화시보다 앞서 있는 시제이다. (   )

② 현재 시제를 표현할 때 형용사의 경우 선어말 어미가 결합하지 않는다. (   )

③ 미래 시제는 선어말 어미, 관형사형 어미, 시간 부사어 등을 통해 실현된다. (   )

④ 시간의 흐름 속에서 사건시를 기준으로 동작의 진행, 완료 등의 양상을 표현한 것이 동작상이다. (   )

2 다음 문장의 밑줄 친 시간 표현에 대한 설명을 찾아 알맞게 연결해 보자. ◁내신 기출

① 우리는 내일 시험을 <u>치른다</u>. •   • ㉠ 사건시와 발화시가 일치함.

② 나는 음악을 <u>들으면서</u> 공부한다. •   • ㉡ 동작의 진행을 나타냄.

③ 우리는 <u>고등학생이다</u>. •   • ㉢ 미래에 확실하게 일어날 일을 나타냄.

예시로 연습

3 제시된 문장에 나타난 시제를 〈보기〉에서 골라 빈칸에 써 보자.

┌ **보기**
│   과거 시제   현재 시제   미래 시제
└

① 잠시 후 전철이 도착하겠다. (   )

② 나는 항상 그곳이 그립다. (   )

③ 그는 결국 시험에 합격했다. (   )

④ 내일은 비가 그칠 것이다. (   )

4 제시된 문장에 나타난 동작상을 〈보기〉에서 골라 빈칸에 써 보자.

┌ **보기**
│   진행상   완료상
└

① 나는 지금 밥을 먹고 있다. (   )

② 그는 그 책을 끝까지 다 읽어 버렸다. (   )

③ 빨래가 점점 말라 간다. (   )

④ 영희는 풀밭에 앉아 있다. (   )

5 다음 문장에서 시간 표현을 실현한 방법을 찾아 빈칸에 써 보자.

① 나는 내일 부산으로 떠나겠다. → (   )

② 그는 지금 아름답게 물드는 노을을 보고 있다. → (   )

③ 동생은 어제 역사 탐사 과제를 하고 있었다. → (   )

01 다음 중 시제가 <u>다른</u> 하나는?

① 그 꽃의 이름은 개망초 꽃이다.

② 오늘은 비가 많이 내리고 있다.

③ 동생은 방에서 공부를 하는 중이다.

④ 이곳에서 감상하는 노을은 참 아름답다.

⑤ 운동장 가에는 코스모스가 환하게 피었다.

02 밑줄 친 부분의 시간 표현에 대한 설명으로 적절하지 <u>않</u><u>은</u> 것은?

① 나는 <u>어제</u> 영화를 보았다.

　→ 시간 부사를 통해 과거 시제를 실현함.

② 할아버지 생신 선물을 사러 백화점에 <u>갔어</u>.

　→ 선어말 어미를 통해 과거 시제를 실현함.

③ 우리의 앞날은 항상 <u>희망찰 것이다</u>.

　→ 관형사형 어미와 '것'을 통해 미래 시제를 실현함.

④ 그는 꽃이 곱게 핀 길을 따라 걷고 <u>있더라</u>.

　→ 선어말 어미를 통해 현재 시제를 실현함.

⑤ 내일 나는 제주도로 <u>떠난다</u>.

　→ 현재형 시제 선어말 어미로 미래 시제를 실현함.

03 〈보기〉에서 설명하는 시제가 실현된 문장으로 알맞은 것은?

> ┌ 보기 ┐
> 　사건시가 발화시보다 나중인 시간 표현으로, 주로 선어말 어미 '-겠-'으로 실현된다. 또는 관형사형 어미와 의존 명사 '것'이 결합하여 실현되기도 한다.

① 어제 먹은 칡 냉면은 정말 맛있었다.

② 여기 시냇물은 참 맑아서 물고기가 많다.

③ 폭염이 심해서 꽃들이 점점 시들어 간다.

④ 나는 친구들과 함께 자전거 여행을 떠났다.

⑤ 모레 이 시간이면 경찰이 범인을 잡고 있겠다.

04 〈보기〉는 과거 시제를 실현하는 방법을 조사한 내용이다. ㉠~㉤의 예로 적절하지 <u>않은</u> 것은?

> ┌ 보기 ┐
> ㉠ 주로 과거 시제 선어말 어미 '-았/었-'을 통해 실현함.
> ㉡ '-았었/었었-'은 발화시보다 전에 발생하여 현재와는 단절된 사건을 표현하는 데에 쓰일 수 있음.
> ㉢ 과거의 일을 회상할 때 선어말 어미 '-더-'를 통해 실현함.
> ㉣ 과거를 나타내는 시간 부사어 '어제, 옛날' 등을 통해 실현함.
> ㉤ 관형사형 어미 '-던'이 용언, 서술격 조사와 결합하여 실현함.

① ㉠: 너는 이제 어머니 퇴근하시면 혼났다.

② ㉡: 나는 예전에 노을이 아름다운 곳에서 살았었다.

③ ㉢: 어젯밤은 정말 덥더라.

④ ㉣: 옛날 시골 마을에 자린고비가 살고 있었어요.

⑤ ㉤: 새싹이 돋던 산들이 이제는 녹음이 우거졌다.

〔서술형〕
05 〈보기〉의 ㉠과 ㉡에 나타난 동작의 양상과 실현 방법을 서술하시오.

> ┌ 보기 ┐
> 　동작상은 시간의 흐름 속에서 발화시를 기준으로 동작이 진행 중인지, 완료되었는지 동작의 양상을 표현한 것으로 진행상과 완료상이 있다.
> 　㉠ 민수는 음악을 즐겁게 들으면서 청소를 한다.
> 　㉡ 동생은 모레까지 해야 할 숙제를 오늘 다 해 버렸다.

㉠: ＿＿＿＿＿＿＿＿＿＿＿＿＿＿＿＿＿＿

㉡: ＿＿＿＿＿＿＿＿＿＿＿＿＿＿＿＿＿＿

06 〈보기〉의 시제를 이해한 것으로 적절하지 <u>않은</u> 것은?

> ┌ 보기 ┐
> ㉠ 봄날 개구리 소리가 그립다.
> ㉡ 마음이 착한 사람을 보면 기분이 좋다.
> ㉢ 나는 재작년에 동네 공공 도서관에 다녔다.
> ㉣ 여름 방학이 되면 나는 고향에 꼭 가겠다.

① ㉠과 ㉡에는 현재 시제가 나타나 있다.

② ㉢에는 과거 시제가, ㉣에는 미래 시제가 실현되어 있다.

③ ㉠, ㉡과 달리 ㉢, ㉣은 선어말 어미를 통해 시간 표현을 실현하고 있다.

④ ㉡, ㉢은 관형사형 어미와 시간 부사를 통해 동일한 시간 표현을 실현하고 있다.

⑤ ㉢의 '-었었-'은 과거와의 단절을, ㉣의 '-겠-'은 화자의 의지를 담고 있다.

07 〈보기〉를 바탕으로 ㉠~㉤을 이해한 내용으로 적절하지 않은 것은?

┌ 보기 ┐

현재 시제는 주로 선어말 어미 '-ㄴ/는-'을 통해 실현된다. 그런데 특징적 용법으로 가까운 미래에 확실히 일어날 일을 표현할 수도 있고, 보편적인 진리나 사실, 습관적인 행동 등을 나타낼 수도 있다. 또 과거에 일어난 사건의 현장감을 강조하기 위해 쓰이기도 한다.

㉠ 지금 눈이 내린다.
㉡ 달은 지구를 돈다.
㉢ 그는 내일 군대에 간다.
㉣ 이순신은 울돌목에서 왜적을 물리친다.
㉤ 이제 일주일 후면 나는 첫 월급을 받는다.

① ㉠: 발화시와 사건시가 일치하는 표현이다.
② ㉡: 보편적인 진리나 사실을 나타낸 것이다.
③ ㉢: 가까운 미래에 확실히 일어날 일을 표현한 것이다.
④ ㉣: 과거에 일어난 사건의 현장감을 강조한 것이다.
⑤ ㉤: 일어나지 않은 사건에 대한 의지를 강하게 드러낸 것이다.

[고난도]
08 다음 밑줄 친 부분이 〈보기〉에 나타난 ㉠~㉢의 예로 적절하지 않은 것은?

┌ 보기 ┐

선어말 어미 '-았/었-'은 쓰임이 여러 가지이다. ㉠사건이나 상태가 과거 시제임을 나타내기도 하고, ㉡과거에 일어난 사건의 결과나 상태가 현재까지 지속되고 있음을 나타내기도 한다. 그리고 ㉢발화시에서 볼 때 미래의 사건이나 일이 이미 정해진 사실인 것처럼 확정적임을 나타내기도 한다.

① ㉠ 영수: 어제 뭐 했니?
  영희: 하루 종일 텔레비전만 보았어.
② ㉠ 영수: 형은 집에 없네?
  영희: 할머니 생신 선물 사러 갔어.
③ ㉡ 영수: 감기에 걸렸다며?
  영희: 응, 그래서인지 아직도 목이 잠겼어.
④ ㉡ 영수: 체육 대회 때 날씨는 좋았어?
  영희: 아주 나빴어.
⑤ ㉢ 영수: 너 오늘도 바빠?
  영희: 응, 과제 준비하려면 오늘도 잠은 다 잤어.

✓ **고난도 서술형 대비하기**

09 〈보기〉를 바탕으로 관형사형 어미 '-(으)ㄴ'이 ㉠과 ㉡에서 어떻게 다른지 〈조건〉에 맞게 서술하시오.

┌ 보기 ┐

관형사형 어미 '-(으)ㄴ', '-는', '-던', '-(으)ㄹ'은 과거, 현재, 미래의 시제를 표현할 수 있는데, 어떤 품사와 결합하느냐에 따라 그 시제가 달라진다.

• 그가 ㉠입은 바지가 참 멋졌다.
• ㉡맑은 하늘을 보니 마음이 상쾌하다.

┌ 조건 ┐

• ㉠과 ㉡의 품사를 각각 밝힐 것.
• 관형사형 어미 '-(으)ㄴ'이 품사에 따라 시제 표현이 어떻게 다른지 밝힐 것.
• '㉠은 ~을/를 표현하고, ㉡은 ~을/를 표현한다.' 형식의 한 문장으로 쓸 것.

10 〈보기〉에서 ㉠과 ㉡의 차이를 '-고 있다'의 의미와 관련지어 〈조건〉에 맞게 서술하시오.

┌ 보기 ┐

동작상은 어떤 동작이 진행 중인지 완료되었는지 동작의 양상을 나타낸 것으로, 보조 용언이나 연결 어미 등을 통해 실현된다. 동작상 중 진행상은 어떤 동작이 진행되고 있음을 표현하는 것인데 '-고 있다', '-아/어 가다', '-(으)면서' 등으로 실현된다. 그런데 '-고 있다'는 어떤 동작이 진행되고 있음을 나타내기도 하고, 어떤 상태가 지속되고 있음을 나타내기도 한다.

㉠ 나는 지금 김밥을 먹고 있다.
㉡ 형은 모자를 쓰고 있다.

┌ 조건 ┐

• ㉠와 ㉡에 나타난 동작상의 의미 차이를 쓸 것.
• '㉠은 ~로 해석되고, ㉡은 ~로 해석된다.' 형식의 한 문장으로 쓸 것.

24 피동 표현, 사동 표현

1 피동 표현

주어가 동작을 제힘으로 하는 것을 능동이라 하고, 주어가 다른 주체에 의해서 동작을 당하는 것을 피동이라 함.

⟨능동문⟩	고양이가 쥐를 <u>잡았다</u>.	⟨피동문⟩	쥐가 고양이에게 <u>잡혔다</u>.
	→ 고양이가 제힘으로 쥐를 잡음.		→ 쥐가 고양이에게 잡힘을 당함.

빈출 개념
① 피동 표현의 종류와 실현 방법

파생적 피동문 (단형 피동문)	• 동사의 어근 + *피동 접미사 '-이-, -히-, -리-, -기-' → 피동사가 됨. 예 가로수가 사람들에게 뽑혔다. → 뽑-(어근) + -히-(피동 접미사) + -었-(선어말 어미) + -다(종결 어미) • 명사 + 피동 접미사 '-되다' 예 백제의 유물이 연구진에게 발견되었다. → 발견(명사) + -되-(접미사) + -었-(선어말 어미) + -다(종결 어미)
통사적 피동문 (장형 피동문)	• 용언의 어간 + '-아/어지다', '-게 되다' 예 도시 개발로 많은 나무들이 베어졌다. → 베-(어간) + -어지-(피동 표현) + -었-(선어말 어미) + -다(종결 어미) 그는 결국 직장을 잃게 되었다. → 잃-(어간) + -게 되-(피동 표현) + -었-(선어말 어미) + -다(종결 어미)

② 능동문을 피동문으로 바꾸는 방법

⟨능동문⟩ 할머니가 손녀를 안았다.	➡	• 능동문의 목적어가 피동문의 주어가 됨. • 능동문의 주어가 피동문의 부사어가 됨. • 능동사가 피동사로 됨.
⟨피동문⟩ 손녀가 할머니에게 안겼다.		

◆ 이중 피동의 잘못된 사용
단형 피동과 장형 피동을 이중으로 사용한 표현들이 있는데 이는 번역 투의 표현임. 문장이 부자연스럽고 대부분 어법에 어긋난 것이므로 올바른 피동 표현으로 고쳐 써야 함.
예 곤충의 몸은 머리, 가슴 배로 <u>나뉘어집니다</u>.(×) → 나뉩니다, 나누어집니다(○)

2 사동 표현

주어가 동작을 직접 하는 것을 주동, 주어가 남에게 동작을 하도록 시키는 것을 사동이라고 함.

⟨주동문⟩	동생이 옷을 <u>입는다</u>.	⟨사동문⟩	어머니가 동생에게 옷을 <u>입혔다</u>.
	→ 동생이 스스로 옷을 입음.		→ 어머니가 동생이 옷을 입도록 만듦.

빈출 개념
① 사동 표현의 종류와 실현 방법

파생적 사동문 (단형 사동문)	• 동사의 어근 + *사동 접미사 '-이-, -히-, -리-, -기-, -우-, -구-, -추-' → 사동사가 됨. 예 형이 동생을 울렸다. → 울-(동사의 어근) + -리-(사동 접미사) + -었-(선어말 어미) + -다(종결 어미) • 명사 + 사동 접미사 '-시키다' 예 아저씨가 강아지를 운동시켰다. → 운동(명사) + -시키-(사동 접미사) + -었-(선어말 어미) + -다(종결 어미)
통사적 사동문 (장형 사동문)	• 용언의 어간 + '-게 하다' 예 아버지가 동생에게 완두콩을 먹게 했다. → 먹-(용언의 어간) + -게 하-(사동 접미사) + -였-(선어말 어미) + -다(종결 어미)

② 주동문을 사동문으로 바꾸는 방법

서술어가 자동사나 형용사인 경우	⟨주동문⟩ 얼음이 녹는다. ⟨사동문⟩ 아이들이 얼음을 녹인다.	사동주(사동을 일으키는 주체) • 새로운 주어가 도입됨. • 주동문의 주어가 사동문의 목적어가 됨. • 주동사가 사동사로 됨.
서술어가 타동사인 경우	⟨주동문⟩ 그가 편지를 읽었다. ⟨사동문⟩ 할머니가 그에게 편지를 읽혔다.	• 새로운 주어가 도입됨. • 주동문의 주어가 사동문의 부사어가 됨. • 주동사가 사동사로 됨.

✱ 참고
피동 접미사와 사동 접미사

피동 접미사	피동사
-이-	놓이다. 꺾이다. 쏘이다
-히-	닫히다. 맺히다. 긁히다
-리-	풀리다. 걸리다. 물리다
-기-	쫓기다. 끊기다. 뜯기다

사동 접미사	사동사
-이-	먹이다. 보이다. 속이다
-히-	익히다. 식히다. 굳히다
-리-	울리다. 날리다. 알리다
-기-	숨기다. 빗기다. 굶기다
-우-	깨우다. 비우다. 피우다
-구-	달구다. 솟구다
-추-	들추다. 늦추다. 낮추다

개념 +
피동·사동 표현의 효과
• 피동 표현은 동작을 당한 대상을 강조하고 싶을 때, 동작의 주체가 분명하지 않거나 밝힐 필요가 없을 때, 동작의 주체를 밝히려 하지 않을 때 사용된다.
• 사동 표현은 동작을 시키는 주체를 드러내고자 할 때, 사건의 결과가 외적인 원인에 의해 발생한 것임을 나타내고자 할 때 사용된다.

직접 사동과 간접 사동의 의미 차이
사동의 주체가 객체의 행위에 직접 참여하는 경우를 직접 사동, 그렇지 않은 경우를 간접 사동이라고 한다. 파생적 사동은 직접, 간접 사동 두 가지로 해석되어 중의성을 갖지만, 통사적 사동은 간접 사동의 의미로만 해석된다.
예 어머니가 동생에게 옷을 입혔다.
→ 어머니가 직접 동생에게 옷을 입히는 행동을 함.(직접 사동)
→ 어머니가 동생이 옷을 스스로 입도록 지시함.(간접 사동)
어머니가 동생에게 옷을 입게 했다.
→ 어머니가 동생이 옷을 스스로 입도록 지시함.(간접 사동)

! 헷갈리는 개념 잡기
능동문과 피동문의 대응이 항상 가능한 것은 아니라고?

능동문과 피동문은 일반적으로는 서로 대응되지만 늘 그런 것은 아니에요. 피동문에 대응하는 능동문이 없거나, 능동문에 대응하는 피동문이 없는 경우도 있어요.
자연적 발생이나 변화를 표현하는 경우에는 대응되는 능동문이 없어요.
예 날씨가 풀렸다. → 피동문
(하늘이) 날씨를 풀었다.(×)
주어가 의지를 전혀 가질 수 없는 것인 경우에는 능동문에 대응되는 피동문이 없어요.
예 나는 칭찬을 들었다. → 능동문
칭찬이 나에게 들렸다.(×)

1단계 개념 연습 문제

개념 확인 **1** 다음 설명이 맞으면 O, 틀리면 X로 표시해 보자.

① 피동은 주어가 다른 주체에 의해서 동작을 당하는 것을 나타내는 표현이다. (   )

② 용언의 어간에 '-어지다'가 결합한 통사적 피동문은 장형 피동이다. (   )

③ 주동은 주어가 남에게 동작을 하도록 시키는 것을 나타내는 표현이다. (   )

④ 주동문을 사동문으로 만들 때 주동문의 목적어가 사동문의 주어가 된다. (   )

예시로 연습 **2** 다음 문장이 피동 표현이면 '피동', 사동 표현이면 '사동'이라고 써 보자. ⟨내신 기출⟩

① 토끼가 사냥꾼에게 <u>잡혔다</u>. (   )

② 하늘이 곧 갤 것처럼 <u>보인다</u>. (   )

③ 영화 한 편이 동생을 <u>울렸다</u>. (   )

④ 아기가 엄마에게 <u>안겼다</u>. (   )

⑤ 그는 명예를 잃게 <u>되었다</u>. (   )

⑥ 빈 교실은 특별실로 <u>사용되었다</u>. (   )

⑦ 선생님께서 영희에게 책을 <u>읽혔다</u>. (   )

⑧ 누나가 그를 <u>공부시켰다</u>. (   )

⑨ 아버지가 아이에게 밥을 <u>먹게 한다</u>. (   )

⑩ 한 번 <u>엎어진</u> 물은 다시 담을 수 없다. (   )

3 밑줄 친 부분에 대한 설명을 찾아 알맞게 연결해 보자.

① 철수가 동생에게 책을 <u>읽게 했다</u>. •   • ㉠ 사동사가 쓰인 파생적 사동문에 해당함.

② 어머니가 얼음을 <u>녹인다</u>. •   • ㉡ 통사적 사동문에 해당함.

③ 쥐가 고양이에게 <u>잡혔다</u>. •   • ㉢ 대응되는 피동문이 없음.

④ 아이가 말을 참 잘 <u>듣는다</u>. •   • ㉣ 피동사가 쓰인 파생적 피동문에 해당함.

4 다음 문장을 피동 표현이나 사동 표현으로 바꿀 때 빈칸에 들어갈 알맞은 말을 써 보자.

① 사람들이 꽃을 꺾었다.

　　[피동 표현으로] → 꽃이 사람들에게 (   ).

② 아이가 우유를 먹었다.

　　[사동 표현으로] → 엄마가 아이에게 우유를 (   ).

01 피동 표현과 사동 표현에 대한 설명으로 적절하지 <u>않은</u> 것은?

① 사동의 상대적인 개념은 주동이라고 할 수 있다.

② 주동문을 사동문으로 바꿀 때에는 새로운 주어가 도입된다.

③ 파생적 사동문은 직접 사동과 간접 사동으로 두 가지 해석이 가능하다.

④ 능동문을 피동문으로 바꿀 때 능동문의 주어는 피동문의 부사어가 된다.

⑤ 피동은 능동의 상대적 개념이고, 피동문에 대응하는 능동문이 항상 존재한다.

02 〈보기〉에서 설명하는 문장과 거리가 <u>먼</u> 것은?

┌─ 보기 ┐
주어가 다른 주체에 의해 동작을 당하는 것을 피동이라 하는데, 피동에는 파생적 피동문과 통사적 피동문이 있다.
└────┘

① 범인은 형사들에게 붙잡혔다.

② 은행나무가 인부들에게 뽑혔다.

③ 감동적인 드라마가 동생을 울렸다.

④ 2층에 있던 화분이 와장창 깨어졌다.

⑤ 그 영화인에 대한 우리들의 오해는 풀어졌다.

03 〈보기〉에 대해 탐구한 내용으로 적절하지 <u>않은</u> 것은?

┌─ 보기 ┐

	능동문	피동문
㉠	눈이 온 세상을 덮었다.	온 세상이 눈에 덮였다.
㉡	영수가 참새 두 마리를 잡았다.	참새 두 마리가 영수에게 잡혔다.
㉢	낙엽이 바람에 난다.	낙엽이 바람에 날린다.

└────┘

① ㉠의 능동문은 피동문에 비해 주어의 동작성이 잘 드러나지 않는다.

② ㉠의 피동문은 용언의 어근에 피동 접미사가 결합한 단형 피동문에 해당한다.

③ ㉠과 ㉡에서 능동문의 주어는 모두 피동문의 부사어로 바뀌었다.

④ ㉡과 ㉢은 모두 능동문에 대응하는 피동문이 존재한다.

⑤ ㉢을 통해 자동사가 피동사로 바뀔 수 있음을 알 수 있다.

04 〈보기〉를 참고할 때 사동 표현의 예로 적절하지 <u>않은</u> 것은?

┌─ 보기 ┐
주어가 어떤 동작을 직접 하는 것을 주동이라고 하고, 주어가 남에게 동작을 하도록 시키는 것을 사동이라고 한다.
└────┘

① 어머니는 내게 동생을 안겼다.

② 태풍으로 그는 집을 잃게 되었다.

③ 할머니는 손자에게 신발을 신게 했다.

④ 방문객의 안전을 위해 동물원에서 담을 높였다.

⑤ 그는 끼니를 거르는 아이에게 밥을 먹이는 봉사를 한다.

서술형
05 〈보기〉를 바탕으로 ㉠이 지닌 의미를 두 가지로 해석해서 쓰시오.

┌─ 보기 ┐
파생적 사동문은 사동의 주체가 객체의 행위에 직접 참여하는 경우와 그렇지 않은 경우가 있다. 그러나 '-게 하다'로 실현되는 통사적 사동문은 간접 사동의 의미로만 해석된다.
㉠ 누나가 동생에게 옷을 입혔다.
└────┘

06 〈보기〉의 ㉠~㉤에 대해 설명한 내용으로 적절하지 <u>않은</u> 것은?

┌─ 보기 ┐
사동문에는 용언의 어근에 사동 접미사를 결합한 파생적 사동문과 용언의 어간에 '-게 하다'를 결합한 통사적 사동문이 있다.
㉠ 동생이 숨는다.
㉡ 누나가 동생을 숨긴다.
㉢ 누나가 동생을 숨게 한다.
㉣ 동생이 공을 찬다.
㉤ 누나가 동생에게 공을 차게 했다.
└────┘

① ㉠과 ㉣은 주동문이다.

② ㉠의 '숨는다'와 달리 ㉡의 '숨긴다'에는 사동 접미사가 결합되어 있다.

③ ㉢, ㉤은 통사적 사동문으로 장형 사동문이라고도 한다.

④ ㉣에 대응하는 파생적 사동문은 존재하지 않는다.

⑤ ㉢과 달리 ㉤은 사동의 주체가 객체의 행위에 직접적으로 참여하고 있다.

07 〈보기〉의 내용을 바탕으로 사동 표현을 학습할 때, ㉠~㉤에 해당하는 예로 적절하지 <u>않은</u> 것은?

> ┌ 보기 ┐
> 사동문은 ㉠다른 사람이 어떤 동작을 하도록 한다는 의미를 지니는 문장이다. 사동문은 용언의 어근에 사동 접미사를 붙인 사동사를 사용하여 만들 수 있는데, 이때 ㉡용언에 사동 접미사가 두 개 붙는 경우도 있다. 또한 ㉢용언에 '–게 하다'를 붙여 사동문을 만들 수도 있다. 이러한 ㉣사동문은 의미가 중의적으로 나타나기도 한다. 한편, ㉤사동사의 형태를 띠지만 사동의 의미에서 다소 멀어진 경우도 있다.

① ㉠: 형이 동생에게 책을 읽힌다.
② ㉡: 아버지께서 아이를 재우셨다.
③ ㉢: 기사가 학생을 버스에 빨리 타게 했다.
④ ㉣: 할머니께서 손녀에게 체육복을 입게 하셨다.
⑤ ㉤: 삼촌께서 올해는 농장에서 돼지를 먹인다고 하셨다.

고난도
08 〈보기〉에 대한 이해로 적절하지 <u>않은</u> 것은?

> ┌ 보기 ┐
> ㉠ 사람들이 종을 울린다.
> ㉡ 잉어가 동생에게 잡혔다.
> ㉢ 지저분했던 책상이 깨끗하게 정리되었다.
> ㉣ 마을 사람들에 의해 호수로 가는 길이 넓혀졌다.
> ㉤ 내가 시험에 합격했다는 사실이 믿겨지지 않는다.

① ㉠에 대응하는 주동문은 존재하지 않는다.
② ㉡에 대응하는 능동문은 '동생이 잉어를 잡았다.'이다.
③ ㉢은 체언에 접미사 '–되다'가 결합하여 피동 서술어를 만들었다.
④ ㉡과 ㉢은 단형 피동으로, 서술어인 피동사는 사전에 등재되어 있다.
⑤ ㉣과 ㉤은 이중 피동으로, 문법적으로 올바르지 않기 때문에 쓰지 않는 것이 바람직하다.

☑ 고난도 서술형 대비하기

09 〈보기〉를 바탕으로 다음 문장을 고쳐 써야 하는 이유를 〈조건〉에 맞게 서술하시오.

> 한류 열풍은 새해에도 계속될 것으로 보여진다.

> ┌ 보기 ┐
> 피동이 중복되어 나타나는 이중 피동 표현은 부자연스럽고 어법에 어긋나므로 정확하게 사용하는 태도가 필요하다. 예를 들면 '곤충의 몸은 머리, 가슴, 배로 나뉘어집니다.'는 이중 피동 표현인데, '곤충의 몸은 머리, 가슴, 배로 나뉩니다.'나 '곤충의 몸은 머리, 가슴, 배로 나누어집니다.'로 표현해야 한다.

> ┌ 조건 ┐
> 고쳐 써야 하는 이유를 밝히고, 올바르게 고쳐 쓴 피동문을 제시할 것.

_____
_____
_____
_____
_____

10 〈보기〉를 바탕으로 ㉠과 ㉡의 차이를 〈조건〉에 맞게 서술하시오.

> ┌ 보기 ┐
> 우리말의 용언 중에는 피동사와 사동사의 형태가 동일한 것이 있다. 예를 들어, '읽다'는 사동사와 피동사가 모두 '읽히다'로 그 형태가 같다. 이처럼 형태가 같은 동사들은 문장에서의 쓰임을 통해 사동사인지 피동사인지 구별해야 한다.
>
> ㉠ 우리는 친구에게 우승컵을 <u>안겼다</u>.
> ㉡ 아기 곰이 어미 품에 포근히 <u>안겼다</u>.

> ┌ 조건 ┐
> ㉠과 ㉡의 '안기다'의 쓰임을 밝혀 한 문장으로 쓸 것.

_____
_____
_____

25 부정 표현

● 부정 표현이란?

긍정 표현에 부정을 나타내는 말을 써서 내용 전체 또는 일부를 부정하는 것

1 짧은 부정문과 긴 부정문

짧은 부정문은 부정 부사 '안' 또는 '못'을 통해 실현하고, 긴 부정문은 부정 용언 '-지 아니하다(않다)' 또는 '-지 못하다'의 형태로 실현함.

		'안' 부정문	'못' 부정문
길이에 따라	짧은 부정문 → 부정 부사를 이용함.	'안(아니)'+용언 예 나는 공원에 안 갔어.	'못'+용언 예 나는 공원에 못 갔어.
	긴 부정문 → 부정 용언을 이용함.	용언의 어간+'-지 아니하다(않다)' 예 나는 공원에 가지 않았어.	용언의 어간+'-지 못하다' 예 나는 공원에 가지 못했어.

◆ 짧은 부정문의 서술어 제약

- 서술어가 '체언 + -하다'로 된 경우 '체언 + 부정 부사 + 하다'의 형태가 됨.
  예 그는 어제 공부했다. → 그는 어제 공부 안 했다.(○) / 그는 어제 안 공부했다.(×)

- 일반적으로 파생어와 합성어, 음절이 긴 서술어는 긴 부정문이 어울림.
  예 그는 스승답지 않다.(○) / 그는 안 스승답다.(×)

  하늘이 어둠침침하지 않다.(○) / 하늘이 안 어둠침침하다.(×)

<빈출 개념>
2 '안' 부정문과 '못' 부정문

부정 부사 '안'과 부정 용언 '-지 아니하다'를 사용하면 '안' 부정문, 부정 부사 '못'과 부정 용언 '-지 못하다'를 사용하면 '못' 부정문임.

의미에 따라	'안' 부정문	단순 부정	단순히 어떤 상태가 그렇지 않음을 나타냄. 예 새싹이 안 돋았다. 시냇물이 맑지 않다. → 새싹이 돋지 않고, 시냇물이 맑지 않은 단순 사실을 나타냄
		의지 부정	주체의 의지로 어떠한 행동을 하지 않음을 나타냄. 예 그는 영화를 안 봤다. 친구는 편지를 쓰지 않았다.
	'못' 부정문	능력 부정	주체의 능력상 불가능함을 나타냄. 예 배가 아파서 밥을 못 먹었다. 배가 아파서 밥을 먹지 못했다. → 아파서 밥을 먹을 능력이 안 됨
		의지와 상관없는 상황에 의한 부정	외부의 상황이나 원인 때문에 불가능함을 나타냄. 예 수행 평가 과제가 너무 많아서 영화를 보러 가지 못했다. └ 영화를 보러 가지 못한 외부의 원인

◆ '안' 부정문과 '못' 부정문의 제약

- '안' 부정문은 '깨닫다', '견디다'와 같이 주체의 의지나 의도가 작용할 수 없는 동사의 경우 '안' 부정문은 쓸 수 없음.
  예 나는 그 사실을 안 깨달았다.(×) / 깨닫지 못했다.(○)

- '못' 부정문은 서술어가 형용사일 때 원칙적으로 '못' 부정문을 사용할 수 없으나, 기대에 못 미침을 드러낼 때에는 긴 부정문 형태로만 가능함.
  예 모래가 부드럽지 못하다.(○) / 못 부드럽다.(×) → 형용사 어간+'-지 못하다'만 가능

3 '말다' 부정문 → '-지 말다'를 통해 실현되는 것으로 긴 부정문만 가능함.

- 금지의 의미를 지니며 일반적으로 명령문이나 청유문의 부정 표현에 사용함.
- 동사의 어간+'-지 말다'의 형태로 실현됨.
  예 명령문: 그렇게 떠들지 {마라, 말아라}. 청유문: 우리 떠들지 말자.
  Tip '말다'는 서술어가 형용사인 문장에서는 쓰이지 않지만 '기원'의 의미일 때는 사용 가능해!
  예 지우야 이제 예쁘지 마라.(×) / 제발 오늘 춥지만 마라.(○)

<개념+>

어휘적 부정

'없다', '아니다', '모르다' 등의 어휘를 사용하여 부정의 의미를 나타내는 경우도 있다.
예 철수는 지갑이 없다.
그는 군인이 아니다. '체언+이다'의 부정
나는 그 놀이 규칙을 모른다.

부정문의 중의성

- 부정문은 부정의 대상과 관련하여 중의성이 생김.

예 나는 축구를 좋아하지 않아.

→ '철수는 축구를 좋아하지만 나는 축구를 좋아하지 않아.'라는 뜻으로 해석될 수 있음.
→ '나는 축구가 아닌 야구를 좋아해.'라는 뜻으로 해석될 수 있음.
→ '나는 축구를 싫어해.'라는 뜻으로 해석될 수 있음.

- '다, 모두, 전부' 등 전체를 가리키는 부사와 부정 표현이 어울리면 전체인지 부분인지에 대한 중의성이 생김.

예 친구들이 다 안 왔어요.

→ '친구들이 한 명도 안 왔어요.'라는 뜻으로 해석될 수 있음.
→ '친구들이 다는 안 왔어요.'라는 뜻으로 해석될 수 있음.

! 헷갈리는 개념 잡기

'안 가지 않았다.'는 부정문일까, 아닐까?

긍정과 부정은 문장의 내용에 따라 구분해요. 하지만 긍정문인지 부정문인지 판단하는 기준은 '형식'입니다. 즉, 문장에 '안' 부정문이나 '못' 부정문, '말다' 부정문의 형식이 사용되고 있는가를 말합니다.
예를 들어 '나는 게임방에 안 가지 않았다.'라는 문장의 경우 내용은 긍정을 나타내지만, 부정 표현의 형식을 취하고 있으므로 부정문입니다. 한편 '우리가 먼저 밥을 먹었겠습니까?'라는 문장의 경우 내용은 부정이지만 어떤 부정 표현도 사용되지 않았기 때문에 긍정문인 것입니다.

개념 확인

1 다음 설명이 맞으면 O, 틀리면 X로 표시해 보자.

① 부정 표현은 부정을 나타내는 말을 써서 내용의 전체 또는 일부를 부정하는 표현이다. (   )

② '못' 부정문과 '말다' 부정문은 명령문이나 청유문에만 쓰인다. (   )

③ 일반적으로 파생어와 합성어, 음절이 긴 서술어는 짧은 부정문이 잘 어울린다. (   )

④ '못' 부정문은 능력 부정이나 외부 원인으로 인한 부정을 나타낸다. (   )

2 다음 설명에서 맞는 내용에 O로 표시해 보자.

① 의지를 부정할 때에는 ('안' 부정문 / '못' 부정문)이 쓰인다.

② 외부의 상황이나 원인으로 인한 부정일 경우 ('안'부정문 / '못' 부정문)이 쓰인다.

③ 서술어가 형용사일 경우에는 주로 ('안' 부정문 / '못' 부정문)을 사용한다.

예시로 연습

3 다음 문장에 나타난 부정 표현의 종류를 〈보기〉에서 찾아 기호로 써 보자.

보기
㉠ 짧은 '안' 부정문   ㉡ 긴 '안' 부정문   ㉢ 짧은 '못' 부정문
㉣ 긴 '못' 부정문   ㉤ '말다' 부정문

① 나는 어제 독서를 하지 않았다. (   )

② 함부로 나뭇가지를 꺾지 마라. (   )

③ 그는 문법 문제가 어려워서 못 풀었다. (   )

④ 비가 내리니까 밖에서 놀지 말자. (   )

⑤ 초대한 친구들이 다 오지는 않았다. (   )

⑥ 동생은 그 옷을 결국 안 입었다. (   )

⑦ 비행기가 결항되어 제주도에 가지 못했다. (   )

⑧ 할머니는 다리가 아프셔서 거기까지 못 걸으신다.(   )

⑨ 일요일에 영화관에 안 갔어요. (   )

4 다음 부정 표현에 해당하는 설명을 찾아 알맞게 연결해 보자. ◁내신 기출▷

① 늦잠을 자서 밥을 못 먹었다.　•

② 동생은 그 사실을 알았다.　•

③ 나는 결코 그 일을 안 했다.　•

•　㉠ '안' 부정문을 쓸 수 없음.

•　㉡ 주체의 능력상 불가능함을 나타냄.

•　㉢ 부정문과만 결합하는 부사가 쓰임.

01 부정 표현에 대한 설명으로 적절하지 <u>않은</u> 것은?

① '못' 부정문은 주체의 의지 부정을 나타낸다.

② 짧은 부정문은 부정 부사 '안'과 '못'을 사용한다.

③ 부정문과 긍정문을 구분할 때는 문장의 형식이 기준이 된다.

④ '안' 부정문은 단순히 어떤 상태가 그렇지 않음을 표현할 때도 있다.

⑤ '말다' 부정문은 동사의 어간에 '-지 말다'가 결합한 형태로 실현된다.

02 〈보기〉에서 설명하는 부정 표현에 해당하는 것은?

> ┌ 보기 ┐
> 금지의 의미를 지니고 일반적으로 명령문이나 청유문의 부정 표현에 사용된다.

① 나는 그림을 그리지 못한다.

② 영희는 학교에 안 가지 않았다.

③ 시험이 부담된다고 너무 긴장하지는 마라.

④ 장마가 길어져서 결국 휴가를 가지 못했어요.

⑤ 그녀를 어디서 만났는지 도무지 생각이 안 난다.

03 〈보기〉를 이해한 내용으로 적절하지 <u>않은</u> 것은?

> ┌ 보기 ┐
> 긍정 표현에 부정을 나타내는 말을 사용하여 내용의 전체 또는 일부를 부정하는 것을 부정 표현이라고 한다. 부정 표현에는 길이에 따라서 짧은 부정문과 긴 부정문이 있다. 짧은 부정문은 '안+용언' 또는 '못+용언'의 형태로 실현되고, 긴 부정문은 '용언의 어간+-지 아니하다' 또는 '용언의 어간+-지 못하다'의 형태로 실현된다.

① '나는 바다에 가지 못했다.'는 긴 '못' 부정문이군.

② '나는 빵을 먹지 않았다.'는 짧은 '안' 부정문이군.

③ '나는 학교에 안 갔어요.'는 내용 전체를 부정하는 표현이군.

④ '나는 기하 문제를 못 풀겠어요.'는 짧은 '못' 부정문이군.

⑤ '나는 바다에 못 갔어요.'는 긴 '못' 부정문으로 바꿀 수도 있겠군.

04 부정 표현과 관련하여 다음과 같은 과제를 수행할 때 적절하지 <u>않은</u> 것은?

> ┌ 수행 과제 ┐
> '가다, 먹다, 예쁘다, 던지다, 어둡다'를 활용하여 다양한 부정문을 만들어 봅시다.

① '가다'를 활용하여 '물가에 가지 마라.'와 같은 부정문을 만들 수 있습니다.

② '먹다'를 활용하여 능력 부정의 긴 부정문을 만들면 '나는 밥을 먹지 못했다.'가 됩니다.

③ '예쁘다'를 활용하여 '꽃이 예쁘지 않다.'와 같은 의지 부정의 부정문을 만들 수 있습니다.

④ '던지다'를 활용하여 의지 부정의 짧은 부정문을 만들면 '영희는 공을 안 던졌다.'가 됩니다.

⑤ '어둡다'를 활용하여 '밖은 어둡지 않다.'와 같은 단순한 사실을 부정하는 긴 부정문을 만들 수 있습니다.

05 〈보기〉의 대화 상황에서 ㉠과 ㉡에 들어갈 적절한 부정문을 쓰시오.

> ┌ 보기 ┐
> [교실 안] 선생님과 학생이 숙제에 대해 대화를 나누고 있다.
> 　학생: (　　　㉠　　　)
> 　선생님: 숙제가 그렇게 하기 싫었니?
> 　학생: 아니요, 정전이 돼서 (　　　㉡　　　)
> 　선생님: 그래, 사정이 있었구나.

㉠: _____

㉡: _____

06 〈보기〉의 부정 표현을 이해한 내용으로 적절하지 <u>않은</u> 것은?

> ┌ 보기 ┐
> ㉠ 나는 결코 대답하지 않겠다.
> ㉡ 교실에서 너무 떠들지 마라.
> ㉢ 나는 그 사실을 깨닫지 못했다.

① ㉠은 부사를 사용해 의지 부정을 더욱 강조했군.

② ㉡은 명령문의 부정 표현으로 '-지 말다'를 사용했군.

③ ㉡의 부정 표현은 평서문이나 의문문에는 사용하기 어렵겠군.

④ ㉢은 긴 '안' 부정문으로 바꾸어 쓸 수 있겠군.

⑤ ㉢은 ㉠과 달리 '못' 부정문을 통해 능력 부정을 나타냈군.

07 〈보기〉의 ㉠, ㉡에 들어갈 문장끼리 알맞게 짝지어진 것은?

┌ 보기 ┐
　부정문에는 주체의 의지로 어떠한 행동을 하지 않음을 나타내는 '안' 부정문과 주체의 의지가 아닌, 그의 능력이나 외부의 원인으로 그 행위가 일어나는 것이 불가능함을 나타내는 '못' 부정문이 있다. (　㉠　)은/는 주체의 능력 부정에 해당하는 짧은 부정문이고, (　㉡　)은/는 주체의 의지에 의한 행동 부정에 해당하는 긴 부정문이다.
└────────┘

	㉠	㉡
①	친구가 못 간다.	친구가 안 간다.
②	친구가 못 간다.	친구가 가지 않는다.
③	친구가 안 간다.	친구가 못 간다.
④	친구가 안 간다.	친구가 가지 못한다.
⑤	친구가 가지 못한다.	친구가 가지 않는다.

〔고난도〕
08 〈보기 1〉에서 설명하는 부정 표현의 예로 활용할 수 있는 것을 〈보기 2〉에서 모두 골라 묶은 것은?

┌ 보기 1 ┐
선생님: 부정 표현에서 서술어 형용사를 부정할 때는 주로 '안' 부정문을 씁니다. 그리고 '결코, 도저히, 통' 등과 같은 부사들은 반드시 부정문에서만 쓰이지요. '체언＋−하다' 구성의 문장에서는 체언과 '−하다' 사이에 부정 부사를 넣어 짧은 부정문을 씁니다.
└────────┘

┌ 보기 2 ┐
㉠ 꽃다발이 안 예쁘다.
㉡ 나는 오늘 독서 안 했어요.
㉢ 그 음식은 도저히 못 먹겠다.
㉣ 그는 그녀를 만나지 않았다.
㉤ 영화가 개봉했는데 보지를 못했다.
└────────┘

① ㉠, ㉡　　　② ㉠, ㉡, ㉢　　　③ ㉡, ㉢, ㉣
④ ㉡, ㉣, ㉤　　　⑤ ㉢, ㉣, ㉤

✅고난도 서술형 대비하기

09 〈보기〉를 바탕으로 '말다' 부정문이 실현되는 상황을 〈조건〉에 맞게 서술하시오.

┌ 보기 ┐
㉠ *걷기만 하지 만다.
㉡ 걷기만 하지 마라.
㉢ *걷기만 하지 마는구나.
㉣ 걷기만 하지 말자.
㉤ *걷기만 하지 마니?

'*'은 비문임을 나타냄.
└────────┘

┌ 조건 ┐
• '말다' 부정문이 실현되는 문장 유형과 실현되지 않는 문장 유형을 밝힐 것.
• "'말다' 부정문은 ∼ 실현되지 않고, ∼ 실현된다.' 형식의 한 문장으로 쓸 것.
└────────┘

_____

_____

_____

10 〈보기〉의 내용을 참고하여 문장의 의미가 분명하게 드러나도록 ㉠을 〈조건〉에 맞게 고쳐 쓰시오.

┌ 보기 ┐
　부정문은 부정의 대상과 관련하여 중의적으로 해석되기도 하고, '다, 모두, 전부' 등 전체를 가리키는 부사와 부정 표현이 어울릴 때 전체 부정의 의미와 부분 부정의 의미, 두 가지로 해석되기도 한다.

㉠ 모임에 친구들이 다 오지 않았다.
└────────┘

┌ 조건 ┐
　㉠을 전체 부정과 부분 부정 둘 중 하나의 의미로만 해석되도록 고쳐 쓸 것.
└────────┘

• 전체 부정의 의미: _____

_____

• 부분 부정의 의미: _____

❶ 문법 요소를 복합적으로 묶어서 전체적인 이해를 묻는 문제
가 출제된다.

❷ 문법 요소를 탐구하는 활동과 관련하여 이해를 확인하는 문
제가 출제된다.

❸ 문법 요소 관련 지문을 중세 국어와 연계하여 제시한 후 적용
능력을 확인하는 문제가 출제된다.

2014-9월 고3 모평AB

01 〈보기 1〉의 ㉠, ㉡에 해당하는 가장 적절한 예를 〈보기 2〉
에서 고른 것은?

┌ 보기 1 ┐
　대답을 요구하는 의문문에는 긍정이나 부정의 대답을 요구하는
것과 ㉠구체적인 설명을 요구하는 것이 있다. 대답을 요구하지 않는
의문문은 구체적인 담화 상황에 따라 화자의 의도를 나타내는데, 서
술을 나타내는 경우, 감탄을 나타내는 경우, ㉡명령을 나타내는 경우
등이 있다.

┌ 보기 2 ┐
• 학교에서 수업을 하는 상황
　선생님: ㉮독서 모둠 활동은 언제, 어디에서 하면 좋겠니?
　학생: 3시부터 도서실에서 하면 좋겠어요.

• 늦잠 자는 아들을 깨우는 상황
　어머니: 학교 늦겠어! ㉯그만 자고 얼른 일어나지 못하겠니?
　아들: 엄마, 제발요. 조금만 더 잘래요.

• 두 학생이 함께 하교하는 상황
　학생 A: ㉰나랑 같이 문구점에 갈 수 있니?
　학생 B: 나도 연필 살 게 있었는데, 참 잘됐다.

• 동생이 억울한 일을 겪은 상황
　언니: ㉱어쩜 이럴 수 있니?
　동생: 아, 정말 억울해서 못 견디겠어.

	㉠	㉡
①	㉮	㉯
②	㉮	㉰
③	㉯	㉱
④	㉰	㉯
⑤	㉰	㉱

2021-11월 고1 학평

02 〈보기 1〉을 바탕으로 〈보기 2〉에 대해 설명한 내용으로
적절하지 않은 것은?

┌ 보기 1 ┐
　주체 높임법은 문장의 주어인 서술의 주체에 대하여 높임의 태도
를 나타내는 방법이다. 객체 높임법은 문장의 목적어나 부사어가 지
시하는 대상, 곧 서술의 객체에 대하여 높임의 태도를 나타내는 방법
이다. 주체 높임과 객체 높임의 대상은 문장에서 표면적으로 드러나
기도 하고 생략되기도 한다. 한편, 상대 높임법은 화자가 청자인 상
대방에 대하여 높이거나 낮추는 태도를 나타내는 방법이다. 한 문장
안에서도 다양한 높임법이 쓰일 수 있다.

┌ 보기 2 ┐
〈아들과 아버지의 통화〉
아들: ⓐ아버지, 집에 언제 도착하시나요?
아버지: 무슨 일 있니?
아들: ⓑ할머니께서 아버지께 전화해 보라고 하셨어요. ⓒ아버지께
　　　드릴 말씀도 있어서요.
아버지: 그래, 거의 다 왔으니 집에 가서 얘기하자. 그런데 할머니 아
　　　직 안 주무시니?
아들: ⓓ아직 안 주무셔요. ⓔ방금 어머니께서 할머니 모시고 나가셨
　　　어요.

① ⓐ는 주체 높임과 상대 높임의 대상이 같다.
② ⓑ는 객체 높임과 상대 높임의 대상이 다르다.
③ ⓒ는 객체 높임과 상대 높임의 대상이 같다.
④ ⓓ는 주체 높임과 상대 높임의 대상이 다르다.
⑤ ⓔ는 주체 높임, 객체 높임, 상대 높임의 대상이 모두 다르다.

2020-9월 고1 학평

03 밑줄 친 부분에 주목하여 〈보기〉의 ㄱ～ㅁ을 탐구한 내
용으로 적절하지 않은 것은?

┌ 보기 ┐
ㄱ. 그는 어제 고향을 떠났다.
ㄴ. 지난겨울에는 정말 춥더라.
ㄷ. 친구와 함께 본 영화는 재미있었다.
ㄹ. 작년만 해도 이곳에는 나무가 적었었다.
ㅁ. 축제 준비를 하려면 오늘 밤 잠은 다 잤네.

① ㄱ을 보니, 시간 부사어를 사용하여 과거를 나타내고 있군.
② ㄴ을 보니, 선어말 어미 '-더-'를 사용하여 과거의 경험을
　회상하고 있군.
③ ㄷ을 보니, 동사는 관형사형 어미 '-(으)ㄴ'을 사용하여 과
　거에 일어난 일을 나타내는군.
④ ㄹ을 보니, 선어말 어미 '-었었-'을 사용하여 현재까지 지
　속되는 과거의 상황을 나타내는군.
⑤ ㅁ을 보니, 선어말 어미 '-았-'이 과거에 일어난 일을 나타
　내지 않기도 하는군.

04 밑줄 친 말에 주목하여 〈보기〉의 ㉠~㉤에 대해 탐구한 결과로 적절하지 <u>않은</u> 것은?

┌ 보기 ┐
㉠ 거기에는 눈이 <u>왔겠다</u>. / 지금 거기에는 눈이 <u>오겠지</u>.
㉡ 그가 집에 <u>갔다</u>. / 막차를 놓쳤으니 나는 집에 다 <u>갔다</u>.
㉢ 내가 떠날 때 비가 <u>올</u> 것이다. / 내가 떠날 때 비가 <u>왔다</u>.
㉣ 그는 지금 학교에 <u>간다</u>. / 그는 내년에 <u>진학한다</u>고 한다.
㉤ 오늘 보니 그는 키가 <u>작다</u>. / 작년에 그는 키가 <u>작았다</u>.

① ㉠을 보니, 선어말 어미 '-겠-'이 미래의 사건을 추측하는 데에 쓰이고 있군.

② ㉡을 보니, 선어말 어미 '-았-'이 과거 시제를 나타내지 않는 경우도 있군.

③ ㉢을 보니, 관형사형 어미 '-ㄹ'이 붙을 때 미래의 사건을 나타내지 않는 경우도 있군.

④ ㉣을 보니, 현재 시제 선어말 어미 '-ㄴ-'이 미래의 사건을 나타낼 때도 쓰이고 있군.

⑤ ㉤을 보니, 형용사에서 현재 시제를 나타낼 때 시제 선어말 어미가 나타나지 않고 있군.

05 다음을 바탕으로 〈보기〉를 이해한 것으로 적절하지 <u>않은</u> 것은?

능동문을 피동문으로 바꿀 때에는 능동문의 주어와 목적어를 각각 피동문의 부사어와 주어로 바꾸고, 능동문의 서술어에 알맞은 피동 접사나 '-어지다'를 붙여 피동문의 서술어로 만든다. 피동문을 쓸 때에는 지나친 피동 표현(이중 피동)이 되지 않도록 유의해야 한다.

┌ 보기 ┐
ㄱ. 마을이 폭풍에 휩쓸리다.
ㄴ. 도둑이 경찰에게 잡히다.
ㄷ. 그의 오해가 동생에 의해 풀리다.

① ㄱ의 '휩쓸리다'는 '휩쓸다'의 어근에 피동 접사가 붙은 경우이다.

② ㄱ을 능동문으로 바꾸기 위해서는 '폭풍에'를 목적어로 만들어야 한다.

③ ㄴ을 능동문으로 바꾸면 행위의 주체가 '경찰'이 된다.

④ ㄴ의 '잡히다'를 '잡혀지다'로 바꾸면 지나친 피동 표현이 된다.

⑤ ㄷ의 '풀리다' 외에 '풀다'의 어간에 '-어지다'를 붙여도 피동문이 된다.

06 〈보기〉를 참고하여 사동문에 대해 탐구한 내용으로 적절하지 <u>않은</u> 것은?

┌ 보기 ┐
선생님: 주어가 직접 동작을 하는 문장은 '주동문'이라고 하고, 주어가 남에게 어떤 동작을 하도록 시키는 문장은 '사동문'이라고 해요. 주동문을 사동문으로 바꾸려면 동사나 형용사의 어근에 사동 접사 '-이-, -히-, -리-, -기-, -우-, -구-, -추-'를 붙이거나, '-게 하다', '-시키다'를 활용하면 됩니다. 다음 예문을 보면서 주동문을 사동문으로 바꿀 때 나타나는 특징에 대해서 생각해 볼까요?

[주동문을 사동문으로 바꾼 예]
ㄱ. 개가 밥을 <u>먹다</u>. → (철수가) 개에게 밥을 <u>먹이다</u>.
ㄴ. 그가 집에 <u>가다</u>. → (영희가) 그를 집에 가게 하다.
ㄷ. 동생이 학교에 <u>입학하다</u>. → (어머니께서) 동생을 학교에 <u>입학시키다</u>.

① ㄱ~ㄷ 모두 주동문을 사동문으로 바꾸려면 새로운 주어가 필요하군.

② ㄱ~ㄷ에서 주동문의 주어는 사동문에서 목적어나 부사어가 되는군.

③ ㄱ의 주동문은 ㄷ처럼 '-시키다'를 붙여 사동문으로 바꿀 수 없겠군.

④ ㄴ의 주동문을 사동문으로 바꾸면 집에 가는 주체가 달라지는군.

⑤ ㄴ의 주동문은 사동 접사를 붙여서 사동문으로 바꿀 수는 없겠군.

07 〈보기〉의 ㉠과 ㉡이 모두 적용된 예로 적절한 것은?

┌ 보기 ┐
부정 표현이란 부정의 뜻을 나타내는 표현을 말한다. 부정 표현은 부사인 '안'과 '못'을 사용해서 짧게 표현할 수도 있고, ㉠'-지 아니하다'와 '-지 못하다' 등을 사용해서 길게 표현할 수도 있다. 부정 표현은 능력을 부정하거나 의지를 부정하는 것 이외에 ㉡<u>단순히 사실이나 상태를 부정하는 의미</u>로도 해석된다.

① 우리가 묵은 방은 두 평이 채 못 된다.
② 나는 저녁을 먹으려고 간식을 안 먹었다.
③ 그는 용기가 없어서 발표를 잘하지 못했다.
④ 다행히 소풍을 가는 날 비가 내리지 않았다.
⑤ 동생은 숙제를 한다며 놀이터에 나가지 않았다.

08 〈보기〉를 통해 부정 표현의 특성에 대해 탐구한 내용으로 적절하지 <u>않은</u> 것은?

> ┌ 보기 ┐
> ㄱ. 나는 수학 공부를 안 했다.
>   나는 수학 문제가 어려워서 못 풀었다.
> ㄴ. 여기에는 이제 해가 비치지 {않는다/*못한다}.
> ㄷ. 그녀를 만나지 {*않아라/*못해라/마라}.
> ㄹ. 그는 결코 그 일을 {*했다/안 했다}.
>   그는 분명히 그 일을 {했다/안 했다}.
> ㅁ. 교실이 {안/*못} 깨끗하다.
>   *비문법적 표현.

① ㄱ을 보니, '안' 부정문은 '의지 부정'을 나타내고, '못' 부정문은 '능력 부정'을 나타내는군.

② ㄴ을 보니, 행동 주체의 의지를 부정할 때는 '긴 부정문'만 쓸 수 있군.

③ ㄷ을 보니, 명령문의 부정 표현은 보조 용언 '말다'를 활용하여 사용하는군.

④ ㄹ을 보니, 어떤 부사는 반드시 부정 표현과 함께 쓰여야 하는군.

⑤ ㅁ을 보니, 형용사를 부정할 때에는 부사 '못'을 사용하여 부정 표현을 나타낼 수 없군.

09 〈보기〉에서 선생님이 제시한 과제를 수행한 결과로 적절하지 <u>않은</u> 것은?

> ┌ 보기 ┐
> 선생님: 아래의 예문을 봅시다.
>
> > ㉠ 외국에 있는 친구가 어제 전화로 나에게 "네가 <u>오늘</u> 말한 책이 <u>여기</u> 있어."라고 말했다.
>
> > ㉡ 외국에 있는 친구가 어제 전화로 나에게 <u>내가 어제</u> 말한 책이 <u>거기</u> 있다고 말했다.
>
> ㉠은 친구의 말을 그대로 전한 직접 인용이고, ㉡은 친구의 말을 인용하는 화자의 관점으로 바꾸어 표현한 간접 인용입니다. ㉠이 ㉡으로 바뀌면서 인칭 대명사, 시간 표현, 지시 표현이 '나', '어제', '거기'로 바뀌었습니다. 또한 종결 어미 '–어'가 '–다'로, 직접 인용의 조사 '라고'가 간접 인용의 조사 '고'로 바뀌었습니다. 이를 바탕으로 [자료]의 직접 인용을 간접 인용으로 바르게 바꿨는지 분석해 볼까요?
>
> [자료]
>
> | 직접 인용 | 외국에 있는 형이 어제 전화로 "<u>나는 내일 이곳에</u>서 볼 시험 때문에 걱정이 <u>많아</u>."라고 말했다. |
> | --- | --- |
> | | ⇩ |
> | 간접 인용 | 외국에 있는 형이 어제 전화로 <u>자기</u>는 <u>오늘</u> <u>그곳에</u>서 볼 시험 때문에 걱정이 <u>많다</u>라고 말했다. |

① '나'는 앞서 언급한 형을 다시 가리키므로 인칭 대명사 '자기'로 바르게 바꿨군.

② '내일'은 인용을 하는 화자가 말한 시점을 기준으로 할 때, '오늘'이 아닌 '어제'로 바꿔야겠군.

③ '이곳'은 인용을 하는 화자의 관점에서 형이 있는 곳을 가리키므로 '그곳'으로 바꿨군.

④ 직접 인용에 쓰인 종결 어미 '–아'를 간접 인용에서 종결 어미 '–다'로 바르게 바꿨군.

⑤ '라고'는 직접 인용에 쓰이는 조사이므로 간접 인용에 쓰이는 조사 '고'로 바꿔야겠군.

10 〈보기〉의 ⓐ~ⓒ에 해당하는 예로 적절하지 <u>않은</u> 것은?

> ┌ 보기 ┐
> 보조 용언 구성 '–고 있–'은 크게 두 가지 의미를 지닌다.
>
> (가) 민수는 지금 떡국을 먹고 있다.
> (나) 선생님은 너를 믿고 있다.
> (다) 지혜는 모자를 쓰고 있다.
>
> (가)에서처럼 ⓐ'어떤 동작이 진행되고 있음'을 나타내기도 하고, (나)에서처럼 ⓑ'어떤 상태가 지속되고 있음'을 나타내기도 한다. (가)의 '–고 있'은 '–는 중이–'로 교체하여도 ⓐ의 의미가 유지되지만, (나)의 '–고 있–'은 교체하면 부자연스러운 문장이 되거나 ⓑ의 의미가 유지되지 않는다. 한편 (가), (나)에서는 특정한 문맥이 주어지지 않아도 그 의미를 확정할 수 있는 데 반해, (다)에서는 문맥이 충분히 주어지지 않으면 '–고 있–'이 ⓒ두 가지 의미 모두로 해석될 수 있다.

① ⓐ ┌ A: 아빠 들어오실 때 형은 뭐 하고 있었니?
     └ B: 형은 양치질을 하고 있었어요.

② ⓑ ┌ A: 오빠가 너한테 화가 많이 났나 봐.
     └ B: 오빠는 지금 날 오해하고 있는 것 같아.

③ ⓑ ┌ A: 내일이 고모님 생신이라고 하네.
     └ B: 아, 나 그거 이미 알고 있어.

④ ⓒ ┌ A: 너 안경 잃어버렸다며? 괜찮아?
     └ B: 눈이 아주 나쁘진 않아서 안경 벗고 있어도 괜찮아.

⑤ ⓒ ┌ A: 저 중에 신입 사원이 누구야?
     └ B: 저기에 있잖아. 넥타이를 매고 있네.

[11~12] 다음 글을 읽고 물음에 답하시오.

'I like you.'를 번역할 때, 듣는 이가 친구라면 '난 널 좋아해.'라고 하겠지만, 할머니라면 '저는 할머니를 좋아해요.'라고 할 것이다. 왜냐하면 우리말은 상대에 따라 높임 표현이 달리 실현되기 때문이다.

'높임 표현'이란 말하는 이가 어떤 대상을 높이거나 낮추는 정도를 구별하여 표현하는 방법을 말한다. 국어에서 높임 표현은 높임의 대상에 따라 주체 높임, 상대 높임, 객체 높임으로 나누어진다.

주체 높임은 서술의 주체를 높이는 방법이다. 주체 높임을 실현하기 위해 선어말 어미 '-(으)시-'를 사용하며, 주격 조사 '이/가' 대신에 '께서'를 쓰기도 한다. 그 밖에 '계시다', '주무시다' 등과 같은 특수 어휘를 사용하여 높임을 드러내기도 한다. 그리고 주체 높임에는 직접 높임과 간접 높임이 있다. 직접 높임은 높임의 대상인 주체를 직접 높이는 것이고, ㉠간접 높임은 높임의 대상인 주체의 신체 일부, 소유물, 가족 등을 높임으로써 주체를 간접적으로 높이는 것이다.

상대 높임은 말하는 이가 듣는 이를 높이거나 낮추어 말하는 방법이다. 상대 높임은 주로 종결 표현을 통해 실현되는데, 아래와 같이 크게 격식체와 비격식체로 나뉜다.

격식체	하십시오체	예 합니다, 합니까? 등
	하오체	예 하오, 하오? 등
	하게체	예 하네, 하는가? 등
	해라체	예 한다, 하냐? 등
비격식체	해요체	예 해요, 해요? 등
	해체	예 해, 해? 등

격식체는 격식을 차리는 자리나 공식적인 상황에서 주로 사용하며, 비격식체는 격식을 덜 차리는 자리나 사적인 상황에서 주로 사용한다. 그렇기 때문에 같은 대상이라도 공식적인 자리인지 사적인 자리인지에 따라 높임 표현이 달리 실현되기도 한다.

객체 높임은 목적어나 부사어가 지시하는 대상, 즉 서술의 객체를 높이는 방법이다. 객체 높임은 '모시다', '여쭈다' 등과 같은 특수 어휘를 통해 실현되며, 부사격 조사 '에게' 대신 '께'를 사용하기도 한다.

11 다음 문장 중 ㉠의 예로 적절한 것은?

① 아버지께서 요리를 하셨다.
② 교수님께서는 책이 많으시다.
③ 어머니께서 음악회에 가셨다.
④ 선생님께서 우리의 이름을 부르신다.
⑤ 할아버지께서는 마을 이장이 되셨다.

12 윗글을 바탕으로 〈보기〉의 ⓐ～ⓔ를 탐구한 내용으로 적절하지 <u>않은</u> 것은?

┌─ 보기 ┐

(복도에서 친구와 만난 상황)
성호: 지수야. ⓐ선생님께서 발표 자료 가져오라고 하셨어.
지수: 지금 바빠서 ⓑ선생님께 자료 드리기 어려운데, 네가 가져다 드리면 안 될까?
성호: ⓒ네가 선생님을 직접 뵙고, 자료를 드리는 게 좋을 것 같아.
지수: 알았어.

(교무실로 선생님을 찾아간 상황)
선생님: 지수야. 이번 수업 시간에 발표해야지? 발표 자료 가져왔니?
지수: 여기 있어요. ⓓ열심히 준비했어요.
선생님: 그래, 준비한 대로 발표 잘 하렴.

(수업 중 발표 상황)
지수: ⓔ이상으로 발표를 마치겠습니다.
성호: 궁금한 점이 있는데, 질문해도 되겠습니까?

① ⓐ: 조사 '께서'와 선어말 어미 '-시-'를 사용하여 서술의 주체인 선생님을 높이고 있군.
② ⓑ: 조사 '께'와 특수 어휘 '드리다'를 사용하여 서술의 객체인 선생님을 높이고 있군.
③ ⓒ: 특수 어휘 '뵙다'를 사용하여 서술의 주체인 선생님을 높이고 있군.
④ ⓓ: 듣는 사람인 선생님을 높이기 위해 '준비했어요'라는 종결 표현을 사용하고 있군.
⑤ ⓔ: 수업 중 발표하는 공식적인 상황이므로 '마치겠습니다'라고 격식체를 사용하고 있군.

IV

국어
생활

26 한글 맞춤법

27 표준어 규정

28 로마자 표기법, 외래어 표기법

29 담화

국어
규범

한글 맞춤법 ——— #표준어를 소리대로 적되 어법에 맞도록 함
#각 단어는 띄어 씀

표준어 규정 ——— #표준어 사정 원칙 #표준 발음법

로마자 표기법 ——— #표준 발음법에 따라 적음

외래어 표기법 ——— #국어의 24 자모만으로 적음

담화

구성 요소 ——— #화자 #청자 #발화 #맥락

맥락 ┬ 언어적 맥락
     └ 비언어적 맥락 ——— #상황 맥락 #사회·문화적 맥락

구성 요건 ┬ 통일성
          └ 응집성 ——— #지시 표현 #대용 표현 #접속 표현

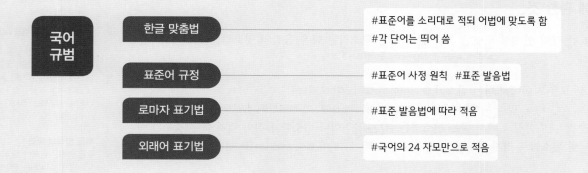

26 한글 맞춤법

1 *한글 맞춤법의 기본 원칙

각 형태소의 본모양을 밝혀 적는다.(표의주의)
→ 단어의 의미를 쉽게 파악할 수 있음.

제1항 한글 맞춤법은 표준어를 *소리대로 적되, 어법에 맞도록 함을 원칙으로 한다.

표준어의 발음대로 적는다.(표음주의)
→ 쓰기는 편하지만 의미 파악이 어려움.

Tip 한글이 소리글자(표음 문자)이므로 소리대로 적고, 의미 파악이 어려운 경우에는 밝혀 적어 상호 보완이 되게 했어.

2 소리에 관한 것

제5항 한 단어 안에서 뚜렷한 까닭 없이 나는 된소리는 다음 음절의 첫소리를 된소리로 적는다.
'된소리되기'의 음운 환경이 아닌데도 된소리로 나는 것

① 두 모음 사이에서 나는 된소리 **예** 어깨[어깨], 오빠[오빠], 으뜸[으뜸]
② 'ㄴ, ㄹ, ㅁ, ㅇ' 받침 뒤에서 나는 된소리 **예** 산뜻하다[산뜨타다], 잔뜩[잔뜩], 훨씬[훨씬]
다만, 'ㄱ, ㅂ' 받침 뒤에서 나는 된소리는, 같은 음절이나 비슷한 음절이 겹쳐 나는 경우가 아니면 된소리로 적지 아니한다. **예** 국수[국쑤], 깍두기[깍뚜기], 법석[법썩], 몹시[몹ː씨] → 된소리로 적음. **예** 똑딱똑딱, 쓱쓱하다

제9항 '의'나, 자음을 첫소리로 가지고 있는 음절의 'ㅢ'는 'ㅣ'로 소리 나는 경우가 있더라도 'ㅢ'로 적는다.

예 의의(意義)[의ː의/의ː이], 하늬바람[하니바람], 무늬[무니], 닁큼[닁큼], 희망[히망]

제10항~제12항 단어 첫머리에 위치하는 한자의 음이 *두음 법칙에 따라 달라지는 것은 달라지는 대로 적는다.

① 한자음 '녀, 뇨, 뉴, 니'가 단어 첫머리에 올 적에는, 두음 법칙에 따라 '여, 요, 유, 이'로 적는다. **예** 녀자(女子) → 여자, 년세(年歲) → 연세, 닉명(匿名) → 익명
② 한자음 '랴, 려, 례, 료, 류, 리'가 단어의 첫머리에 올 적에는, 두음 법칙에 따라 '야, 여, 예, 요, 유, 이'로 적는다. **예** 량심(良心) → 양심, 류행(流行) → 유행, 력사(歷史) → 역사
③ 한자음 '라, 래, 로, 뢰, 루, 르'가 단어의 첫머리에 올 적에는, 두음 법칙에 따라 '나, 내, 노, 뇌, 누, 느'로 적는다. **예** 락원(樂園) → 낙원, 래일(來日) → 내일, 로인(老人) → 노인

3 형태에 관한 것

제14항~제15항 체언과 조사, 용언의 어간과 어미는 구별하여 원형을 밝혀 적는다.

• 실질 형태소(체언, 어간)와 형식 형태소(조사, 어미)의 본모양을 밝혀 적으면 의미를 쉽게 파악할 수 있고 독서 능률을 높일 수 있음.

	체언과 조사	어간과 어미
표음주의 ……	갑씨 갑쓸 갑쎄 갑또 감만	늘꼬 늑찌 능는 늘그니
	⇩	⇩
표의주의 ……	값이 값을 값에 값도 값만	늙고 늙지 늙는 늙으니

• 종결 어미는 '-오'로 쓰이고, 연결 어미는 '-요'로 쓰임.
  예 이것은 책이오. / 이것은 책이요, 저것은 붓이다.

---

* 참고

한글 맞춤법
한글 맞춤법은 원활한 의사소통을 위해 우리말을 한글로 표기하는 규칙을 말하는 것으로, 1933년에 발표된 「한글 맞춤법 통일안」을 바탕으로 하고 있다.

표음주의와 표의주의

소리대로 적을 때(표음주의)

• 표기와 소리가 같음. **예** 나무, 달리다
• 뚜렷한 까닭이 없음. **예** 어깨, 기쁘다, 딸꾹
• 본래 뜻에서 멀어짐. **예** 목거리
• 자주 사용되지 않는 접사가 붙음. **예** 이파리, 지붕

어법에 맞도록 적을 때(표의주의)

• 소리대로 적으면 뜻을 파악하기 어려움. **예** 꽃을[꼬츨], 꽃잎[꼰닙]
• 본래의 뜻이 유지됨. **예** 들어가다, 떨어지다
• 자주 활용되는 접사가 붙음. **예** 높이, 웃음

두음 법칙의 예외
두음 법칙은 한자어 첫머리에 'ㄴ, ㄹ'이 오는 것을 회피하는 현상을 말하며, 다음과 같은 경우에 적용되지 않는다.
• 다음 의존 명사는 본음대로 적는다. **예** 돈 천 냥(兩), 몇 년(年), 몇 리(里)냐?, 그럴 리(理)가 없다.
• 모음이나 'ㄴ' 받침 뒤에 이어지는 '렬, 률'은 '열, 율'로 적는다. **예** 나열, 치열, 비열, 분열, 선열, 규율, 비율, 백분율, 선율

! 헷갈리는 개념 잡기

'아니오'와 '아니요'는 어떻게 구분할까?

'아니오'는 어간 '아니-'에 종결 어미 '-오'가 결합한 형용사예요. 이는 [아니오]로 발음하는 것이 원칙이지만 [아니요]로 발음하는 것이 허용되어, 감탄사 '아니'에 보조사 '요'가 결합한 '아니요'와 헷갈리는 경우가 많아요.
이 둘의 구분은 '아니'에 결합된 '요'가 어미인지 조사인지를 알 수 있으면 쉬워집니다. 어미는 생략이 불가능하고 조사는 생략이 가능하다는 특성이 있어요. 그래서 생략했을 때 문장이 어색하다면 어미 '-오'로 적고, 생략해도 자연스럽다면 조사 '요'로 적습니다.
예 이것은 책이 아니. (×)
　　이것은 책이 아니오 (○)
　　→ 생략이 불가능한 '형용사'이므로 '아니오'로 적어야 함.
　　A: 밥 먹었니?
　　B: 아니, 아직 안 먹었어.(○)
　　B: 아니요, 아직 안 먹었어요.(○)
　　→ '감탄사+조사'이므로 '아니요'로 적어야 함.

Tip 보조사 '요'는 어간을 제외한 모든 곳에서 쓰여!

빈출 개념

제19항 어간에 '-이'나 '-음/-ㅁ'이 붙어서 명사로 된 것과 '-이'나 '-히'가 붙어서 부사로 된 것은 그 어간의 원형을 밝히어 적는다. *자주 사용되는 생산성이 높은 접사들*

> ⓔ 길이, 깊이, 높이, 걸음, 묶음, 믿음, 같이, 굳이, 익히

① 어간에 '-이'나 '-음'이 붙어서 명사로 바뀐 것이라도 그 어간의 뜻과 멀어진 것은 원형을 밝히어 적지 아니한다. ⓔ 목거리(목병), 거름(비료), 고름[膿], 노름(도박), 무녀리

② 어간에 '-이'나 '-음' 이외의 모음으로 시작된 접미사가 붙어서 다른 품사로 바뀐 것은 그 어간의 원형을 밝히어 적지 아니한다. *자주 사용되지 않는 접사들*

> ⓔ 너머(← 넘- + -어), 마개(← 막- + -애), 차마(← 참- + -아), 부터(← 붙- + -어)

제20항 명사 뒤에 '-이'가 붙어서 된 말은 그 명사의 원형을 밝히어 적는다.

> ⓔ 곳곳이, 낱낱이, 몫몫이, 바둑이, 삼발이 → '-이'는 자주 사용되는 접사이고, 결합된 명사의 원래 의미가 유지되고 있음.

[붙임] '-이' 이외의 모음으로 시작된 접미사가 붙어서 된 말은 그 명사의 원형을 밝히어 적지 아니한다. ⓔ 꼬락서니, 끄트머리, 모가치, 바가지, 바깥, 이파리, 지붕, 지푸라기

제25항 '-하다'가 붙는 어근에 '-히'나 '-이'가 붙어서 부사가 되거나, 부사에 '-이'가 붙어서 뜻을 더하는 경우에는 그 어근이나 부사의 원형을 밝히어 적는다.

① '-하다'가 붙는 어근에 '-히'나 '-이'가 붙는 경우 ⓔ 급히, 꾸준히, 깨끗이
[붙임] '-하다'가 붙지 않는 경우에는 소리대로 적는다. ⓔ 갑자기, 반드시(꼭)
② 부사에 '-이'가 붙어서 역시 부사가 되는 경우 ⓔ 곰곰이, 더욱이, 일찍이

빈출 개념

제30항 사이시옷은 다음과 같은 경우에 받치어 적는다.

순우리말로 된 합성어로서 앞말이 모음으로 끝난 경우	뒷말의 첫소리가 된소리로 나는 것	ⓔ 나룻배, 나뭇가지, 바닷가
	뒷말의 첫소리 'ㄴ, ㅁ' 앞에서 'ㄴ' 소리가 덧나는 것	ⓔ 아랫니, 뒷머리, 빗물
	뒷말의 첫소리 모음 앞에서 'ㄴㄴ' 소리가 덧나는 것	ⓔ 뒷일, 베갯잇, 깻잎, 나뭇잎
순우리말과 한자어로 된 합성어로서 앞말이 모음으로 끝난 경우	뒷말의 첫소리가 된소리로 나는 것	ⓔ 귓병, 자릿세, 전셋집, 햇수
	뒷말의 첫소리 'ㄴ, ㅁ' 앞에서 'ㄴ' 소리가 덧나는 것	ⓔ 제삿날, 훗날, 툇마루
	뒷말의 첫소리 모음 앞에서 'ㄴㄴ' 소리가 덧나는 것	ⓔ 사삿일, 예삿일, 훗일
두 음절로 된 한자어	곳간(庫間), 셋방(貰房), 숫자(數字), 찻간(車間), 툇간(退間), 횟수(回數)	

제35항 모음 'ㅗ, ㅜ'로 끝난 어간에 '-아/-어, -았-/-었-'이 어울려 'ㅘ/ㅝ, ㅘㅆ/ㅝㅆ'으로 될 적에는 준 대로 적는다.

> ⓔ 보아 → 봐, 보았다 → 봤다

[붙임 2] 'ㅚ' 뒤에 '-어, -었-'이 어울려 'ㅙ, ㅙㅆ'으로 될 적에도 준 대로 적는다.

> ⓔ 되어 → 돼, 되었다 → 됐다, 뵈어 → 봬, 뵈었다 → 뵀다

*제40항 어간의 끝음절 '하'의 'ㅏ'가 줄고 'ㅎ'이 다음 음절의 첫소리와 어울려 거센소리로 될 적에는 거센소리로 적는다. → '하' 앞의 받침 소리가 [ㄴ, ㄹ, ㅁ, ㅇ, 모음]일 때

> ⓔ 간편하게 → 간편케, 다정하다 → 다정타, 연구하도록 → 연구토록

[붙임 2] 어간의 끝음절 '하'가 아주 줄 적에는 준 대로 적는다. → '하' 앞의 받침 소리가 [ㄱ, ㄷ, ㅂ]일 때

> ⓔ 넉넉하지 않다 → 넉넉지 않다, 생각하건대 → 생각건대, 못하지 않다 → 못지않다

＊참고

준말(제39항)
어미 '-지' 뒤에 '않-'이 어울려 '-잖-'이 될 적과 '-하지' 뒤에 '않-'이 어울려 '-찮-'이 될 적에는 준 대로 적는다.

본말	준말
그렇지 않은	그렇잖은
적지 않은	적잖은
만만하지 않다	만만찮다
변변하지 않다	변변찮다

개념＋

부사의 끝 음절을 '-이'로만 적는 경우
한글 맞춤법 제51항에서 부사의 끝 음절이 분명히 '이'로만 나는 것은 '-이'로 적고 '히'로만 나거나 '이'나 '히'로 나는 것은 '-히'로 적는다고 되어 있다. 하지만 이를 발음만으로는 명확히 구별하기 어려우므로 다음과 같은 경향성을 참조하여 구별할 수 있다.
· 겹쳐 쓰인 명사 뒤
　ⓔ 겹겹이, 곳곳이, 샅샅이
· 'ㅅ' 받침 뒤
　ⓔ 버젓이, 번듯이, 지긋이, 깨끗이
· 'ㅂ' 불규칙 용언의 어간 뒤
　ⓔ 가벼이, 기꺼이, 외로이
· '-하다'가 붙지 않는 어간 뒤
　ⓔ 같이, 굳이, 길이, 깊이, 높이
· 부사 뒤
　ⓔ 곰곰이, 오뚝이, 일찍이

！ 헷갈리는 개념 잡기

'되서'가 틀린 표기라고?
'되서'는 어미를 잘못 이해한 표기예요. 어간 '되-'와 결합된 어미는 '-서'가 아니라 '-어서'입니다. '되- + -어서'에서 어간의 'ㅚ'와 어미의 'ㅓ'가 줄어 '돼'로 적어야 해요. '되다/돼다'와 '뵈다/봬다'의 표기가 헷갈린다면 '하다/해다'로 바꿔 읽어 보세요. 바꿔 읽을 때 어색하지 않은 것이 맞는 표기랍니다.
ⓔ 만나게 되서 → '만나게 하서'는 어색함. (틀린 표기)
　만나게 돼서 → '만나게 해서'는 자연스러움. (맞는 표기)

④ 띄어쓰기

> **제2항** 문장의 각 단어는 띄어 씀을 원칙으로 한다.
> **제41항** 조사는 그 앞말에 붙여 쓴다.

단어는 독립적으로 쓰이는 말의 최소 단위이기 때문에 띄어 써야 한다. 다만, 조사는 단어임에도 불구하고 의존·형식 형태소로 자립성이 없으므로 그 앞말에 붙여 쓴다.

> **제42항** 의존 명사는 띄어 쓴다.
> <small>예</small> 아는 것이 힘이다. / 나도 할 수 있다. / 먹을 만큼 먹어라. / 아는 이를 만났다.

◆ 의존 명사와 혼동되는 형식 형태소

<small>**Tip** 띄어 쓰면 의존 명사야!</small>

들	복수를 나타내는 접미사 <small>예</small> 남자들, 학생들
	두 개 이상의 사물을 나열할 때, 그 열거한 사물 모두를 가리키거나, 그 밖에 같은 종류의 사물이 더 있음을 나타내는 의존 명사 <small>예</small> 과일에는 사과, 배, 감 들이 있다.
뿐	한정의 뜻을 나타내는 조사 <small>예</small> 가진 것은 이것뿐이다.
	용언의 관형사형 뒤에서 다만 어떠하거나 어찌할 따름이라는 뜻을 나타내는 의존 명사 <small>예</small> 웃을 뿐이다.
대로	앞에 오는 말에 근거하거나 달라짐이 없음을 나타내는 보조사 <small>예</small> 법대로, 약속대로
	용언의 관형사형 뒤에서 상태 등을 나타내는 의존 명사 <small>예</small> 아는 대로 말해라.
만큼	앞말과 비슷한 정도나 한도임을 나타내는 조사 <small>예</small> 집을 대궐만큼 크게 짓다.
	앞의 내용에 상당한 수량이나 정도임을 나타내는 의존 명사 <small>예</small> 놀 만큼 놀았다.
만	한정 또는 비교의 뜻을 나타내는 조사 <small>예</small> 하루 종일 잠만 잤다.
	시간의 경과나 횟수, 앞말이 뜻하는 동작이나 행동에 타당한 이유가 있음을 나타내는 의존 명사 <small>예</small> 그가 화낼 만도 하다. / 십 년 만의 귀국이다.
지	'-ㄹ지' 형태의 어미 <small>예</small> 어떻게 할지 모르겠다.
	시간의 경과를 나타내는 의존 명사 <small>예</small> 그가 떠난 지 보름이 지났다.

> **제43항** 단위를 나타내는 명사는 띄어 쓴다.
> <small>예</small> 한 개, 차 한 대, 금 서 돈, 소 한 마리, 옷 한 벌, 열 살, 조기 한 손

다만, 순서를 나타내는 경우나 숫자와 어울리어 쓰이는 경우에는 붙여 쓸 수 있다.
> <small>예</small> 두시 삼십분 오초, 제일과, 삼학년, 육층, 1446년 10월 9일, 16동 502호, 제1실습실, 80원, 10개

> **제47항** 보조 용언은 띄어 씀을 원칙으로 하되, 경우에 따라 붙여 씀도 허용한다.

원칙	허용
불이 꺼져 간다.	불이 꺼져간다.
내 힘으로 막아 낸다.	내 힘으로 막아낸다.
어머니를 도와 드린다.	어머니를 도와드린다.
그릇을 깨뜨려 버렸다.	그릇을 깨뜨려버렸다.

다만, 앞말에 조사가 붙거나 앞말이 합성 용언인 경우, 그리고 중간에 조사가 들어갈 적에는 그 뒤에 오는 보조 용언은 띄어 쓴다.

> <small>예</small> 잘도 놀아만 나는구나! 　책을 읽어도 보고……. → 앞말에 조사가 붙는 경우
> 네가 덤벼들어 보아라. 　이런 기회는 다시없을 듯하다. → 앞말이 합성 용언인 경우
> 그가 올 듯도 하다. 　잘난 체를 한다. → 보조 용언 '듯하다, 체하다' 중간에 조사가 들어가는 경우

개념 +

혼동하기 쉬운 단어(제57항)

단어	예
가름	둘로 가름.
갈음	새 책상으로 갈음하다.
거름	풀로 썩힌 거름.
걸음	빠른 걸음.
거치다	영월을 거쳐 왔다.
걷히다	외상값이 잘 걷힌다.
노름	노름판이 벌어졌다.
놀음	즐거운 놀음(놀이).
느리다	진도가 느리다.
늘이다	고무줄을 늘인다.
늘리다	수출량을 늘린다.
다리다	옷을 다린다.
달이다	약을 달인다.
다치다	손을 다쳤다.
닫히다	문이 닫혔다.
닫치다	문을 힘껏 닫쳤다.
마치다	일을 마쳤다.
맞히다	문제를 맞혔다.
목거리	목거리가 덧났다.
목걸이	금목걸이, 은목걸이
바치다	목숨을 바치다.
받치다	우산을 받치고 가다.
받히다	쇠뿔에 받혔다.
밭치다	술을 체에 밭친다.
반드시	약속은 반드시 지켜라.
반듯이	고개를 반듯이 들어라.
부딪치다	차와 차가 마주 부딪쳤다.
부딪히다	마차가 화물차에 부딪혔다.
부치다	빈대떡을 부친다.
	편지를 부친다.
	회의에 부치는 안건.
붙이다	우표를 붙인다.
	불을 붙인다.
	흥정을 붙인다.
조리다	생선을 조린다.
졸이다	마음을 졸인다.

! 헷갈리는 개념 잡기

보조 용언끼리는 붙여 쓰면 안 된다고?

보조 용언은 본용언과 연결되어 그 뜻을 보충해 주는 품사입니다. 보통은 보조 용언 하나가 연결되는 경우가 많지만 의미의 추가를 위해 보조 용언이 두 번 연달아 오기도 해요. 이때에는 앞의 보조 용언만 본용언에 붙여 쓸 수 있고, 뒤의 보조 용언끼리는 붙여 쓸 수 없어요. 보조 용언의 붙여쓰기가 허용되는 것은 본용언과 보조 용언에 대한 것이므로 보조 용언끼리는 꼭 띄어 써야 해요.

예 나는 경기에 출전하지 못하고 의자에 {앉아v있게v생겼다.(원칙) / 앉아있게v생겼다.(허용) / 앉아있게생겼다.(×)}

개념 확인

1 다음 설명이 맞으면 O, 틀리면 X로 표시해 보자.

① 한글 맞춤법은 표준어를 실제 발음대로 표기하는 것을 원칙으로 한다. (　　)

② 문장의 각 단어는 띄어 쓰지만 조사는 앞말에 붙여 쓴다. (　　)

③ 단위를 나타내는 명사는 띄어 쓴다. (　　)

④ 사이시옷은 순우리말로 된 합성어에만 받치어 적는다. (　　)

예시로 연습

2 〈보기〉를 참고하여 다음 중 올바른 표기에 O 표시를 해 보자.

> **보기**
>
> **제5항** 한 단어 안에서 뚜렷한 까닭 없이 나는 된소리는 다음 음절의 첫소리를 된소리로 적는다.
>   1. 두 모음 사이에서 나는 된소리 **예** 소쩍새
>   2. 'ㄴ, ㄹ, ㅁ, ㅇ' 받침 뒤에서 나는 된소리 **예** 움찔
>   다만, 'ㄱ, ㅂ' 받침 뒤에서 나는 된소리는, 같은 음절이나 비슷한 음절이 겹쳐 나는 경우가 아니면 된소리로 적지 아니한다. **예** 갑자기
>
> **제13항** 한 단어 안에서 같은 음절이나 비슷한 음절이 겹쳐 나는 부분은 같은 글자로 적는다. **예** 눅눅하다

> 산듯하다 씁쓸하다 잔뜩 살작 똑닥똑닥 담북 깍두기 딱찌 몹시 법썩 쌉쌀하다

3 〈보기〉에 따라 표기된 단어들의 올바른 발음을 써 보자.

> **보기**
>
> **제9항** '의'나, 자음을 첫소리로 가지고 있는 음절의 'ㅢ'는 'ㅣ'로 소리 나는 경우가 있더라도 'ㅢ'로 적는다. **예** 의의[의의/의이]

씌어	[　　　]	늴리리	[　　　]
무늬	[　　　]	희다	[　　　]
유희	[　　　]	띄어쓰기	[　　　]

4 다음 밑줄 친 부분을 한글 맞춤법에 따라 바르게 띄어 써 보자. 〔내신 기출〕

① 나에게만이라도 솔직해져야 한다. → (　　　　　　　)

② 강아지가 집을 나간지사흘만에 돌아왔다. (　　　　　　　)

③ 폭우에 휩쓸려 통나무 다리가 강어귀로 떠내려가버렸다. → (　　　　　　　)

01 한글 맞춤법에 대한 설명으로 적절하지 <u>않은</u> 것은?

① 표준어를 대상으로 한다.

② 소리대로 적으면 글을 읽기에 편하다.

③ 우리말을 한글로 적을 때 지켜야 할 기준을 정해 놓은 규정이다.

④ '높이다'는 어법에 맞도록 한다는 원칙이 잘 지켜진 예로 볼 수 있다.

⑤ '어법에 맞도록'이라는 원칙은 단어의 뜻을 쉽게 파악할 수 있게 한 규정이다.

02 〈보기〉의 ㉠과 ㉡을 이해한 내용으로 알맞은 것은?

┌ 보기 ┐
제1항 한글 맞춤법은 표준어를 ㉠소리대로 적되, ㉡어법에 맞도록 함을 원칙으로 한다.
└────┘

① '떨어지다'는 소리대로 적었으니 ㉠에 해당하겠군.

② '마중, 지붕'은 어간의 원형을 밝히어 적지 않았으니 ㉠에 해당하겠네.

③ '떡이, 떡을, 떡에'처럼 체언과 조사를 구별하여 적은 것은 ㉠에 해당하겠군.

④ '낱낱이'는 명사의 원형을 밝히어 적었으니 ㉡에 해당하겠군.

⑤ '너머'는 '넘다'와는 관계없이 하나의 명사로 굳어져 사용되니 ㉡에 해당하겠어.

서술형
03 〈보기〉는 두음 법칙에 관련된 '한글 맞춤법' 규정이다. ㉠과 ㉡에 들어갈 말을 각각 찾아 쓰시오.

┌ 보기 ┐
제10항 한자음 '녀, 뇨, 뉴, 니'가 단어 첫머리에 올 적에는, 두음 법칙에 따라 '여, 요, 유, 이'로 적는다.
　　　예 (　　　　㉠　　　　)
제11항 한자음 '랴, 려, 례, 료, 류, 리'가 단어의 첫머리에 올 적에는, 두음 법칙에 따라 '야, 여, 예, 요, 유, 이'로 적는다.
　　　예 (　　　　㉡　　　　)
└────┘

┌──────────────────────────────────┐
│ 유행(流行)　낙원(樂園)　연세(年歲)　노인(老人)　남녀(男女) │
└──────────────────────────────────┘

04 〈보기〉에서 띄어쓰기가 바른 문장의 개수는?

┌ 보기 ┐
㉠ 소문으로만 들었을 뿐이네.
㉡ 노력한만큼 대가를 얻는다.
㉢ 높이 올라갈수록 기온은 떨어졌다.
㉣ 그것을 깨달았을 때가 열일곱 살이었다.
㉤ 예전에 가 본 데가 어디쯤인지 모르겠다.
㉥ 그는 돕기는 커녕 방해할 생각만 하고 있다.
㉦ 영수는 영희에게 사과 한개를 주고 돌아왔다.
└────┘

① 2개　　　　② 3개　　　　③ 4개

④ 5개　　　　⑤ 6개

05 다음 받아쓰기의 점수로 알맞은 것은?

		수행 평가	학년(1) 반(1) 이름(이지하)

1. 아버지는 약을 정성껏 다렸다.
2. 어릴 적 친구에게 편지를 붙였다.
3. 소식이 오지 않아 마음을 졸였다.
4. 나와 한 약속은 반듯이 지켜야 해.
5. 그는 놀이터를 거쳐 집으로 돌아왔다.
6. 그럼 내일 이 시간에 다시 뵈요.
7. 지난여름에 갔던 그 바닷가에 다시 가고 싶다.

※ 한 문항당 10점씩 채점할 것.

① 20점　　　　② 30점　　　　③ 40점

④ 50점　　　　⑤ 60점

06 〈보기〉를 참고하여 본말과 준말을 연결한 것으로 적절하지 <u>않은</u> 것은?

┌ 보기 ┐
제40항 어간의 끝음절 '하'의 'ㅏ'가 줄고 'ㅎ'이 다음 음절의 첫소리와 어울려 거센소리로 될 적에는 거센소리로 적는다.
[붙임 2] 어간의 끝음절 '하'가 아주 줄 적에는 준 대로 적는다.
└────┘

① 간편하게-간편케　　　　② 다정하다-다정타

③ 거북하지-거북지　　　　④ 생각하건대-생각건대

⑤ 익숙하지 않다-익숙치 않다

신유형
07 〈보기〉의 ㉠~㉢에 대한 설명으로 적절하지 <u>않은</u> 것은?

> **보기**
> ㉠ 나물좀줘.　　㉡ 나물 좀 줘.　　㉢ 나 물 좀 줘.

① ㉠은 띄어쓰기를 하지 않아서 뜻을 파악하기가 어렵다.

② ㉡은 띄어쓰기를 통해 볼 때 '나물'을 달라는 의미로 해석할 수 있다.

③ ㉠은 ㉡, ㉢과 다르게 소리 나는 대로 적는다는 원칙만을 적용했다.

④ ㉢은 조사가 생략되어 있지만, '물'을 달라는 의미로 해석이 가능하다.

⑤ ㉡과 ㉢은 한글 맞춤법에 따라 단어 단위로 띄어쓰기를 하고 있다.

고난도
08 〈보기〉의 ㉠과 ㉡에 들어갈 단어로 알맞은 것은?

> **보기**
> **제19항** 어간에 '-이'나 '-음/-ㅁ'이 붙어서 명사로 된 것과 '-이'나 '-히'가 붙어서 부사로 된 것은 그 어간의 원형을 밝히어 적는다.
> [붙임] 어간에 '-이'나 '-음' 이외의 모음으로 시작된 접미사가 붙어서 다른 품사로 바뀐 것은 그 어간의 원형을 밝히어 적지 아니한다. 예 (　　㉠　　)
> **제20항** 명사 뒤에 '-이'가 붙어서 된 말은 그 명사의 원형을 밝히어 적는다.
> [붙임] '-이' 이외의 모음으로 시작된 접미사가 붙어서 된 말은 그 명사의 원형을 밝히어 적지 아니한다. 예 (　　㉡　　)

	㉠	㉡
①	지붕	끄트머리
②	많이	주검
③	마개	바가지
④	자주	마감
⑤	바가지	이파리

✔ 고난도 서술형 대비하기

09 〈보기〉에서 맞춤법에 어긋난 표현을 찾아 〈조건〉에 맞게 서술하시오.

> **보기**
> 정답을 맞힌 사람을 백분률로 환산하면 50퍼센트이다.

> **조건**
> • 맞춤법에 어긋난 표현을 바르게 고쳐 쓰고, 그 이유를 제시할 것.
> • '맞춤법에 어긋난 표현은 ~이고, ~(으)로 고쳐 써야 한다. 그 이유는 ~이다.' 형식으로 쓸 것.

_____

_____

_____

10 〈보기〉를 참고하여 다음 ㉠에 들어갈 말을 〈조건〉에 맞게 서술하시오.

> **제47항** 보조 용언은 띄어 씀을 원칙으로 하되, 경우에 따라 붙여 씀도 허용한다.
> 예 불이 꺼져 간다. / 불이 꺼져간다.
> 다만, (　　㉠　　)에는 그 뒤에 오는 보조 용언은 띄어 쓴다.

> **보기**
> • 읽어는 보았다.(○) / 읽어는보았다.(×)
> • 쫓아내 버렸다.(○) / 쫓아내버렸다.(×)
> • 비가 올 듯도 하다.(○) / 비가 올 듯도하다.(×)

> **조건**
> ㉠에 해당하는 세 가지 경우를 모두 쓸 것.

_____

_____

_____

27 표준어 규정

1 *표준어 사정 원칙

① 총칙

제1항 표준어는 교양 있는 사람들이 두루 쓰는 현대 서울말로 정함을 원칙으로 한다.

시대적 조건 (현대)
사회적 조건 (교양 있는 사람들)
지역적 조건 (서울말)
예외가 있을 수 있음. (원칙으로 한다)

② 표준어의 유형

단수 표준어	제25항 의미가 똑같은 형태가 몇 가지 있을 경우, 그중 어느 하나가 압도적으로 널리 쓰이면, 그 단어만을 표준어로 삼는다. 예 광우리(×) → 광주리(○) / 등칡(×) → 등나무(○) / 새벽별(×) → 샛별(○)
복수 표준어	제26항 한 가지 의미를 나타내는 형태 몇 가지가 널리 쓰이며 표준어 규정에 맞으면, 그 모두를 표준어로 삼는다. 예 가엾다/가엽다, 고깃간/푸줏간, 꼬까/때때/고까, 넝쿨/덩굴, 댓돌/툇돌, 돼지감자/뚱딴지, 살쾡이/삵, 옥수수/강냉이

③ 발음 변화에 따른 주요 표준어 규정

자음	제3항	다음 단어들은 거센소리를 가진 형태를 표준어로 삼는다. 예 끄나불(×) → 끄나풀(○) / 나발꽃(×) → 나팔꽃(○) / 넉(×) → 녘(○) 부엌(×) → 부엌(○) / 삵괭이(×) → 살쾡이(○) / 간(×) → 칸(○)
	제5항	어원에서 멀어진 형태로 굳어져서 널리 쓰이는 것은, 그것을 표준어로 삼는다. 예 강남콩(×) → 강낭콩(○) / 고샅(×) → 고삿(○) / 삭월세(×) → 사글세(○) 위력성당(×) → 울력성당(○) 초가지붕을 일 때 쓰는 새끼.
	제7항	수컷을 이르는 접두사는 '수-'로 통일한다. 예 수퀑/숫꿩(×) → 수꿩(○) / 숫나사(×) → 수나사(○) / 숫놈(×) → 수놈(○) / 숫소(×) → 수소(○) '장끼'도 표준어임. '황소'도 표준어임. 다만 1. 다음 단어에서는 접두사 다음에서 나는 거센소리를 인정한다. 접두사 '암-'이 결합되는 경우에도 이에 준한다. 예 수캉아지, 수캐, 수컷, 수키와, 수탉, 수탕나귀, 수톨쩌귀, 수퇘지, 수평아리 다만 2. 다음 단어의 접두사는 '숫-'으로 한다. 예 숫양, 숫염소, 숫쥐
모음	제8항	양성 모음이 음성 모음으로 바뀌어 굳어진 다음 단어는 음성 모음 형태를 표준어로 삼는다. 예 깡총깡총(×) → 깡충깡충(○) / -동이(×) → -둥이(○) / 오똑이(×) → 오뚝이(○) 발가송이(×) → 발가숭이(○) 쌍둥이, 흰둥이, 바람둥이 다만, 어원 의식이 강하게 작용하는 다음 단어에서는 양성 모음 형태를 그대로 표준어로 삼는다. 예 부조(扶助), 사돈(査頓), 삼촌(三寸)
	제9항	*'ㅣ' 역행 동화 현상에 의한 발음은 원칙적으로 표준 발음으로 인정하지 아니하되, 다만 다음 단어들은 그러한 동화가 적용된 형태를 표준어로 삼는다. 예 -나기(×) → -내기(○) / 남비(×) → 냄비(○) / 동당이치다(×) → 동댕이치다(○) [붙임 1] 다음 단어는 'ㅣ' 역행 동화가 일어나지 아니한 형태를 표준어로 삼는다. 예 아지랭이(×) → 아지랑이(○) [붙임 2] 기술자에게는 '-장이', 그 외에는 '-쟁이'가 붙는 형태를 표준어로 삼는다. 예 미장이, 유기장이, 멋쟁이, 소금쟁이, 담쟁이덩굴
	제12항	'웃-' 및 '윗-'은 명사 '위'에 맞추어 '윗-'으로 통일한다. 예 웃니(×) → 윗니(○) / 웃도리(×) → 윗도리(○) / 웃목(×) → 윗목(○) 웃입술(×) → 윗입술(○) 다만 1. 된소리나 거센소리 앞에서는 '위-'로 한다. 예 위짝, 위쪽, 위채, 위층 다만 2. '아래, 위'의 대립이 없는 단어는 '웃-'으로 발음되는 형태를 표준어로 삼는다. 예 웃돈, 웃어른, 웃옷

*참고

표준어 규정

서로 다른 방언을 사용하는 사람들이 의사소통을 원활하게 할 수 있도록 정한 공용어를 말한다. 표준어 규정은 크게 '표준어 사정 원칙'과 '표준 발음법'으로 구성되어 있다.

'ㅣ' 역행 동화

뒤에 오는 'ㅣ' 모음 혹은 반모음 'ㅣ[j]'에 동화되어 앞에 있는 'ㅏ, ㅓ, ㅗ, ㅜ, ㅡ'가 각각 'ㅐ, ㅔ, ㅚ, ㅟ, ㅣ'로 바뀌는 현상을 말한다. 예 아비[애비], 고기[괴기]

! 헷갈리는 개념 잡기

'친구예요'는 맞고 '아니예요'는 틀린 표기라고?

'이에요'와 '이어요'는 복수 표준형으로 '이다'의 어간 '이-'에 어미 '-에요', '-어요'가 붙은 말이에요.
본래 받침이 있는 체언에는 '이에요/이어요'가 그대로 결합하지만 받침이 없는 체언에 붙을 때는 '예요/여요'로 줄어들어요.
예 학생이에요 / 학생이어요
 친구예요 / 친구여요
한편, '아니다'에는 조사 '이다'가 붙지 않기 때문에 '-에요', '-어요'만 붙은 '아니에요(아녜요)', '아니어요(아녀요)'로 사용됩니다. 따라서 '아니-'에 '이에요/이어요'가 붙어 줄어든 '아니예요/아니여요'는 틀린 표기예요.

2 표준 발음법

① 총칙

제1항 표준 발음법은 표준어의 <u>실제 발음</u>을 따르되, 국어의 <u>전통성과 합리성</u>을 고려하여 정함을 원칙으로 한다. ^{현대 서울말의 실제 발음}

*전통성을 고려한다는 것은 현대의 발음과 차이가 나더라도 이전부터 내려오던 발음상의 관습을 존중한다는 것을 말하며, 합리성을 고려한다는 것은 현실 발음을 표준 발음으로 정할 때 합리적으로 정하겠다는 것을 말함.

② 표준어의 모음

단모음의 발음	제4항 'ㅏ, ㅐ, ㅓ, ㅔ, ㅗ, ㅚ, ㅜ, ㅟ, ㅡ, ㅣ'는 단모음으로 발음한다. [붙임] 'ㅚ, ㅟ'는 이중 모음으로 발음할 수 있다. 예 회[회:/훼:]
이중 모음의 발음	제5항 'ㅑ, ㅒ, ㅕ, ㅖ, ㅘ, ㅙ, ㅛ, ㅝ, ㅞ, ㅠ, ㅢ'는 이중 모음으로 발음한다. 다만 1. 용언의 활용형에 나타나는 '져, 쪄, 쳐'는 [저, 쩌, 처]로 발음한다. 예 가지어 →가져[가저], 찌어 → 쪄[쩌], 다치어 → 다쳐[다처] 다만 2. '예, 례' 이외의 'ㅖ'는 [ㅔ]로도 발음한다. 예 지혜[지혜/지혜] 다만 3. 자음을 첫소리로 가지고 있는 음절의 'ㅢ'는 [ㅣ]로 발음한다. 예 희망[히망] 다만 4. 단어의 첫음절 이외의 '의'는 [ㅣ]로, 조사 '의'는 [ㅔ]로 발음함도 허용한다. 예 주의[주의/주이], 우리의[우리의/우리에]

빈출 개념

③ 음운 변동과 표준 발음법

음절의 끝소리 규칙	제8항 받침소리로는 'ㄱ, ㄴ, ㄷ, ㄹ, ㅁ, ㅂ, ㅇ'의 7개 자음만 발음한다. 제9항 받침 'ㄲ, ㅋ', 'ㅅ, ㅆ, ㅈ, ㅊ, ㅌ', 'ㅍ'은 어말 또는 자음 앞에서 각각 대표음 [ㄱ, ㄷ, ㅂ]으로 발음한다. 예 닦다[닥따], 키읔[키윽], 옷[옫], 웃다[욷:따], 있다[읻따], 빚다[빋따]
자음군 단순화	제10항 겹받침 'ㄳ', 'ㄵ', 'ㄼ, ㄽ, ㄾ', 'ㅄ'은 어말 또는 자음 앞에서 각각 [ㄱ, ㄴ, ㄹ, ㅂ]으로 발음한다. 예 넋[넉], 앉다[안따], 여덟[여덜], 외곬[외골], 핥다[할따], 값[갑] 다만, '밟-'은 자음 앞에서 [밥]으로 발음하고, '넓-'은 다음과 같은 경우에 [넙]으로 발음한다. 예 밟다[밥:따], 밟지[밥:찌], 넓-죽하다[넙쭈카다], 넓-둥글다[넙뚱글다] 제11항 겹받침 'ㄺ, ㄻ, ㄿ'은 어말 또는 자음 앞에서 각각 [ㄱ, ㅁ, ㅂ]으로 발음한다. 예 닭[닥], 맑다[막따], 삶[삼:], 젊다[점:따], 읊다[읍따] 다만, 용언의 어간 말음 'ㄺ'은 'ㄱ' 앞에서 [ㄹ]로 발음한다. 예 맑게[말께], 묽고[물꼬]
받침 'ㅎ'의 발음	제12항 받침 'ㅎ'의 발음은 다음과 같다. *1. 'ㅎ(ㄶ, ㅀ)' 뒤에 'ㄱ, ㄷ, ㅈ'이 결합되는 경우에는, 뒤 음절 첫소리와 합쳐서 [ㅋ, ㅌ, ㅊ]으로 발음한다. → 거센소리되기(축약) 예 놓고[노코], 좋던[조:턴], 쌓지[싸치], 많고[만:코], 닳지[달치] 2. 'ㅎ(ㄶ, ㅀ)' 뒤에 'ㅅ'이 결합되는 경우에는, 'ㅅ'을 [ㅆ]으로 발음한다. 예 닿소[닫쏘 → 다:쏘], 많소[만:쏘], 싫소[실쏘] → 음절의 끝소리 규칙, 된소리되기, 탈락 3. 'ㅎ' 뒤에 'ㄴ'이 결합되는 경우에는, [ㄴ]으로 발음한다. 예 놓는[녿는 → 논는], 쌓네[싿네 → 싼네] → 음절의 끝소리 규칙, 비음화 4. 'ㅎ(ㄶ, ㅀ)' 뒤에 모음으로 시작된 어미나 접미사가 결합되는 경우에는, 'ㅎ'을 발음하지 않는다. → 'ㅎ' 탈락 예 낳은[나은], 놓아[노아], 쌓이다[싸이다], 많아[마:나]
연음 (음운 변동에 해당되지 않음.)	제13항 홑받침이나 쌍받침이 모음으로 시작된 조사나 어미, 접미사와 결합되는 경우에는, 제 음가대로 뒤 음절 첫소리로 옮겨 발음한다. → 단일한 자음으로 된 받침의 연음 ^{형식 형태소와 결합} 예 깎아[까까], 옷이[오시], 있어[이써], 낮이[나지], 꽃아[꼬자] 제14항 겹받침이 모음으로 시작된 조사나 어미, 접미사와 결합되는 경우에는, 뒤엣것만을 뒤 음절 첫소리로 옮겨 발음한다.(이 경우, 'ㅅ'은 된소리로 발음함.) 예 넋이[넉씨], 앉아[안자], 닭을[달글], 젊어[절머], 읊어[을퍼]

＊ 참고

전통성과 합리성을 고려한 표준 발음의 예

• 국어의 전통성을 고려한 예: 현실 발음에서는 대부분의 사람들이 모음의 장단, 단모음 'ㅐ'와 'ㅔ'를 명확히 구별하지 못하지만, 이전부터 오랜 기간 구별되어 왔기 때문에 이를 감안하여 표준 발음으로 정한다.

• 국어의 합리성을 고려한 예: '닭이, 닭을'은 [달기], [달글]로 발음해야 하는데 현실 발음에서는 [다기], [다글]로 발음하는 경우가 많다. 하지만 이는 합리성이 떨어지므로 표준 발음으로 인정하지 않는다. 반면 '맛있다, 멋있다'는 발음 규칙에 따라 [마딛따], [머딛따]로 발음해야 하지만 현실에서는 [마싣따], [머싣따]로 발음하는 경우가 매우 빈번하므로 이를 허용한다.

거센소리되기(축약)

[붙임 1] 받침 'ㄱ(ㄹ), ㄷ, ㅂ(ㄼ), ㅈ(ㄵ)' 이 뒤 음절 첫소리 'ㅎ'과 결합되는 경우에도, 역시 두 음을 합쳐서 [ㅋ, ㅌ, ㅍ, ㅊ]으로 발음한다.

예 맏형[마텽]　　좁히다[조피다]　꽂히다[꼬치다]　앉히다[안치다]

[붙임 2] 규정에 따라 'ㄷ'으로 발음되는 'ㅅ, ㅈ, ㅊ, ㅌ'의 경우에도 이에 준한다.

예 옷 한 벌[오탄벌]　낮 한때[나탄때]　꽃 한 송이[꼬탄송이]

→ 'ㅎ'이 예사소리 뒤에 놓이면서 하나의 거센소리로 줄어들 때에는 '꽂히다, 넓히다'와 같이 용언 어간 뒤에 접미사가 결합하는 경우와 아닌 경우를 구분할 필요가 있다. 용언 어간 뒤에 접미사가 결합하는 경우에는 한 단어 내에서 예사소리와 'ㅎ'이 곧바로 줄어든다[붙임 1]. 반면 그 이외의 경우에는 먼저 'ㅎ' 앞에 있는 자음이 대표음으로 바뀌거나 또는 겹받침의 경우 자음이 탈락하는 자음군 단순화가 적용된 후 'ㅎ'과 축약된다[붙임 2]. 즉 '낮 한때'는 '낮'의 'ㅈ'이 대표음 'ㄷ'으로 바뀐 후 '한'과 결합하여 [탄]이 되므로 [나찬때]가 아니라 [나탄때]로 발음하며, '닭 한 마리'는 '닭'의 겹받침에 자음군 단순화가 적용되어 발음이 [닥]이 된 후 '한'과 결합하여 [다칸]이 되므로 [달칸마리]가 아니라 [다칸마리]로 발음하는 것이다.

! 헷갈리는 개념 잡기

초성에 오는 'ㅎ'은 꼭 발음해야 한다고?

'ㅎ'이 단어 둘째 음절 이하의 초성에 놓이면 'ㅎ'을 온전하게 발음하는 것이 원칙이에요. 예를 들어 한자어 중 '고향, 면허, 경험, 실학'과 같은 단어나 '진술하다, 신선하다, 셈하다, 주저하다'와 같은 복합어에서는 'ㅎ'을 그대로 발음해야 하는 것이지요. 그렇지만 현실 발음에서는 이런 경우의 'ㅎ'을 [면어], 셈하다[세마다]'처럼 발음하지 않기도 하는데, 이는 모두 표준 발음이 아니랍니다.

*연음	제15항	받침 뒤에 모음 'ㅏ, ㅓ, ㅗ, ㅜ, ㅟ'들로 시작되는 실질 형태소가 연결되는 경우에는, 대표음으로 바꾸어서 뒤 음절 첫소리로 옮겨 발음한다. ⓔ 밭 아래[바다래], 늪 앞[느밥], 젖어미[저더미], 맛없다[마덥따] [붙임] 겹받침의 경우에는, 그중 하나만을 옮겨 발음한다. ⓔ 값어치[가버치], 넋 없다[너겁따]　'맛있다, 멋있다'는 현실 발음을 고려하여 [마싣따], [머싣따]로도 발음할 수 있음.

구개음화	제17항	받침 'ㄷ, ㅌ(ㄾ)'이 조사나 접미사의 모음 'ㅣ'와 결합되는 경우에는, [ㅈ, ㅊ]으로 바꾸어서 뒤 음절 첫소리로 옮겨 발음한다. ⓔ 곧이듣다[고지듣따], 굳이[구지], 미닫이[미ː다지], 밭이[바치], 벼훑이[벼훌치] [붙임] 'ㄷ' 뒤에 접미사 '히'가 결합되어 '티'를 이루는 것은 [치]로 발음한다. ⓔ 굳히다[구치다], 닫히다[다치다] →'ㄷ'과 'ㅎ'이 'ㅌ'으로 축약되는데, 이는 'ㅌ' 뒤에 'ㅣ'가 결합하는 것과 비슷하기 때문에 구개음화가 적용되어 [치]이 됨.
비음화	제18항	받침 'ㄱ(ㄲ, ㅋ, ㄳ, ㄺ), ㄷ(ㅅ, ㅆ, ㅈ, ㅊ, ㅌ, ㅎ), ㅂ(ㅍ, ㄼ, ㄿ, ㅄ)'은 'ㄴ, ㅁ' 앞에서 [ㅇ, ㄴ, ㅁ]으로 발음한다. ⓔ 국물[궁물], 닫는[단는], 밥물[밤물] [붙임] 두 단어를 이어서 한 마디로 발음하는 경우에도 이와 같다. ⓔ 책 넣는다[챙넌는다], 밥 먹는다[밤멍는다]
	제19항	받침 'ㅁ, ㅇ' 뒤에 연결되는 'ㄹ'은 [ㄴ]으로 발음한다. →'ㄹ'의 비음화 ⓔ 담력[담ː녁], 강릉[강능] [붙임] 받침 'ㄱ, ㅂ' 뒤에 연결되는 'ㄹ'도 [ㄴ]으로 발음한다. ⓔ 막론[막논 → 망논], 협력[협녁 → 혐녁]
유음화	제20항	'ㄴ'은 'ㄹ'의 앞이나 뒤에서 [ㄹ]로 발음한다. ⓔ 난로[날ː로], 신라[실라], 천리[철리], 칼날[칼랄], 물난리[물랄리] 다만, 다음과 같은 단어들은 'ㄹ'을 [ㄴ]으로 발음한다. ⓔ 의견란[의ː견난], 생산량[생산냥], 결단력[결딴녁]
반모음 첨가	제22항	다음과 같은 용언의 어미는 [어]로 발음함을 원칙으로 하되, [여]로 발음함도 허용한다. ⓔ 되어[되어/되여], 피어[피어/피여] [붙임] '이오, 아니오'도 이에 준하여 [이요, 아니요]로 발음함을 허용한다.
된소리되기	제23항	받침 'ㄱ(ㄲ, ㅋ, ㄳ, ㄺ), ㄷ(ㅅ, ㅆ, ㅈ, ㅊ, ㅌ), ㅂ(ㅍ, ㄼ, ㄿ, ㅄ)' 뒤에 연결되는 'ㄱ, ㄷ, ㅂ, ㅅ, ㅈ'은 된소리로 발음한다. ⓔ 국밥[국빱], 닭장[닥짱], 낯설다[낟썰다], 옆집[엽찝]
	제24항	어간 받침 'ㄴ(ㄵ), ㅁ(ㄻ)' 뒤에 결합되는 어미의 첫소리 'ㄱ, ㄷ, ㅅ, ㅈ'은 된소리로 발음한다. ⓔ 신고[신ː꼬], 앉고[안꼬], 껴안다[껴안따] 다만, 피동, 사동의 접미사 '-기-'는 된소리로 발음하지 않는다. ⓔ 안기다[안기다], 감기다[감기다], 굶기다[굼기다]
	제26항	한자어에서, 'ㄹ' 받침 뒤에 연결되는 'ㄷ, ㅅ, ㅈ'은 된소리로 발음한다. ⓔ 갈등[갈뜽], 발동[발똥], 절도[절또], 물질[물찔] 다만, 같은 한자가 겹쳐진 단어의 경우에는 된소리로 발음하지 않는다. ⓔ 허허실실[허허실실](虛虛實實), 절절하다[절절하다](切切-)
	제27항	관형사형 '-(으)ㄹ' 뒤에 연결되는 'ㄱ, ㄷ, ㅂ, ㅅ, ㅈ'은 된소리로 발음한다. ⓔ 할 것을[할꺼슬], 갈 데가[갈떼가], 할 적에[할쩌게] 다만, 끊어서 말할 적에는 예사소리로 발음한다. [붙임] '-(으)ㄹ'로 시작되는 어미의 경우에도 이에 준한다. ⓔ 할걸[할껄], 할밖에[할빠께], 할수록[할쑤록], 할지라도[할찌라도]
'ㄴ' 첨가	제29항	합성어 및 파생어에서, 앞 단어나 접두사의 끝이 자음이고 뒤 단어나 접미사의 첫음절이 '이, 야, 여, 요, 유'인 경우에는, 'ㄴ' 음을 첨가하여 [니, 냐, 녀, 뇨, 뉴]로 발음한다. ⓔ 솜-이불[솜ː니불], 내복-약[내ː봉냑], 한-여름[한녀름]
사잇소리 현상	제28항	표기상으로는 사이시옷이 없더라도, 관형격 기능을 지니는 사이시옷이 있어야 할(휴지가 성립되는) 합성어의 경우에는, 뒤 단어의 첫소리 'ㄱ, ㄷ, ㅂ, ㅅ, ㅈ'을 된소리로 발음한다. ⓔ 문-고리[문꼬리], 눈-동자[눈똥자], 신-바람[신빠람], 산-새[산쌔], 잠-자리[잠짜리]
	제30항	사이시옷이 붙은 단어는 다음과 같이 발음한다. 1. 'ㄱ, ㄷ, ㅂ, ㅅ, ㅈ'으로 시작하는 단어 앞에 사이시옷이 올 때는 이들 자음만을 된소리로 발음하는 것을 원칙으로 하되, 사이시옷을 [ㄷ]으로 발음하는 것도 허용한다. ⓔ 냇가[내ː까/낻ː까], 햇살[해쌀/핻쌀] 2. 사이시옷 뒤에 'ㄴ, ㅁ'이 결합되는 경우에는 [ㄴ]으로 발음한다. ⓔ 콧날[콛날 → 콘날], 아랫니[아랟니 → 아랜니] 3. 사이시옷 뒤에 '이' 음이 결합되는 경우에는 [ㄴㄴ]으로 발음한다. ⓔ 깻잎[깯닙 → 깬닙], 나뭇잎[나묻닙 → 나문닙]

개념 확인 **1** 다음 빈칸에 들어갈 알맞은 말을 써 보자.

① 표준어는 교양 있는 사람들이 두루 쓰는 ☐☐☐☐(으)로 정함을 원칙으로 한다.

② '깡충깡충'은 ☐☐ 모음이 ☐☐ 모음으로 바뀌어 굳어진 형태를 표준어로 삼는다.

③ '되어'는 [☐☐](으)로 발음함을 원칙으로 하되 [☐☐](으)로 발음함도 허용한다.

2 다음 설명이 맞으면 O, 틀리면 X로 표시해 보자.

① '예, 례' 이외의 'ㅖ'는 [에]로도 발음할 수 있다. (　　　)

② 용언의 활용형에 나타나는 '져, 쪄, 쳐'는 [저, 쩌, 처]로 발음한다. (　　　)

③ 용언의 어간 말음 'ㄺ'은 'ㄱ' 앞에서 [ㄱ]으로 발음한다. (　　　)

④ 용언의 어간 '밟-'은 자음 앞에서 [발]로 발음한다. (　　　)

예시로 연습 **3** 표준어 사정 원칙을 바탕으로 다음 중 표준어가 **아닌** 것에 O 표시를 해 보자. ⟨내신 기출⟩

| 강낭콩 | 삭월세 | 숫나사 | 암고양이 | 숫강아지 | 윗도리 | 위층 |

4 표준 발음법을 바탕으로 다음 빈칸에 알맞은 발음을 써 보자.

좋던	[　　　]	옷이	[　　　]
낮 한때	[　　　]	읊어	[　　　]
많소	[　　　]	값을	[　　　]
낳은	[　　　]	밭 아래	[　　　]
헛웃음	[　　　]	안팎	[　　　]

5 다음 단어를 발음할 때 적용되는 표준 발음법은 무엇인지 ⟨보기⟩의 ㉠~㉣에서 골라 기호를 써 보자.

┌ 보기 ┐
㉠ 제23항 받침 'ㄱ(ㄲ, ㅋ, ㄳ, ㄺ), ㄷ(ㅅ, ㅆ, ㅈ, ㅊ, ㅌ), ㅂ(ㅍ, ㄼ, ㄿ, ㅄ)' 뒤에 연결되는 'ㄱ, ㄷ, ㅂ, ㅅ, ㅈ'은 된소리로 발음한다.
㉡ 제24항 어간 받침 'ㄴ(ㄵ), ㅁ(ㄻ)' 뒤에 결합되는 어미의 첫소리 'ㄱ, ㄷ, ㅅ, ㅈ'은 된소리로 발음한다.
㉢ 제26항 한자어에서, 'ㄹ' 받침 뒤에 연결되는 'ㄷ, ㅅ, ㅈ'은 된소리로 발음한다.
㉣ 제27항 관형사형 'ㅡ(으)ㄹ' 뒤에 연결되는 'ㄱ, ㄷ, ㅂ, ㅅ, ㅈ'은 된소리로 발음한다.

옷고름	(　　)	발전	(　　)	얹다	(　　)	할 수는	(　　)
갈등	(　　)	갈 데가	(　　)	닭장	(　　)	갈증	(　　)
꽂고	(　　)	껴안다	(　　)	갈 곳	(　　)	닭고	(　　)

01 다음 중 표준어 규정에 대한 설명으로 알맞지 <u>않은</u> 것은?

① '표준어 사정 원칙'과 '표준 발음법'으로 구성되어 있다.

② 원활한 의사소통과 올바른 언어생활을 위해 제정되었다.

③ 표준어는 한 나라에서 공용어로 쓰는 규범으로서의 언어를 말한다.

④ 같은 의미를 가진 둘 이상의 단어가 두루 쓰이고 있더라도 그중 한 단어만을 표준어로 삼는다.

⑤ 지역적으로 서울말을 표준어로 삼은 이유는 서울이 우리나라의 수도이며 중심지이기 때문이다.

서술형

02 〈보기〉를 바탕으로 ㉠과 ㉡에 들어갈 알맞은 말을 쓰시오.

┌─ 보기 ─────────────────────────────┐
윗니 웃옷 위채 웃어른 윗입술 위쪽 위층 웃돈
└──────────────────────────────────┘

┌──────────────────────────────────┐
제12항 '웃-' 및 '윗-'은 명사 '위'에 맞추어 '윗-'으로 통일한다.
다만 1. 된소리나 거센소리 앞에서는 '___㉠___'(으)로 한다.
다만 2. '아래, 위'의 대립이 없는 단어는 '___㉡___'(으)로 발음되는 형태를 표준어로 삼는다.
└──────────────────────────────────┘

㉠: _____ , ㉡: _____

---

03 〈보기〉의 표준 발음법 조항을 이해한 내용으로 적절하지 <u>않은</u> 것은?

┌─ 보기 ─────────────────────────────┐
제18항 받침 'ㄱ(ㄲ, ㅋ, ㄳ, ㄺ), ㄷ(ㅅ, ㅆ, ㅈ, ㅊ, ㅌ, ㅎ), ㅂ(ㅍ, ㄼ, ㄿ, ㅄ)'은 'ㄴ, ㅁ' 앞에서 [ㅇ, ㄴ, ㅁ]으로 발음한다.
제19항 받침 'ㅁ, ㅇ' 뒤에 연결되는 'ㄹ'은 [ㄴ]으로 발음한다.
[붙임] 받침 'ㄱ, ㅂ' 뒤에 연결되는 'ㄹ'도 [ㄴ]으로 발음한다.
제20항 'ㄴ'은 'ㄹ'의 앞이나 뒤에서 [ㄹ]로 발음한다.
└──────────────────────────────────┘

① '놓는'은 제18항에 따라 [논는]으로 발음하겠군.

② '종로'는 제19항에 따라 [종노]로 발음하겠군.

③ '물난리'는 제20항에 따라 [물랄리]로 발음하겠군.

④ '긁는'은 제18항과 제20항에 따라 [글른]으로 발음하겠군.

⑤ '백로'는 제19항의 [붙임]과 제18항에 따라 [뱅노]로 발음하겠군.

서술형

04 〈보기 1〉의 ㉠~㉢에 해당하는 단어를 〈보기 2〉에서 찾아 표준 발음을 쓰시오.

┌─ 보기 1 ───────────────────────────┐
제13항 홑받침이나 쌍받침이 모음으로 시작된 조사나 어미, 접미사와 결합되는 경우에는, 제 음가대로 뒤 음절 첫소리로 옮겨 발음한다. ┄┄┄ ㉠
제14항 겹받침이 모음으로 시작된 조사나 어미, 접미사와 결합되는 경우에는, 뒤엣것만을 뒤 음절 첫소리로 옮겨 발음한다.(이 경우, 'ㅅ'은 된소리로 발음함.) ┄┄┄ ㉡
제15항 받침 뒤에 모음 'ㅏ, ㅓ, ㅗ, ㅜ, ㅟ'들로 시작되는 실질 형태소가 연결되는 경우에는, 대표음으로 바꾸어서 뒤 음절 첫소리로 옮겨 발음한다. ┄┄┄ ㉢
└──────────────────────────────────┘

┌─ 보기 2 ───────────────────────────┐
꽃이 닭을 값을 부엌이 밭 아래 여덟이
└──────────────────────────────────┘

㉠: _____

㉡: _____

㉢: _____

신유형

05 〈보기〉는 표준 발음법 중 '된소리되기' 규정과 관련된 예시이다. 이를 바탕으로 표준어 규정을 탐구한 내용으로 적절하지 <u>않은</u> 것은?

┌─ 보기 ─────────────────────────────┐
㉠ 국밥[국빱], 뻗대다[뻗때다], 곱돌[곱똘]
㉡ 신고[신:꼬], 껴안다[껴안따], 더듬지[더듬찌]
㉢ 안기다[안기다], 감기다[감기다], 굶기다[굼기다]
㉣ 할 것을[할꺼슬], 갈 데가[갈떼가], 할 바를[할빠를]
㉤ 할걸[할껄], 할밖에[할빠께], 할세라[할쎄라]
└──────────────────────────────────┘

① ㉠을 통해, 받침 'ㄱ, ㄷ, ㅂ' 뒤에 연결되는 예사소리는 된소리로 발음한다는 것을 알 수 있어.

② ㉡을 통해, 어간 받침 'ㄴ, ㅁ' 뒤에 결합되는 어미의 첫소리는 된소리로 발음하는 것을 알 수 있어.

③ ㉢을 통해, 어간 받침 'ㄴ, ㅁ' 뒤에 'ㄱ'로 시작되는 어미의 첫소리는 된소리로 발음하지 않는 것을 알 수 있어.

④ ㉣을 통해, 관형사형 '-(으)ㄹ' 뒤에 연결되는 예사소리는 된소리로 발음하는 것을 알 수 있어.

⑤ ㉤을 통해, '-(으)ㄹ'로 시작되는 어미의 경우에도 'ㄹ' 뒤의 예사소리를 된소리로 발음하는 것을 알 수 있어.

고난도

06 〈보기〉를 참고하여 표준 발음을 이해한 내용으로 적절하지 않은 것은?

┌ 보기 ┐
제5항 'ㅑ, ㅒ, ㅕ, ㅖ, ㅘ, ㅙ, ㅛ, ㅝ, ㅞ, ㅠ, ㅢ'는 이중 모음으로 발음한다.
　다만 1. 용언의 활용형에 나타나는 '져, 쪄, 쳐'는 [저, 쩌, 처]로 발음한다.
　다만 2. '예, 례' 이외의 'ㅖ'는 [ㅔ]로도 발음한다.
　다만 3. 자음을 첫소리로 가지고 있는 음절의 'ㅢ'는 [ㅣ]로 발음한다.
　다만 4. 단어의 첫음절 이외의 '의'는 [ㅣ]로, 조사 '의'는 [ㅔ]로 발음함도 허용한다.

① '다쳤다'는 [다쳗따]가 아닌 [다첟따]로 발음하겠군.
② '시계'의 'ㅖ'와 '우리의'의 'ㅢ'는 모두 [ㅔ]로 발음할 수 있겠군.
③ '무늬'의 'ㅢ'는 '희망'의 'ㅢ'와 같이 [ㅣ]로 발음해야 하는군.
④ '민주주의'의 'ㅢ'는 '협의'의 'ㅢ'와 달리 [ㅢ]로 발음하는 것이 가능하겠군.
⑤ '의의(意義)'에서 앞에 있는 'ㅢ'는 뒤에 있는 'ㅢ'와 달리 [ㅢ]로만 발음해야 하겠군.

07 밑줄 친 부분이 〈보기〉에 해당하지 않는 것은?

┌ 보기 ┐
　표준 발음법 제22항에서는 어간의 모음과 어미의 모음이 충돌할 때 반모음을 첨가한 발음을 표준 발음으로 허용하고 있다. 여기에 제시된 예로는 '되어, 피어, 이오, 아니오' 4개인데 사전을 찾아보면 '되-'와 같이 'ㅚ'로 끝나는 용언의 어간, '피-'와 같이 'ㅣ'로 끝나는 용언의 어간, '뛰-'와 같이 'ㅟ'로 끝나는 용언의 어간에서도 반모음이 첨가된 발음을 표준 발음으로 제시하고 있다.

① 이 시를 한번 <u>외어</u> 보아라.
② 두 편으로 <u>나뉘어</u> 경기를 하다.
③ 그는 계단을 내려오다 발을 잘못 <u>디디어</u> 넘어졌다.
④ 아침에 일어나면 이부자리부터 <u>개어야</u> 한다.
⑤ 거북이가 엉금엉금 <u>기어서</u> 바위를 올라갔다.

✅ 고난도 서술형 대비하기

08 다음 ㉠과 ㉡의 어간 말음 'ㄺ'이 서로 다르게 발음되는 이유가 무엇인지 〈보기〉를 참고하여 〈조건〉에 맞게 서술하시오.

┌──────────────────────┐
㉠ 맑다[막따]　　㉡ 맑게[말께]
└──────────────────────┘

┌ 보기 ┐
제11항 겹받침 'ㄺ, ㄻ, ㄿ'은 어말 또는 자음 앞에서 각각 [ㄱ, ㅁ, ㅂ]으로 발음한다.
　다만, 용언의 어간 말음 'ㄺ'은 'ㄱ' 앞에서 [ㄹ]로 발음한다.

┌ 조건 ┐
　'㉠은 ~ 하고, ㉡은 ~ 하기 때문에 서로 다르게 발음된다.' 형식의 한 문장으로 쓸 것.

_____

_____

_____

09 〈보기 1〉을 바탕으로 ㉠과 ㉡의 발음 차이에 대해 〈조건〉에 맞게 서술하시오.

┌ 보기 1 ┐
제17항 받침 'ㄷ, ㅌ(ㄾ)'이 조사나 접미사의 모음 'ㅣ'와 결합되는 경우에는, [ㅈ, ㅊ]으로 바꾸어서 뒤 음절 첫소리로 옮겨 발음한다.
　예 땀받이[땀바지], 밭이[바치], 벼훑이[벼훌치]

제29항 합성어 및 파생어에서, 앞 단어나 접두사의 끝이 자음이고 뒤 단어나 접미사의 첫음절이 '이, 야, 여, 요, 유'인 경우에는, 'ㄴ' 음을 첨가하여 [니, 냐, 녀, 뇨, 뉴]로 발음한다.
　예 솜-이불[솜ː니불], 홑-이불[혼니불], 막-일[망닐]

┌ 보기 2 ┐
• ㉠밭이랑[바치랑] 논에 가 봐야겠어요.
• 오늘은 ㉡밭이랑[반니랑]에 물을 듬뿍 주어야 해.

┌ 조건 ┐
• ㉠과 ㉡의 발음이 다른 이유를 제시할 것.
• '㉠은 ~ 발음되고, ㉡은 ~ 발음된다.' 형식의 한 문장으로 쓸 것.

_____

_____

28 로마자 표기법, 외래어 표기법

1 로마자 표기법 우리말을 *로마자로 표기하는 방법을 정해 놓은 규정

◆ 표기의 기본 원칙
제1항 국어의 로마자 표기는 국어의 표준 발음법에 따라 적는 것을 원칙으로 한다.
제2항 로마자 이외의 부호는 되도록 사용하지 않는다. → 붙임표(-)는 사용함.

◆ 국어의 모음과 자음의 로마자 표기
① 모음의 로마자 표기

ㅏ	ㅓ	ㅗ	ㅜ	ㅡ	ㅣ	ㅐ	ㅔ	ㅚ	ㅟ	ㅑ	ㅕ	ㅛ	ㅠ	ㅒ	ㅖ	ㅘ	ㅙ	ㅝ	ㅞ	ㅢ
a	eo	o	u	eu	i	ae	e	oe	wi	ya	yeo	yo	yu	yae	ye	wa	wae	wo	we	ui

• 'ㅢ'는 'ㅣ'로 소리 나더라도 'ui'로 적는다. 예 광희문[광히문] Gwanghuimun

② 자음의 로마자 표기

ㄱ	ㄲ	ㅋ	ㄷ	ㄸ	ㅌ	ㅂ	ㅃ	ㅍ	ㅈ	ㅉ	ㅊ	ㅅ	ㅆ	ㅎ	ㄴ	ㅁ	ㅇ	ㄹ
g, k	kk	k	d, t	tt	t	b, p	pp	p	j	jj	ch	s	ss	h	n	m	ng	r, l

• 'ㄱ, ㄷ, ㅂ'은 모음 앞에서는 'g, d, b'로, 자음 앞이나 어말에서는 'k, t, p'로 적는다.
예 구미 Gumi, 옥천 Okcheon

• 'ㄹ'은 모음 앞에서는 'r'로, 자음 앞이나 어말에서는 'l'로 적는다. 단, 'ㄹㄹ'은 'll'로 적는다. 예 구리 Guri, 임실 Imsil, 울릉 Ulleung

◆ 표기상의 유의점
제1항 음운 변화가 일어날 때에는 변화의 결과에 따라 적는다. (된소리되기는 반영하지 않음.)
　① 비음화, 유음화가 일어나는 경우 예 백마[뱅마] Baengma, 신라[실라] Silla
　② 'ㄴ, ㄹ'이 덧나는 경우 예 학여울[항녀울] Hangnyeoul, 알약[알략] allyak
　③ 구개음화가 되는 경우 예 해돋이[해도지] haedoji, 같이[가치] gachi
　④ 거센소리되기가 일어나는 경우 예 좋고[조:코] joko, 잡혀[자펴] japyeo
다만, 체언에서 'ㄱ, ㄷ, ㅂ' 뒤에 'ㅎ'이 따를 때에는 'ㅎ'을 밝혀 적는다. 예 묵호 Mukho
제2항 발음상 혼동의 우려가 있을 때에는 음절 사이에 붙임표(-)를 쓸 수 있다.
　예 중앙 Jung-ang, 반구대 Ban-gudae
제3항 고유 명사는 첫 글자를 대문자로 적는다. 예 부산 Busan, 세종 Sejong
제4항 인명은 성과 이름의 순서로 띄어 쓴다. 이름은 붙여 쓰는 것을 원칙으로 하되 음절 사이에 붙임표(-)를 쓰는 것을 허용한다. 예 민용하 Min Yongha (Min Yong-ha)
　• 이름에서 일어나는 음운 변화는 표기에 반영하지 않는다. 예 홍빛나 Hong Bitna (Hong Bit-na)
　• 성의 표기는 따로 정한다.

2 외래어 표기법 외래어를 한글로 적는 방식을 정해 놓은 규정

◆ 표기의 기본 원칙
제1항 외래어는 국어의 현용 24 자모만으로 적는다. → 국어에 없는 발음을 적기 위한 별도의 글자나 기호를 만들지 않음.
제2항 외래어의 1 음운은 원칙적으로 1 기호로 적는다.
　예 화이팅(✕), 파이팅(○) → [f]는 'ㅍ'으로 통일함.
제3항 받침에는 'ㄱ, ㄴ, ㄹ, ㅁ, ㅂ, ㅅ, ㅇ'만을 쓴다.
　예 robot 로봇 → 단독으로는 [로볻]으로 발음되지만 '로봇이[로보시], 로봇을[로보슬]'처럼 조사와 결합 시 연음되므로 'ㅅ'에 한하여 'ㄷ'이 아닌 'ㅅ'을 받침으로 씀.
제4항 파열음 표기에는 된소리를 쓰지 않는 것을 원칙으로 한다.
　예 game 게임(○), 께임(✕) → 원어의 발음보다 규정의 간결성을 중시함.
제5항 이미 굳어진 외래어는 관용을 존중하되, 그 범위와 용례는 따로 정한다.
　예 radio[réidiòu] 레이디오(✕), 라디오(○) → 언어생활에서의 혼란을 방지함.

개념 확인

1 로마자 표기법에 대한 설명이 맞으면 O, 틀리면 X로 표시해 보자.

① 로마자 표기법은 우리말을 로마자로 표기하는 방법을 정해 놓은 규정이다. (　　　)

② 로마자 표기는 우리말의 표기대로 적는 것을 원칙으로 한다. (　　　)

③ 로마자 표기법에서는 자음 동화나 된소리되기가 표기에 반영된다. (　　　)

④ 로마자 표기법에서 고유 명사는 첫 글자를 대문자로 적는다. (　　　)

2 빈칸에 들어갈 알맞은 말을 써 보자.

① 외래어 표기법은 　　　을/를 　　(으)로 적는 방식을 정해 놓은 규정이다.

② 외래어를 표기할 때, 외래어의 1　　은/는 원칙적으로 1　　(으)로 적는다.

③ 외래어를 표기할 때 받침에는 '　, 　, 　, 　, 　, 　, 　'만을 쓴다.

④ 외래어 표기법에서 파열음 표기에는 　　　을/를 쓰지 않는 것을 원칙으로 한다.

예시로 연습

3 로마자 표기법에 따라 다음 빈칸에 들어갈 알맞은 로마자를 써 보자. 〈내신 기출〉

① 'ㄱ, ㄷ, ㅂ'이 모음 앞, 자음 앞, 어말에 위치한 경우

| 구미 | __umi | 옥천 | O_cheon | 월곶 | Wol_ot |
| 벚꽃 | __eotkko_ | 합덕 | Hap_eo_ | 호법 | Ho_eo_ |

② 'ㄹ'이 모음 앞, 자음 앞, 어말에 위치한 경우

| 구리 | Gu_i | 설악 | Seo_ak | 임실 | Imsi_ |
| 울릉 | U__eung | 대관령 | Daegwa__yeong | 칠곡 | Chi_gok |

③ 비음화, 유음화가 일어나는 경우

| 신문로 | Sinmu__o | 백마 | Bae___a | 선릉 | Seo__eung |

④ 구개음화가 일어나는 경우

| 굳히다 | gu___ida | 해돋이 | haedo__ | 같이 | ga___i |

⑤ 'ㄱ, ㄷ, ㅂ, ㅈ'이 'ㅎ'과 합하여 거센소리되기가 일어나는 경우

| 묵호 | Mu__o | 집현전 | Ji___yeonjeon | 놓다 | no_a |

⑥ 된소리되기가 일어나는 경우

| 낙성대 | Nak_eongdae | 합정 | Hap_eong | 팔당 | Pal_ang |

4 다음 단어를 외래어 표기법에 맞게 고쳐 써 보자.

① rocket 로켙 → _____　　② coffee shop 커피숖 → _____　　③ racket 라켙 → _____

④ game 께임 → _____　　⑤ Paris 빠리 → _____　　⑥ bus 뻐스 → _____

01 다음 중 국어의 로마자 표기법에 대한 설명으로 적절하지 않은 것은?

① 로마자 이외의 부호는 되도록 사용하지 않는다.

② 우리말을 로마자로 어떻게 적을 것인지를 규정한 것이다.

③ 발음과 표기가 완벽하게 일치하는 로마자 표기는 거의 불가능하다.

④ 한글 자모를 로마자 표기에 그대로 반영하는 것을 원칙으로 한다.

⑤ 인명은 성과 이름의 순서로 띄어 쓰되 이름은 붙여 쓰는 것을 원칙으로 한다.

고난도
02 로마자 표기법에서 국어의 자음과 모음을 적는 방법에 대한 설명으로 적절한 것은?

① 이중 모음 'ㅢ'가 'ㅣ'로 소리 나면 'i'로 적는다.

② 'ㄹ'은 모음 앞에서는 'r'로, 자음 앞이나 어말에서는 'll'로 적는다.

③ 'ㄱ, ㄷ, ㅂ'은 모음이나 자음 앞에서는 'g, d, b'로, 어말에서는 'k, t, p'로 적는다.

④ 로마자는 모음이 5개뿐이어서 단모음 'ㅓ, ㅡ, ㅐ, ㅚ, ㅟ'는 두 개의 로마자로 표기한다.

⑤ 좋고[조:코]와 같이 발음 결과 거센소리로 소리 나는 경우에는 음운 변화를 로마자 표기에 반영하지 않는다.

03 다음 중 우리말의 로마자 표기로 적절하지 않은 것은?

① 왕십리 Wangsimni　　② 신문로 Sinmunno

③ 별내 Byeolnae　　④ 샛별 saetbyeol

⑤ 벚꽃 beotkkot

서술형
04 〈보기〉의 ㉠과 ㉡을 로마자 표기법에 맞게 표기하시오.

보기
　　　㉠ 낙동강　　　㉡ 묵호

㉠: _____

㉡: _____

신유형
05 수업 시간에 로마자 표기법을 공부하면서 친구들의 이름을 〈보기〉와 같이 표기하였다. 〈보기〉에 대한 설명으로 적절하지 않은 것은?

보기
㉠ 최석준 → Choi Seokjun
㉡ 박나래 → Bak Narae
㉢ 박성운 → Park Seongun

① ㉠의 '최석준'은 [최석쭌]으로 발음되지만 이름에서 일어나는 음운 변화는 표기에 반영하지 않기 때문에 'Choi Seokjun'으로 적는 게 맞아.

② ㉡의 '박나래'도 발음대로 표기한다면 '박나래'인지 '방나래'인지 모를 수 있어.

③ ㉡의 '박나래'는 로마자로 표기할 때, 성과 이름 사이에 붙임표(-)를 쓰면 '방나래'와 헷갈리지 않을 거야.

④ ㉢의 '박성운'은 '박선군'과 로마자 표기가 같아서 붙임표(-)가 없으면 이름이 헷갈릴 수도 있겠어.

⑤ ㉡의 '박나래'와 ㉢의 '박성운'의 성을 각자 다르게 표기한 것은 그동안 관습적으로 써 온 표기를 인정하기 때문이지.

06 다음 중 외래어 표기법에 대한 설명으로 적절하지 않은 것은?

① 외래어의 1 음운은 원칙적으로 1 기호로 적는다.

② 외국어를 한글로 적는 방식을 정해 놓은 규정이다.

③ 외래어의 음절 끝소리는 7개의 자음으로만 적는다.

④ 외래어에 대해 일관된 표기 원칙을 제공하는 역할을 한다.

⑤ 외래어는 국어의 일부이므로 국어에 없는 발음을 적기 위한 별도의 글자나 기호를 만들 필요가 없다.

07 〈보기〉의 외래어 표기법에 대한 설명으로 가장 적절한 것은?

┌─ 보기 ─────────────────────────────────┐
제1항 외래어는 국어의 현용 24 자모만으로 적는다.
제2항 외래어의 1 음운은 원칙적으로 1 기호로 적는다.
제3항 받침에는 'ㄱ, ㄴ, ㄹ, ㅁ, ㅂ, ㅅ, ㅇ'만을 쓴다.
제4항 파열음 표기에는 된소리를 쓰지 않는 것을 원칙으로 한다.
제5항 이미 굳어진 외래어는 관용을 존중하되, 그 범위와 용례는 따로 정한다.
└──┘

① 제1항은 최대한 원음에 가깝도록 발음을 표기하기 위하여 별도의 문자를 활용하겠다는 뜻이다.

② 제2항 규정에 따라 'p'는 예외 없이 'ㅍ'으로 적는다.

③ 제3항의 받침 규정에 따르면 받침에 사용하는 자음은 '음절의 끝소리 규칙'과 같다.

④ 제4항에 따르면 'cafe, gas'은 '카페, 가스' 또는 '까페, 까쓰'로 쓸 수 있다.

⑤ 제5항에 따라 'radio'는 '레이디오'가 아니라 '라디오'로 표기한다.

08 〈보기〉는 외래어 표기법 규정의 일부이다. 이를 참고하여 표기한 외래어 중 알맞지 <u>않은</u> 것은?

┌─ 보기 ─────────────────────────────────┐
어말의 [ʃ]는 '시'로 적고, 자음 앞의 [ʃ]는 '슈'로, 모음 앞의 [ʃ]는 뒤따르는 모음에 따라 '샤', '섀', '셔', '셰', '쇼', '슈', '시'로 적는다.
└──┘

① flash[flæʃ] 플래시　　② fashion[fæʃən] 패션

③ shopping[ʃɔpiŋ] 쇼핑　④ English[ɪŋglɪʃ] 잉글리시

⑤ leadership[liːdərʃɪp] 리더쉽

09 다음 중 외래어 표기법에 따라 바르게 표기한 것은?

① film 필름　　　　② jazz 째즈

③ robot 로봇　　　④ hair shop 헤어숍

⑤ internet 인터넽

✔고난도 서술형 대비하기

10 〈보기 1〉을 참고하여 〈보기 2〉의 단어 중 로마자 표기가 잘못된 것을 모두 찾아 〈조건〉에 맞게 서술하시오.

┌─ 보기 1 ────────────────────────────────┐
• 모음의 로마자 표기

ㅏ	ㅓ	ㅗ	ㅜ	ㅡ	ㅣ	ㅐ	ㅔ	ㅚ	ㅟ
a	eo	o	u	eu	i	ae	e	oe	wi

ㅑ	ㅕ	ㅛ	ㅠ	ㅒ	ㅖ	ㅘ	ㅙ	ㅝ	ㅞ	ㅢ
ya	yeo	yo	yu	yae	ye	wa	wae	wo	we	ui

• 자음의 로마자 표기

ㄱ	ㄲ	ㅋ	ㄷ	ㄸ	ㅌ	ㅂ	ㅃ	ㅍ
g, k	kk	k	d, t	tt	t	b, p	pp	p

ㅈ	ㅉ	ㅊ	ㅅ	ㅆ	ㅎ	ㄴ	ㅁ	ㅇ	ㄹ
j	jj	ch	s	ss	h	n	m	ng	r, l

㉠ 로마자 표기는 표준 발음법에 따라 적는다.

㉡ 'ㄱ, ㄷ, ㅂ'은 모음 앞에서는 'g, d, b'로, 자음 앞이나 어말에서는 'k, t, p'로 적는다.

㉢ 'ㄹ'은 모음 앞에서는 'r'로, 자음 앞이나 어말에서는 'l'로 적는다. 단, 'ㄹㄹ'은 'll'로 적는다.

㉣ 'ㅢ'는 'ㅣ'로 소리 나더라도 'ui'로 적는다.

㉤ 된소리되기는 표기에 반영하지 않는다.

㉥ 고유 명사는 첫 글자를 대문자로 적는다.
└──┘

┌─ 보기 2 ────────────────────────────────┐
• 광희문 Gwanghimun　　　• 월곶 Wolgot

• 낮지 nachi　　　　　　• 속리산 songnisan

• 경복궁 Gyeongbokggung　• 설악 Seorak
└──┘

┌─ 조건 ─────────────────────────────────┐
• 〈보기 1〉의 ㉠~㉥을 근거로 쓸 것.

• '~(은)는 ~을 근거로 ~(으)로 고쳐 표기해야 한다.'의 형태로 각각 한 문장으로 쓸 것.
└──┘

_____

_____

_____

● 담화란? 하나 이상의 문장이나 *발화가 모여 이루어진 말의 단위로, 구체적인 맥락을 바탕으로 한 발화의 유기적 연결체 → 발화가 모여 있다고 해서 항상 적절한 담화가 이루어지는 것은 아님.

1 담화의 구성 요소

화자(필자)	발화를 생산하고 전달하는 역할
청자(독자)	발화를 듣거나 읽고 이해하는 역할
발화(언어)	문장 단위의 언어로 표현된 내용
맥락(장면)	의사소통이 이루어지는 배경이나 환경(시간적·공간적 상황)

2 담화의 맥락과 의미

담화를 적절하게 표현하고 이해하려면 언어적 맥락은 물론, 비언어적 맥락도 두루 고려해야 함.

언어적 맥락 (문맥)		담화 내에서 앞이나 뒤에 나타난 발화를 통해 파악할 수 있는 맥락을 말함. 예 영미: 철수 어디 갔어? 나희: 오늘 인사도 못 했어. → 영미의 발화를 통해 '철수가 어디 갔는지 모른다.'라는 의미로 해석할 수 있음.
비언어적 맥락	상황 맥락	• 담화에 직접적으로 영향을 끼치는 맥락으로, 화자, 청자, 시간적·공간적 배경 등이 있음. • 같은 발화라도 상황에 따라 그 의미가 다르게 이해됨. 예 (약속 시간에 늦은 친구에게) 지금 몇 시야? → 기다린 것에 대해 불만을 표현하는 발화로 이해할 수 있음. (수업 시간에 하품을 하며) 지금 몇 시야? → 남은 수업 시간을 확인하기 위한 발화로 이해할 수 있음.
	사회·문화적 맥락	담화에 간접적으로 영향을 끼치는 맥락으로, 소속된 언어 공동체의 이념이나 가치, 사회·문화적 상황 등이 있음. 예 (음식을 푸짐하게 차려 놓고) 차린 건 없지만 많이 드세요. → 우리 문화에서는 겸양의 표현이지만 이를 알지 못하는 외국인들은 담화의 의미를 이해하지 못할 수 있음.

3 담화의 요건

발화가 모여서 담화를 이루기 위해 필요한 조건

통일성 (내용적 측면)	담화 내 발화들이 하나의 주제를 중심으로 긴밀하게 연결되어 있어야 함.
응집성 (형식적 측면)	발화들이 서로 관련되어 있음을 나타내 주는 표현으로 묶여 하나의 담화를 구성해야 함.

빈출 개념

◆ 응집성의 실현 방식

지시 표현	상황 맥락을 고려하여 대상을 지시하는 표현 예 이것, 그것, 여기, 거기, 이, 그, 이러하다
대용 표현	담화에서 앞에 언급된 어휘, 문장, 상황 전체를 대신하는 표현 예 거기, 그것, 이, 그
접속 표현	상황들 사이의 시간적 순서 또는 논리적 흐름 등을 드러내는 표현 예 그리고, 하지만

예 영수: 어제 집 앞에 있던 새끼 고양이 봤어?

영호: 그 고양이 나도 봤어. 그런데 오늘은 거기에 안 보이던데.
　　　 대용 표현　　　　　　 접속 표현　　　 대용 표현

영희: 아침에 내가 데리고 왔어. 이 고양이 맞지?
　　　　　　　　　　　　　　 지시 표현

영호: 맞아. 그 고양이. 그래서 안 보였구나.
　　　 지시 표현　 접속 표현

＊참고

직접 발화와 간접 발화

발화는 일정한 상황 속에서 머릿속의 생각이 문장 단위로 실현된 말로, 화자의 의도가 직접적이냐 간접적이냐에 따라 직접 발화와 간접 발화로 나뉜다.

직접 발화	• 화자의 의도가 직접적으로 표현된 발화 • 문장 유형과 발화 의도가 일치함. 예 (붐비는 버스 안에서) 조금만 비켜 주세요. → 요청의 의도를 청유문으로 직접적으로 나타냄.
간접 발화	• 화자의 의도가 간접적으로 표현된 발화 • 문장 유형과 발화 의도가 일치하지 않음. 예 (붐비는 버스 안에서) 내릴게요. → 요청의 의도를 평서문으로 간접적으로 나타냄.

개념＋

담화 맥락과 국어 사용의 양상

국어는 지역적 요인과 사회적 요인에 따라 지역 방언과 사회 방언으로 분화되는데, 말하는 상황이나 대상, 즉 담화 맥락에 따라 국어의 사용 양상이 달라지기도 한다. 예를 들어 공식적인 자리에서는 표준어를 사용하던 사람이 고향의 친구와 사적인 대화를 할 때에는 지역 방언을 사용한다거나, 친구들끼리 사용하는 말을 다른 세대인 어른들께 사용할 때에는 알기 쉬운 다른 표현으로 바꾸어 말하는 것 등이 이에 해당한다.

❗ 헷갈리는 개념 잡기

대용 표현과 지시 표현은 어떻게 다를까?

대용 표현은 담화에서 앞에 언급된 어휘나 발화 전체를 다시 가리킬 때 사용해요.
예 A: 서점에 같이 갈래?
B: 그건 좀 어렵겠는걸.
→ B의 '그건'은 A의 서점에 같이 가자는 발화 전체를 대용한 표현임.

반면 지시 표현은 화자와 청자를 기준으로 멀고 가까운 곳에 있는 특정한 대상을 가리킬 때 사용해요.
예 A: 그 지우개 새로 샀어?
B: 이 지우개는 선물로 받은 거야.
→ '그'와 '이'는 모두 B의 지우개를 가리키는 지시 표현임.

개념 확인 **1** 다음 빈칸에 들어갈 알맞은 말을 써 보자.

① 일정한 상황에서 머릿속의 생각이 문장 단위로 실현된 [　　][　] 이/가 하나 이상 모여 이루어진 것을 담화라고 한다.

② 담화는 화자, [　　], [　　], 맥락으로 구성된다. 〈내신 기출〉

③ 맥락은 의사소통이 이루어지는 배경이나 환경으로, [　　　] 맥락과 비언어적 맥락이 있다.

④ 비언어적 맥락은 시공간적 배경, 화자, 청자 등 담화 의미에 직접적으로 영향을 미치는 [　] [　] 맥락과 사회적 상황, 공동체의 이념이나 가치 등 담화 의미에 간접적으로 영향을 미치는 [　][　]·[　][　][　] 맥락으로 나뉜다.

2 응집성의 실현 방식과 그에 해당하는 설명을 바르게 연결해 보자. 〈내신 기출〉

① 지시 표현　•
② 대용 표현　•
③ 접속 표현　•

•　㉠ 상황 맥락을 고려하여 대상을 지시하는 표현
•　㉡ 상황들 사이의 시간적 순서나 논리적 흐름 등을 드러내는 표현
•　㉢ 담화에서 앞에 언급된 어휘, 문장, 상황 전체를 대신하는 표현

예시로 연습 **3** 다음 대화를 담화로 보기 어려운 이유를 빈칸을 채워 완성해 보자.

> (학교 쉬는 시간에)
> 유빈: 나 어제 휴대 전화가 망가졌어.
> 하진: 배고프다. 간식 먹으러 가자.
> 유빈: 오, 그 신발 예쁘다. 어디서 샀어?
> 하진: 머리도 조금 아픈 것 같네.

➡ 학교 쉬는 시간이라는 '상황'에서 유빈과 하진이라는 '화자'와 '청자'가 하나 이상의 '발화'로 이야기를 하고 있지만, 두 사람의 발화가 (　　　　　　)을/를 갖추지 못했기 때문에 담화로 보기 어렵다.

4 담화 상황을 고려할 때 다음 대화 내용이 맥락에 어울리면 O, 어울리지 않으면 X로 표시해 보자.

대화 내용	O/X
① 점순이: (학교에 가려고 나서다가) 엄마 비 와요. 어머니: 우산 챙겨 가거라.	(　　)
② 어머니: (밤늦게 들어오는 아들에게) 지금 몇 시니? 아들: 11시 15분이요.	(　　)
③ 선생님: (열린 문을 보며) 날씨가 춥구나. 학생: 겨울이잖아요.	(　　)
④ 한국인: (뜨거운 국물을 마시고 있는 외국인에게) 국물이 참 시원하지요? 외국인: 아니요, 제 건 너무 뜨거워요.	(　　)

01 다음 중 담화에 대한 설명으로 적절하지 <u>않은</u> 것은?

① 담화의 의미는 화자와 청자에 의해 결정된다.

② 화자, 청자, 발화, 맥락의 네 가지 요소로 이루어진다.

③ 담화의 의미는 맥락에 따라 다르게 해석될 수 있다.

④ 맥락은 담화가 이루어지는 구체적인 시간적, 공간적 상황을 포함한다.

⑤ 하나 이상의 발화가 모여 이루어진 말의 단위로, 구체적인 맥락을 바탕으로 한다.

02 〈보기〉의 담화가 통일성을 갖추기 위한 상황으로 적절한 것은?

> ┌ 보기 ┐
> 영희: 눈이 많이 왔으면 좋겠어. 눈이 오면 썰매가 빨리 달릴 수 있잖아.
> 영수: 말도 안 돼. 과학적으로 있을 수 없는 일이야.
> 영호: 치, 형은 착한 일 안 해서 그러는구나?

① 아이들이 눈썰매를 타며 놀고 있는 상황

② 아이들이 모여서 산타클로스를 기다리는 상황

③ 과학자들이 썰매의 원리에 대해 토론하는 상황

④ 아이들이 수업 시간에 과학 실험을 분석하는 상황

⑤ 아이들이 텔레비전을 보며 썰매 경기를 응원하는 상황

서술형
03 다음은 담화의 구성 요소를 도식화한 것이다. ㉠, ㉡에 들어갈 알맞은 말을 쓰시오.

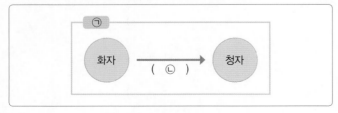

㉠: _____

㉡: _____

04 〈보기〉를 이해한 내용으로 적절하지 <u>않은</u> 것은?

> ┌ 보기 ┐
> 성환: 나 어제 우산 잃어버렸어.
> 원석: ㉠그거 생일 선물로 받은 거잖아.
> 성환: 맞아. ㉡그거 선물 받은 지 얼마 안 되었는데.

① 담화의 구성 요소를 모두 확인할 수 있는 담화이다.

② 화자와 청자가 뚜렷이 구별되지 않는 일상 대화이다.

③ ㉠, ㉡과 같은 표현이 자주 사용되는 것이 구어 담화의 특징이다.

④ 언어적 맥락을 고려하지 않으면 ㉠과 ㉡이 의미하는 것을 정확하게 이해할 수 없다.

⑤ ㉠과 ㉡은 앞에서 나온 어휘를 다시 가리키는 지시 표현으로 모두 같은 대상인 '우산'을 나타낸다.

05 다음 중 화자가 의도를 표현하는 방식이 나머지와 <u>다른</u> 하나는?

① 동생: (음료수를 마시는 누나에게) 나도 목말라.

② 엄마: (TV를 보는 아들에게) 소리가 좀 크지 않니?

③ 아빠: (새벽까지 게임을 하는 딸에게) 내일 학교 안 가니?

④ 여행객: (행인에게 길을 물으며) 지하철을 타려면 어느 쪽으로 가야 하나요?

⑤ 주인: (추운 겨울, 가게 안으로 들어오는 손님을 맞이하며) 여기 따뜻한 차입니다.

06 〈보기〉의 담화를 설명한 것으로 적절하지 <u>않은</u> 것은?

> ┌ 보기 ┐
> ㉠어제 내가 다녀왔던 맛집을 소개할게. ㉡집에 가는 길에 발견했지. ㉢거기는 떡볶이와 튀김을 파는 곳인데, 처음에는 별로 기대하지 않고 떡볶이를 주문했어. ㉣그런데 양도 무척 많고 매콤 달콤한 맛이 정말 최고였어. ㉤너희들도 같이 갔으면 좋았을 텐데 아쉬워.

① ㉠은 화자가 말하고자 하는 주제에 해당한다.

② ㉡은 주제에서 크게 벗어나 통일성을 해치는 발화이므로 삭제해야 한다.

③ ㉢은 ㉠을 다시 가리키는 대용 표현으로, 지시 표현과 형식상 잘 구별되지 않는다.

④ ㉣은 앞의 발화와 뒤의 발화가 자연스럽게 이어지도록 하여 담화의 응집성을 높인다.

⑤ ㉤은 화자가 발화를 전달하고 있는 청자에 해당한다.

07 〈보기〉의 밑줄 친 부분이 나타나는 담화로 알맞은 것은?

┌ 보기 ┐

발화들이 서로 긴밀하게 묶여 하나의 담화를 구성하도록 해 주는 형식적 요건을 담화의 응집성이라고 한다. 응집성은 주로 지시 표현, 대용 표현, 접속 표현으로 실현되는데, 이러한 표현들은 앞에 나온 어휘, 문장, 상황 전체를 대신하거나 상황들 사이의 시간적 순서 또는 논리적 흐름 등을 드러내는 기능을 한다. 그 밖에 '먼저, 다음으로'와 같이 순서나 과정을 드러내는 어휘나 동일한 표현을 반복하는 것도 응집성을 높일 수 있는 방법이다.

① 종환: (컴퓨터를 두드리며) 컴퓨터가 고장났나 봐. 어떡하지?
　순영: 먼저 플러그를 꽂고 그다음에 전원 버튼을 눌러.

② 형: (냉장고를 살피며) 어제 내가 사 온 음료수 못 봤어?
　동생: 그거 형이 사 온 거야? 조금 전에 내가 먹었는데.

③ 아버지: (시계를 보며) 어서 일어나라. 학교 늦겠다.
　딸: 배고픈데 밥 있어요?

④ 아버지: (집으로 들어오며) 철이가 안 보이네.
　어머니: 친구네 갔는데 거기서 저녁 먹고 온대요.

⑤ 영심: (연필을 손에 들고) 이거 어제 산 연필인데 예쁘지?
　영철: 그거 내가 사고 싶었던 연필인데 어디에서 샀어?

〔고난도〕

08 다음 담화에 대한 이해로 적절하지 <u>않은</u> 것은?

┌ 보기 ┐

에리카: 이따 어디서 만날까?
솔미: 우리 집 앞에 있는 공원에서 볼까?
에리카: 우리 집 앞이라니? 너하고 나는 같이 안 살잖아.

① '에리카'는 '솔미'와 사회·문화적 관습을 공유하지 못하였기 때문에 '솔미'의 발화를 이해하지 못하고 있다.

② '솔미'가 말한 '우리 집'을 '에리카'는 '우리의 집'으로 이해하였기 때문에 원활한 소통이 이루어지지 않고 있다.

③ '솔미'가 말한 '우리 집'의 의미를 '에리카'가 제대로 이해하지 못했기 때문에 '솔미'의 말은 발화로 볼 수 없다.

④ '솔미'의 발화에서 '우리 집'은 사회·문화적 맥락을 고려하면 '자신의 집'이라는 의미로 이해할 수 있다.

⑤ '에리카'와 '솔미'는 담화의 화자이자 청자이며, 약속을 정하는 상황을 바탕으로 하여 담화가 이루어지고 있지만 발화의 내용이 제대로 전달되지 않고 있다.

🛡 **고난도 서술형 대비하기**

09 〈보기〉에서 ㉠과 ㉡의 발화가 서로 다른 의미로 해석되는 이유를 〈조건〉에 맞게 서술하시오.

┌ 보기 ┐

담화의 의미를 제대로 파악하기 위해서는 먼저 담화의 의미 해석에 영향을 미치는 맥락을 이해해야 한다. 맥락은 사물이나 사건 등의 요소가 서로 이어져 있는 관계를 말하는 것으로, 언어적 맥락과 비언어적 맥락으로 나누어 이해할 수 있다. 언어적 맥락은 어떤 발화 앞뒤에 있는 다른 발화를 뜻하고, 비언어적 맥락은 화자와 청자가 처한 시·공간적 장면인 상황 맥락과 관습이나 규범과 같이 담화를 둘러싼 사회·문화적 맥락을 뜻한다.

　㉠ 아버지: (늦잠을 자느라 학교에 지각을 한 아들에게)
　　　　　　우리 아들 참 잘한다!
　㉡ 아버지: (아들의 농구 시합을 응원하며)
　　　　　　우리 아들 참 잘한다!

┌ 조건 ┐

• 두 발화의 의미가 다른 이유를 〈보기〉에서 찾아 쓸 것.
• '㉠과 ㉡의 의미가 서로 다른 이유는 ~ 때문이다.'의 형식으로 쓸 것.

---

10 다음을 참고하여 〈보기〉를 담화로 볼 수 있는 이유를 〈조건〉에 맞게 서술하시오.

담화는 화자와 청자, 발화, 맥락의 네 가지 요소로 이루어진다. 화자는 발화를 생산하고 전달하는 역할을 하고, 청자는 발화를 듣거나 읽고 이해하는 역할을 한다. 발화는 언어로 표현된 내용을 말하고, 맥락은 의사소통이 이루어지는 배경이나 환경을 말한다.

┌ 보기 ┐

(축구 경기 중에 공을 패스할 상대를 찾는 선수에게 자신을 가리키며)
같은 편 선수: 나!

┌ 조건 ┐

• 담화의 구성 요소를 모두 포함할 것.
• 한 문장으로 쓸 것.

출제 포인트

❶ 한글 맞춤법의 특정 조항이 적용되는 단어를 찾는 문제가 출제된다.

❷ 표준 발음법의 조항을 참고하여 올바른 발음을 찾는 문제가 출제된다.

❸ 상황 맥락에 어울리는 담화 상황을 찾는 문제가 출제된다.

2018–11월 고1 학평

01 〈보기 1〉을 바탕으로 〈보기 2〉의 ㉠~㉤에 대해 탐구한 내용으로 적절하지 않은 것은?

┌ **보기 1** ┐
〈한글 맞춤법〉
제15항 용언의 어간과 어미는 구별하여 적는다.
[붙임 1] 두 개의 용언이 어울려 한 개의 용언이 될 적에, 앞말의 본뜻이 유지되고 있는 것은 그 원형을 밝히어 적고, 그 본뜻에서 멀어진 것은 밝히어 적지 아니한다.
제19항 어간에 '-이'나 '-음/-ㅁ'이 붙어서 명사로 된 것과 '-이'나 '-히'가 붙어서 부사로 된 것은 그 어간의 원형을 밝히어 적는다.
제23항 '-하다'나 '-거리다'가 붙는 어근에 '-이'가 붙어서 명사가 된 것은 그 원형을 밝히어 적는다.

┌ **보기 2** ┐
• 나는 모퉁이를 ㉠도라가다 예쁜 꽃을 보았다.
• 바닷물이 빠지자 갯벌이 ㉡드러났다.
• 날씨가 너무 더워서 ㉢얼음이 녹았다.
• 건축 기사가 건물의 ㉣노피를 측량했다.
• 요새 동생이 밥을 잘 먹지 못해 ㉤홀쭈기가 되었다.

① ㉠은 제15항 [붙임 1]을 적용해 '돌아가다'로 정정해야겠군.
② ㉡은 제15항 [붙임 1]을 적용해 '드러났다'로 표기한 것이 적절하군.
③ ㉢은 제19항을 적용해 '얼음'으로 표기한 것이 적절하군.
④ ㉣은 제23항을 적용해 '높이'로 정정해야겠군.
⑤ ㉤은 제23항을 적용해 '홀쭉이'로 정정해야겠군.

2016–9월 고3 모평B

02 〈자료〉의 밑줄 친 발음 표시 부분을 맞춤법에 맞게 표기할 때에 적용되는 원칙을 〈보기〉에서 찾아 바르게 짝지은 것은?

┌ **자료** ┐
㉠ 이것은 유명한 책이 [아니요].
㉡ 영화 구경 [가지요].
㉢ 이것은 [설탕이요], 저것은 소금이다.

┌ **보기** ┐
○ 용언의 어간과 어미는 구별하여 적는다.
 • 종결형에서 사용되는 어미 '-오'는 '요'로 소리 나는 경우가 있더라도 그 원형을 밝혀 '오'로 적는다. ·························· ⓐ
  이리로 오시오. (○) 이리로 오시요. (×)
 • 연결형에서 사용되는 '이요'는 '이요'로 적는다. ············· ⓑ
  이것은 책이요, 저것은 붓이다. (○)
  이것은 책이오, 저것은 붓이다. (×)
○ 어미 뒤에 덧붙는 조사 '요'는 '요'로 적는다. ·················· ⓒ
  읽어 읽어요   먹을게 먹을게요

① ㉠–ⓐ   ② ㉠–ⓑ   ③ ㉡–ⓑ
④ ㉢–ⓐ   ⑤ ㉢–ⓒ

고난도 **신유형**   2019–6월 고3 모평

03 〈보기〉의 1가지 조건으로 적절하지 않은 것은?

┌ **보기** ┐
'한글 맞춤법'에 따르면, 사이시옷은 아래의 조건 ⓐ~ⓓ가 모두 만족되어야 표기된다. 단, '곳간, 셋방, 숫자, 찻간, 툇간, 횟수'는 예외이다.

○ 사이시옷 표기에 고려되는 조건
 ⓐ 단어 분류상 '합성 명사'일 것.
 ⓑ 결합하는 두 말의 어종이 다음 중 하나일 것.
  • 고유어 + 고유어 • 고유어 + 한자어 • 한자어 + 고유어
 ⓒ 결합하는 두 말 중 앞말이 모음으로 끝날 것.
 ⓓ 두 말이 결합하며 발생하는 음운 현상이 다음 중 하나일 것.
  • 앞말 끝소리에 'ㄴ' 소리가 덧남.
  • 앞말 끝소리와 뒷말 첫소리에 각각 'ㄴ' 소리가 덧남.
  • 뒷말 첫소리가 된소리로 바뀜.

㉠~㉤ 각각의 쌍은 위 조건 ⓐ~ⓓ 중 1가지 조건만 차이가 나서 사이시옷 표기 여부가 갈린 예이다.

	사이시옷이 없는 단어	사이시옷이 있는 단어
㉠	도매가격[도매까격]	도맷값[도매깝]
㉡	전세방[전세빵]	아랫방[아래빵]
㉢	버섯국[버섣꾹]	조갯국[조개꾹]
㉣	인사말[인사말]	존댓말[존댄말]
㉤	나무껍질[나무껍찔]	나뭇가지[나무까지]

① ㉠: ⓐ   ② ㉡: ⓑ   ③ ㉢: ⓒ
④ ㉣: ⓓ   ⑤ ㉤: ⓓ

04
2021-6월 고3 모평

〈보기〉의 [A]에 들어갈 말로 적절한 것만을 있는 대로 고른 것은?

┌ 보기 ┐

학생: 선생님, 자기 소개서를 써 봤는데, 띄어쓰기가 맞는지 가르쳐 주시겠어요? 헷갈리는 부분을 표시해 왔어요.

> 양로원에 가서 봉사 활동을 했습니다. 사실 그 시간에 ㉠봉사 보다는 게임을 하고 싶었습니다. 그저 작은 일을 ㉡도울 뿐이었는데 ㉢너 밖에 없다며 행복해하시는 어르신들의 말씀을 들을 ㉣때 만큼은 마음이 뿌듯해졌습니다.

선생: 한글 맞춤법에 따르면, 문장의 각 단어는 띄어 써야 하지만, 조사는 예외적으로 그 앞말에 붙여 쓴단다.

학생: 아, 그럼 _____[A]_____ 은/는 앞말에 붙여 써야 하는군요.

① ㉠의 '보다', ㉢의 '밖에'

② ㉡의 '뿐', ㉢의 '밖에'

③ ㉡의 '뿐', ㉣의 '만큼'

④ ㉠의 '보다', ㉡의 '뿐', ㉣의 '만큼'

⑤ ㉠의 '보다', ㉢의 '밖에', ㉣의 '만큼'

05
2022-3월 고1 학평

〈보기 1〉의 '표준 발음법'에 따라 〈보기 2〉의 ㉠~㉤을 발음한다고 할 때, 적절하지 않은 것은?

┌ 보기 1 ┐

표준 발음법

제10항 겹받침 'ㄳ', 'ㄵ', 'ㄼ, ㄽ, ㄾ', 'ㅄ'은 어말 또는 자음 앞에서 각각 [ㄱ, ㄴ, ㄹ, ㅂ]으로 발음한다.

제11항 겹받침 'ㄺ, ㄻ, ㄿ'은 어말 또는 자음 앞에서 각각 [ㄱ, ㅁ, ㅂ]으로 발음한다. 다만, 용언의 어간 말음 'ㄺ'은 'ㄱ' 앞에서 [ㄹ]로 발음한다.

제14항 겹받침이 모음으로 시작된 조사나 어미, 접미사와 결합되는 경우에는, 뒤엣것만을 뒤 음절 첫소리로 옮겨 발음한다.

제23항 받침 'ㄱ(ㄲ, ㅋ, ㄳ, ㄺ), ㄷ(ㅅ, ㅆ, ㅈ, ㅊ, ㅌ), ㅂ(ㅍ, ㄼ, ㄿ, ㅄ)' 뒤에 연결되는 'ㄱ, ㄷ, ㅂ, ㅅ, ㅈ'은 된소리로 발음한다.

┌ 보기 2 ┐

책장에서 ㉠읽지 않은 시집을 발견했다. 차분히 ㉡앉아 마음에 드는 시를 예쁜 글씨로 공책에 ㉢옮겨 적었다. 소리 내어 시를 ㉣읊고, 시에 대한 감상을 적어 보기도 했다. 마음이 평온해지는 ㉤값진 경험이었다.

① ㉠은 제11항, 제23항 규정에 따라 [일찌]로 발음해야겠군.

② ㉡은 제14항 규정에 따라 [안자]로 발음해야겠군.

③ ㉢은 제11항 규정에 따라 [옴겨]로 발음해야겠군.

④ ㉣은 제11항, 제23항 규정에 따라 [읍꼬]로 발음해야겠군.

⑤ ㉤은 제10항, 제23항 규정에 따라 [갑찐]으로 발음해야겠군.

06
2019-9월 고1 학평

〈보기〉는 표준 발음법의 된소리되기 중 일부이다. ㉠과 ㉡에 해당하는 예가 바르게 짝지어진 것은?

┌ 보기 ┐

㉠ 받침 'ㄱ(ㄲ, ㅋ, ㄳ, ㄺ), ㄷ(ㅅ, ㅆ, ㅈ, ㅊ, ㅌ), ㅂ(ㅍ, ㄼ, ㄿ, ㅄ)' 뒤에 연결되는 'ㄱ, ㄷ, ㅂ, ㅅ, ㅈ'은 된소리로 발음한다.

㉡ 어간 받침 'ㄴ(ㄵ), ㅁ(ㄻ)' 뒤에 결합되는 어미의 첫소리 'ㄱ, ㄷ, ㅅ, ㅈ'은 된소리로 발음한다.

	㉠	㉡
①	늦게[늗께]	얹다[언따]
②	옆집[엽찝]	있고[읻꼬]
③	국수[국쑤]	늙다[늑따]
④	묶어[무꺼]	껴안다[껴안따]
⑤	앉다[안따]	머금다[머금따]

07
2014-3월 고2 학평B

다음은 학생들이 궁금해 하는 질문과 이와 관련된 외래어 표기법이다. 질문에 답하기 위해 참조해야 할 규정을 바르게 짝지은 것은?

[질문]

• 프랑스의 수도를 적을 때 '파리'로 적어야 할까, '빠리'로 적어야 할까? ……………………………………… ㉠

• 'racket'의 발음 [t]를 받침으로 표기할 때, 'ㄷ', 'ㅅ', 'ㅌ' 중 무엇으로 적어야 할까? ………………………… ㉡

• [f]를 표기하기 위한 새로운 기호를 만들어야 하지 않을까? ……… ㉢

〈외래어 표기법〉

제1장 표기의 기본 원칙

　제1항 외래어는 국어의 현용 24 자모만으로 적는다.

　제2항 외래어의 1 음운은 원칙적으로 1 기호로 적는다.

　제3항 받침에는 'ㄱ, ㄴ, ㄹ, ㅁ, ㅂ, ㅅ, ㅇ'만을 쓴다.

　제4항 파열음 표기에는 된소리를 쓰지 않는 것을 원칙으로 한다.

　제5항 이미 굳어진 외래어는 관용을 존중하되, 그 범위와 용례는 따로 정한다.

	㉠	㉡	㉢
①	제1항	제3항	제2항
②	제1항	제4항	제5항
③	제4항	제3항	제1항
④	제4항	제5항	제2항
⑤	제5항	제4항	제3항

고난도

08 〈보기〉의 ㉠~㉤에 대한 설명으로 적절한 것은?

보기

〈로마자 표기 한글 대조표〉

자음	ㄱ	ㄷ	ㅂ	ㄸ	ㄴ	ㅁ	ㅇ	ㅈ	ㅊ	ㅌ	ㅎ
표기 모음 앞	g	d	b	tt	n	m	ng	j	ch	t	h
기 그 외	k	t	p								

모음	ㅏ	ㅐ	ㅗ	ㅣ
표기	a	ae	o	i

〈로마자 표기의 예〉

	한글 표기	발음	로마자 표기
㉠	같이	[가치]	gachi
㉡	잡다	[잡따]	japda
㉢	놓지	[노치]	nochi
㉣	맨입	[맨닙]	maennip
㉤	백미	[뱅미]	baengmi

① ㉠에서 일어나는 음운 변동은 '땀받이[땀바지]'에서도 일어나고, 로마자 표기에 반영되었다.

② ㉡에서 일어나는 음운 변동은 '삭제[삭쩨]'에서도 일어나고, 로마자 표기에 반영되었다.

③ ㉢에서 일어나는 음운 변동은 '닳아[다라]'에서도 일어나고, 로마자 표기에 반영되었다.

④ ㉣에서 일어나는 음운 변동은 '한여름[한녀름]'에서도 일어나고, 로마자 표기에 반영되지 않았다.

⑤ ㉤에서 일어나는 음운 변동은 '밥물[밤물]'에서도 일어나고, 로마자 표기에 반영되지 않았다.

09 〈보기〉의 ㉠~㉤에 대한 설명으로 적절한 것은?

보기

(두 사람이 공원에서 만난 상황)

민수: 영이야, ㉠우리 둘이 뭐 하고 놀까? 이 강아지랑 놀까?

영이: (민수 품에 안겨 있는 강아지를 가리키며) 아, 얘?

민수: 응, 얘가 전에 말했던 봄이야. 봄이 동생 솜이는 집에 있고.

영이: 봄이랑 뭐 하고 놀까? 우리 강아지 별이는 실뭉치를 좋아해서 ㉡우리 둘은 실뭉치를 자주 가지고 놀아. 너네 강아지들도 그래?

민수: 실뭉치는 ㉢둘 다 안 좋아해. 그런데 공은 좋아해서 ㉣우리 셋은 공을 갖고 자주 놀아. 그래서 공을 챙겨 오긴 했어.

영이: 그렇구나. 별이는 실뭉치를 좋아하니까, 다음에 네가 혼자 나오고 내가 별이랑 나오면 그때 ㉤우리 셋은 실뭉치를 갖고 놀면 되겠다.

민수: 그러자. 그럼 오늘 ㉥우리 셋은 공을 가지고 놀자.

① ㉠과 ㉡은 가리키는 대상이 동일하다.

② ㉡이 가리키는 대상은 ㉥이 가리키는 대상에 포함된다.

③ ㉢이 가리키는 대상은 ㉤이 가리키는 대상에 포함된다.

④ ㉣과 ㉤은 가리키는 대상이 동일하다.

⑤ ㉣과 ㉥은 가리키는 대상이 동일하다.

[10~11] 다음 글을 읽고 물음에 답하시오.

담화는 하나 이상의 발화나 문장으로 이루어진다. 담화가 그 내용 면에서 완결성을 갖추기 위해서는 담화를 이루는 발화나 문장들이 일관된 주제 속에 내용상 유기적인 관련을 맺고 있어야 한다. 이때 각 발화나 문장 간의 관련성을 보여 주는 형식적 장치가 필요하다. 이러한 장치에는 지시, 대용, 접속 표현이 있다.

우선 지시 표현은 담화 장면을 구성하는 화자, 청자, 사물, 시간, 장소 등의 요소를 직접 가리키는 표현이다. 그리고 대용 표현은 담화에서 언급된 말, 혹은 뒤에서 언급될 말을 대신하는 표현이다. 대표적인 지시 표현으로는 '이, 그, 저' 등이 있다. 이들이 담화에서 언급되는 말을 대신할 때는 대용 표현이 된다. 가령 친구가 든 꽃을 보면서 화자가 "이 꽃 예쁘네."라고 말했다면, '꽃'을 직접 가리키는 '이'는 지시 표현이다. 그러나 화자가 "그런데 지난번 꽃도 예쁘던데, 그때 그거는 어디서 샀어?"라고 발화를 곧장 이어 간다면 이때의 '그거'는 앞선 발화의 '지난번 꽃'이라는 말을 대신하는 대용 표현이다. 끝으로 접속 표현은 문장과 문장, 발화와 발화를 연결해 주는 표현으로, '그리고' 등과 같은 접속 부사가 대표적인 예이다. 앞서 언급된 두 번째 발화의 '그런데'도 앞의 발화를 뒤의 발화와 이어 주는 접속 표현에 속한다.

한편, 담화 전개 과정에서 화자는 청자 및 맥락을 고려하면서 발화나 문장을 통해 자신의 의도를 효과적으로 구현한다. 이때 여러 문법 요소가 활용된다. 가령 화자는 "아버지! 진지 드세요."라는 발화에서 '드세요'의 '드시-'를 통해 문장의 주체인 '아버지'를, 종결 어미 '-어요'를 통해 청자인 '아버지'를 높이고 있다. 이와 같이 화자는 특정 어휘나 조사, 어미 등을 사용하여 어떤 대상에 대해 높이거나 낮추는 태도를 드러낸다. 아울러 위의 '드세요'의 '-어요'는 화자가 청자에게 어떠한 행동을 요구하고 있음도 보여 준다. 즉, 종결 어미는 청자에게 답변을 요구하거나, 어떠한 사실을 새롭게 알게 되었다는 점을 두드러지게 나타내는 등 화자의 의도를 구현할 때도 쓰인다. 화자, 청자 및 맥락이 발화나 문장에서 문법 요소와 맺고 있는 관련성은 ㉠"할아버지께서 마침 방에 계셨구나! 과일 좀 드리고 오렴."과 같이 연속된 발화로 이루어진 담화에서 더욱 다양하게 나타날 수 있다.

10 윗글을 바탕으로 〈보기〉의 ⓐ~ⓕ에 대해 설명한 내용으로 적절하지 <u>않은</u> 것은?

> **보기**
>
> (두 친구가 만나서 주말 나들이 장소를 정하는 상황)
>
> 선희: 우리, 이번 주말 나들이 장소로 어디가 좋을까?
>
> 영선: (딴생각을 하다가) ⓐ지금 저녁 먹으러 가자.
>
> 선희: 그게 뭔 소리야? 주말 나들이로 어디 갈 거냐고.
>
> 영선: (머쓱해하며) 아, 그럼 놀이동산 갈까?
>
> 선희: 음, ⓑ거기 말고, (사진을 보여 주며) ⓒ여기는 어때?
>
> 영선: ⓓ거기? 해수욕장은 아직 좀 춥잖아. ⓔ그리고 너무 멀잖아.
>   (선희를 바라보며) 아, 작년에 같이 갔던 수목원은 어때?
>
> 선희: 그래, ⓕ거기가 좋겠다. 그럼, 토요일에 보자. 안녕.

① ⓐ는 '주말 나들이 장소 정하기'라는 내용에 부합하지 않아서 담화의 완결성을 떨어뜨리고 있다.

② ⓑ는 '영선'이 발화한 '놀이동산'을 대신하는 대용 표현이다.

③ ⓒ, ⓓ는 발화 간의 관련성을 높이는 형식적 장치로서 형태가 다른 표현이지만 동일한 장소를 나타내고 있다.

④ ⓔ는 '해수욕장은 아직 좀 춥잖아.'와 '너무 멀잖아.'를 대등하게 이어 주는 접속 표현이다.

⑤ ⓕ는 '작년에 같이 갔던 수목원'을 직접 가리키는 지시 표현이다.

11 ㉠에 대한 이해로 적절하지 <u>않은</u> 것은?

① '할아버지께서'의 '께서'를 통해 화자가 문장의 주체인 '할아버지'를 높이고 있다.

② '계셨구나'의 '계시-'를 통해 화자가 문장의 주체인 '할아버지'를 높이고 있다.

③ '계셨구나'의 '-구나'를 통해 화자가 문장의 주체인 '할아버지'에 관한 사실을 새롭게 알게 되었음을 부각하고 있다.

④ '드리고'의 '드리-'를 통해 화자가 문장의 주체인 '할아버지'를 높이고 있다.

⑤ '오렴'의 '-렴'을 통해 화자가 청자에게 어떠한 행동을 요구하고 있다.

V

국어의
역사

30 국어의 역사

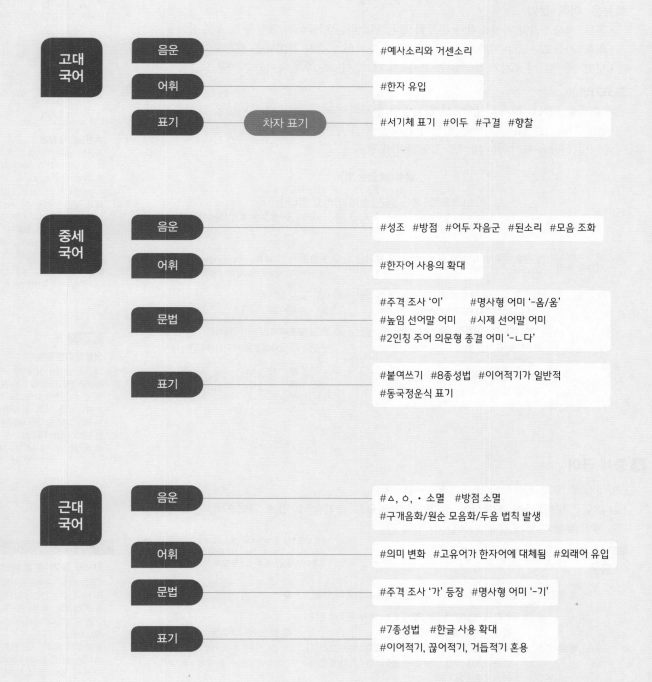

고대국어

음운 ──────── #예사소리와 거센소리

어휘 ──────── #한자 유입

표기 ── 차자 표기 ── #서기체 표기 #이두 #구결 #향찰

중세국어

음운 ──────── #성조 #방점 #어두 자음군 #된소리 #모음 조화

어휘 ──────── #한자어 사용의 확대

문법 ──────── #주격 조사 '이'   #명사형 어미 '-옴/움'
#높임 선어말 어미   #시제 선어말 어미
#2인칭 주어 의문형 종결 어미 '-ㄴ다'

표기 ──────── #붙여쓰기 #8종성법 #이어적기가 일반적
#동국정운식 표기

근대국어

음운 ──────── #ㅿ, ㅇ, ㆍ 소멸   #방점 소멸
#구개음화/원순 모음화/두음 법칙 발생

어휘 ──────── #의미 변화 #고유어가 한자어에 대체됨 #외래어 유입

문법 ──────── #주격 조사 '가' 등장 #명사형 어미 '-기'

표기 ──────── #7종성법 #한글 사용 확대
#이어적기, 끊어적기, 거듭적기 혼용

30 국어의 역사

1 *고대 국어

국어가 형성된 이후부터 통일 신라 시대까지의 국어 → 신라가 삼국 통일을 통해 언어적 통일을 이룸.

① 음운·어휘·문법

- 음운: 예사소리와 거센소리가 존재했으나, 된소리는 발달하지 않았을 것으로 짐작됨.
- 어휘: 지금보다 고유어가 더 많이 쓰였으며 한자어가 점차 늘어났을 것으로 짐작됨.
- 문법: 체언 뒤에 조사가 붙고 주격 조사 '이'가 쓰이는 등 중세 국어와 가까운 모습을 보임.

② 표기법

우리말을 기록할 고유의 문자 체계가 없어 한자의 음과 뜻을 빌려 우리말을 표기하는 차자(借字)표기를 함. 초기에는 인명이나 지명 등 고유 명사를 표기하는 데 쓰이다가 점차 우리말 문장을 표기하는 방식으로 발전하게 됨.

> **素那(或云金川)**
> 소나(혹운금천)
> **소나(素那)[혹은 금천(金川)이라고 한다.]**
> 한자의 뜻: 흴 어찌   뜻: (쇠)(내)   → 인명을 음차한 '소나' 또는 훈차한 '쇠내'로
> 한자의 음: (소)(나)   음: 금 천   읽었을 것으로 추정됨.

서기체 표기	한문을 우리말 어순에 맞게 변형하여 표기한 방식	예 '誓前天 → 天前誓' → 우리말 어순에 맞게 서술어를 뒤로 보냄. (맹세하다 앞 하늘) (하늘 앞 맹세하다)
이두	한문을 우리말 어순에 맞게 조정하고 우리말 조사나 어미까지 표기한 방식	예 以 → 조사 '(으)로' 旀 → 어미 '-며'
구결	한문 원문을 읽을 때 구절 뒤에 해석을 돕는 토(吐)를 표기한 방식	예 원문: 學而時習之(학이시습지) 구결문: 學而時習之面(학이시습지면) → 어미 '-면'
향찰	한자의 음과 뜻을 빌려 우리말을 전면적으로 표기한 방식. 주로 향가 표기에 사용됨.	예 善 化 公 主 主 隱 / 뜻 착할 될 귀인 님 (님) 숨을 / 음 (선) (화) (공) (주) 주 (은)

2 중세 국어

- 10세기 초 고려 건국부터 16세기 말까지의 국어
- 1443년 *훈민정음이 창제되어 우리말을 우리글로 표기할 수 있게 되었으며, 문화적으로도 우리 문학과 노래 등을 기록할 수 있게 됨.

빈출 개념

① 음운

소실 문자	현대 국어에서는 쓰이지 않는 자음과 모음이 있음.	예 ㅇ, ㅿ, ㆆ, ·
방점	• 소리의 높낮이를 표시하기 위해 글자 왼쪽에 방점을 찍어 성조를 표시하였음. • 낮은 소리(평성)는 방점을 찍지 않고, 높은 소리(거성)는 방점 1개, 낮았다가 높아지는 소리(상성)는 방점 2개로 표시함.	예 활 → 낮은 소리(평성) ·귓 → 높은 소리(거성) :청 → 낮았다가 높아지는 소리(상성)
어두 자음군	음절 첫소리에 'ㅳ, ㅄ, ㅶ' 등과 같이 자음이 둘 이상 오는 어두 자음군이 존재함.	예 빼(때), 뜯(뜻), 뿔(쌀), 뿔(꿀) → 어두 자음군은 대부분 현대 국어에서 된소리로 변함.
모음 조화	양성 모음은 양성 모음끼리 음성 모음은 음성 모음끼리 어울리려는 모음 조화가 비교적 잘 지켜짐.	예 서르(相), 나모(木), 다르다(異)
구개음화, 원순 모음화, 두음 법칙	구개음화, 원순 모음화, 두음 법칙이 일어나지 않음.	예 펴디(펴지), 믈(물), 니르고자(이르고자)

> 훈민정음 28자를 기준으로 'ㆁ, ㅿ, ㆆ, ·' 4개이지만 당시의 국어 자료에서 'ㅸ', 'ㆅ', '☐' 과 같은 글자가 사용된 것을 통해 소실 문자가 더 있음을 알 수 있음.

국어사의 시대 구분

국어사의 시대 구분은 한국사의 시대 구분과 일치하는 것이 아니며 국어의 변화에 따라 다음과 같이 구분한다.

고대 국어		~10세기
중세 국어	전기	10세기 ~ 14세기
	후기	15세기 ~ 16세기
근대 국어		17세기 ~ 19세기
현대 국어		20세기 ~

시간의 흐름

훈민정음의 창제

자음은 발음 기관을 본뜬 기본자 'ㄱ, ㄴ, ㅁ, ㅅ, ㅇ'과 여기에 가획을 하여 만든 가획자 'ㅋ, ㄷ, ㅌ, ㅂ, ㅍ, ㅈ, ㅊ, ㅎ, ㆆ'과 이체자 'ㄹ, ㅿ, ㆁ'으로 17자를 만들고, 모음은 하늘, 땅, 사람의 모양을 본떠 기본자 '·, ㅡ, ㅣ'와, 이 글자들을 서로 합하여 만든 초출자 'ㅏ, ㅗ, ㅓ, ㅜ'와 재출자 'ㅑ, ㅛ, ㅠ, ㅕ'로 11자를 만들어 총 28자를 창제하였다.

Tip 'ㆆ'은 여린히읗, 'ㅿ'은 반치음, 'ㆁ'은 옛이응, '·'는 아래아로 읽어.

개념 +

향찰의 기본 원칙

대체로 단어의 실질적인 의미를 가진 부분은 한자의 뜻을 빌려 표기하는 '훈차'를 하고, 문법적 의미를 가진 부분은 한자의 음을 빌려 표기하는 '음차'를 하였다. 고유 명사는 발음을 그대로 적는 방식이 일반적이었다.
예 水 (물 수) → 음차의 경우 '수'로 읽고 훈차의 경우 '물'로 읽음.

! 헷갈리는 개념 잡기

한자의 '음'과 '훈'을 읽는다고?

한자는 뜻을 나타낸 문자로 글자의 소리[음(音)]와 상관없이 일정한 뜻[훈(訓)]을 지닙니다. 그래서 한자를 빌려와 국어를 표기할 때, 음을 활용하거나 뜻을 활용했어요.
예를 들어 13세기 자료인 『향약구급방』에서는 반찬으로 먹는 '나물'을 '那勿'(어찌 나, 말다 물)로 표기했는데, 이는 한자의 뜻과는 관계없이 소리만 가지고 우리말을 표기한 거예요. 이것을 '음차(音借)'라고 합니다. 그래서 '那勿'은 글자의 소리를 그대로 읽어 [나물]이라고 음독을 했지요.
반면 '쇠귀ㄴ물'은 '牛耳菜'(소 우, 귀 이, 나물 채)라고 적었는데 이는 한자의 뜻을 빌려와 우리말을 표기한 '훈차(訓借)'입니다. 그래서 '牛耳菜'라고 적고 읽을 때에는 [쇠귀나물]이라고 훈독을 했습니다.

② 어휘

고유어와 한자어	한자어와의 경쟁 과정에서 사라진 고유어가 많았음.	예 즈믄 → 천(千), 미르→ 용(龍)
	중국어가 귀화하여 고유어처럼 쓰이는 경우가 생겨 났음.	예 사탕[砂糖], 붓[筆]
외래어	이웃 나라와 교류를 하면서 몽골어 등 외래어가 들 어와 정착하였음.	예 보라매, 수라 → 몽골어
	불교가 유입되면서 불교 용어가 사용되었음.	예 미륵(彌勒), 보살(菩薩)

빈출 개념
③ 문법

*주격 조사	주격 조사가 '이' 하나만 쓰였으나 환경에 따 라 다르게 실현됨.(이, ㅣ, ∅(영형태))		예 시미(심 + 이), 六龍이, 부톄(부텨 + ㅣ), 孔子ㅣ, 불휘(불휘 + ∅), 빈(빈 + ∅) └→ 'ㅣ'는 한글로 표기할 때는 체언과 합쳐 쓰고, 한자로 표기할 때는 따로 씀.
체언	체언이 조사와 결합할 때 'ㄱ'이나 'ㅎ'이 덧 붙어 형태가 바뀌는 경우가 있었음.		예 나모 + ㅣ → 남기 • 'ㄱ'이 덧붙음. 돌 + 이 → 돌히 • 'ㅎ'이 덧붙음.
명사형 어미	명사형 어미는 '-옴/움'이 사용됨.		예 안좀(앉-+-옴), 거룸(걷-+-움)
높임 표현	선어말 어미에 의한 높임 표현이 나타남.		
	주체 높임 선어말 어미	-(으)시-, -샤-	예 가시니, 정ᄒᆞ샨
	객체 높임 선어말 어미	-습-, -줍-, -ᅀᆞᆸ-	예 듣ᄌᆞᆸ게, 보ᅀᆞᆸ건대
	상대 높임 선어말 어미	-이-, -잇-	예 ᄒᆞᄂᆞ이다, ᄒᆞᄂᆞ니잇가
시제 표현	선어말 어미에 의한 시제 표현이 나타남.		
	과거 시제 선어말 어미	∅, -더-	예 가다, 가더라 → 회상의 의미
	현재 시제 선어말 어미	-ᄂᆞ-	예 가ᄂᆞ다 → 동사에만 결합되며 형용사나 서술 격 조사는 기본형을 그대로 사용
	미래 시제 선어말 어미	-(으)리-	예 닐오리라
의문문	• 종결 어미에 의해 실현됨. • 1, 3인칭일 때에는 의문문의 종류에 따라 사용하는 어미가 달랐으나, 2인칭 주어가 쓰인 의문문에서는 의문문의 종류와 상관없이 '-ㄴ다'를 사용함. 예 네 엇뎨 안다(네가 어찌 알았느냐?)		
	설명 의문문	• 구체적인 대답을 요구하는 의문문 • 'ㅗ' 계열의 어미가 쓰임.	예 일후미 므스고 므슴 마롤 니르ᄂᆞ뇨
	판정 의문문	• '예/아니요'의 대답을 요구하는 의문문 • 'ㅏ/ㅓ' 계열의 어미가 쓰임.	예 世間에 나샤미신가 져므며 늘구미 잇ᄂᆞ녀

빈출 개념
④ 표기법

> **Tip** 8종성법은 '표기'와 관련된 내용이고(근대 국어의 7종성법도 마찬 가지), 현대 국어의 음절의 끝소리 규칙(ㄱ, ㄴ, ㄷ, ㄹ, ㅁ, ㅂ, ㅇ)은 '발음'과 관련된 내용이야!

붙여쓰기	단어와 단어는 물론 문장과 문장까지도 붙여 씀.	예 나·랏:말ᄊᆞ·미中듕國·귁·에달·아文문字·ᄍᆞ·와·로 ……
8종성법	받침에는 'ㄱ, ㄴ, ㄷ, ㄹ, ㅁ, ㅂ, ㅅ, ㆁ(옛이응)'만을 적는 8종성법이 원칙이었음.	예 ᄉᆞᄆᆞᆺ디
동국정운식 표기	한자음을 중국 한자의 원음에 가깝게 표기하는 동 국정운식 표기가 나타남.	예 覃땀, 御엉製졩, 月웛
이어적기 (연철)	앞말의 종성을 뒷말의 초성으로 옮겨 적는 이어적 기 방식이 일반적임.	예 말ᄊᆞᆷ + 이 → 말ᄊᆞ미 손 + -ᄋᆞ로 → 소ᄂᆞ로
글자 운용	같은 자음을 가로로 나란히 쓰는 각자 병서, 서로 다 른 자음을 가로로 나란히 쓰는 합용 병서, 두 자음 을 위아래로 이어 쓰는 연서가 사용됨.	예 ㄲ, ㄸ, ㅃ, ㅆ, ㅉ, ㆅ → 각자 병서 ᄠ, ᄡ, ᄣ, ㅅㄱ, ㅅㄷ, ㅄ, ㅴ, ᄩ → 합용 병서 ㅱ, ㅸ, ㆄ, ㅹ → 연서

---

3 근대 국어

- 17세기 초부터 19세기 말(갑오개혁)까지의 국어
- 근대 의식의 성장과 더불어 격변하는 정세 속에서 국어에도 많은 변화가 나타남.

① 음운

소실 문자	'ㅿ'이 자취를 감추었으며, 'ㆁ'이 'ㅇ'으로 바뀜.	예 니서 ＞니어, 바올 ＞방올
방점	소리의 높낮이를 표시하기 위해 글자 왼쪽에 점을 찍어 표시하는 방점이 사라짐.	예 :청 ＞청
어두 자음군	'ㅲ, ㅳ'과 같은 어두 자음군은 소멸하였고, 'ㅺ, ㅼ, ㅽ, ㅾ'처럼 된시옷 표기로 정착됨.	예 빼 ＞째(때), 뜯 ＞쁟(뜻), 뿔 ＞쌀·'ㅂ'이 탈락하면서 된시옷 표기(된소리)로 바뀜
단모음화	중세 국어에서 이중 모음으로 발음했던 'ㅐ'와 'ㅔ'를 단모음으로 발음함.	예 내[naj → nɛ]
'·'의 소멸	'·'는 16세기 말에 둘째 음절 이하에서 주로 'ㅡ'로, 18세기에 첫째 음절에서 주로 'ㅏ'로 변하면서 점차 소멸됨. → '·'가 소멸되면서 잘 지켜지던 모음 조화가 약화됨.	예 ᄆᆞᅀᆞᆷ ＞ᄆᆞ음 ＞마음
*구개음화, 원순 모음화, 두음 법칙	구개음화, 원순 모음화, 두음 법칙이 새로 나타남.	예 디다 ＞지다(落) 블 ＞불(火) 님금 ＞임금

② 어휘

의미의 변화	단어의 의미에 변화가 나타나기 시작함.	예 어엿브다 → '불쌍하다'는 의미에서 '예쁘다'는 뜻으로 변화함.
고유어와 한자어	많은 고유어가 한자어에 밀려 점차 사라짐. 서구의 문물이나 종교와 관련하여 번역 한자어가 증가함.	예 자명종(自鳴鐘) 천주교(天主教)
외래어	서양과 일본에서 들어온 외래어가 유입됨.	예 호텔, 가방, 구두

빈출 개념
③ 문법

주격 조사	주격 조사 '가'가 등장함.	예 빈 ＞빈가, 아히 ＞아히가
명사형 어미	명사형 어미 '-옴/움'이 '-(으)ㅁ'으로 변하고, '-기'가 널리 쓰임.	예 붉기, 통낭ᄒ기
높임 표현	객체 높임 선어말 어미 '-ᄉᆞᆸ-'이 상대 높임 어미(-ᄉᆞᆸ니다)로 변함.	예 다 먹ᄉᆞᆸ나이다(다 먹습니다) 상대 높임의 기능으로 변화됨.
시간 표현	과거 시제를 나타내는 선어말 어미 '-앗/엇-'이 확립됨.	예 삼앗도다, 미덧ᄉᆞᆸ닉이다

빈출 개념
④ 표기법

중세 국어는 8종성법에 따라 종성에 'ㅅ'과 'ㄷ'을 섞어 썼는데 근대 국어에 이르러 'ㄷ'이 점차 'ㅅ'으로 통일됨.

7종성법	종성은 'ㄱ, ㄴ, ㄹ, ㅁ, ㅂ, ㅅ, ㅇ'으로만 표기함.	예 귯흔, 것츨
재음소화	하나의 음소를 두 개의 음소로 쪼개어 표기하는 재음소화 표기가 나타남.	예 높-+-은 → 놉흔
거듭적기 (중철)	앞말의 받침을 뒷말의 초성에 한 번 더 표기하는 거듭적기가 나타남.	예 님믈(님 + 을) 사롬미(사롬 + 이)
한글 사용의 확대	한글 사용의 확대로 국한문 혼용을 거쳐 점차 한글로 표기하는 경향으로 나아갔으며 띄어쓰기가 나타남. → 한자어의 영향권에서 점점 벗어나고 있음을 의미함.	

◆ 국어의 역사성

국어가 고대에서부터 중세, 근대, 현대에 이르는 동안 그 모습이 바뀌어 온 이유는 언어가 고정불변의 것이 아니라 시간의 흐름에 따라 끊임없이 변화하는 것이기 때문이다. 이처럼 언어가 시간의 흐름에 따라 음운이나 어휘 등의 측면에서 생성, 성장, 소멸하며 변화하는 특성을 언어의 역사성이라고 한다. 이는 언어의 내용과 형식의 결합이 필연적이지 않고 자의적이라는 특성에서부터 비롯된다.

＊참고

구개음화

- 구개음화는 끝소리가 'ㄷ, ㅌ'인 형태소가 'ㅣ'나 반모음 'ㅣ[j]'로 시작되는 형식 형태소와 만나면, 그것이 구개음 'ㅈ, ㅊ'이 되는 현상이다. 근대 국어 시기에 일어난 구개음화의 결과가 현대 국어까지 이어지게 되었다.
  예 텬디 ＞쳔지 ＞천지
  → 현대 국어와 달리 한 형태소 내부에서 일어났음.
- 근대 국어에서는 'ㅣ' 모음을 만날 때뿐만 아니라 '둏다 ＞좋다(好)'처럼 광범위하게 구개음화가 이루어졌다.

개념＋

단어의 의미 변화

- 의미의 축소: 단어의 지시 범위가 원래의 범위보다 좁아지는 것
  예 놈 → '일반 남자'를 뜻하는 말이었으나 '남자를 낮추어 부르는 말'로 변화함.
- 의미의 확대: 단어의 지시 범위가 원래의 범위보다 넓어지는 것
  예 영감 → '벼슬한 사람'을 의미하였으나 '남자 노인'을 가리키는 말로 변화함.
- 의미의 이동: 단어의 의미가 다른 의미로 바뀌는 것
  예 어리다 → '어리석다'라는 의미였으나 '나이가 어리다'라는 의미로 변화함.

！ 헷갈리는 개념 잡기

'재음소화'라는 말이 어려워요.

'재음소화'는 근대 국어에 쓰인 표기법으로 하나의 음소(음운)를 두 개의 음소로 쪼개어 표기한 방식이에요. 'ㅊ → ㅈ+ㅎ / ㅋ → ㄱ+ㅎ / ㅌ → ㄷ+ㅎ / ㅍ → ㅂ+ㅎ'과 같이 거센소리를 'ㅎ'과 예사소리로 나눠서 적은 것이죠. '깊이'를 예로 들면 중세 국어에서는 '기피'로 적었는데 근대 국어에서는 'ㅍ'을 재음소화하여 '깁히'로 표기했어요.

03 〈학습 활동〉을 수행한 결과로 적절한 것은?

┌─ 학습 활동 ┐

품사는 다양한 방식을 통해 문장 성분으로 실현된다. 품사가 어떻게 문장 성분으로 실현되는지 다음 밑줄 친 부분을 중심으로 알아보자.

ⓐ 빵은 동생이 간식으로 제일 좋아한다.
ⓑ 형은 아주 옛 물건만 항상 찾곤 했다.
ⓒ 나중에 어른 돼서 우리 다시 만나자.
ⓓ 친구가 내게 준 선물은 장미였다.
ⓔ 다람쥐 세 마리가 나무를 오른다.

① ⓐ: 명사가 격 조사와 결합해 목적어로 쓰였다.

② ⓑ: 부사가 관형사를 수식하는 부사어로 쓰였다.

③ ⓒ: 명사가 조사와 결합 없이 주어로 쓰였다.

④ ⓓ: 명사가 어미와 직접 결합해 서술어로 쓰였다.

⑤ ⓔ: 수사가 명사를 수식하는 관형어로 쓰였다.

04 〈보기〉의 ㉠～㉘에 대한 이해로 적절하지 않은 것은?

┌─ 보기 ┐

(같은 동아리에 소속된 후배 부원 둘과 선배 부원의 대화 장면)

선배: ㉠학교에서 열린 회의는 잘 끝났니?

후배 1: 네. 조금 전에 끝났어요.

선배: 수고했어. ㉡학교에서 우리 동아리 활동 지원 예산안에 대해 뭐라고 해?

후배 2: 지난번에 저희가 선배님과 함께 제안했던 예산안은 수용하기 힘들다고 했어요.

선배: ㉢우리가 제안한 예산안이 그렇게 무리한 건 아니었을 텐데.

후배 1: 그런데 학교에서는 ㉣자신의 형편을 감안해 달라는 동아리가 한둘이 아니라면서, ㉤우리의 제안을 수용하기 쉽지 않다고 했어요.

선배: ㉥서로 만족할 만한 결과를 얻기가 쉽지 않겠구나. 고생했어. 지도 선생님께 말씀드려 볼게.

후배 2: 네. 그럼 ㉘저희도 그렇게 알고 있을게요.

① ㉠과 ㉡은 문장 성분이 서로 다르군.

② ㉢에는 화자와 청자가 모두 포함되어 있군.

③ ㉣은 뒤에 있는 '동아리'를 가리키는 말이군.

④ ㉥은 ㉡의 '학교'와 ㉤의 '우리'를 모두 포함해서 가리키는 말이군.

⑤ ㉘은 화자가 청자와 자신을 모두 낮추기 위해 쓰는 말이군.

05 〈학습 활동〉을 수행한 결과로 적절하지 않은 것은?

┌─ 학습 활동 ┐

겹문장은 다른 문장 속에 들어가 안긴문장으로 쓰일 수 있다. 또한 겹문장은 안은문장에서 다양한 문장 성분으로도 쓰인다. 다음 밑줄 친 겹문장 ⓐ～ⓔ의 쓰임을 설명해 보자.

• 기상청은 ⓐ내일은 따뜻하지만 비가 온다는 예보를 했다.
• 시민들은 ⓑ공원이 많고 거리가 깨끗한 도시를 만들었다.
• ⓒ바람이 거세지고 어둠이 내리기 전에 산에서 내려갔다.
• 나는 나중에야 ⓓ그녀는 왔으나 그가 안 왔음을 깨달았다.
• 삼촌은 주말에 ⓔ꽃이 피고 새가 지저귀는 들판을 거닐었다.

① ⓐ는 인용절로 쓰이고 있다.

② ⓑ는 관형절로 쓰이고 있다.

③ ⓒ는 명사절로 쓰이고 있다.

④ ⓓ는 조사와 결합하여 주성분으로 쓰이고 있다.

⑤ ⓔ는 조사와 결합 없이 부속 성분으로 쓰이고 있다.

모의고사 4회

[01~02] 다음 글을 읽고 물음에 답하시오. 2020-9월 고3 모평

(1) 영수는 서울에서/서울에 산다.
(2) 민수는 방에서/*방에 공부하고 있다.
(3) 학교에서 체육 대회를 열었다.

(1)에서는 '에'와 '에서'를 다 쓸 수 있는데, 왜 (2)에서는 '에서'를 쓰고 '에'는 쓸 수 없을까? 또 왜 (3)에서는 '에서'를 주격 조사로 쓸 수 있을까?

'에'와 '에서'는 모두 '장소'를 의미하는 말에 붙지만, (1)에서 '서울'은 '에'가 붙어 위치를 나타내는 [지점]의 의미가 되고, '에서'가 붙어 행위를 하거나 일이 발생하는 [공간]의 의미가 된다. 즉, 똑같은 장소라도 지점으로 인식되면 '에'를 쓰고, 공간으로 인식되면 '에서'를 쓴다. (2)에서 '방에'를 쓸 수 없는 이유는 '공부'라는 행위를 하는 장소인 '방'은 지점이 아니라 공간의 의미를 가져야 하기 때문이다. 이렇듯 '에'와 '에서'의 쓰임이 구분되는 것은 '에서'의 중세 국어 형태인 '에셔'의 형성 과정에 기인한다.

중세 국어에서는 부사격 조사 '애/에/예, 이/의'와 '이시다(현대 국어 '있다')'의 활용형인 '이셔'가 결합된 말들이 줄어서 '애셔/에셔/예셔, 이셔/의셔'가 되었다. 그런데 이들은 본래 '이시다'를 포함하므로, 그 의미상 어떤 공간 속에 있음을 전제한다. 따라서 '애셔/에셔/예셔, 이셔/의셔' 앞의 명사는 공간으로 인식되었다. 그런데 이렇게 새로운 형태가 만들어졌지만 중세 국어에서는 현대 국어와 달리 이 새로운 형태가 쓰일 자리에 '애/에/예, 이/의'가 쓰이는 경우가 많았다. 이는 '애/에/예, 이/의'가 현대 국어의 '에'와 '에서'의 쓰임을 모두 지니고 있었음을 의미한다.

한편, '애셔/에셔/예셔, 이셔/의셔' 앞의 명사가 어떤 구성원으로 이루어진 공간이나 집단을 나타내면, 그 공간이나 집단 속에 있는 구성원의 행위를 그 공간이나 집단의 행위로 표현하는 것이 가능해진다. 그에 따라 중세 국어에서 '애셔/에셔/예셔, 이셔/의셔'가 주격 조사로도 쓰인 경우가 있다. 이들은 현대 국어의 '에서'로 이어지는데 (3)과 같은 예에서 그러한 쓰임을 확인할 수 있다.

현대 국어의 '에서'가 주격 조사로 쓰일 때에는 '에서' 앞에 공간이나 집단을 나타내는 명사가 오고 유정 명사는 올 수 없다. 부사격 조사 '에'에 '서'가 붙은 '에서'가 주격 조사로 쓰인 것처럼 부사격 조사 '께'에 '서'가 붙은 '께서'도 주격 조사로 쓰인다. '께서'의 중세 국어 형태인 부사격 조사 '꾀셔' 역시 '꾀'와 '셔'가 결합하여 형성되었는데, 근대 국어를 거치면서 주격 조사로 변화하여 현대 국어의 '께서'로 이어졌다. 중세 국어의 '에셔', 현대 국어의 '에서'와 달리 중세 국어의 '꾀셔', 현대 국어의 '께서'는 높임의 유정 명사 뒤에 나타난다.

01 윗글의 내용과 일치하는 것은?

① 중세 국어에서 '에' 앞의 명사는 공간의 의미를 나타낼 수 있었다.
② 현대 국어에서 '에' 앞에 붙을 수 있는 명사는 '에서' 앞에 붙을 수 없다.
③ 중세 국어의 '애/에/예'는 '이/의'와 달리 주격 조사로 쓰일 수 있었다.
④ 현대 국어 '에서'의 중세 국어 형태인 '에셔'에서 '셔'는 지점의 의미를 나타냈다.
⑤ 중세 국어 '에셔'가 주격 조사로 쓰일 수 있었던 이유는 '에셔' 앞에 유정 명사가 오기 때문이다.

02 윗글을 바탕으로 〈보기〉를 이해한 내용으로 적절하지 않은 것은?

┌─ 보기 ─
• 현대 국어의 예
 ㉠ 그 지역에서 공룡 화석이 발견되었다.
 ㉡ 정부에서 홍수 대책안을 발표하였다.
 ㉢ 할머니께서 저녁 늦게 식사를 하셨다.

• 중세 국어의 예
 ㉣ 一物이라도 그위예셔 다 아소몰 슬노라
  (물건 하나라도 관청에서 다 빼앗음을 슬퍼하노라.)
 ㉤ 부텨씌셔 十二部經이 나시고
  (부처님으로부터 12부의 경전이 나오고)

① ㉠: 공간을 의미하는 '그 지역'에 주격 조사 '에서'가 붙었군.
② ㉡: 집단을 의미하는 '정부'에 주격 조사 '에서'가 붙었군.
③ ㉢: 높임의 유정 명사인 '할머니'에 주격 조사 '께서'가 붙었군.
④ ㉣: '그위예셔'는 '그위'에 주격 조사 '예셔'가 붙었군.
⑤ ㉤: 높임의 유정 명사인 '부텨'에 부사격 조사 '씌셔'가 붙었군.

03 〈보기〉의 ㉠~㉤과 관련된 설명으로 적절한 것은?

> **보기**
> 주기적으로 운동하기가 ㉠건강의 첫걸음이다. 그것을 꾸준하게 ㉡실천하기 ㉢원한다면 제대로 ㉣된 계획 세우기가 ㉤선행되어야 한다.

① ㉠이 서술어인 문장에서 명사절이 주어 기능을 하고 있다.
② ㉡이 서술어인 문장에서 명사절이 목적어 기능을 하고 있다.
③ ㉢이 서술어인 문장에서 명사절이 부사어 기능을 하고 있다.
④ ㉣이 서술어인 문장에서 명사절이 보어 기능을 하고 있다.
⑤ ㉤이 서술어인 문장에서 명사절이 관형어 기능을 하고 있다.

04 〈보기〉에 대한 이해로 적절하지 않은 것은?

> **보기**
> ㉠ 풀잎[풀립]   ㉡ 읊네[음네]   ㉢ 벼훑이[벼훌치]

① ㉠, ㉡에서는 음운 변동이 각각 세 번씩 일어났군.
② ㉠, ㉡에서는 인접한 자음과 조음 방법이 같아지는 음운 변동이 일어났군.
③ ㉠에서 첨가된 음운과 ㉡에서 탈락된 음운은 서로 다르군.
④ ㉠, ㉢에서는 음운 개수가 달라지는 음운 변동이 일어났군.
⑤ ㉠은 'ㄹ'로 인해, ㉢은 모음 'ㅣ'로 인해 동화되는 음운 변동이 일어났군.

05 〈보기〉를 바탕으로 할 때, ㉠~㉢에 해당하는 단어가 사용된 예로 적절한 것은?

> **보기**
> 선생님: 신체 관련 어휘는 ㉠신체 부위를 나타내는 중심적 의미가 ㉡주변적 의미로 확장될 수 있어요. 이때 ㉢소리는 같지만 중심적 의미가 다른 단어와 잘 구분해야 합니다. 그럼 아래에서 이러한 의미 관계를 확인해 봅시다.
>
> > 코¹
> > • 포유류의 얼굴 중앙에 튀어나온 부분.
> > • 콧구멍에서 흘러나오는 액체.
> >
> > 코²
> > • 그물이나 뜨개질한 물건의 눈마다의 매듭.

① ㉠: 묽은 코가 옷에 묻어 휴지로 닦았다.
② ㉠: 어부가 쳐 놓은 어망의 코가 끊어졌다.
③ ㉡: 코끼리는 긴 코를 자유자재로 사용한다.
④ ㉡: 동생이 갑자기 코를 다쳐서 병원에 갔다.
⑤ ㉢: 어머니께서 목도리를 한 코씩 떠 나가셨다.

모의고사 5회

2018 수능

[01~02] 다음 글을 읽고 물음에 답하시오.

국어의 단어들은 ⊙어근과 어근이 결합해 만들어지기도 하고 어근과 파생 접사가 결합해 만들어지기도 한다. 어근과 파생 접사가 결합한 단어는 ⊙파생 접사가 어근의 앞에 결합한 것도 있고, ⓒ파생 접사가 어근의 뒤에 결합한 것도 있다. 어근이 용언 어간이나 체언일 때, 그 뒤에 결합한 파생 접사는 어미나 조사와 혼동될 수도 있다. 그러나 파생 접사는 주로 새로운 단어를 만든다는 점에서 차이가 있다. 이에 비해 ②어미는 용언 어간과 결합해 용언이 문장 성분이 될 수 있도록 해 주고, ⑩조사는 체언과 결합해 체언이 문장 성분임을 나타내 줄 뿐 새로운 단어를 만들지는 않는다. 이 점에서 어미와 조사는 파생 접사와 분명하게 구별된다.

이러한 일반적인 상황과는 달리, 용언 어간에 어미가 결합한 형태나, 체언에 조사가 결합한 형태가 시간이 지나면서 새로운 단어가 된 경우도 있다. 먼저 용언의 활용형이 역사적으로 굳어져 새로운 단어가 된 예가 있다. 부사 '하지만'은 '하다'의 어간에 어미 '-지만'이 결합했던 것이었는데, 시간이 지나면서 굳어져 새로운 단어가 되었다. 다음으로 체언에 조사가 결합한 형태가 역사적으로 굳어져 새로운 단어가 된 예도 있다. 명사 '아기'에 호격 조사 '아'가 결합했던 형태인 '아가'가 시간이 지나면서 새로운 단어가 되었다.

[A]
또 다른 예로 미지칭의 인칭 대명사에, 의문문을 만드는 보조사 '고/구'가 결합한 형태가 굳어져 새로운 인칭 대명사가 된 경우를 들 수 있다. '이는 엇던 사름고(이는 어떤 사람인가?)'에서 볼 수 있듯이 중세 국어에서 보조사 '고/구'는 문장에 '엇던', '므슴', '어느' 등과 같은 의문사가 있을 때, 체언 또는 의문사 그 자체에 결합해 의문문을 만들었다. 이와 같은 방식의 의문문 구성은 근대 국어를 거쳐 현대 국어의 일부 방언에까지 지속되고 있다.

01 다음 문장에서 ⊙~⑩에 해당하는 예를 찾아 이를 설명한 내용으로 적절하지 않은 것은?

> 아기장수가 맨손으로 산 위에 쌓인 바위를 깨뜨리는 모습이 멋졌다.

① '아기장수가'의 '아기장수'는 ⊙에 해당하는 예로, 어근 '아기'와 어근 '장수'가 결합했다.

② '맨손으로'의 '맨손'은 ⓛ에 해당하는 예로, 파생 접사 '맨-'이 어근 '손' 앞에 결합했다.

③ '쌓인'의 어간은 ⓒ에 해당하는 예로, 파생 접사 '-이-'가 어근 '쌓-' 뒤에 결합했다.

④ '깨뜨리는'은 ②에 해당하는 예로, 어미 '-리는'이 용언 어간 '깨뜨-'와 결합했다.

⑤ '모습이'는 ⑩에 해당하는 예로, 조사 '이'가 체언 '모습'과 결합했다.

02 [A]를 바탕으로 〈보기〉의 '자료'를 탐구한 '탐구 내용'으로 적절하지 않은 것은?

> ┌ 보기 ┐
>
> **[탐구 목표]**
> 현대 국어의 인칭 대명사 '누구'의 형성에 대해 이해한다.
>
> **[자료]**
> (가) 중세 국어 : 15세기 국어
> • 누를 니르더뇨(누구를 이르던가?)
> • 네 스승이 누고 (네 스승이 누구인가?)
> • 느믄 누구 (남은 누구인가?)
> (나) 근대 국어
> • 이 벗은 누고고 (이 벗은 누구인가?)
> • 져 흔 벗은 누구고 (저 한 벗은 누구인가?)
> (다) 현대 국어
> • 누구를 찾으세요?
> • 누구에게 말했어요?
>
> ┌─────────────────────────┐
> │ **[탐구 내용]**   │
> │   │
> │   │
> └─────────────────────────┘
>
> **[탐구 결과]**
> 미지칭의 인칭 대명사에 의문문을 만드는 보조사 '고/구'가 결합했던 형태인 '누고', '누구'는 시간이 지나면서 점점 굳어져 새로운 단어가 되었는데, 오늘날에는 '누구'만 남게 되었다.

① (가)에서 미지칭의 인칭 대명사의 형태는 '누', '누고', '누구'이다.

② (나)에서 미지칭의 인칭 대명사의 형태는 '누고', '누구'이다.

③ (다)에서 미지칭의 인칭 대명사의 형태는 '누구'이다.

④ (가)에서 (나)로의 변화를 보니, '누고', '누구'는 체언과 보조사가 결합한 형태였다가 새로운 단어가 되었다.

⑤ (나)에서 (다)로의 변화를 보니, 현대 국어에서는 미지칭의 인칭 대명사로 '누고'는 쓰이지 않고 '누구'만이 쓰이고 있다.

03 〈보기〉는 준말에 관한 한글 맞춤법의 일부이다. 이를 적용한 내용으로 적절하지 <u>않은</u> 것은?

┌ 보기 ┐
제34항 [붙임 1] 'ㅐ, ㅔ' 뒤에 '-어, -었-'이 어울려 줄 적에는 준 대로 적는다. ······ ㉠
제35항 모음 'ㅗ, ㅜ'로 끝난 어간에 '-아/-어, -았-/-었-'이 어울려 'ㅘ/ㅝ, 놨/눴'으로 될 적에는 준 대로 적는다. ······ ㉡
제35항 [붙임 2] 'ㅚ' 뒤에 '-어, -었-'이 어울려 'ㅙ, 왰'으로 될 적에도 준 대로 적는다. ······ ㉢
제36항 'ㅣ' 뒤에 '-어'가 와서 'ㅕ'로 줄 적에는 준 대로 적는다. ··· ㉣
제37항 'ㅏ, ㅓ, ㅗ, ㅜ, ㅡ'로 끝난 어간에 '-이-'가 와서 각각 'ㅐ, ㅔ, ㅚ, ㅟ, ㅢ'로 줄 적에는 준 대로 적는다. ······ ㉤

① ㉠을 적용하면 '(날이) 개었다'와 '(나무를) 베어'는 각각 '갰다'와 '베'로 적을 수 있다.

② ㉡을 적용하면 '(다리를) 꼬아'와 '(죽을) 쑤었다'는 각각 '꽈'와 '쒔다'로 적을 수 있다.

③ ㉤을 적용할 때, 어간 '(발로) 차-'에 '-이-'가 붙은 '(발에) 차이-'에 '-었다'가 붙으면 '채었다'로 적을 수 있다.

④ ㉤을 적용한 후 ㉢을 적용할 때, 어간 '(벌이) 쏘-'에 '-이-'가 붙은 '(벌에) 쏘이-'에 '-어'가 붙으면 '쐐'로 적을 수 있다.

⑤ ㉤을 적용한 후 ㉣을 적용할 때, 어간 '(오줌을) 누-'에 '-이-'가 붙은 '(오줌을) 누이-'에 '-어'가 붙으면 '뉘여'로 적을 수 있다.

04 〈보기〉의 ㉠~㉤의 예로 적절하지 <u>않은</u> 것은?

┌ 보기 ┐
선어말 어미 '-더-'는 시간 표현, 주어의 인칭, 용언의 품사, 문장 종결 표현 등과 다양하게 관련을 맺는다.
예컨대 '아까 달력을 보니 내일이 언니 생일이더라.'와 같이 ㉠새삼스럽거나 새롭게 알게 된 내용이 비록 미래의 일이라도 그것을 안 시점이 과거이면 '-더-'가 쓰일 수 있다. 또한 '-더-'가 쓰인 문장에는 특정 인칭의 주어만 나타나는 경우가 있다. 가령, ㉡본인만이 직접 느껴 알 수 있는 감정이나 감각을 표현하는 형용사가 서술어일 때, 평서문에는 1인칭 주어만이 '-더-'와 함께 쓰인다. ㉢이 경우, 의문문에는 2인칭 주어만이 '-더-'와 함께 쓰인다. 단, ㉣이때도 수사 의문문에는 '-더-'와 함께 1인칭 주어가 나타날 수 있다. 한편, '꿈에서 내가 하늘을 날더라.'처럼 ㉤꿈속의 일이나 무의식중에 일어난 일을 말할 때, 화자가 자신의 행동이나 상태를 타인이 관찰하듯이 진술할 경우 '-더-'가 1인칭 주어와 쓰일 수 있다.

① ㉠: 아까 수첩을 보니 다음 주에 약속이 있더라.

② ㉡: 나는 그의 합격이 놀랍더라.

③ ㉢: 영수야, 넌 내가 그리 말했는데도 안 믿더냐?

④ ㉣: 기어이 우승한 그날, 우리 어찌 아니 기쁘더냐?

⑤ ㉤: 내가 어제 마신 약은 생각보다 안 쓰더라.

05 〈학습 활동〉의 ㉠에 들어갈 예로 적절한 것은?

┌ 학습 활동 ┐
높임 표현이 홑문장에서 실현될 수도 있지만, 겹문장의 안긴문장 속에서도 실현될 수 있다. 다음 조건에 해당하는 예문을 만들어 보자.

조건	예문
안긴문장에서의 주체 높임의 대상이 안은문장에서 주어로 실현된 겹문장	공원에서 산책하시던 할아버지께서 활짝 웃으셨다.
안긴문장에서의 객체 높임의 대상이 안은문장에서 목적어로 실현된 겹문장	㉠
⋮	⋮

① 편찮으시던 어르신께서는 좀 건강해지셨나요?

② 오빠는 고향에 계신 부모님을 집으로 모시고 갔다.

③ 나는 할아버지께서 선물을 주신 날짜를 아직도 기억해.

④ 누나는 다음 주에 인사를 드릴 할머니께 편지를 썼어요.

⑤ 형은 동생이 찾아뵈려던 선생님을 학교에서 만났습니다.

MEMO

고등
국어
문법

정답과
해설

01 음운

1 ① 소리 ② 음운, 음성 ③ 분절 음운, 비분절 음운
    ④ 자음, 모음, 반모음 ⑤ 음절
2 ① × ② ○ ③ × ④ ○
3 ① ㅏ, ㅗ ② ㄱ, ㅅ ③ 단음, 장음
4 ① ○ ② × ③ ○ ④ ○ ⑤ × ⑥ ×
5 ① 4 ② 9 ③ 2 ④ 3 ⑤ 3 ⑥ 4

2 ① 음운은 사람들의 머릿속에서 하나의 소리로 인식되지만, 실제로 내는 소리는 사람마다 다르고 같은 사람이라도 상황에 따라 다르므로 언제나 똑같이 발음되는 것은 아니다.
② 음운의 목록과 체계는 언어마다 다르므로 음운의 개수 역시 언어마다 차이가 있다.
③ 모음은 홀로 음절을 이룰 수 있지만, 자음은 홀로 음절을 이룰 수 없다.
④ 비분절 음운은 홀로 실현될 수 없으며, 분절 음운이 실현될 때 함께 실현된다.

4 ① '머리'와 '허리'는 'ㅁ'과 'ㅎ'의 차이로 의미가 달라지므로 최소 대립쌍이다.
② '소리'는 'ㅅ, ㅗ, ㄹ, ㅣ'로 구성된 단어이고 '오리'는 'ㅗ, ㄹ, ㅣ'로 구성된 단어이다. '소리'가 '오리'보다 음운의 개수가 1개 더 많으므로 '소리'와 '오리'는 최소 대립쌍이 아니다.
③ '볼'과 '벌'은 'ㅗ'와 'ㅓ'의 차이로 의미가 달라지므로 최소 대립쌍이다.
④ '살'과 '산'은 'ㄹ'과 'ㄴ'의 차이로 의미가 달라지므로 최소 대립쌍이다.
⑤ '나이'는 'ㄴ, ㅏ, ㅣ'로 구성된 단어이고 '남'은 'ㄴ, ㅏ, ㅁ'으로 구성된 단어이다. 'ㅣ'는 중성에 오는 모음이고 'ㅁ'은 종성에 오는 자음으로 두 소리의 자리가 같지 않기 때문에 최소 대립쌍이 될 수 없다.
⑥ '거'의 'ㅓ'와 '겨'의 'ㅕ'의 차이가 있다. 그러나 'ㅓ'는 단모음이지만 'ㅕ'는 반모음 'ㅣ[j]'와 단모음 'ㅓ'가 결합한 이중 모음이므로 음운이 2개이다. 따라서 '거울'과 '겨울'은 최소 대립쌍이 아니다.

5 ① '머리'는 'ㅁ, ㅓ, ㄹ, ㅣ' 4개의 분절 음운으로 이루어져 있다.
② '찡그리다'는 'ㅉ, ㅣ, ㅇ, ㄱ, ㅡ, ㄹ, ㅣ, ㄷ, ㅏ' 9개의 분절 음운으로 이루어져 있다.
③ '아이'는 'ㅏ, ㅣ' 2개의 분절 음운으로 이루어져 있다.
④ '꿀'은 'ㄲ, ㅜ, ㄹ' 3개의 분절 음운으로 이루어져 있다. 된소리(ㄲ, ㄸ, ㅃ, ㅆ, ㅉ)는 하나의 음운이다.
⑤ '밤:'은 'ㅂ, ㅏ, ㅁ' 3개의 분절 음운과 장음[:] 1개의 비분절 음운으로 이루어져 있다.
⑥ '값'은 'ㄱ, ㅏ, ㅂ, ㅅ' 4개의 분절 음운으로 이루어져 있다.

01 ③   **02** ④   **03** ④   **04** ④
05 ㉠: 자음 3개, 모음 2개, ㉡: 자음 4개, 모음 3개
06 ⑤   **07** ③   **08** ⑤   **09** 해설 참조
10 해설 참조

01 음운은 소리의 단위로, 말의 뜻을 구분해 주는 소리의 가장 작은 단위이다.
| 오답 확인 |
① '형태소'의 정의에 해당한다.
② '음절'의 정의에 해당한다.
④ '단어'의 정의에 해당한다.
⑤ '문장'의 정의에 해당한다.

02 비분절 음운 중 소리의 길이는 모음에 얹혀 실현된다. 따라서 자음에 얹혀 실현되는 것이 일반적이라는 설명은 적절하지 않다.

03 종성에서는 'ㄱ, ㄴ, ㄷ, ㄹ, ㅁ, ㅂ, ㅇ'만 발음할 수 있으므로 '밖'은 [박]으로 발음되고, '박'도 [박]으로 발음된다. 따라서 '밖–박'은 최소 대립쌍의 사례로 적절하지 않다.
| 오답 확인 |
① 'ㅁ'과 'ㅇ'의 차이로 뜻이 달라지므로 최소 대립쌍의 사례에 해당한다.
② 'ㅑ'는 'ㅣ[j]+ㅏ', 'ㅘ'는 'ㅗ[w]+ㅏ'로 구성된 이중 모음이다. 두 모음은 반모음 'ㅣ[j]'와 'ㅗ[w]'의 차이로 뜻이 달라지므로 최소 대립쌍의 사례에 해당한다.
③ 'ㄱ'과 'ㄴ'의 차이로 뜻이 달라지므로 최소 대립쌍의 사례에 해당한다.
⑤ 'ㅏ'와 'ㅓ'의 차이로 뜻이 달라지므로 최소 대립쌍의 사례에 해당한다.

04 한 언어에서 음운이냐 아니냐를 결정하는 것은 구체적인 발음이 아니라 사람들이 같은 소리라고 생각하는 추상적인 인식이다.
| 오답 확인 |
① 영어에서는 무성음과 유성음이 별개의 음운으로 인식되어 단어의 의미를 변별해 주지만, 한국어에서는 그렇지 않으므로 언어에 따라 음운의 종류가 다름을 알 수 있다.
② 하나의 동일한 음운이 환경에 따라 다르게 발음되는 것을 변이음이라고 한다. 〈보기〉에서 '불'의 'ㅂ'은 무성음 [p]로 발음되고, '이불'의 'ㅂ'은 유성음 [b]로 발음된다고 하였으므로, [p]와 [b]가 음운 'ㅂ'의 변이음이라는 것을 알 수 있다.
③ 영어에서는 [p]와 [b]가 서로 다른 음운이므로 말의 뜻을 구별해 준다.
⑤ 다르게 발음되는 [p]와 [b]가 한국어에서는 말의 뜻을 구분하지 않고, 영어에서는 말의 뜻을 구분한다.

05 '적응'은 [저긍]으로 발음되므로 'ㅈ, ㅓ, ㄱ, ㅡ, ㅇ'의 5개의 음운으로 이루어져 있고, '떡볶이'는 [떡뽀끼]로 발음되므로 'ㄸ, ㅓ, ㄱ, ㅃ, ㅗ, ㄲ, ㅣ'의 7개의 음운으로 이루어져 있다. 따라서 '적응'은 자음 3개, 모음 2개의 구성이며, '떡볶이'는 자음 4개, 모음 3개의 구성이다.

06 '깡'의 'ㄲ'은 된소리에 해당하는 하나의 자음이다. 따라서 '깡'은 '자음 + 단모음 + 자음'으로 분석할 수 있다.
| 오답 확인 |
① '야'의 'ㅑ'는 반모음 'ㅣ' + 단모음 'ㅏ'이다.
② '모'는 'ㅁ(자음) + ㅗ(단모음)'이다.
③ '알'은 'ㅏ(단모음) + ㄹ(자음)'이다.
④ '권'은 'ㄱ(자음) + ㅝ(이중 모음) + ㄴ(자음)'이다.

07 '솔'을 길게 발음하면 '먼지나 때를 쓸어 떨어뜨리거나 풀칠 따위를 하는 데 쓰는 도구.'를 의미하고, 짧게 발음하면 '소나뭇과의 식물.'을 의미한다.

① '배'를 길게 발음하면 '어떤 수나 양을 두 번 합한 만큼.'을 의미한다.

② '무력'의 '무'를 길게 발음하면 '군사상의 힘.'을 의미한다.

④ '밤'을 길게 발음하면 '밤나무의 열매.'를 의미한다.

⑤ '눈'을 짧게 발음하면 '빛의 자극을 받아 물체를 볼 수 있는 감각 기관.'을 의미한다.

08 다른 사람의 발음이 명확하지 않아도 그 소리를 자신의 머릿속에 들어 있는 한 소리로 받아들이는 것은 심리적인 차원의 말소리인 음운을 설명하는 예로 적절하다.

| 오답 확인 |

① '시사'에서 두 'ㅅ'이 달리 발음되는 것은 다른 음운이어서가 아니라 하나의 음운인 'ㅅ'이 물리적인 차원에서 다르게 소리 나는 것이므로 '시사'의 두 'ㅅ'은 음운을 설명하는 예로 부적절하다.

②, ③, ④ 음성을 설명하는 예가 될 수 있다.

09 (예시 답) 반모음과 모음은 발음 과정에서 공기가 방해를 받지 않는다는 점이 같다. 반모음과 자음은 모음과 결합해야만 발음할 수 있다는 점이 같다.

✔ 고난도 서술형 해결하기

❶ 〈조건〉 확인
반모음이 지니고 있는 모음의 특성과 자음의 특성을 〈보기〉에서 찾아 각각 한 문장으로 서술해야 한다.

❷ 〈보기〉 분석
- 모음: 발음하는 과정에서 공기가 방해를 받지 않으며, 자음 없이도 홀로 발음할 수 있다.
- 자음: 발음하는 과정에서 공기가 방해를 받으며, 모음과 결합해야만 발음할 수 있다.

❸ 〈조건〉 적용
제시된 문장 형식에 맞추어 두 문장으로 서술한다.

평가 기준

반모음과 모음의 공통점, 반모음과 자음의 공통점을 모두 바르게 서술함.
제시된 문장 형식에 맞게 서술함.

10 (예시 답) ㉠의 '말'은 장음으로 발음하고 ㉡의 '말'은 단음으로 발음한다. ㉠의 '말'은 첫음절에, ㉡의 '말'은 둘째 음절 이하에 위치하기 때문이다.

✔ 고난도 서술형 해결하기

❶ 〈조건〉 확인
㉠과 ㉡의 '말'을 발음할 때 어느 것이 짧게 나고 어느 것이 길게 나는지 구체적으로 밝히고, 그 이유를 '음절'과 연관 지어 서술해야 한다.

❷ 〈보기〉 분석
소리의 길이는 원칙적으로 단어의 첫음절에서만 장음으로 발음한다. 동일한 단어라고 하더라도 둘째 음절 이하의 위치에 놓이면 단음으로 발음한다.
- ㉠: '말소리'에서 '말'은 첫 번째 음절에 놓이므로 길게 발음한다.
- ㉡: '거짓말'에서 '말'은 세 번째 음절에 놓이므로 짧게 발음한다.

❸ 〈조건〉 적용
㉠의 '말'을 장음으로, ㉡의 '말'을 단음으로 발음하며, 그 이유가 '음절'의 자리 때문임을 서술한다.

평가 기준

㉠, ㉡에서 밑줄 친 부분의 발음 차이를 소리의 길이 측면에서 바르게 서술함.
'음절'이라는 용어를 포함하여 이유를 바르게 서술함.
발음 차이와 그 이유를 각각 한 문장으로 서술함.

0**2** 모음 체계

1단계 개념 연습 문제
17쪽

1 ① 모음 ② 단모음 ③ 반모음 ④ 전설 모음, 후설 모음

2 ① × ② ○ ③ × ④ ○ ⑤ ○

3 ①-ㄴ ②-ㄷ ③-ㄱ ④-ㄹ

4 ① ㅑ ② ㅕ ③ ㅛ ④ ㅠ ⑤ ㅒ ⑥ ㅖ ⑦ ㅘ ⑧ ㅝ ⑨ ㅙ ⑩ ㅞ

2 ① 국어의 단모음은 10개, 이중 모음은 11개이다.

③ 단모음은 홀로 발음되어 음절을 이룰 수 있지만, 반모음은 단모음처럼 홀로 발음되지 못하므로 단모음과 결합해야만 음절을 이룰 수 있다.

④ 저모음은 혀의 위치를 낮게 하여 발음하는 모음으로, 혀의 위치가 낮으려면 입을 크게 벌려야 한다.

2단계 내신 기출 문제
18~19쪽

01 ④	02 ㉠: 단모음, ㉡: 이중 모음	03 ⑤
04 ②	05 ③	06 ①	07 ③
08 ②	09 해설 참조	10 해설 참조

01 단모음은 발음할 때 혀의 위치나 입의 모양이 달라지지 않지만, 이중 모음은 발음할 때 혀의 위치나 입의 모양이 달라진다.

| 오답 확인 |

① 반모음은 홀로는 발음될 수 없고, 다른 단모음과 결합해야만 발음이 가능하다.

③ 단모음 중 'ㅚ, ㅟ'는 이중 모음으로 발음하는 것이 허용된다.

02 단모음은 발음 도중 입술이나 혀가 고정되어 움직이지 않는 모음이고, 이중 모음은 발음할 때 입술 모양이나 혀의 위치가 달라지는 모음이다.

03 저모음 중에서 원순 모음으로 발음할 수 있는 단모음은 존재하지 않는다. 저모음 'ㅐ'와 'ㅏ'는 모두 평순 모음이다.

| 오답 확인 |

①, ② 고모음을 발음할 때에는 혀의 위치를 높여 발음하므로 입을 작게 벌리게 된다. 반대로 입을 크게 벌리면 혀의 위치가 낮아진다.

③ 전설 모음은 혀의 최고점이 입안의 앞쪽인 경구개 근처에 놓인다.

④ 평순 모음을 발음할 때에는 입술의 모양이 평평하다. 입술을 둥글게 오므려 발음하는 것은 원순 모음이다.

04 'ㅚ'는 입술을 둥글게 오므리고 발음하는 소리로, ㉡에는 평순 모음이 아니라 원순 모음이 들어가야 한다.

05 〈보기〉에서 설명하는 내용 중, 혀의 최고점이 입안에서 앞쪽(경구개 부근)에 있을 때 발음되는 모음은 전설 모음, 혀의 위치가 중간쯤 되며 입은 중간 정도 벌어지는 모음은 중모음, 입술을 둥글게 오므리고 발음하는 모음은 원순 모음이다. 따라서 이 모든 조건을 충족시키는 모음은 'ㅚ'이다.

| 오답 확인 |

① 'ㅣ'는 전설 모음, 고모음, 평순 모음이다. ② 'ㅔ'는 전설 모음, 중모음, 평순 모음이다. ④ 'ㅜ'는 후설 모음, 고모음, 원순 모음이다. ⑤ 'ㅟ'는 전설 모음, 고모음, 원순 모음이다.

06 'ㅓ'는 중모음, 'ㅡ'는 고모음이고, 'ㅔ'는 중모음, 'ㅣ'는 고모음이다. (가)와 (나)는 중모음을 고모음으로 발음하는 현상을 설명하고 있다.

07 국어에서 이중 모음은 반모음과 단모음이 결합한 구조이고, 이중 모음의 개수는 모두 11개이다. 'ㅐ'와 'ㅔ'는 '반모음 + 단모음'의 구조이며, 'ㅘ'와 'ㅝ'는 둘 다 반모음 'ㅗ/ㅜ[w]'가 결합한 구조이다.
| 오답 확인 |
ⓒ 'ㅘ'는 'ㅗ + ㅏ', 'ㅝ'는 'ㅜ + ㅓ'로 둘 다 같은 반모음인 'ㅗ/ㅜ[w]'가 결합된 구조를 지닌다.
ⓒ 'ㅐ'는 'ǐ + ㅐ', 'ㅖ'는 'ǐ + ㅔ'로 '반모음 + 단모음'의 구조이다. 'ㅐ, ㅖ' 둘 다 반모음이 단모음 앞에 결합되었다.

08 제5항의 다만 1에 따르면, '쪄서'의 '쪄'는 언제나 [쩌]로 발음되므로, [쪄]로 발음할 수도 있다는 내용은 적절하지 않다.
| 오답 확인 |
① 제4항의 [붙임]을 통해 알 수 있다.
③ 제5항의 다만 2를 통해 알 수 있다. '시계'는 [시계/시게]로 발음한다.
④ 제5항의 다만 3을 통해 알 수 있다. '희망'은 [히망]으로 발음한다.
⑤ 제5항의 다만 4를 통해 알 수 있다. '건의'는 [거늬/거니]로 발음한다.

09 (예시답) (가)는 이중 모음에 포함된 단모음 'ㅐ'와 'ㅔ'의 발음을 구분하지 못하는 사람들이 많기 때문에 표기의 혼동이 나타나고, (나)는 단모음 'ㅚ'를 이중 모음으로 발음하는 사람들이 많기 때문에 표기의 혼동이 나타난다.

✅ 고난도 서술형 해결하기

❶ 〈조건〉 확인
표기의 혼동이 생기는 이유를 단모음의 발음과 관련지어 써야 한다.

❷ 〈보기〉 분석
- (가): '왠지'는 '왜인지'가 줄어든 말인데 '웬지'로 잘못 쓰는 경우들이 있다. 이는 이중 모음 'ㅙ'와 'ㅞ'에 결합된 단모음 'ㅐ'와 'ㅔ'의 발음을 구분하기 어려워 표기의 혼동이 발생한 표기 오류이다.
- (나): '안 돼'의 '돼'는 어간 '되-'에 어미 '-어'가 결합한 용언이다. 어간 '되-'의 'ㅚ'는 단모음이지만 이중 모음 [웨]로 발음하는 경우가 많아 표기의 혼동이 발생하는 것이라고 볼 수 있다.

❸ 〈조건〉 적용
단모음의 발음을 근거로 들어 제시된 문장 형식에 맞추어 서술한다.

평가 기준
(가)와 (나)의 이유 모두를 단모음의 발음과 관련지어 바르게 서술함.
제시된 문장 형식에 맞게 서술함.

10 (예시답) 단모음은 하나의 음운이고, 이중 모음은 두 개의 음운으로 반모음과 단모음이 결합한 것이기 때문이다.

✅ 고난도 서술형 해결하기

❶ 〈조건〉 확인
음운의 개수와 관련지어 서술해야 한다.

❷ 〈보기〉 분석
단모음은 그 자체가 하나의 음운인 반면, 이중 모음은 반모음과 단모음의 결합으로 이루어진 두 개의 음운이다. 그래서 이중 모음은 소리를 낼 때 반모음이 소리 나는 위치에서 단모음이 소리 나는 위치로 혀가 이동을 하거나 입술의 모양이 바뀐다.

❸ 〈조건〉 적용
음운의 개수를 근거로 들어 주어진 문장 형식에 맞게 서술한다.

평가 기준
단모음은 음운의 수가 1개이고, 이중 모음은 음운의 수가 2개로 반모음과 단모음의 결합임을 밝혀 서술함.
제시된 문장 형식에 맞게 서술함.

03 자음 체계

1단계 개념 연습 문제   21쪽

1 ① 발음 기관 ② 조음 위치, 조음 방법 ③ 치조음 ④ 파열음 ⑤ 된소리
2 ① ○ ② × ③ ○ ④ ○ ⑤ ×
3 ① 입술소리: ㅂ / 잇몸소리: ㄴ, ㄹ, ㅅ, ㄷ / 센입천장소리: ㅈ / 여린입천장소리: ㄱ, ㅋ, ㄲ, ㅇ / 목청소리: ㅎ
② 파열음: ㅂ, ㄷ, ㅌ, ㄱ, ㅍ / 파찰음: ㅈ, ㅉ / 마찰음: ㅎ / 비음: ㅁ, ㄴ / 유음: ㄹ
4 ①-ⓒ-ⓑ ②-ⓐ-ⓒ ③-ⓑ-ⓓ

2 ① 국어에서 두 입술 사이에서 나는 소리는 'ㅂ, ㅃ, ㅍ, ㅁ'이 있다.
② 국어에서 혓바닥과 경구개 사이에서 나는 소리는 'ㅈ, ㅊ, ㅉ'이 있다. 'ㄷ, ㄸ, ㅌ, ㅅ, ㅆ, ㄴ, ㄹ'은 혀끝과 윗잇몸이 닿아서 나는 잇몸소리(치조음)이다.
③ 파찰음은 파열음과 마찰음의 속성을 모두 지니고 있다.
④ 국어의 예사소리에는 파열음인 'ㄱ, ㄷ, ㅂ', 파찰음인 'ㅈ', 마찰음인 'ㅅ'이 있다.
⑤ '달'의 종성에 쓰인 'ㄹ'은 설측음으로 발음되고, '라'의 초성에 쓰인 'ㄹ'은 탄설음으로 발음된다.
4 ①-ⓒ-ⓑ 거센소리의 자음이 쓰인 단어들이다.
②-ⓐ-ⓒ 예사소리의 자음이 쓰인 단어들이다.
③-ⓑ-ⓓ 된소리의 자음이 쓰인 단어들이다.

2단계 내신 기출 문제   22~23쪽

01 ③	02 ⑤	03 ③	04 ④
05 ②	06 ②	07 ⊙: ㅅ, ㅆ ⓒ: ㄴ	
08 해설 참조	09 해설 참조		

01 경구개음은 혓바닥을 경구개에 대거나 근접시켜 내는 소리인 것은 맞지만, 경구개음의 개수는 'ㅈ, ㅉ, ㅊ' 3개이고 양순음의 개수는 'ㅂ, ㅃ, ㅍ, ㅁ' 4개이므로 경구개음이 양순음보다 많다는 설명은 적절하지 않다.
| 오답 확인 |
① 양순음에는 파열음 'ㅂ, ㅃ, ㅍ'과 비음 'ㅁ'이 있다.
② 치조음은 'ㄷ, ㄸ, ㅌ, ㅅ, ㅆ, ㄴ, ㄹ' 7개로 이 위치에서 발음되는 자음의 개수가 가장 많다. 양순음(ㅂ, ㅃ, ㅍ, ㅁ)과 연구개음(ㄱ, ㄲ, ㅋ, ㅇ)은 4개, 경구개음(ㅈ, ㅉ, ㅊ)은 3개, 후음(ㅎ)은 1개이다.
④ 연구개음에는 파열음 'ㄱ, ㄲ, ㅋ'과 비음 'ㅇ'이 있다.
⑤ 국어의 후음에는 마찰음 'ㅎ'이 있다.

02 자음은 조음 과정에서 공기의 흐름이 다양한 방해를 받으면서 발음되는 소리이다. 파동이 불규칙적이고 비주기적인 이유는 공기의 흐름이 방해를 받기 때문이다.

03 공기가 지나가는 길인 입안이나 목청 따위의 조음 기관을 좁혀 그 사이로 공기가 비집고 나오면서 마찰하여 내는 소리가 마찰음이다.
| 오답 확인 |
① 혀끝을 잇몸에 가볍게 대었다가 떼거나, 윗잇몸에 댄 채 공기를 그 양옆으로 흘려보내면서 내는 소리는 유음이다.
② 폐에서 나오는 공기의 흐름을 막았다가 터뜨리면서 내는 소리는 파열음이다.

4 · 고등 국어 문법

④ 파열음과 마찰음의 두 가지 성질을 다 가지는 소리는 파찰음이다. 파찰음은 공기의 흐름을 막았다가 서서히 열어 마찰을 일으켜 내는 소리이다.
⑤ 입안의 통로를 막고 코로 공기를 내보내면서 내는 소리는 비음이다.

04 ㉠에는 잇몸소리(치조음), ㉡에는 여린입천장소리(연구개음), ㉢에는 파찰음, ㉣에는 비음이 들어가야 한다.

05 〈보기〉에서 조음체 중 혀, 특히 혀끝이 가장 예민하고 활발하게 움직인다고 한 진술을 바탕으로 혀가 앞쪽에서 더 자유롭게 움직일 수 있음을 짐작해 볼 수 있으나, 경구개음(ㅈ, ㅉ, ㅊ)의 개수가 연구개음(ㄱ, ㄲ, ㅋ, ㅇ)보다 많다는 진술은 적절하지 않다.

06 받침 자리에서는 파열음의 파열 현상이 일어나지 않으므로, '밥'이라는 단어를 발음할 때에는 초성의 'ㅂ'에서만 파열이 한 번 일어난다.

| 오답 확인 |
① '가족'에서 '가'의 'ㄱ'은 실제로 발음될 때 [k]로 소리가 나고, '족'의 'ㄱ'은 [g]로 소리가 난다.
③ 'ㄱ'과 'ㅇ'은 연구개에서 나는 여린입천장소리(연구개음)로 조음 위치는 같으나, 'ㄱ'은 파열음이고 'ㅇ'은 비음으로 조음 방법이 다르다. 〈보기〉에서 비음도 파열음과 마찬가지로 '폐쇄-지속-파열'의 단계를 거치지만, 비음은 파열음과 달리 코안으로도 공기가 흐른다고 하였다. 따라서 'ㄱ'을 발음할 때 비강을 열어 코안으로 공기가 흐르게 하면 조음 방법이 같아지므로 'ㅇ'으로 소리가 날 수 있다.
④ 'ㄷ'과 'ㄴ'은 혀끝과 윗잇몸이 닿아서 나는 잇몸소리(치조음)로 조음 위치는 같으나, 'ㄷ'은 파열음이고 'ㄴ'은 비음으로 조음 방법이 다르다. 'ㄷ'은 파열음이므로 발음할 때 비강이 막혀 있고, 'ㄴ'은 비음이므로 발음할 때 비강이 열려 있다.
⑤ 공기의 폐쇄와 파열이 입술에서 이루어진다는 것은 조음 위치가 입술인 파열음이라는 뜻이므로 'ㅂ, ㅃ, ㅍ'과 같은 발음을 할 수 있다.

07 ㉠에는 잇몸소리(혀끝을 윗잇몸에 닿게 하거나 가까이 해서 발음하는 소리)이면서 마찰음(입안이나 목청의 통로를 좁히고 공기를 그 좁힌 틈 사이로 내보내 마찰을 일으키면서 내는 소리)에 해당하는 자음 'ㅅ, ㅆ'이 들어가야 하고, ㉡에는 잇몸소리이면서 비음(입안의 통로를 막고 코로 공기를 내보내면서 내는 소리)인 자음 'ㄴ'이 들어가야 한다.

08 (예시답) ㉠에 해당하는 사례는 '라디오'의 초성에서 발음되는 'ㄹ'이고, ㉡에 해당하는 사례는 '실'의 종성에서 발음되는 'ㄹ'이다.

✔고난도 서술형 해결하기

❶ 〈조건〉 확인
유음이 탄설음과 설측음으로 소리 나는 단어를 제시하고, 그 환경을 음절 구조 측면에서 밝혀 서술해야 한다.

❷ 〈보기〉 분석
유음 'ㄹ'은 실제 발음을 할 때 탄설음과 설측음으로 다르게 소리가 난다.

❸ 〈조건〉 적용
음절의 구조는 '초성＋중성＋종성'으로 이루어지는데 자음은 '초성'이나 '종성'에만 올 수 있다. 'ㄹ'이 어느 자리에 놓일 때 탄설음과 설측음으로 소리 나는지 단어를 사례로 제시하여 서술한다.

평가 기준
㉠과 ㉡의 사례를 모두 바르게 제시함.
㉠과 ㉡의 음운 환경을 바르게 서술함.
제시된 문장 형식에 맞게 서술함.

09 (예시답) 된소리는 예사소리에 비해 목 근육을 더 긴장시켜 발음하고, 거센소리는 예사소리에 비해 성대를 지나는 공기의 양이 많아 숨이 거세게 터져 나오도록 발음한다.

✔고난도 서술형 해결하기

❶ 〈조건〉 확인
된소리와 거센소리의 발음상의 특징을 예사소리와 비교하여 서술해야 한다.

❷ 〈보기〉 분석
자음 중 파열음, 마찰음, 파찰음은 성대를 통과하는 공기의 양, 발음 기관의 긴장도의 차이에 따라 예사소리, 된소리, 거센소리로 나눌 수 있다.

❸ 〈조건〉 적용
'목 근육의 긴장도'와 '공기의 양'에서 나타나는 구체적인 차이를 들어 서술한다.

평가 기준
된소리와 거센소리의 특징을 구체적으로 밝혀 서술함.
제시된 문장 형식에 맞게 서술함.

3단계 수능 기출 문제 24～25쪽

| 01 ④ | 02 ① | 03 ③ | 04 ① |
| 05 ④ | 06 ① | | |

01 '먹'의 가운뎃소리는 첫소리의 오른쪽에 써야 하지만, '목'의 가운뎃소리는 첫소리의 아래쪽에 써야 하므로 ④는 적절하지 않다.

| 오답 확인 |
① 'ㅁ', 'ㅓ', 'ㄱ'을 차례로 사용하면 '첫소리(초성)＋가운뎃소리(중성)＋끝소리(종성)'로 음절을 이루어 '먹'이라는 단어를 만들 수 있다.
② '먹'의 가운뎃소리를 'ㅗ'로 바꾸면 '목'이라는 단어가 된다.
③ 'ㅁ'과 'ㄱ'은 모두 첫소리와 끝소리에 쓰일 수 있다.
⑤ 동일한 음운이라도 그 음운이 첫소리에 오는지 끝소리에 오는지에 따라, 또 어떤 모음과 결합하는지에 따라 단어가 달라진다.

02 〈자료〉의 ㄴ과 ㄹ을 보면 초성에 올 수 있는 자음의 최대 개수는 1개임을 알 수 있다. 따라서 초성에 올 수 있는 자음이 최대 2개라는 진술은 적절하지 않다.

| 오답 확인 |
② ㄱ～ㄹ ③ ㄷ, ㄹ ④ ㄱ～ㄷ ⑤ ㄱ～ㄹ을 통해 알 수 있다.

03 [A]에서 최소 대립쌍은 '쉬리:소리', '마루:머루', '구실:구슬'이 추출된다. 여기서 최소 대립쌍을 이루게 하는 모음은 'ㅟ, ㅗ, ㅏ, ㅓ, ㅣ, ㅡ'이다. 이 중에서 평순 모음에 해당하는 것은 'ㅣ, ㅡ, ㅓ, ㅏ' 4개이므로 3개의 평순 모음이라는 내용은 적절하지 않다.

| 오답 확인 |
① 전설 모음은 'ㅣ, ㅟ' 2개이다. ② 중모음은 'ㅓ, ㅗ' 2개이다. ④ 고모음은 'ㅣ, ㅟ, ㅡ' 3개이다. ⑤ 후설 모음은 'ㅡ, ㅓ, ㅏ, ㅗ' 4개이다.

04 제시된 자료에서 'ㅁ'은 비음이자 울림소리이고, 'ㅃ'은 파열음이자 안울림소리라고 하였다. 따라서 강하게 파열되며 나는 소리는 'ㅁ'이 아니라 'ㅃ'이므로 ①은 적절하지 않다.

| 오답 확인 |
② 'ㅁ'은 목청을 울리면서 소리가 나는 울림소리이고, 'ㅃ'은 목청의 울림 없이 소리가 나는 안울림소리이다.
③ 'ㅁ'은 코로 공기를 내보내면서 소리를 내는 비음이고, 'ㅃ'은 공기의 흐름을 막았다가 터트리며 소리를 내는 파열음이다.
④ 'ㅁ'과 'ㅃ'은 두 입술 사이에서 소리가 나는 양순음으로 조음 위치가 같다.
⑤ 'ㅁ'과 'ㅃ'은 공기의 흐름이 방해를 받으며 소리가 나는 자음이다.

1문단 단모음의 개념과 종류
2문단 이중 모음의 개념과 종류
3문단 'ㅚ'와 'ㅟ'의 발음

05 2문단에서 반모음이 단모음 뒤에서 결합한 소리인 'ㅢ'를 제외한 이중 모음의 발음은 모두 반모음이 단모음 앞에서 결합한 소리라고 하였다. 따라서 'ㅘ'는 단모음 'ㅗ' 뒤에서 반모음 '[j]'가 결합한 소리가 아니라, 단모음 'ㅏ' 앞에서 반모음 '[w]'가 결합한 소리임을 알 수 있다.

| 오답 확인 |
① 2문단에 제시되어 있듯이 'ㅠ'는 이중 모음이므로, 발음할 때 입술 모양이나 혀의 위치가 변한다는 설명은 적절하다.
② 1문단에 제시되어 있듯이 'ㅐ'는 단모음이므로, 발음할 때 입술 모양이나 혀의 위치가 변하지 않는다는 설명은 적절하다.
③ 2문단의 설명에 따르면 이중 모음은 반모음과 단모음이 결합한 모음이라고 하였으므로, 이중 모음인 'ㅖ'의 발음이 반모음 '[j]'에 뒤에서 단모음 'ㅔ'가 결합한 소리라는 설명은 적절하다.
⑤ 2문단의 설명에 따르면 이중 모음은 홀로 쓰일 수 없는 소리인 반모음이 단모음과 결합한 모음이라고 하였으므로, 반모음 '[w]'는 홀로 쓰일 수 없고, 단모음과 결합하여 이중 모음을 이룬다는 설명은 적절하다.

06 3문단에서 'ㅚ'는 단모음이지만 반모음 '[w]'와 'ㅔ' 소리를 결합한 이중 모음으로 발음하는 것도 허용한다고 하였다. 이 발음은 2문단을 통해 'ㅞ'임을 확인할 수 있다. 따라서 '참외'는 [차뫼]로 발음하는 것이 원칙이지만 [차뭬]로 발음하는 것도 허용한다는 사실을 추론할 수 있다. 또한 3문단에서 'ㅟ'도 단모음이지만 반모음 '[w]'와 'ㅣ' 소리를 연속하여 이중 모음으로 발음하는 것을 허용한다고 하였다. 하지만 이 발음은 'ㅑ, ㅒ, ㅕ, ㅖ, ㅘ, ㅙ, ㅛ, ㅝ, ㅞ, ㅠ, ㅢ' 중에는 해당되는 것이 없음을 확인할 수 있다.

04 교체 음절의 끝소리 규칙, 된소리되기

1 ① 교체 ② ㄱ, ㄴ, ㄷ, ㄹ, ㅁ, ㅂ, ㅇ ③ ㄴ, ㅁ ④ 한자어

2 ① ○ ② × ③ × ④ ×

3 ① 닥따, 키윽, 옫, 읻따, 빋, 꼳, 받, 무릅
　② 오다래, 꼬답, 바다래, 무르뷔
　③ 오시, 꼬츠로, 바틀, 무르페
　④ 국까, 덥빱, 점:따, 신:떠라, 머글껃, 갈떼, 골쑤, 물찔

4 ①-ⓒ ②-㉠ ③-ⓒ

2 ① 교체는 한 음운이 다른 음운으로 바뀐 것이므로 음운 개수에는 변화가 없다.
　② 음절의 끝소리 규칙은 종성의 발음이 'ㄱ, ㄴ, ㄷ, ㄹ, ㅁ, ㅂ, ㅇ' 중에 하나로 바뀌어 소리 나는 현상을 말하는데, 'ㄴ, ㄹ, ㅁ, ㅇ'은 그대로 'ㄴ, ㄹ, ㅁ, ㅇ'으로 소리가 나고 그 이외의 자음들이 'ㄱ, ㄷ, ㅂ'으로 바뀌어 소리가 난다.
　③ 음운 변동은 음운이 놓이는 환경에 따라 다른 음운으로 바뀌는 것인데 연음은 어떤 음운도 바뀌지 않으므로 음운 변동 현상이 아니다.

④ 관형사형 어미 'ㅡ(으)ㄹ' 뒤에서 일어나는 된소리되기는 끊어 읽을 때에는 일어나지 않는다. 반드시 일어나는 된소리되기는 음절 끝소리 'ㄱ, ㄷ, ㅂ' 뒤에 예사소리 'ㄱ, ㄷ, ㅂ, ㅅ, ㅈ'이 올 때이다.

4 ① ㉠ '묶기'는 [묵끼]로, ⓒ '동녘'은 [동녁]으로 소리 난다.
　② '밑'은 [믿]으로, ㉠ '쫓긴다'는 [쫃낀다]로 소리 난다.
　③ '잎사귀'는 [입싸귀]로, ⓒ '삽'은 [삽]으로 소리 난다.

01 ③　　02 ⑤　　03 ㉠: [느바래] ⓒ: [느페]
04 ①　　05 ③　　06 ⑤　　07 ④
08 해설 참조　09 해설 참조

01 교체는 한 음운이 다른 음운으로 바뀌는 현상이며, 교체 후 음운 개수에 변화가 생기지 않는다.
| 오답 확인 |
① '탈락'에 대한 설명이다. ② '첨가'에 대한 설명이다. ④ '축약'에 대한 설명이다. ⑤ 교체 후에는 음운의 개수에 변화가 생기지 않는다.

02 '옷 아래'는 [옫아래 → 오다래]로 발음되고, '앞 어른'은 [압어른 → 아버른]으로 발음된다. 둘 다 모음으로 시작하는 실질 형태소('아래', '어른')가 뒤에 왔기 때문에 음절의 끝소리 규칙이 적용된 후 연음이 이루어지고 있다. 따라서 연음이 이루어지지 않는다는 ⑤의 설명은 적절하지 않다.
| 오답 확인 |
① 조사 '도'나 어미 'ㅡ다'는 자음으로 시작하는 형식 형태소이고 끝소리 'ㅅ'이 [ㄷ]으로, 'ㄲ'이 [ㄱ]으로 교체되었으므로 적절한 설명이다.
② 조사 '이', '에', 어미 'ㅡ으니'는 모음으로 시작하는 형식 형태소이고, ⓒ은 음절의 끝소리 규칙이 일어나지 않았으므로 적절한 설명이다.
③ 조사 '이', '에', 어미 'ㅡ으니'는 모음으로 시작하는 형식 형태소이고, ⓒ은 연음이 일어나고 있으므로 적절한 설명이다.
④ '아래', '어른'은 모음으로 시작하는 실질 형태소이고, 실질 형태소 앞에서 끝소리 'ㅅ'이 [ㄷ]으로, 'ㅍ'이 [ㅂ]으로 교체되었으므로 적절한 설명이다.

03 ㉠의 '늪'은 모음으로 시작하는 실질 형태소('아래') 앞에 놓였기 때문에 'ㅍ'이 'ㅂ'으로 바뀌어 발음된다. 즉 음절의 끝소리 규칙이 적용된 후 연음되어 [느바래]로 발음된다. ⓒ의 '늪'은 모음으로 시작하는 형식 형태소(조사 '에') 앞에 놓였기 때문에 음절의 끝소리 규칙이 적용되지 않고 'ㅍ'이 연음되어 [느페]로 발음된다.

04 '숲이'의 '숲'은 모음으로 시작하는 형식 형태소(조사 '이')가 이어지므로 음절의 끝소리 규칙이 적용되지 않고 연음이 일어나서 [수피]로 발음한다.
| 오답 확인 |
② '깎고'는 [깍고 → 깍꼬]와 같이 음절의 끝소리 규칙이 적용된 후 된소리되기가 일어난다.
③ '놓는'은 [녿는 → 논는]과 같이 음절의 끝소리 규칙이 적용된 후 비음화가 일어난다.
④ '부엌어멈'은 [부억어멈 → 부어거멈]과 같이 음절의 끝소리 규칙이 적용된 후 연음되어 발음한다.
⑤ '무릎도'는 [무릅도 → 무릅또]와 같이 음절의 끝소리 규칙이 적용된 후 된소리되기가 일어난다.

05 일반적으로 겹받침 뒤에 모음으로 시작하는 형식 형태소가 오면 연음이 된다. 그러나 '값어치'의 표준 발음은 [가버치]이다. '값' 뒤에 오는 'ㅡ어치'가 접미사임에도 불구하고 연음이 되는 대신 겹

받침 중 하나가 탈락한다는 점에서 예외적이다. '값어치'는 [갑어치 → 가버치]로 발음하므로 ⓒ의 사례로 적절하지 않다.

| 오답 확인 |
① 뱉다[밷ː따] ② 부엌[부억] ④ 꽃다발[꼳따발] ⑤ 닭고[담ː꼬]

06 ⓜ은 사잇소리 현상으로서의 된소리되기이다. 비음이나 유음 뒤에 오는 예사소리가 된소리로 발음되는 것이 아니라, 합성 명사에서 뒤에 오는 자음의 첫소리가 된소리로 발음되는 것이므로 ⑤의 내용은 적절하지 않다.

07 '신고'는 용어 어간 말 'ㄴ' 뒤에서 어미의 첫소리 'ㄱ'이 된소리로 바뀌는 된소리되기만 일어나는 단어이다.

| 오답 확인 |
① 깎지[깍찌]는 음절의 끝소리 'ㄲ'이 대표음 [ㄱ]으로 바뀐 후, 이 [ㄱ] 때문에 뒤에 오는 'ㅈ'이 된소리 [ㅉ]으로 바뀌어 소리 난다.
② 웃고[욷ː꼬]는 음절의 끝소리 'ㅅ'이 대표음 [ㄷ]으로 바뀐 후, 이 [ㄷ] 때문에 뒤에 오는 'ㄱ'이 된소리 [ㄲ]으로 바뀌어 소리 난다.
③ 훑다[훌따]는 음절의 끝소리 'ㅌ'이 대표음 [ㄷ]으로 바뀐 후, 이 [ㄷ] 때문에 뒤에 오는 'ㄷ'이 된소리 [ㄸ]으로 바뀌어 소리 난다.
⑤ 젖고[젇꼬]는 음절의 끝소리 'ㅈ'이 대표음 [ㄷ]으로 바뀐 후, 이 [ㄷ] 때문에 뒤에 오는 'ㄱ'이 된소리 [ㄲ]으로 바뀌어 소리 난다.

08 예시 답 ⓐ은 [안다]로 발음되며, 용언의 어간이 '알–'이기 때문에 된소리되기가 일어나지 않는다. ⓑ은 [안ː따]로 발음되며, 용언의 어간이 '안–'이기 때문에 'ㄴ'과 'ㄷ'이 만나 된소리되기가 일어난다.

> **🛡 고난도 서술형 해결하기**
>
> ❶ 〈조건〉 확인
> 　각각의 표준 발음과 그렇게 발음되는 이유(음운 변동)를 서술해야 한다.
> ❷ 〈보기〉 분석
> 　• ⓐ: '안다'는 기본형 '알다'의 어간 '알–'이 현재 시제 선어말 어미 '–ㄴ–'과 어미 '–다'가 결합하면서 어간의 'ㄹ'이 탈락된 형태이다. '–ㄴ–'은 어간의 끝소리가 아니라 어미이므로 된소리되기가 일어나는 환경에 해당되지 않는다.
> 　• ⓑ: '안다'는 기본형 '안다'의 어간 '안–'과 어미 '–다'가 결합한 형태이다. 어간의 끝소리 'ㄴ' 뒤에 어미의 첫소리 'ㄷ'이 온 것이므로 된소리되기가 일어나는 환경에 해당된다.
> ❸ 〈조건〉 적용
> 　음운의 장단은 고려하지 않고 ⓐ, ⓑ이 어떻게 발음되는지와 그 이유를 각각 서술한다.

> **평가 기준**
> 　ⓐ, ⓑ의 발음과 그렇게 발음되는 이유를 모두 바르게 서술함.

09 예시 답 ⓐ의 발음에는 음절의 끝소리 규칙 2회, 된소리되기 1회, 연음 1회가 적용되고, ⓑ의 발음에는 음절의 끝소리 규칙 1회, 된소리되기 1회, 연음 1회가 적용된다.

> **🛡 고난도 서술형 해결하기**
>
> ❶ 〈조건〉 확인
> 　ⓐ, ⓑ에 적용되는 음운 변동과 연음을 모두 서술해야 한다.
> ❷ 〈보기〉 분석
> 　• ⓐ 맛있다 ('멋있다'도 동일하게 변함.)
> 　　　　↓
> 　　[맏읻다] …… 음절의 끝소리 규칙에 따라 '있다'가 모음으로 시작하는 실질 형태소이므로 '맛'은 [맏]으로 소리 나고, 둘째 음절의 '있'도 음절의 끝소리 규칙에 따라 [읻]으로 소리 난다.
> 　　　　↓
> 　　[마딛따] …… [맏]의 [ㄷ]이 뒤의 음절로 연음되고, [딛]의 끝소리 [ㄷ] 뒤의 'ㄷ'이 [ㄸ]으로 바뀌는 된소리되기가 일어난다.
> 　• ⓑ 맛있다 ('멋있다'도 동일하게 변함.)
> 　　　　↓
> 　　[마싣다] …… '맛'의 끝소리 'ㅅ'이 뒤 음절로 연음되고, 둘째 음절의 '있'은 음절의 끝소리 규칙에 따라 [읻]으로 소리 난다.
> 　　　　↓
> 　　[마싣따] …… [싣]의 끝소리 [ㄷ] 뒤의 'ㄷ'이 [ㄸ]으로 바뀌는 된소리되기가 일어난다.
> ❸ 〈조건〉 적용
> 　제시된 문장 형식에 맞게 서술한다.

> **평가 기준**
> 　ⓐ, ⓑ에 일어나는 음운 변동과 연음을 모두 바르게 서술함.
> 　제시된 문장 형식에 맞게 서술함.

05 교체 비음화, 유음화, 구개음화

1단계 개념 연습 문제 　　　　31쪽

1 ① ㅇ, ㄴ, ㅁ ② 순행적 ③ 형식 형태소
2 ① × ② ○ ③ × ④ ○
3 ①–ⓐ ②–ⓒ ③–ⓑ
4 ① 깎는 → 깡는, 부엌만 → 부엉만, 옷맵시 → 온맵씨, 쫓는 → 쫀는, 겉모양 → 건모양, 앞마당 → 암마당
② 능녁, 함냥, 강능, 막논 → 망논, 몃논 → 면논 → 면논
③ 놀리, 철리, 펄리, 대ː괄령, 찰라, 물랄리, 줄럼끼, 설ː랄
④ 마지, 가치, 구티다 → 구치다, 샅싸치, 고지듣따, 무티다 → 무치다

2 ① 'ㄹ' 비음화는 주로 한자어에서 일어나며, 필수적으로 일어나는 현상은 아니다.
② 'ㄱ, ㄷ, ㅂ'의 비음화는 강력한 현상으로 예외 없이 일어난다.

③ 구개음화는 치조음, 파열음인 'ㄷ, ㅌ'이 경구개음, 파찰음인 'ㅈ, ㅊ'으로 바뀌는 현상으로 조음 위치와 조음 방법 둘 다 변한다. 동일한 조음 위치에서 조음 방법만 변하는 것은 비음화와 유음화이다.

④ 구개음화는 실질 형태소와 형식 형태소가 만날 때 일어난다. '끝인사[끄딘사]'와 같이 실질 형태소끼리 결합된 단어에서는 구개음화가 일어나지 않는다.

2단계 내신 기출 문제   32~33쪽

01 ①   02 ③   03 ②
04 ㉠의 표준 발음: [쌀룬], ㉡의 표준 발음: [별:론], ㉠과 ㉡의 음운
     변동: 유음화   05 ③
06 ④   07 ④   08 해설 참조   09 해설 참조

01 비음화, 유음화, 구개음화는 모두 한 음운이 다른 음운을 닮아 가는 현상이다. 비음화와 유음화는 한 자음이 다른 자음을 닮아 가는 현상이고, 구개음화는 한 자음이 다른 모음을 닮아 가는 현상에 해당한다.

| 오답 확인 |
② 비음화, 유음화에만 해당되는 설명이다.
③ 구개음화에만 해당되는 설명이다.
④, ⑤ 한 음운이 다른 음운과 멀어지는 현상은 '이화'라고 한다. 중세 국어 '거붑'이 현대 국어에서 '거북'으로 바뀐 것을 예로 들 수 있다. 이와 달리 비음화, 유음화, 구개음화는 한쪽 음운이 다른 쪽 음운의 성질을 닮아 가는 '동화' 현상이다.

02 '잡는'은 비음화되어 [잠는]으로 발음되고, '광한루'는 유음화되어 [광:할루]로 발음된다. 비음화와 유음화 모두 조음 방법만 바뀌는 음운 변동에 해당한다.

| 오답 확인 |
① '국민'[궁민]은 'ㄱ'(연구개음, 파열음)이 [ㅇ](연구개음, 비음)으로 비음화된 것이므로 조음 위치가 바뀌는 것이 아니라 조음 방법만 바뀌는 것이다. '논란'[놀란]은 'ㄴ'(치조음, 비음)이 [ㄹ](치조음, 유음)으로 유음화된 것이므로 조음 방법만 바뀌는 음운 변동이 맞다.
② '꽃말'[꼳말 → 꼰말]은 'ㄷ'(치조음, 파열음)이 [ㄴ](치조음, 비음)으로 비음화된 것이므로 조음 방법이 바뀌는 음운 변동이 맞다. '달님'[달림]은 'ㄴ'(치조음, 비음)이 [ㄹ](치조음, 유음)으로 유음화된 것이므로 조음 위치가 바뀌는 것이 아니라 조음 방법이 바뀌는 것이다.
④ '먹물'[멍물]은 'ㄱ'(연구개음, 파열음)이 [ㅇ](연구개음, 비음)으로 비음화되었고, '물놀이'[물로리]는 'ㄴ'(치조음, 비음)이 [ㄹ](치조음, 유음)으로 유음화된 것이므로 둘 다 조음 위치가 바뀌는 것이 아니라 조음 방법만 바뀌는 것이다.
⑤ '옆문'[엽문 → 염문]은 'ㅂ'(양순음, 파열음)이 [ㅁ](양순음, 비음)으로 비음화되었고, '탄로'[탈:로]는 'ㄴ'(치조음, 비음)이 [ㄹ](치조음, 유음)으로 유음화된 것이므로 조음 위치는 동일하고 조음 방법만 바뀌는 것이다.

03 '산란기'는 'ㄹ'의 비음화가 아니라 역행적 유음화가 적용되어 [살:란기]로 발음된다.

| 오답 확인 |
① '담력'은 'ㄹ'이 비음화되어 [담:녁]으로 발음된다.
③ '입원료'는 'ㄹ'이 비음화되어 [이붠뇨]로 발음된다.
④ '임진란'은 'ㄹ'이 비음화되어 [임:진난]으로 발음된다.
⑤ '생산량'은 'ㄹ'이 비음화되어 [생산냥]으로 발음된다.

04 ㉠은 'ㄴ'이 'ㄹ' 뒤에서 유음화되어 [쌀룬]으로 발음된다. ㉡은 'ㄴ'이 'ㄹ' 앞에서 유음화되어 [별:론]으로 발음된다.

05 '닳는'과 '훑는'은 겹받침 'ㅀ'과 'ㄿ'에서 각각 'ㅎ'과 'ㅌ'이 탈락한 후, 남은 'ㄹ'과 어미의 'ㄴ'이 인접하여 유음화된다. 'ㄹ'과 'ㄴ' 사이에 다른 자음 'ㅎ', 'ㅌ'이 놓여서 유음화가 되는 것이 아니다.

| 오답 확인 |
① '별님'과 '칼날'은 순행적 유음화가 일어난다.
② '우는'과 '노니'는 어간 말의 'ㄹ'이 탈락하기 때문에 유음화가 일어나지 않는다.
④ '권력'과 '난로'는 역행적 유음화가 일어난다.
⑤ '공권력'과 '의견란'은 'ㄹ'의 비음화가 일어난다.

> ### 더 알아두기
>
> **표준 발음법 – 유음화 관련 조항**
> 제20항 'ㄴ'은 'ㄹ'의 앞이나 뒤에서 [ㄹ]로 발음한다.
>   예 난로[날:로], 신라[실라], 천리[철리], 칼날[칼랄], 물난리[물랄리]
> [붙임] 첫소리 'ㄴ'이 'ㅀ', 'ㄾ' 뒤에 연결되는 경우에도 이에 준한다.
>   예 닳는[달른], 뚫는[뚤른], 핥네[할레]
>   다만, 다음과 같은 단어들은 'ㄹ'을 [ㄴ]으로 발음한다.
>   예 의견란[의:견난], 생산량[생산냥], 결단력[결딴녁]

06 '해돋이'의 '-이'는 접미사, '밭이'의 '이'는 조사, '붙이다'의 '-이-'는 접미사, '벼훑이'의 '-이'는 접미사이다. ㉡에 모음 'ㅣ'로 시작하는 어미가 결합한 사례는 없으므로 ④는 적절하지 않다.

| 오답 확인 |
① 'ㅼ'는 구개음화가 일어날 당시에는 [ㄸ]으로 발음되었고, 'ㄸ → ㅉ'의 변화가 존재하였다.
② '티 → 치', '띠 → 찌', '텬 → 천'과 같이 한 형태소 내부에서 구개음화가 일어나고 있다.
③ 현대 국어의 구개음화는 '돋-+-이', '밭+이'와 같이 형태소와 형태소가 결합하는 경계에서 일어난다.
⑤ '홑-+이불'은 음절의 끝소리 규칙, 'ㄴ' 첨가, 비음화가 일어나 [혼이불 → 혼니불 → 혼니불]로 발음된다. '이불'이 실질 형태소이기 때문에 구개음화가 일어나지 않는다.

07 '가라앉히고'는 [가라안치고]로 발음된다. 'ㅈ'과 'ㅎ'이 축약되어 [ㅊ]으로 발음되는 거센소리되기만 일어나고 구개음화는 일어나지 않으므로 ㉠의 사례로 적절하지 않다.

| 오답 확인 |
① '닫혔다'는 [다텯다 → 다처따 → 다처따]로 'ㄷ'과 'ㅎ'이 [ㅌ]으로 축약된 후, [ㅌ]이 반모음 'ㅣ'로 시작하는 모음인 'ㅕ'와 만나 [ㅊ]으로 발음되므로 거센소리되기와 구개음화가 모두 나타난다.
② '묻힌'은 [무틴 → 무친]으로 'ㄷ'과 'ㅎ'이 [ㅌ]으로 축약된 후, [ㅌ]이 모음 'ㅣ'와 만나 [ㅊ]으로 발음되므로 거센소리되기와 구개음화가 모두 나타난다.
③ '굳히는'은 [구티는 → 구치는]으로 'ㄷ'과 'ㅎ'이 [ㅌ]으로 축약된 후, [ㅌ]이 모음 'ㅣ'와 만나 [ㅊ]으로 발음되므로 거센소리되기와 구개음화가 모두 나타난다.
⑤ '걷히고'는 [거티고 → 거치고]로 'ㄷ'과 'ㅎ'이 [ㅌ]으로 축약된 후, [ㅌ]이 모음 'ㅣ'와 만나 [ㅊ]으로 발음되므로 거센소리되기와 구개음화가 모두 나타난다.

08 예시 답 비음화와 구개음화는 역행 동화, 부분 동화에 해당한다.

🛡 고난도 서술형 해결하기

❶ 〈조건〉 확인
동화의 방향과 정도에 따른 분류를 모두 포함하여 서술해야 한다.

❷ 〈보기〉 분석
• 비음화는 비음이 아닌 자음이 비음 앞에서 비음으로 바뀌는 현상이다. 피동화음이 동화음 앞에 있으므로 역행 동화이며, '밥물[밤물]'처럼 피동화음이 동화음과 동일해지는 완전 동화가 일어나기도 하고, '국물[궁물]'처럼 일부 특성만 닮는 부분 동화가 일어나기도 한다.

- 구개음화는 치조음이 모음 'ㅣ'나 반모음 'ㅣ[j]'로 시작하는 모음 앞에서 구개음으로 바뀌는 현상이다. 피동화음이 동화음 앞에 있으므로 역행 동화이고, 피동화음이 동화음과 동일하게 바뀌는 것이 아니므로 부분 동화이다.

❸ 〈조건〉 적용

제시된 문장 형식에 맞게 서술한다.

평가 기준

비음화와 구개음화의 공통적인 동화 유형을 모두 바르게 서술함.

제시된 문장 형식에 맞게 서술함.

09 (예시답) ㉠이 구개음화가 일어나지 않는 이유는 '밭' 뒤에 결합한 '이랑'이 실질 형태소이기 때문이고, ㉡이 구개음화가 일어나는 이유는 '밭' 뒤에 결합한 '이랑'이 형식 형태소이기 때문이다.

✔ 고난도 서술형 해결하기

❶ 〈조건〉 확인

음운적 조건은 서술하지 않고, 형태적 조건만 서술해야 한다.

❷ 〈보기〉 분석

- ㉠ 밭이랑: '밭' 뒤에 결합한 '이랑'은 '논이나 밭을 갈아 골을 타서 두두룩하게 흙을 쌓아 만든 곳.'을 뜻하는 단어로 실질 형태소이다. 모음으로 시작되는 실질 형태소 앞에서 '밭'은 음절의 끝소리 규칙에 따라 [받]으로 소리 나며, 'ㄴ' 첨가와 비음화를 거쳐 [반니랑]으로 발음한다.
- ㉡ 밭이랑: '밭' 뒤에 결합한 '이랑'은 '둘 이상의 사물을 같은 자격으로 이어 주는 접속 조사.'로 형식 형태소이다. 모음으로 시작되는 형식 형태소 앞에서 '밭'은 음절의 끝소리 규칙이 적용되지 않으며, 실질 형태소 '밭'의 끝소리 'ㅌ'이 형식 형태소 'ㅣ'의 영향을 받아 'ㅊ'으로 바뀌는 구개음화가 일어나 [바치랑]으로 발음한다.

❸ 〈조건〉 적용

'형태소'라는 표현을 사용하여 서술한다.

평가 기준

'형태소'라는 표현을 사용하여 이유를 바르게 서술함.

06 탈락 자음군 단순화, 자음 탈락, 모음 탈락

1단계 개념 연습 문제 35쪽

1 ① 자음군 단순화 ② ㄴ, ㅅ ③ 모음 ④ ㅏ, ㅓ

2 ① ○ ② ○ ③ × ④ ○

3 ① 넉꽈, 안따, 만ː쏘, 암ː, 외골/웨골, 할따, 달른, 읍쪼리다.
   업ː따, 닥, 말꼬, 여덜
   ② 너겁따, 다가페, 흥닐, 가빈는 ③ 조ː아, 끄너서, 싸이다, 끄리다
   ④ 만드는, 우ː시는, 둥그니 ⑤ 가, 서, 펴 ⑥ 담가, 써, 잠가

2 ① 탈락은 원래 있던 음운이 없어지는 것이므로 음운의 개수는 줄어든다.
   ③ 'ㄹ' 탈락은 표기에 반영되지만, 'ㅎ' 탈락은 표기에 반영되지 않는다.
   ④ 'ㅏ/ㅓ' 탈락은 같은 소리의 음운이 연속되어 하나가 탈락하는 것이다.

01 ③   02 ③   03 ④

04 ㉠: 자음군 단순화, ㉡: 두, ㉢: 흘기, ㉣: 여덜븐, ㉤: 갑쓸

05 ②   06 ③   07 ③   08 ④

09 해설 참조   10 해설 참조

01 '색연필'은 [색년필→생년필]로 발음되는데, 이는 'ㄴ' 첨가와 비음화(교체)가 일어난 것이므로 음운 탈락에 해당하지 않는다.

| 오답 확인 |

① '삶대[삼ː따]는 된소리되기와 겹받침 'ㄻ'에서 'ㄹ'이 탈락하는 자음군 단순화가 일어난다.

② '만들-+-는 → [만드는]'은 어간의 끝소리 'ㄹ'이 'ㄴ'으로 시작하는 어미와 결합하면서 어간의 'ㄹ'이 탈락하였다.

④ '끓이다[끄리다]'는 겹받침 'ㄶ'에서 'ㅎ'이 탈락하는 자음군 단순화가 일어났다.

⑤ '잠그-+-아서 → [잠가서]'는 어간의 끝 모음 'ㅡ'가 'ㅏ'로 시작하는 어미 앞에서 탈락하였다.

02 '돼'는 '되-+-어'가 줄어든 형태로 음운 하나가 탈락한 것이 아니라 음절이 축약된 것이다. 2음절이 1음절로 바뀌는 변화가 일어난 것이므로 음운의 탈락과는 관계가 없다.

| 오답 확인 |

① '않아서'는 [아나서]로 발음된다. 어간의 겹받침 'ㄶ'에서 'ㅎ'이 탈락되어 음운 수가 1개 줄어들었다.

② '따라'는 '따르-+-아'가 결합하면서 어간의 'ㅡ'가 탈락되어 음운 수가 1개 줄어들었다.

④ '가는'은 '갈-+-는'이 결합하면서 어간의 'ㄹ'이 탈락되어 음운 수가 1개 줄어들었다.

⑤ '외곬'은 [외골/웨골]로 발음된다. 음절 말의 겹받침 'ㄲ'에서 'ㅅ'이 탈락되어 음운 수가 1개 줄어들었다. ('외'는 단모음으로 [외]로 발음하는 것이 원칙이지만 [웨]로 발음하는 것도 표준 발음으로 허용한다.)

03 '값있다'의 '있다'는 모음으로 시작하는 실질 형태소이므로 겹받침 'ㅄ'에서 뒤의 자음 'ㅅ'이 탈락하는 자음군 단순화가 일어난다. '여덟아홉'의 '아홉' 역시 모음으로 시작하는 실질 형태소이므로 겹받침 'ㄼ'에서 뒤의 자음 'ㅂ'이 탈락하는 자음군 단순화가 일어난다.

04 〈학습 활동〉에 제시된 단어를 올바르게 발음하기 위해서는 자음군 단순화를 적용하지 않고 겹받침의 두 번째 자음을 뒤 음절의 초성으로 옮겨 [흘기], [여덜븐], [갑쓸]로 발음해야 한다(연음).

05 '옮-'은 용언 어간이 'ㄹ'로 끝나는 말이 아니므로 'ㄹ' 탈락이 아니라 자음군 단순화가 일어나는 사례에 해당한다.

06 '낳아'는 'ㅎ'으로 끝나는 용언 어간이 모음으로 시작하는 형식 형태소와 결합하는 예이므로 'ㅎ'이 탈락하고, '놓이다'는 'ㅎ'으로 끝나는 용언 어간이 모음으로 시작하는 접미사와 결합하므로 'ㅎ'이 탈락한다. 반면 '교훈'은 'ㅎ' 탈락이 일어나는 형태적 조건에 해당되지 않으므로 'ㅎ'이 탈락하지 않는다.

07 '앉아'는 용언의 어간 '앉-'에 어미 '-아'가 결합한 형태로 'ㅏ' 탈락이 일어나지 않으므로 〈보기〉의 예로 적절하지 않다.

| 오답 확인 |

① '켜-+-어'에서 'ㅓ'가 탈락하였다.

② '가-+-아서'에서 'ㅏ'가 탈락하였다.

④ '펴-+-어서'에서 'ㅓ'가 탈락하였다.

⑤ '건너-+-어'에서 'ㅓ'가 탈락하였다.

08 〈보기〉의 '커'는 어간 '크-'에 어미 '-어'가 결합하면서 'ㅡ' 탈락이 일어났다. 그런데 ④의 '푸르러'는 어간 '푸르-'에 어미 '-어'

가 결합할 때 어미가 '-러'로 바뀌는 '러' 불규칙 활용에 해당하므로 〈보기〉의 '㉣'에 나타난 'ㅡ' 탈락과 같은 현상이 아니다.

| 오답 확인 |
① '쓰-+-어'에서 'ㅡ'가 탈락하였다.
② '치르-+-어야'에서 'ㅡ'가 탈락하였다.
③ '잠그-+-았-+-다'에서 'ㅡ'가 탈락하였다.
⑤ '모으-+-아'에서 'ㅡ'가 탈락하였다.

09 **예시 답** ㉠의 기본형은 '담그다'이고, 어간이 어미 '-아'와 결합할 때 'ㅡ' 탈락이 일어난다. ㉡의 기본형은 '삼가다'이고, 어간이 어미 '-아'와 결합할 때 'ㅏ' 탈락이 일어난다.

🛡 고난도 서술형 해결하기

❶ 〈조건〉 확인
기본형을 밝히고 어떠한 음운 변동이 일어나는지를 서술해야 한다.

❷ 〈보기〉 분석
- ㉠: 기본형 '담그다'는 어간 '담그-'가 어미 '-아'와 결합할 때 'ㅡ'가 탈락한다.
- ㉡: 기본형 '삼가다'는 어간 '삼가-'가 어미 '-아'와 결합할 때 동일 모음인 'ㅏ'가 하나 탈락한다.

❸ 〈조건〉 적용
제시된 문장 형식에 맞게 서술한다.

평가 기준
㉠과 ㉡의 기본형을 모두 바르게 서술함.
㉠과 ㉡의 음운 변동 현상을 바르게 서술함.
제시된 문장 형식에 맞게 서술함.

10 **예시 답** ㉠을 발음할 때에는 자음군 단순화와 유음화가 일어나고, ㉡을 발음할 때에는 'ㅎ' 탈락과 연음이 일어난다.

🛡 고난도 서술형 해결하기

❶ 〈조건〉 확인
㉠, ㉡에 일어나는 음운 변동과 연음을 모두 서술해야 한다.

❷ 〈보기〉 분석
- ㉠: '닳는다'는 [달는다→달른다]로 발음된다. 겹받침이 자음 앞에 있으므로 'ㅀ' 중 'ㅎ'이 탈락하는 자음군 단순화가 일어나고, 'ㄴ'이 'ㄹ' 뒤에서 [ㄹ]로 바뀌는 유음화가 일어난다.
- ㉡: '닳아'는 [달아→다라]로 발음된다. 'ㅎ'으로 끝나는 어간 '닳-' 뒤에 모음으로 시작하는 어미 '-아'가 결합되어 있으므로 'ㅎ'이 탈락하고, 'ㄹ'이 다음 음절의 초성으로 옮겨 발음하는 연음이 일어난다.

❸ 〈조건〉 적용
제시된 문장 형식에 맞게 서술한다.

평가 기준
㉠과 ㉡을 발음할 때 일어나는 음운 변동을 모두 바르게 서술함.
제시된 문장 형식에 맞게 서술함.

더 알아두기

받침으로 쓰이는 'ㅎ'의 발음
'ㅎ' 뒤에 모음이 오더라도 'ㅎ'은 온전히 발음되지 않는다. 그런데 이 경우에는 'ㅎ'이 다른 자음으로 바뀌는 것이 아니라 탈락한다. 'ㅎ' 뒤에 모음이 오는 경우는 'ㅎ'으로 끝나는 용언 어간 뒤에 모음으로 시작하는 형식 형태소(어미, 접미사)가 결합할 때인데, '낳은[나은], 쌓이다[싸이다], 끓이다[끄리다]'에서 보듯 모두 'ㅎ'이 탈락한다. 'ㅎ' 뒤에 모음으로 시작하는 형식 형태소가 오면 원래는 연음이 일어나서 받침 'ㅎ'은 다음 음절의 초성으로 발음해야 하지만 실제로는 탈락한다.

07 첨가와 축약

1단계 개념 연습 문제
39쪽

1 ① 첨가, 축약 ② ㄴ ③ 반모음 ④ 거센소리되기

2 ① ○ ② × ③ × ④ ○

3 ①-㉠ ②-㉢ ③-㉣ ④-㉡

4 ① 망닐, 솜ː니불, 구ː금냑, 맨닙, 짐닐, 생년필
　② 머키다, 싸치, 안턴 ③ 아랜니, 뒫ː닐, 댄닙

2 ① 'ㄴ' 첨가와 사잇소리 현상으로서의 'ㄴ' 첨가는 서로 다른 음운 현상에 해당한다.

구분	앞말의 종성	뒷말의 초성	'ㄴ'의 첨가 위치
'ㄴ' 첨가	자음	ㅣ, ㅑ, ㅕ, ㅛ, ㅠ 등	뒷말 초성
사잇소리 현상으로서의 'ㄴ' 첨가	모음	ㄴ, ㅁ	앞말 종성

② '금융, 검열' 등 몇몇의 예외를 제외하고 2음절 한자어에서는 'ㄴ' 첨가가 일어나지 않는다.
③ 반모음 첨가는 단모음과 단모음이 인접하는 것을 막기 위해 일어나지만 필수적인 것은 아니다.

3 ① '한여름'은 '한-+여름'의 파생어로 'ㄴ' 첨가가 일어나 [한녀름]으로 발음한다.
② '되어'는 [되어]로 발음하는 것이 원칙이나 반모음이 첨가된 [되여]로 발음하는 것도 표준 발음으로 허용한다.
③ '뱃머리'는 '배+머리'의 합성어로, 앞말이 모음으로 끝나고 뒷말이 'ㅁ'으로 시작하므로 사잇소리 현상으로서의 'ㄴ' 첨가가 일어나 [밴머리]로 발음한다.
④ '좁히다'는 'ㅂ'과 'ㅎ'이 인접하고 있으므로 거센소리 [ㅍ]으로 축약되는 거센소리되기가 일어난다.

2단계 내신 기출 문제
40~41쪽

01 ③	02 ⑤	03 ⑤	04 ⑤
05 ⑤	06 반모음 첨가		07 ④
08 ⑤	09 해설 참조	10 해설 참조	

01 '물약'은 'ㄴ'이 첨가된 후 유음화되어 [물냑 → 물략]으로 발음되고, '따뜻하다'는 음절의 끝소리 규칙과 거센소리되기가 일어나 [따뜯하다 → 따뜨타다]로 발음된다. 따라서 '물약'과 '따뜻하다'는 각각 첨가와 축약의 사례에 해당한다.

| 오답 확인 |
① '암탉[암탁]'은 자음군 단순화가 일어난다. '끓지[끌치]'는 어간 겹받침의 'ㅎ'과 어미의 'ㅈ'이 합쳐져 거센소리 [ㅊ]으로 축약된다. 따라서 '끓지'는 축약의 사례로 적절하지만, '암탉'은 첨가의 사례로 적절하지 않다.
② '외곬[외골/웨골]'은 겹받침 'ㄲ' 중 'ㅅ'이 탈락하는 자음군 단순화가 일어난다. '식후[시쿠]'는 'ㄱ'과 'ㅎ'이 만나 거센소리 [ㅋ]으로 축약된다. 따라서 '식후'는 축약의 사례로 적절하지만, '외곬'은 첨가의 사례로 적절하지 않다.
④ '호박엿[호ː박녇 → 호ː방녇]'은 'ㄴ' 첨가, 음절의 끝소리 규칙과 비음화가 일어난다. '피어'는 [피어]로 발음하는 것이 원칙이나 반모음이 첨가된 [피여]로 발음하는 것도 허용한다. 따라서 '호박엿'은 첨가의 사례로 적절하지만, '피어'는 축약의 사례로 적절하지 않다.
⑤ '늦여름[늗녀름 → 는녀름]'은 음절의 끝소리 규칙, 'ㄴ' 첨가, 비음화가 일어

난다. '만화[만ː화]'는 음운 변동이 일어나지 않는다. 따라서 '늦여름'은 첨가의 사례로 적절하지만, '만화'는 축약의 사례로 적절하지 않다.

02 ㉣의 '한국인'은 발음할 때 'ㄴ' 첨가가 일어나지 않지만, '식용유'는 'ㄴ' 첨가가 일어난다. 따라서 3음절로 된 한자어에서 'ㄴ' 첨가가 일어나지 않는다는 ⑤의 내용은 적절하지 않다.

| 오답 확인 |
① '홑이불'은 접두사 '홑-'과 어근 '이불'이 결합해 만들어진 파생어이다. 음절의 끝소리 규칙과 'ㄴ' 첨가가 일어나 [혼니불]로 발음한다. '신여성'은 접두사 '신-'과 어근 '여성'이 결합해 만들어진 파생어이다. 'ㄴ' 첨가가 일어나 [신녀성]으로 발음한다.
② '눈요기'는 어근 '눈'과 어근 '요기'가 결합해 만들어진 합성어로 'ㄴ'이 첨가되어 [눈뇨기]로 발음한다. '내복약'은 어근 '내복'과 어근 '약'이 결합해 만들어진 합성어로 'ㄴ' 첨가와 비음화가 일어나 [내ː봉냑]으로 발음한다.
③ '그럼'과 '밥' 뒤에 붙은 '요'는 보조사이다. 어미나 조사를 포함하여 고유어 계열의 문법 형태소가 후행하면 'ㄴ' 첨가는 일어나지 않는다. [그럼뇨]와 [밤뇨]는 현실 발음이지 표준 발음은 아니다.
④ '한 일'은 두 단어 사이에 'ㄴ'이 첨가되어 [한닐]로 발음하고, '외국 요리'는 두 단어 사이에 'ㄴ' 첨가와 비음화가 일어나 [외ː궁뇨리]로 발음한다.

03 '아랫니'는 '아래'와 '이'가 결합할 때 사잇소리 현상으로서의 'ㄴ' 첨가가 일어나는 예이다.

| 오답 확인 |
① '들일'은 [들ː닐 → 들ː릴]로 발음한다. 'ㄴ' 첨가와 유음화가 일어난다.
② '영업용'은 [영업뇽 → 영엄뇽]으로 발음한다. 'ㄴ' 첨가와 비음화가 일어난다.
③ '가락엿'은 [가락녇 → 가랑녇]으로 발음한다. 음절의 끝소리 규칙, 'ㄴ' 첨가와 비음화가 일어난다.
④ '서울역'은 [서울녁 → 서울력]으로 발음한다. 'ㄴ' 첨가와 유음화가 일어난다.

더 알아두기

'이[齒]'의 올바른 표기 – 한글 맞춤법 제27항

합성어에서 실질 형태소가 의미를 유지하는 경우, 원형을 밝혀 적는 것이 원칙이지만 '이[齒, 虱]'는 예외적이라고 할 수 있다. 단독으로 쓰일 때는 '이'로 적지만 합성어나 이에 준한 말에서는 '간니, 덧니, 틀니', '가랑니, 머릿니' 등과 같이 적는다.

> **제27항** 둘 이상의 단어가 어울리거나 접두사가 붙어서 이루어진 말은 각각 그 원형을 밝히어 적는다.
> 예 꽃잎, 칼날, 팥알, 헛웃음
> [붙임 3] '이[齒, 虱]'가 합성어나 이에 준하는 말에서 '니' 또는 '리'로 소리 날 때에는 '니'로 적는다. 예 사랑니, 앞니, 어금니, 윗니

---

04 ㉠은 뒷말이 비음인 자음으로 시작할 때 일어나는 음운 현상이 맞지만, ㉡은 뒷말이 모음 'ㅣ'나 반모음 'ㅣ'로 시작할 때 일어나는 음운 현상이다.

05 (나)는 사잇소리 현상으로서의 'ㄴ' 첨가 현상으로 파생어가 아니라 합성어에서 일어나는 현상이다. '콧날, 뒷머리'는 합성어에 해당한다.

06 [되여]와 [아니요]는 모음으로 끝나는 형태소와 모음으로 시작하는 형태소가 결합할 때 반모음 'ㅣ'가 첨가되는 반모음 첨가가 일어난 것이다.

07 〈보기〉에서 반모음 'ㅗ/ㅜ'가 첨가된 발음은 표준 발음으로 인정하지 않는다고 했으므로 '쏘아'를 [쏘와]로 발음한 것은 표준 발음이 될 수 없다. [쏘와]는 모음 'ㅗ'와 'ㅏ' 사이에 반모음 'ㅗ/ㅜ'를 첨가한 발음이다.

| 오답 확인 |
① '뛰어가자'의 표준 발음은 [뛰어가자]이지만, 반모음 'ㅣ'를 첨가한 [뛰여가자]도 표준 발음으로 인정된다.

② '무엇이오'의 표준 발음은 [무어시오]이지만, 반모음 'ㅣ'를 첨가한 [무어시요]도 표준 발음으로 인정된다.
③ '기어'의 표준 발음은 [기어]이지만, 반모음 'ㅣ'를 첨가한 [기여]도 표준 발음으로 인정된다.
⑤ '쇠어서'의 표준 발음은 [쇠어서]이지만, 반모음 'ㅣ'를 첨가한 [쇠여서]도 표준 발음으로 인정된다.

08 ㉡ '맏형'을 보면 거센소리되기가 체언에서도 일어난다는 사실을 알 수 있다. 따라서 거센소리되기가 용언에서만 일어난다는 ⑤의 내용은 적절하지 않다.

| 오답 확인 |
① ㉢을 통해 알 수 있다. '놓소'는 음절의 끝소리 규칙에 따라 '놓'의 'ㅎ'이 [ㄷ]으로 바뀌고, 이 뒤의 'ㅅ'이 [ㅆ]으로 바뀌는 된소리되기가 일어난 후 'ㄷ'이 탈락하여 [노쏘]로 발음한다.
② ㉣을 통해 알 수 있다.
③ ㉠, ㉡을 통해 알 수 있다.
④ ㉠, ㉡, ㉣을 통해 알 수 있다.

09 예시 답 ㉠을 발음할 때 일어나는 음운 현상은 'ㅎ' 탈락이고, 표준 발음은 [나은]이다. ㉡을 발음할 때 일어나는 음운 현상은 음절의 끝소리 규칙과 비음화이고, 표준 발음은 [난ː는]이다. ㉢을 발음할 때 일어나는 음운 현상은 거센소리되기이고, 표준 발음은 [나ː코]이다.

고난도 서술형 해결하기

❶ 〈조건〉 확인
각 단어를 발음할 때 일어나는 모든 음운 현상을 서술해야 한다.

❷ 〈보기〉 분석
- ㉠: '낳은'의 'ㅎ'은 모음으로 시작하는 어미 앞에서 탈락한다.
- ㉡: '낳는'의 'ㅎ'은 음절의 끝소리 규칙에 따라 [ㄷ]으로 바뀐 후 비음화되어 [ㄴ]으로 바뀐다.
- ㉢: '낳고'의 'ㅎ'은 뒤에 있는 'ㄱ'과 축약되어 [ㅋ]으로 바뀐다.

❸ 〈조건〉 적용
제시된 문장 형식에 맞게 서술한다.

평가 기준

| ㉠, ㉡, ㉢에서 일어나는 음운 현상을 모두 바르게 서술함. |
| ㉠, ㉡, ㉢의 표준 발음을 모두 바르게 서술함. |
| 제시된 문장 형식에 맞게 서술함. |

---

10 예시 답 ㉠은 'ㅈ' 뒤에 'ㅎ'으로 시작하는 실질 형태소가 오기 때문에 음절의 끝소리 규칙이 먼저 일어난 후 거센소리되기가 일어났고, ㉡은 'ㅈ' 뒤에 'ㅎ'으로 시작하는 형식 형태소가 오기 때문에 거센소리되기가 먼저 일어나고 음절의 끝소리 규칙은 일어나지 않았다.

고난도 서술형 해결하기

❶ 〈조건〉 확인
거센소리되기가 일어나는 과정을 형태적 환경과 순서에 주목하여 서술해야 한다.

❷ 〈보기〉 분석
- ㉠: '낮 한때'는 음절의 끝소리 규칙에 따라 'ㅈ'이 [ㄷ]으로 바뀐 후 'ㅎ'과 축약된다.
- ㉡: '맺히다'는 'ㅈ'이 'ㅎ'과 바로 축약된다.(음절의 끝소리 규칙이 적용되지 않음.)

❸ 〈조건〉 적용
형태적 환경과 거센소리되기의 적용 순서를 고려하여 서술한다.

평가 기준

| ㉠과 ㉡에서 일어나는 거센소리되기를 형태적 환경과 순서를 고려하여 바르게 서술함. |

01 ④	02 ⑤	03 ④	04 ③
05 ⑤	06 ①	07 ⑤	08 ②
09 ①	10 ⑤	11 ④	12 ⑤
13 ①	14 ③	15 ①	16 ②
17 ②	18 ⑤	19 ①	

01 [궁]은 비음화가 일어난 것이므로 교체의 결과이고, 음절 유형은 '국'의 '자음＋모음＋자음'과 같으므로 [A]에 들어가기에 적절하다.

| 오답 확인 |
① '밥상[밥쌍]'에서 [쌍]은 'ㅅ'이 [ㅆ]으로 교체된 결과이며, 음절 유형이 단일어인 '상[상]'과 같다.
② '집일[짐닐]'에서 [닐]은 'ㄴ'이 첨가된 결과이고, 음절 유형이 '자음＋모음＋자음'이므로 단일어인 '일(모음＋자음)'과 다르다.
③ '의복함[의보캄]'에서 [캄]은 'ㄱ'과 'ㅎ'이 [ㅋ]으로 축약된 결과이고, 음절 유형이 단일어인 '함'과 같다.
⑤ '화살[화살]'에서 [화]는 '활'과 '살'이 결합해 합성어가 만들어지는 과정에서 'ㄹ'이 탈락한 결과이고(활＋살 → 화살), 음절 유형이 '자음＋모음'이므로 단일어인 '활(자음＋모음＋자음)'과 다르다.

02 '잡념[잠념]'은 비음화가 일어나 '001000'으로 표시할 수 있으며, 뒤에 있는 'ㄴ'의 영향을 받아 앞에 있는 'ㅂ'이 [ㅁ]으로 바뀐 것이므로 역행 동화에 해당한다.

| 오답 확인 |
① '국민[궁민]'은 비음화가 일어나 '001000'으로 표시할 수 있으며 역행 동화이다.
② '글눈[글룬]'은 유음화가 일어나 '000100'으로 표시할 수 있으며 순행 동화이다.
③ '명랑[명낭]'은 'ㄹ'의 비음화가 일어나 '000100'으로 표시할 수 있으며 순행 동화이다.
④ '신랑[실랑]'은 유음화가 일어나 '001000'으로 표시할 수 있으며 역행 동화이다.

03 '담다'는 [담:따]로 발음되며 ㉠의 사례에 해당한다. '발전' 역시 [발쩐]으로 발음되며 ㉡의 사례에 해당한다.

| 오답 확인 |
① '신다'는 ㉠에 해당하여 [신:따]로 발음하지만, '굴곡'은 'ㄹ' 뒤에 'ㄱ'이 오므로 ㉡에 해당하지 않는다.
② '앉다'는 ㉠에 해당하여 [안따]로 발음하지만, '불법'은 'ㄹ' 뒤에 'ㅂ'이 오므로 ㉡에 해당하지 않는다.
③ '넓다'는 ㉠에 해당하지 않고, '갈등'은 ㉡에 해당하여 [갈뜽]으로 발음한다.
⑤ '끓다'는 ㉠에 해당하지 않고, '월세'는 ㉡에 해당하여 [월쎄]로 발음한다.

04 ㉢ '굳히다'와 '닫히다'는 'ㄷ' 뒤에서 'ㅎ'이 탈락하는 것이 아니라 'ㄷ'과 'ㅎ'이 축약되어 [ㅌ]으로 거센소리되기가 일어난 후 모음 'ㅣ'를 만나 구개음화가 일어나는 것이다.

05 '옷 한 벌'을 발음할 때에는 'ㅅ'이 [ㄷ]으로 바뀌는 음절의 끝소리 규칙 후, 바뀐 'ㄷ'과 'ㅎ'이 [ㅌ]으로 축약되는 거센소리되기가 일어난다. 즉, 교체 후 축약이 일어나는 것이다.

06 '읽느라'는 [익느라 → 잉느라]이므로 자음군 단순화와 비음화가 일어난다. 각각 탈락과 교체에 해당하므로 ㉠과 ㉡이 일어난다고 볼 수 있다.

| 오답 확인 |
② '훑고서'는 [훌고서 → 훌꼬서 → 훌꼬서]로 발음되는데, 이는 '훑-'에서 'ㄸ'의 'ㅌ'이 [ㄷ]이 되어(음절의 끝소리 규칙/교체) 뒤에 'ㄱ'을 된소리가 되게 한 후(된소리되기/교체) 탈락(자음군 단순화/탈락)한 것으로 설명할 수 있다.

③ '예삿일'은 [예삳닐 → 예산닐]로 발음되는데 음절의 끝소리 규칙(교체)과 'ㄴ' 첨가(첨가), 비음화(교체)가 일어난다.
④ '알약을'은 [알냑을 → 알략을 → 알랴글]로 발음되는데 'ㄴ' 첨가(첨가)와 유음화(교체), 연음이 일어난다.
⑤ '잃았다'는 [일앋다 → 이랃따]로 발음되는데 자음군 단순화(탈락)와 음절의 끝소리 규칙(교체), 된소리되기(교체)와 연음이 일어난다.

07 ㉢ '꽃이슬'은 [꼳니슬 → 꼰니슬]로 음절의 끝소리 규칙, 'ㄴ' 첨가, 비음화가 일어난다. '니'라는 발음은 'ㄴ' 첨가의 결과에 해당한다. ㉣ '솜이불'이 [솜니불]로 발음되는 것은 'ㄴ' 첨가 때문이다. 여기서 '니'라는 발음도 'ㄴ' 첨가의 결과이다. 따라서 '니'는 ㉢과 ㉣에서 공통적으로 '첨가'가 일어나 발음된 것이라고 할 수 있다.

| 오답 확인 |
㉠ '굳히다'는 [구티다 → 구치다]로 발음되는데, 거센소리되기로 '축약'이 일어나고 구개음화로 '교체'가 일어난 것이다.
㉡ '훑이다'는 [훌티다 → 훌치다]로 발음되는데, 연음된 후 구개음화가 일어난 것으로 '교체'에 해당한다.

08 ㉠ '흙일'은 자음군 단순화(탈락), 'ㄴ' 첨가(첨가), 비음화(교체)가 일어나 [흑일 → 흑닐 → 흥닐]로 발음된다. ㉡ '닳는'은 자음군 단순화(탈락), 유음화(교체)가 일어나 [달는 → 달른]으로 발음된다. ㉢ '발야구'는 'ㄴ' 첨가(첨가)와 유음화(교체)가 일어나 [발냐구 → 발랴구]로 발음된다. 따라서 ㉠~㉢에 공통적으로 일어난 음운 변동은 첨가가 아니라 교체이므로 ②는 적절하지 않다.

| 오답 확인 |
① ㉠을 발음할 때에는 음운 변동이 3회(자음군 단순화, 'ㄴ' 첨가, 비음화) 일어나고, ㉡을 발음할 때에는 2회(자음군 단순화, 유음화) 일어나며, ㉢을 발음할 때에는 2회('ㄴ' 첨가, 유음화) 일어난다.
③ ㉠에서는 첨가와 탈락이 각 1회씩 일어나므로 음운의 개수에 변화가 없다.
④ ㉡과 ㉢은 모두 2회의 음운 변동이 일어난다.
⑤ ㉢에 첨가된 음운은 'ㄴ'으로 ㉠에 첨가된 음운과 같다.

09 '훑이'는 '무엇을 훑는 데에 쓰는 기구.'를 뜻하는 단어로, 어간 '훑-'과 접사 '-이'로 분석할 수 있다. '-이'는 모음으로 시작하는 형식 형태소이므로 'ㄸ'의 'ㅌ'이 [ㅊ]으로 교체되는 구개음화가 일어나 [훌치]로 발음된다. [자료]에서 두 자음 중 뒤의 자음이 구개음화되면 자음군 단순화는 일어나지 않는다고 하였으므로 ①은 적절하지 않다.

10 '팥빵'에서 일어나는 음운 변동은 음절의 끝소리 규칙(ⓐ)이다. '팥'의 받침 'ㅌ'이 [ㄷ]으로 바뀌어 [팓빵]으로 발음된다. '많던'에서 일어나는 음운 변동은 거센소리되기(ⓑ)이다. '많'의 겹받침 'ㄶ'의 'ㅎ'과 뒤의 'ㄷ'이 합쳐져 [ㅌ]으로 바뀌어 [만턴]으로 발음된다. '애틋한'에서는 음절의 끝소리 규칙과 거센소리가 모두 일어난다. 먼저 음절의 끝소리 규칙에 의해 둘째 음절 '틋'의 받침 'ㅅ'이 [ㄷ]으로 바뀌고, 이것이 뒤에 이어지는 'ㅎ'과 만나 [ㅌ]으로 합쳐져 [애틋한 → 애트탄]으로 발음된다.

| 오답 확인 |
① '낯설고'는 [낟설고 → 낟썰고]로 발음되는데, 이는 받침 'ㅊ'이 [ㄷ]으로 바뀌는 음절의 끝소리 규칙이 일어나고, 그 'ㄷ' 뒤에 있는 'ㅅ'이 [ㅆ]으로 바뀌는 된소리되기가 일어난 것이다.
② '놓더라'는 [노터라]로 발음되는데, 이는 받침 'ㅎ'과 그 뒤의 'ㄷ'이 [ㅌ]으로 합쳐지는 거센소리되기가 일어난 것이다.
③ '맞는지'는 [맏는지 → 만는지]로 발음되는데, 이는 받침 'ㅈ'이 [ㄷ]으로 바뀌는 음절의 끝소리 규칙이 일어나고, 그 'ㄷ'이 뒤에 오는 'ㄴ'을 닮아 [ㄴ]으로 바뀌는 비음화가 일어난 것이다.
④ '먹히는'은 [머키는]으로 발음되는데, 이는 받침 'ㄱ'과 그 뒤의 'ㅎ'이 [ㅋ]으로 합쳐지는 거센소리되기가 일어난 것이다.

⑤ ⑩은 동사 중 움직임이 다른 대상. 즉 목적어에 미치는 단어에 해당하는 타동사가 들어가야 한다.

06 '버리다'는 문장에서 '필요 없는 물건을 내던지다.'라는 실질적 의미로 쓰인 본용언으로, 이 동사는 부사어 '휴지통에'와 호응한다. '찢어 버리다'를 '찢어서 버리다'로 바꾸었을 때에도 의미가 통하는 것으로 보아 '버리다'는 본용언임을 알 수 있다.
| 오답 확인 |
① '가다'의 행동을 하고자 하는 마음이 있다는 뜻을 보충하는 보조 용언이다.
③ '도전하다'의 행동을 시험 삼아 한다는 뜻을 보충하는 보조 용언이다.
④ '듣다'의 행위가 다른 사람에게 영향을 미친다는 뜻을 보충하는 보조 용언이다.
⑤ '살아가다'의 행동이 계속 진행되고 있다는 뜻을 보충하는 보조 용언이다.

07 '쉽지'의 '-지'는 전성 어미가 아닌 보조적 연결 어미로 본용언 '쉽다'와 보조 용언 '않다'를 연결한다.
| 오답 확인 |
① ㉠의 '-구나'는 화자가 새롭게 알게 된 사실에 주목함을 나타내는 종결 어미이다.
② ㉡에는 '모르게'와 '들었다' 2개의 용언이 쓰였다. '모르게'는 동사 어간 '모르-'에 부사형 전성 어미 '-게'가 결합된 형태로 품사는 변하지 않는다.
③ ㉢의 '먹어 보았다'에는 연결 어미 '-어'와 '보았다'의 종결 어미 '-다'가 쓰여 총 2개의 어말 어미가 쓰였다. '-았-'은 선어말 어미이다.
④ ㉣의 '-고'는 본용언과 보조 용언을 연결시켜 주는 보조적 연결 어미이다.

08 '짓다'는 '지으니. 지어서'와 같이 활용하므로 'ㅅ' 불규칙 활용에 해당한다. 그러나 '솟다'는 '솟고. 솟으니. 솟아서'와 같이 규칙 활용을 하므로 'ㅅ' 불규칙 활용에 해당하지 않는다.
| 오답 확인 |
② '듣다'는 '들으니. 들어서' 등으로, '걷다'는 '걸으니. 걸어서' 등으로 활용하는 'ㄷ' 불규칙 활용에 해당한다.
③ '치르다'는 모음 어미와 결합할 때 '치르-+-어 → 치러'로 형태가 변하는데 이는 'ㅡ' 탈락으로 설명할 수 있고, '먹다'는 '먹고. 먹으니'와 같이 활용 시 어간이나 어미에 형태 변화가 없다. 따라서 두 단어 모두 규칙 활용에 해당한다.
④ '푸르다'는 모음 어미 '-어'와 결합할 때, '푸르러'와 같이 어미의 형태가 불규칙하게 바뀌는 '러' 불규칙 활용에 해당한다.
⑤ '빠르다'는 모음 어미 '-아'와 결합할 때, '빨라'와 같이 어간의 형태가 변하는 '르' 불규칙 활용에 해당한다.

09 예시답 ㉠의 기본형은 '굽다'이고, '불에 익히다.'라는 의미를 가지고 있다. ㉠은 어간의 끝소리 'ㅂ'이 모음 어미 앞에서 반모음 'ㅗ/ㅜ'로 변하는 'ㅂ' 불규칙 활용에 해당한다.

☑ **고난도 서술형 해결하기**

❶ **〈조건〉 확인**
㉠의 기본형과 의미를 포함하여 불규칙 활용의 양상을 서술해야 한다.
❷ **〈보기〉 분석**
㉠ '구워서'의 기본형은 '굽다'로 '불에 익히다.'라는 뜻을 지닌다. '굽다'는 '굽고. 굽는. 구워. 구우니'와 같이 활용을 한다. 모음 어미와 결합을 할 때 어간의 받침 'ㅂ'이 반모음 'ㅗ/ㅜ'로 변하고 있으므로 'ㅂ' 불규칙 활용에 해당함을 알 수 있다.
❸ **〈조건〉 적용**
㉠의 기본형과 의미를 밝히고, 'ㅂ' 불규칙 활용에 대해서 서술한다.

평가 기준
㉠의 기본형과 의미를 포함하여 서술함.
'ㅂ' 불규칙 활용에 대해 제시된 문장 형식에 맞게 서술함.

10 예시답 ㉠의 품사는 관형사이고, ㉡의 품사는 형용사이다. 왜냐하면 ㉠과 달리 ㉡은 '처리가 빠르다.'와 같이 서술성을 지니기 때문이다.

☑ **고난도 서술형 해결하기**

❶ **〈조건〉 확인**
㉠과 ㉡의 품사를 파악하고, 품사가 다른 이유를 기능적 측면에서 서술해야 한다.
❷ **〈보기〉 분석**
• ㉠ '모든'은 명사(체언) '사람'을 수식하고 있으므로 관형사이다.
• ㉡ '빠른'도 명사 '처리'를 수식하지만, '빠른'은 형용사 어간 '빠르-'에 관형사형 어미 '-(으)ㄴ'이 결합된 형태로 '처리'의 상태를 서술하고 있으므로 형용사이다.
❸ **〈조건〉 적용**
㉠과 ㉡의 품사를 밝히고, 형용사는 관형사와 달리 서술성이 있음을 서술한다.

평가 기준
각 단어의 품사를 밝히고 품사가 다른 이유를 형용사의 특성을 들어 서술함.
'서술성'을 바탕으로 제시한 문장 형식에 맞게 서술함.

---

13 관계언

| **1단계** | **개념 연습 문제** | 77쪽 |

1 ① ○ ② × ③ ○ ④ ○
2 ① 보격 ② 보조사 ③ 4 ④ 접속
3 ①-㉡ ②-㉢ ③-㉠
4 ① 의. 이니 / 은 ② 에 / 만 ③ 에. 이 / 는. 도
   ④ 를 / 은 / 와 ⑤ 야. 로 / 도 / 이랑

1 ② 조사는 두 개 이상이 연속해서 쓰일 수 있다.
2 ① 서술어 '되다', '아니다' 앞에 쓰인 '이'는 보격 조사이다.
   ③ '나는 1반이고, 학급의 회장을 맡고 있다.'에 쓰인 조사는 '는', '이고', '의', '을'이다.
3 ① 보조사 ② 부사격 조사 ③ 접속 조사
4 ① '너의 소원은 무엇이니?'에서 '의'는 관형격 조사, '은'은 보조사, '이니'는 서술격 조사이다.
   ② '가는 회초리만 바닥에 놓여 있다.'에서 '만'은 보조사, '에'는 부사격 조사이다.
   ③ '거리에는 사람이 한 명도 없었다.'에서 '에'는 부사격 조사, '는'과 '도'는 보조사, '이'는 주격 조사이다.
   ④ '선생님은 예의와 배려를 강조하셨다.'에서 '은'은 보조사, '와'는 접속 조사, '를'은 목적격 조사이다.
   ⑤ '민지야, 여기로 와서 장미꽃이랑 백합꽃도 좀 봐.'에서 '야'는 호격 조사, '로'는 부사격 조사, '이랑'은 접속 조사, '도'는 보조사이다.

| **2단계** | **내신 기출 문제** | 78~79쪽 |

01 ③	02 ④	03 ③	04 ③
05 ㉠: 주격 조사 ㉡: 부사격 조사		06 ②	
07 ③	08 ④	09 해설 참조	10 해설 참조

01 ⓒ의 '는'은 보조사로 앞말에 특별한 의미를 더해 주는 역할을 한다. 보조사 '은/는'은 주로 문장의 주어 자리에 쓰여 문장의 화제를 제시하는 데 쓰인다.

| 오답 확인 |
① '께서'는 주격 조사로, 선행하는 체언이 문장에서 주어가 되게 하는 동시에 높임의 의미를 갖게 한다.
② '이'는 주격 조사로, 체언 '햇살'이 문장에서 주어의 역할을 하도록 한다.
④ '의'는 관형격 조사로, 체언 '가을'이 후행하는 명사형 '선선함'을 수식하는 역할을 한다.
⑤ '이다'는 서술격 조사로, 앞말이 문장에서 서술어의 역할을 하도록 한다.

02 '되다', '아니다' 앞에 쓰이는 성분은 보어에 해당하며, 보격 조사 '이/가'가 결합하여 만들어진다. 따라서 ⓔ의 '이'는 보격 조사에 해당한다.

| 오답 확인 |
① 명사 '꽃' 뒤에 붙어 문장에서 주어의 역할을 하게 하므로 '이'는 주격 조사이다.
② '를'은 목적격 조사로, 선행하는 체언 '식사'가 문장에서 목적어의 역할을 하게 한다.
③ '의'는 관형격 조사로, 앞말의 체언 '선생님'이 '그림'을 수식하게 한다.
⑤ '에'는 부사격 조사로, '학교'에 결합하여 처소(장소)를 나타내는 부사어의 역할을 하게 한다.

03 ⓒ의 '의'는 위치나 방향을 가리키는 관형격 조사로, 이때는 '의'를 생략하는 것이 더 자연스럽다.

| 오답 확인 |
① ⊙~ⓔ 모두 체언에 관형격 조사 '의'가 결합하여 후행하는 체언을 수식하고 있다.
② ⊙의 '내'는 1인칭 대명사 '나'에 관형격 조사 '의'가 결합하여 '나의'가 줄어든 말이다.
④ ⓒ의 '의'는 '지구'에 붙어 관형어의 역할을 하게 함으로써, 뒤에 오는 '오염'의 의미를 한정하고 있다.
⑤ ⓔ에서 '의'가 결합한 명사구 '두 명'은 뒤의 체언 '경찰관'과 의미상 동격이다.

04 ⓒ의 '이'는 '이곳'을 문장의 주어로 만들기 때문에 주격 조사이지만, ⓒ의 '이'는 '아니다' 앞에서 '공책'을 보어로 만들기 때문에 보격 조사에 해당한다.

| 오답 확인 |
① ⊙의 '만은'은 보조사 '만'과 '은'이 결합한 형태이다.
② ⊙의 '과'는 접속 조사로 두 단어를 같은 자격으로 이어 주는 역할을 한다.
④ ⓒ의 '이다'는 서술격 조사로 선행하는 체언이 문장에서 서술어의 역할을 하도록 해 준다.
⑤ ⓒ의 '도'는 '이미 어떤 것이 포함되고 그 위에 더함.'의 뜻을 나타내는 보조사이다.

05 주격 조사 '에서'는 문장에서 주어가 단체일 때 사용하고, 부사격 조사 '에서'는 어떤 일이 벌어지는 장소를 나타낼 때 사용한다. ⊙의 '에서'는 '우리 학교'라는 단체가 행위의 주체(주어)임을 나타내고, ⓒ의 '에서'는 '공원'이 만나기로 한 장소임을 나타낸다.

06 〈보기〉는 '조사' 중에서도 보조사에 해당하는 설명이다. ②의 '도'는 앞말에 붙어 새로운 의미를 부여하는 보조사이다.

| 오답 확인 |
① 동사 '오다'의 어간 '오-'에 어미 '-니'가 붙은 활용형이다.
③ 명사 '소문'을 수식하는 관형사이다.
④ 서술어 '붙어다닌다'를 수식하는 부사이다.
⑤ '당장 문제 되거나 해당되는 것 이외의.'라는 의미를 지니며 명사 '일'을 수식하는 관형사이다.

07 ⊙의 보조사 '만'은 한정, 유일, 단독의 의미로 다른 것으로부터 제한하여 어느 것을 한정한다는 뜻을 더해 준다. ⓒ의 보조사 '부터'는 어느 범위에서부터 시작된다는 의미를 더해 준다.

08 ⓒ의 '보다'는 서로 차이가 있는 것을 비교하는 경우, 비교의 대상이 되는 말에 붙어 '~에 비해서'의 뜻을 나타내는 격 조사이다.

| 오답 확인 |
① ⊙은 '보다²', ⓒ과 ⓒ은 '보다³'의 의미로 쓰였다.
② ⊙의 '보다'는 '멀리'를 수식하는 부사이고, ⓒ의 '보다'는 '예전'에 결합하여 부사어가 되도록 하는 부사격 조사이다.
③ ⊙의 '보다'는 동사 '뛰다'가 아니라 부사 '멀리'를 수식한다.
⑤ ⓒ의 '보다'는 조사이므로 앞말에 붙여 써야 한다.

09 예시답 보조사 '은/는'은 선행하는 대상이 문장에서 화제임을 드러내거나 대상을 강조하는 뜻을 더해 주는 기능을 하며, 주어와 목적어 뒤에 두루 붙어 쓰일 수 있다는 특성을 갖는다.

> **☑ 고난도 서술형 해결하기**
>
> ❶ 〈조건〉 확인
> 예문을 통해 알 수 있는 보조사 '은/는'의 특성을 서술해야 한다.
>
> ❷ 〈보기〉 분석
> ⊙은 보조사 '는'이 주어 자리에 결합하여 '희수'가 화제임을 드러내고 있다. ⓒ은 보조사 '는'이 목적어 자리에 결합하여 '공부'를 강조하고 있다.
>
> ❸ 〈조건〉 적용
> 제시된 문장 형식에 맞게 서술한다.
>
> **평가 기준**
> 보조사 '은/는'의 기능을 포함하여 서술함.
> 문장 성분에 두루 붙어 쓰인다는 특성을 포함하여 제시된 형식에 맞게 서술함.

> **더 알아두기**
>
> **보조사 '은/는'**
> [1] 어떤 대상이 다른 것과 대조됨을 나타내는 보조사.
> 　예 인생은 짧고 예술은 길다.
> 　　　사과는 먹어도 배는 먹지 마라.
> [2] 문장 속에서 어떤 대상이 화제임을 나타내는 보조사.
> 　예 오늘은 금요일이다. / 나는 학생이다.
> [3] 강조의 뜻을 나타내는 보조사.
> 　예 공부만 하지 말고 가끔은 쉬기도 해라.
> 　　　아무리 바쁘더라도 식사는 해야지.

10 예시답 ⊙의 품사는 의존 명사이고, ⓒ의 품사는 조사이다. 왜냐하면 ⊙은 관형어의 수식을 받으면서 앞말과 띄어 쓰지만, ⓒ은 앞말에 붙여 쓰기 때문이다.

> **☑ 고난도 서술형 해결하기**
>
> ❶ 〈조건〉 확인
> ⊙과 ⓒ의 품사를 각각 밝히고, 품사가 다른 이유를 서술해야 한다.
>
> ❷ 〈보기〉 분석
> • ⊙의 '만큼'은 관형어 '노력한'의 수식을 받는 의존 명사이다.
> • ⓒ의 '만큼'은 체언 '풍선'과 결합하여 쓰이는 조사이다.
>
> ❸ 〈조건〉 적용
> 의존 명사와 조사의 특성을 바탕으로 〈조건〉에 맞게 서술한다.
>
> **평가 기준**
> ⊙, ⓒ의 품사를 각각 밝혀 서술함.
> 관형어의 수식, 띄어쓰기 여부 등의 차이점을 포함하여 제시된 문장 형식에 맞게 서술함.

14 수식언, 독립언

1단계 개념 연습 문제   81쪽

1 ① × ② ○ ③ ○ ④ ○ ⑤ ○
2 ① 조사 ② 보조사 ③ 문장 ④ 감탄사
3 ① 관형사, 옷가지 ② 부사, 한다고 ③ 관형사, 거리 ④ 관형
　사, 사람 ⑤ 부사, 그녀가 떠나겠니?
4 ① 3 ② 2 ③ 3 ④ 2
5 ㄱ, ㄹ

1 ① 관형사와 부사를 수식언이라고 하고, 감탄사는 독립언이라고
　한다.
4 ① 관형사 '한', 부사 '아주', '열심히'
　② 부사 '보슬보슬', 관형사 '새'
　③ 부사 '정말로', '너무', 관형사 '세'
　④ 관형사 '온갖', 부사 '정말'
5 ㄱ의 '아니'와 ㄹ의 '정말'이 감탄사이다. ㄴ의 '철수야'는 사람
　이름 뒤에 호격 조사 '아/야'가 붙은 것으로 감탄사가 아니다.
　ㄷ의 '청춘'은 문장 첫머리에 오는 제시어로 감탄사가 아니다.

2단계 내신 기출 문제   82~83쪽

01 ⑤　　　**02** ⑤　　　**03** ③　　　**04** ④
05 예시답 ㉠의 '오늘'은 주격 조사 '이'와 결합하여 쓰였고, ㉡의
　'오늘'은 동사 '왔다'를 수식하기
06 ②　　　**07** ①　　　**08** ⑤　　　**09** 해설 참조
10 해설 참조

01 ⑤의 '많이'는 뒤에 오는 '걱정했는데'라는 서술어를 수식하고
있으므로 문장의 어느 한 성분을 수식하는 성분 부사에 해당한다.
| 오답 확인 |
① '이, 그'는 뒤에 오는 체언 '친구, 사람'을 각각 지시하고 있으므로 지시 관형
　사에 해당한다.
② '새, 헌'과 같이 사물의 상태를 수식하는 관형사를 성상 관형사라고 한다.
③ '천천히'는 서술어 '다가왔다'를 수식하는 성분 부사이다.
④ '두, 셋째'는 뒤에 오는 체언 '자루, 아이'를 각각 수식하면서 대상의 수량이
　나 순서를 가리키므로 수 관형사이다.

02 ㉤의 '활짝'은 '열릴 거예요'를 수식하고 있는 부사, 즉 수식언
이다.
| 오답 확인 |
① ㉠ '내'는 대명사 '나'와 관형격 조사 '의'가 결합한 형태로 체언 '손'을 수식
　하는 관형어이다.
② ㉡ '잡으세요'는 동사 '잡다'의 활용형이다.
③ ㉢ '눈'은 명사이다.
④ ㉣ '서로에게'는 명사 '서로'에 부사격 조사 '에게'가 결합한 형태이다.

> **더 알아두기**
>
> **문장 성분 '관형어'의 유형**
> 관형어는 문장 안에서 체언 앞에 놓여 체언의 뜻을 꾸며 주는 문장 성분
> 이다. 관형어의 유형은 크게 다음과 같이 분류해 볼 수 있다.
> 　1) 관형사 예 새 옷, 헌 신발
> 　2) 용언의 관형사형 예 빠른 고양이, 웃는 사람
> 　3) 체언 + (관형격 조사 '의') 예 철수의 가방, 철수 가방

03 ㉡은 해당되는 것 이외의 것에 대한 선택의 의미를 갖는 관형사
이다. 관형사는 형태가 변하지 않는다는 점에서는 용언과 구별되
고, 조사와 결합하지 않는다는 점에서는 체언과 구별된다.
| 오답 확인 |
① ㉠은 형용사 '다르다'에 관형사형 어미 '-(으)ㄴ'이 결합된 활용형으로, 관형
　사가 아니라 형용사이다.
② ㉠은 '비교가 되는 두 대상이 서로 같지 아니하다.'라는 의미로 쓰였다.
④ '다른 사람들은 어디 갔지?'에서 '다른'은 '당장 문제 되거나 해당되는 것 이
　외의.'라는 뜻으로 '사람들'을 수식하는 관형사이다. ㉠이 아니라 ㉡과 품사
　가 같다.
⑤ '주문한 것과 다른 상품이다.'에서 '다른'은 '같지 아니하다.'라는 의미의 형
　용사 '다르다'의 관형사형이다. ㉡이 아니라 ㉠과 품사가 같다.

04 ④의 '헌'은 기본형 '헐다'의 활용형으로, '집을 헐었다.'라는
서술의 의미를 가지는 동사이다. ①, ②, ③, ⑤는 모두 관형사이다.

05 ㉠의 '오늘'은 주격 조사 '이'와 결합하여 쓰였고, ㉡의 '오늘'
은 동사 '왔다'를 수식하고 있다. 명사는 조사와 결합할 수 있지만,
부사는 격 조사와 결합할 수 없고 보조사와는 결합해 쓰일 수 있으
므로 ㉠에 쓰인 '오늘'은 명사이고 ㉡에 쓰인 '오늘'은 부사임을 알
수 있다.

06 감탄사는 화자의 부름, 느낌, 놀람이나 대답을 나타내는 단어
이다. ②에서 화자가 '학생!'이라고 청자를 부르고 있지만 '학생'은
감탄사가 아니라 명사이다.
| 오답 확인 |
① '후유'는 '어려운 일을 끝내거나 고비를 넘겼을 때 안심하여 크고 길게 내쉬
　는 소리.'를 뜻하는 감탄사이다.
③ '어허'는 '조금 못마땅하거나 불안할 때 내는 소리.'를 뜻하는 감탄사이다.
④ '음'은 무엇을 수긍한다는 뜻으로 내는 소리.'를 뜻하는 감탄사이고, '뭐'는
　'무어'의 준말로 '어떤 사실을 체념하여 받아들여 더 이상 여러 말 할 것 없
　다는 뜻으로 하는 말.'을 뜻하는 감탄사이다.
⑤ '네'는 '윗사람의 말을 재우쳐 물을 때 쓰는 말.'로 감탄사에 해당한다.

07 감탄사는 문장 안에서의 위치 이동이 비교적 자유롭다. 주로 문
장 첫머리에 쓰이나 이를 꼭 지켜야 하는 것은 아니다.
| 오답 확인 |
④ '민준아'는 사람 이름, 즉 명사에 호격 조사 '아/야'가 붙은 형태이므로 감탄
　사가 아니다.

08 부사는 주로 용언을 수식하지만 '바로, 다만, 특히, 오직, 겨우,
아주' 등은 때에 따라 체언을 수식하기도 한다. ⑤의 '일찍'은 서술
어 '들었다'라는 동사를 수식하고 있다.
| 오답 확인 |
① 부사 '특히'가 대명사 '너'를 수식한다.
② 부사 '겨우'가 명사 '돈'을 수식한다.
③ 부사 '오직'이 명사 '공부'를 수식한다.
④ 부사 '다만'이 명사 '책'을 수식한다.

09 예시답 ㉠의 품사는 조사 '이'와 결합하였으므로 수량을 나타내
는 수사이고, ㉡의 품사는 명사 '사람'을 수식하고 있으므로 수 개
념을 나타내는 관형사이다.

> **✓ 고난도 서술형 해결하기**
>
> **❶ 〈조건〉 확인**
> 　㉠과 ㉡에서 밑줄 친 '다섯'의 품사를 밝히고, 그렇게 파악한 근거를
> 　서술해야 한다.
> **❷ 〈보기〉 분석**
> 　• ㉠ 다섯: 조사 '이'가 붙어 수량을 나타내는 수사로 쓰였다.
> 　• ㉡ 다섯: 명사 '사람'을 수식하는 수 관형사로 쓰였다.

정답과 해설 • 23

10 **예시 답** ㉠은 부사 '빨리'를 수식하는 성분 부사이고, ㉡은 이어지는 문장 '내 차례까지 안 올까?'를 수식하는 문장 부사이다.

✔ 고난도 서술형 해결하기

3단계 **수능 기출 문제** 84~87쪽

01 ③	02 ①	03 ⑤	04 ④
05 ④	06 ②	07 ③	08 ③
09 ①	10 ③	11 ②	12 ①
13 ⑤			

01 '두'는 문장 안에서 체언 '팔'을 수식하는 관형사이고, '하나'는 사물의 수량을 나타내는 수사이다.

| 오답 확인 |

① '도'와 '만'은 조사로, 형태가 변하지 않는 불변어이다.

② '이루었다'와 '그린'은 동사로, 형태가 변하는 가변어이다.

④ '나무'와 '꽃'은 명사로, 사물의 이름을 나타내는 단어이다.

⑤ '넓게'와 '희미하다'는 형용사로, 대상의 상태를 나타내는 단어이다.

02 '군데'는 '낱낱의 곳을 세는 단위.'의 의미를 지니는 의존 명사로 '한 군데, 두 군데, 몇 군데'와 같이 쓰인다. 자립 명사로는 쓰이지 않기 때문에 항상 관형어의 수식을 받아야 한다.

| 오답 확인 |

② '그릇'은 '음식이나 물건 따위를 담는 기구.'라는 뜻의 자립 명사로 '그릇을 비우다, 그릇을 씻다.'와 같이 쓰인다.

③ '덩어리'는 '크게 뭉쳐서 이루어진 것.'이라는 뜻의 자립 명사로 '덩어리가 지다, 우박이 덩어리로 쏟아진다.'와 같이 쓰인다.

④ '숟가락'은 '밥이나 국물 따위를 떠먹는 기구.'라는 뜻의 자립 명사로 '숟가락으로 먹다, 숟가락을 놓다.'와 같이 쓰인다.

⑤ '발자국'은 '발로 밟은 자리에 남은 모양.'이라는 뜻의 자립 명사로 '발자국이 남다, 발자국을 따라가다.'와 같이 쓰인다.

03 ⑩의 '저희'는 '우리 집 아이들(선생님의 아이들)'을 가리키는 말로, 앞에서 이미 말한 사람들을 도로 가리키는 3인칭 재귀 대명사이다.

| 오답 확인 |

③ ㉢의 '당신'은 3인칭 재귀 대명사인 '자기'를 높여 이르는 말로 할아버지를 가리킨다.

④ ㉣의 '우리'는 선생님 혹은 선생님의 가족을 가리키므로 청자(학생)를 포함하지 않는다.

04 '아주'는 뒤에 오는 관형사 '새'를 수식하고 있다.

| 오답 확인 |

① '매우'는 부사 '빨리'를 수식한다.

② '설마'는 문장 전체인 '나에게 맞는 옷이 없을까?'를 수식한다.

③ '바로'는 명사 '옆'을 수식한다.

⑤ '과연'은 문장 전체인 '그 아이는 재능이 정말 뛰어나군.'을 수식하고, '정말'은 형용사 '뛰어나군'을 수식한다.

05 ㉠: '묻었다'의 기본형은 '묻다'이며 '묻으니, 묻어서'와 같이 활용한다. 어간과 어미의 기본 형태가 바뀌지 않는 규칙 활용이다. '우러러'는 기본형 '우러르다'에서 어간 '우러르-'에 어미 '-어'가 결합하면서 형태가 바뀐 것이다. 어간의 형태가 바뀌지만 'ㅡ' 탈락 규칙으로 설명할 수 있으므로 규칙 활용이다.

㉡: '일러'는 기본형 '이르다'에서 어간 '르-'가 모음 어미 앞에서 'ㄹㄹ'로 바뀌므로, 어간이 불규칙적으로 바뀌는 용언에 해당한다.

㉢: '이르러'는 기본형이 '이르다'인데, 어간이 '르-'로 끝나는 용언 뒤에서 모음 어미 '-어'가 '-러'로 바뀌므로, 어미가 불규칙적으로 바뀌는 용언이다.

㉣: '파래'는 기본형이 '파랗다'인데, 'ㅎ'으로 끝나는 어간에 '아/어'가 오면 어간의 'ㅎ'이 탈락하고 어미도 변하므로, 어간과 어미가 모두 불규칙적으로 바뀌는 용언이다.

06 '거르- + -어서 → 걸러서'는 어간의 '르'가 'ㄹㄹ'로 바뀌므로 '르' 불규칙 활용에 해당하지만, '푸르- + -어 → 푸르러'는 어미 '-어'가 '-러'로 바뀌므로 '러' 불규칙 활용에 해당한다.

| 오답 확인 |

① '담그- + -아 → 담가'와 '예쁘- + -어도 → 예뻐도'는 모두 'ㅡ' 탈락이며, 이는 규칙 활용에 해당한다.

③ '갈- + -(으)ㄴ → 간'과 '살- + -니 → 사니'는 모두 'ㄹ' 탈락이며, 이는 규칙 활용에 해당한다.

④ '하얗- + -았던 → 하얬던'과 '동그랗- + -아 → 동그래'는 모두 'ㅎ' 불규칙 활용에 해당한다.

⑤ '젓- + -어 → 저어'와 '긋- + -은 → 그은'은 모두 'ㅅ' 불규칙 활용에 해당한다.

07 ㉢에 쓰인 '-겠-'은 주체의 의지를 나타내는 것이 아니라 화자의 추측을 나타내는 선어말 어미이다. '-니'는 의문형 종결 어미로 쓰였다.

08 ⓓ의 '남은'은 동사 '남다'의 어간 '남-'에 과거를 나타내는 관형사형 어미 '-(으)ㄴ'이 결합된 것이고, ⓕ의 '찬'은 동사 '차다'의 어간 '차-'에 과거를 나타내는 관형사형 어미 '-(으)ㄴ'이 결합된 것이다.

| 오답 확인 |

① '뜬'은 동사 '뜨다'의 어간 '뜨-'에 과거를 나타내는 관형사형 어미 '-(으)ㄴ'이 결합된 것으로, ㉠이 아니라 ㉡에 해당한다.

② ⓑ의 '부르던'은 동사 '부르다'의 어간 '부르-'에 과거를 나타내는 관형사형 어미 '-던'이 결합된 것으로 ㉢에 해당하지 않는다. ⓒ의 '푸르던'은 형용사 '푸르다'의 어간 '푸르-'에 과거를 나타내는 관형사형 어미 '-던'이 결합된 것으로 ㉢에 해당한다.

④ '읽는'은 동사 '읽다'의 어간 '읽-'에 현재를 나타내는 관형사형 어미 '-는'이 결합된 것으로 ㉡에 해당하지 않는다.

⑤ '빠른'은 형용사 '빠르다'의 어간 '빠르-'에 현재를 나타내는 관형사형 어미 '-(으)ㄴ'이 결합된 것으로 ㉢이 아니라 ㉠에 해당한다.

09 ㄱ의 '그곳'은 대명사가 맞지만 ㄴ의 '그'는 명사 '사람'을 수식하고 있으므로 대명사가 아니라 관형사이다.

| 오답 확인 |

② ㄱ의 '아주'는 '쉽게'를 수식하고 있다. '쉽게'는 형용사(용언) '쉽다'의 어간 '쉽-'에 부사형 어미 '-게'가 결합한 형태이다. ㄴ의 '잘'은 '잤다고'를 수식하고 있다. '잤다고'는 동사(용언) '자다'의 어간 '자-'에 '-았- + -다 + 고'가 결합한 형태이다.

③ '구울'은 동사 '굽다'가 '굽고, 구우니, 구워서'와 같이 불규칙적으로 활용된 형태로 어간 '굽-'이 모음 어미와 결합할 때 'ㅂ'이 반모음 'ㅗ/ㅜ'로 변하는 'ㅂ' 불규칙 활용에 해당한다. '지어'는 동사 '짓다'가 '짓고, 지으니, 지어서'와 같이 불규칙적으로 활용된 형태로 어간 '짓-'이 모음 어미와 결합할 때 'ㅅ'이 탈락하는 'ㅅ' 불규칙 활용에 해당한다. 용언의 활용은 형태가 바뀌는 것일 뿐, 품사는 변하지 않으므로 '구울'과 '지어'는 불규칙적으로 활용되는 동사에 해당한다.

④ '쉽게'는 형용사 '쉽다'의 어간 '쉽-'에 부사형 어미 '-게'가 결합한 형태이고, '멋진'은 형용사 '멋지다'의 어간 '멋지-'에 관형사형 어미 '-ㄴ'이 결합한 형태이다. 활용형은 품사에 변화가 없으므로 '쉽게'와 '멋진'은 형용사에 해당한다.

⑤ ㄴ의 '가'는 주격 조사, ㄷ의 '에서'는 부사격 조사이다. 이 둘은 모두 격 조사로 앞말과 다른 말과의 문법적인 관계를 나타낸다.

10 '와'는 '개'와 '고양이'가 같은 자격으로 이어져 서술어의 목적어가 되도록 해 주므로 '와'는 보조사가 아니라 접속 조사이다.

| 오답 확인 |

① '만'은 '다른 것으로부터 제한하여 어느 것을 한정함.'의 뜻을 더해 주는 보조사이다.

② '도'는 체언류나 부사어, 연결 어미 '-아/어, -게, -지, -고' 등의 뒤에 붙어 '이미 어떤 것이 포함되고 그 위에 더함.'의 뜻을 더해 주는 보조사이다.

④ '는'은 받침 없는 체언이나 부사어, 일부 연결 어미 뒤에 붙어 '강조'의 뜻을 더해 주는 보조사이다.

⑤ '밖에'는 주로 체언이나 명사형 어미 뒤에 붙어 '그것 말고는', '그것 이외에는', '기꺼이 받아들이는', '피할 수 없는'의 뜻을 더해 주는 보조사이다.

11 ㉠은 수량을 나타내는 말 앞에 쓰여 '대략'의 뜻을 지닌 '한⁰¹ ④'이므로 관형사이고, ㉤은 조건의 뜻을 나타내는 '한⁰² ②'이므로 명사이다. 관형사인 ㉠만 체언을 수식한다.

| 오답 확인 |

① '한 이불'을 덮고 잔다는 것은 '같은 이불'을 덮고 잔다는 의미이므로 ㉡은 '한⁰¹ ③'에 해당한다.

③ ㉢은 '한⁰¹ ③', ㉣은 '한⁰² ①'의 뜻으로 쓰였다. '한⁰¹'과 '한⁰²'는 별개의 표제어이며 의미상 관련이 없으므로 동음이의 관계이다.

④ ㉢의 '한'은 뒤에 오는 체언 '걸음'에 수량의 의미를 더한 것으로 '한⁰¹ ①'에 해당하므로 '걸음'과 띄어 써야 한다.

⑤ '한 친구'와 '한 마을'의 '한'은 모두 '어떤'의 의미로 쓰였으므로 둘 다 '한⁰² ②'에 해당한다.

> ✓ **[12~13] 지문 분석**
>
> 1문단 조사의 개념과 종류
> 2문단 격 조사의 역할과 종류
> 3문단 보조사의 역할과 종류
> 4문단 접속 조사의 역할과 종류
> 5문단 동일 형태 조사의 서로 다른 쓰임

12 ㉠처럼 '무엇은 무엇이 아니다.'라는 형식의 문장에서 '무엇이'에 해당하는 문장 성분은 보어이다. 따라서 ㉠의 '이'는 체언인 '인물'에 붙어 보어의 자격을 갖게 하는 보격 조사이다.

| 오답 확인 |

② ㉡의 '이니'는 체언인 '날'에 붙어 서술어의 자격을 갖게 하는 서술격 조사 '이다'가 활용한 형태이다.

③ ㉢의 '도'는 놀라움이나 감탄, 실망 따위의 감정을 강조하는 데 쓰이는 보조사이다.

④ ㉣의 '의'는 체언인 '동생'이 관형어의 자격을 갖게 하는 관형격 조사이다.

⑤ ㉤의 '랑'은 '구두'와 '모자'를 같은 자격으로 이어 주는 접속 조사이다.

13 '너는 부산에서 몇 시에 출발할 예정이냐?'에 사용된 조사 '에서'는 체언인 '부산'이 부사어 자격을 갖게 하는 부사격 조사이다. 한편 '우리 학교에서 올해도 우승을 차지했다.'에 쓰인 조사 '에서'는 단체를 나타내는 명사인 '학교'가 주어의 자격을 갖게 하는 주격 조사이다. 따라서 이 두 문장의 조사 '에서'는 서로 형태가 같지만 문장에서 각기 다른 기능을 하고 있다.

| 오답 확인 |

① 두 문장에 쓰인 조사 '가'는 모두 앞말을 강조하는 뜻을 나타내는 보조사이다.

② 두 문장에 쓰인 조사 '를'은 모두 체언 뒤에 붙어 앞말이 문장에서 목적어 자격을 갖게 하는 목적격 조사이다.

③ 두 문장에 쓰인 조사 '에'는 모두 체언 뒤에 붙어 앞말이 문장에서 부사어 자격을 갖게 하는 부사격 조사이다.

④ 두 문장에 쓰인 조사 '과'는 모두 체언 뒤에 붙어 앞말이 문장에서 부사어 자격을 갖게 하는 부사격 조사이다.

↳5 단어의 의미

> **1단계 개념 연습 문제**   89쪽
>
> **1** ① ○ ② ○ ③ × ④ ○ ⑤ ○ ⑥ ×
> **2** ①-ⓒ ②-ⓒ ③-㉠ ④-ⓔ
> **3** ① 주변, 중심 ② 주변, 중심 ③ 중심, 주변
> **4** ①-ⓒ ②-㉠ ③-ⓒ ④-㉠ ⑤-ⓒ

1 ③ 다의어의 중심적 의미는 하나이지만 주변적 의미는 하나 이상이 될 수 있다.

⑥ 다의어는 국어사전에 하나의 표제어로 등재되고, 동음이의어는 사전에 서로 다른 표제어로 등재된다.

3 ① '볕이 든다.'에 쓰인 '들다'는 '빛, 볕, 물 따위가 안으로 들어오다.'라는 의미이고, '숲속에 드니'에 쓰인 '들다'는 '밖에서 속이나 안으로 향해 가거나 오거나 하다.'라는 의미이다. 둘 중에 중심적 의미로 쓰인 것은 '숲속에 들다.'이고 '볕이 든다.'는 주변적 의미로 쓰였다.

② '책상 다리'에 쓰인 '다리'는 '물체의 아래 쪽에 붙어 물체를 받치는 부분.'을 뜻하고, '다리가 떨렸다.'에 쓰인 '다리'는 '신체의 부분.'을 뜻한다. 둘 중에 중심적 의미로 쓰인 것은 '다리가 떨렸다.'이고 '책상 다리'는 주변적 의미로 쓰였다.

③ '된장찌개를 먹었다.'에 쓰인 '먹다'는 '음식 따위를 입을 통하여 배 속에 들여보내다.'라는 의미이고, '욕만 먹었다.'에 쓰인 '먹다'는 '욕, 핀잔 따위를 듣거나 당하다.'라는 의미이다. 둘 중에 중심적 의미로 쓰인 것은 '된장 찌개를 먹었다.'이고 '욕만 먹었다.'는 주변적 의미로 쓰였다.

4 ① 앞 문장의 '타다'는 '탈것에 몸을 얹다.'라는 의미이고, 뒤 문장의 '타다'는 '불이 붙어 불꽃이 일어나다.'라는 의미이다. 두 단어는 의미적 관련성이 없으므로 동음이의어이다.

② 앞 문장의 '별'은 '빛을 관측할 수 있는 천체 가운데 성운처럼 퍼지는 모양을 가진 천체를 제외한 모든 천체.'를 뜻하고, 뒤 문장의 '별'은 '위대한 업적을 남긴 대가를 비유적으로 이르

는 말.'을 뜻한다. 두 단어는 의미적 관련성이 있는 다의어이다.
③ 앞 문장의 '차다'는 '컵에 물이 들어 있다.'라는 뜻으로 쓰였
고, 뒤 문장의 '차다'는 '혀끝을 입천장 앞쪽에 붙였다 뗀다.'
라는 뜻으로 쓰였다. 두 단어는 의미적 관련성이 없으므로 동
음이의어이다.
④ 앞 문장의 '맵다'는 '맛이 알알하다.'라는 뜻으로 쓰였고, 뒤
문장의 '맵다'는 '성질이 사납고 독하다.'라는 뜻으로 쓰였다.
두 단어는 의미적 관련성이 있으므로 다의어이다.
⑤ 앞 문장의 '손'은 '신체의 일부.'를 뜻하고, 뒤 문장의 '손'은
'다른 곳에서 찾아온 사람.'을 뜻한다. 두 단어는 의미적 관련
성이 없으므로 동음이의어이다.

2단계 내신 기출 문제

90~91쪽

01 ② 02 ⑤ 03 ㉠: 다의어 ㉡: 동음이의어
04 ⑤ 05 ② 06 ③ 07 ④
08 해설 참조 09 해설 참조

01 고유 명사 '경복궁'의 의미가 이 표현이 지시하는 대상인 실제
'경복궁'이라면 〈보기〉에 제시된 '지시설'의 내용과 일치하므로 이
를 비판하기 위한 내용으로는 적절하지 않다.
| 오답 확인 |
① 접속 부사가 어떤 대상을 지시하기는 어려우므로 '지시설'을 비판하는 내용
으로 적절하다.
③ 추상적인 표현들은 지시하는 대응물이 없으므로 '지시설'을 비판하는 내용
으로 적절하다.
④ '샛별'과 '개밥바라기'는 둘 다 금성을 지칭하지만 샛별은 해 뜨기 전 동쪽
하늘에 뜨는 별을 가리키고 개밥바라기는 해가 진 후 서쪽 하늘에 뜨는 별을
가리킨다. 따라서 샛별과 개밥바라기는 지시 대상이 엄밀한 의미에서 같지
않으므로 '지시설'을 비판하는 내용으로 적절하다.
⑤ '나무'가 지시하는 대상이 특정한 대상이 아니라 어떤 속성을 가진 여러 구
체물이므로 '지시설'을 비판하는 내용으로 적절하다.

02 어떤 단어가 청자에게 불러일으키는 연상과 관련된 의미는 반
사적 의미이다. 주제적 의미는 화자가 자신의 의도를 어순, 초점,
강조 등을 이용하여 조직함으로써 얻어지는 의미를 가리킨다.

03 두 가지 이상의 뜻을 가진 단어를 다의어라 하고 사전에 하나의
표제어로 등재된다. 소리는 같지만 뜻이 다른 단어는 동음이의어라
고 하고 뜻이 다르므로 사전에는 각각의 표제어로 등재된다.

04 '의심하는 눈'에서 '눈'은 '무엇을 보는 표정이나 태도.'라는 뜻
이고, '다른 사람의 눈'에서 '눈'은 '사람들의 눈길.'이라는 뜻으로
둘 다 주변적, 의미에 해당한다. '눈'의 중심적 의미는 '빛의 자극을
받아 물체를 볼 수 있는 감각 기관.'이다.
| 오답 확인 |
① '손으로 잡다.'의 '손'은 '사람의 팔목 끝에 달린 부분.'으로 중심적 의미이고,
'장사꾼의 손에 놀아나다.'의 '손'은 '사람의 수완이나 꾀.'로 주변적 의미에
해당한다.
② '축구공을 발로 차다.'의 '발'은 '사람이나 동물의 다리 맨 끝부분.'으로 중심
적 의미이고, '그 선수는 발이 빠르다.'의 '발'은 "걸음'을 비유적으로 이르
는 말.'로 주변적 의미에 해당한다.
③ '입을 귀에 대고 속삭이다.'의 '귀'는 '사람이나 동물의 머리 양옆에서 듣는
기능을 하는 감각 기관.'으로 중심적 의미이고, '거울의 한 귀가 깨지다.'의
'귀'는 '모가 난 물건의 모서리.'로 주변적 의미에 해당한다.
④ '목이 긴 여자'의 '목'은 '척추동물의 머리와 몸통을 잇는 잘록한 부분.'으로
중심적 의미이고, '그 병은 목이 길다.'의 '목'은 '어떤 물건에서 동물의 목과
비슷한 부분.'으로 주변적 의미에 해당한다.

05 ㉠은 중심적 의미에서 확장된 의미인 주변적 의미에 대한 내용
으로 다의어를 설명하는 내용이다. '글씨를 쓰다.'의 '쓰다'는 '붓,
펜, 연필과 같이 선을 그을 수 있는 도구로 종이 따위에 획을 그어
서 일정한 글자의 모양이 이루어지게 하다.'라는 뜻이고, '시간을
쓰다.'의 '쓰다'는 '어떤 일을 하는 데에 재료나 도구, 수단을 이용
하다.'라는 뜻으로, 두 단어는 동음이의어에 해당한다.
| 오답 확인 |
① '바다가 넓다.'의 '넓다'는 중심적 의미로 '면이나 바닥 따위의 면적이 크다.'
의 뜻이고, '지식이 넓다.'의 '넓다'는 주변적 의미로 '내용이나 범위 따위가
널리 미치다.'의 뜻이다.
③ '손이 거칠다.'의 '거칠다'는 중심적 의미로 '나무나 살결 따위가 결이 곱지
않고 험하다.'의 뜻이고, '세상이 거칠다.'의 '거칠다'는 주변적 의미로 '인정
이 메마르고 살기에 험악하다.'의 뜻이다.
④ '신발 끈을 풀다.'의 '풀다'는 중심적 의미로 '묶이거나 감기거나 얽히거나
합쳐진 것 따위를 그렇지 아니한 상태로 되게 하다.'의 뜻이고, '수학 문제를
풀다.'의 '풀다'는 주변적 의미로 '모르거나 복잡한 문제 따위를 알아내거나
해결하다.'의 뜻이다.
⑤ '우리 집은 학교에서 가깝다.'의 '가깝다'는 중심적 의미로 '어느 한 곳에서
다른 곳까지의 거리가 짧다.'의 뜻이고, '나는 그와 형제처럼 가깝다.'의 '가
깝다'는 주변적 의미로 '서로의 사이가 다정하고 친하다.'의 뜻이다.

06 ㉠에는 발음은 같지만 철자(표기)는 다른 동음이철어가 들어가
야 한다. '묵어[무거]'와 '묶어[무꺼]'는 철자, 발음, 의미가 모두 다
른 단어이므로 ㉠의 예로 적절하지 않다.
| 오답 확인 |
① '갈음[가름]'과 '가름[가름]'은 표기와 의미는 다르지만 발음은 같다.
② '넘어[너머]'와 '너머[너머]'는 표기와 의미는 다르지만 발음은 같다.
④ '빗[빋]', '빚[빋]', '빛[빋]'은 표기와 의미는 다르지만 발음은 같다.
⑤ '만나다[만나다]'와 '맛나다[만나다]'는 표기와 의미는 다르지만 발음은 같다.

07 갈다¹과 갈다³은 둘 다 목적어를 요구하지만, 갈다¹은 부사어도
요구하므로 갈다³과 절대 동음어가 될 수 없다.
| 오답 확인 |
① 갈다¹, 갈다², 갈다³은 모두 표기와 발음은 같으나 의미적 관련성이 없어 사
전에 다른 표제어로 등재되어 있으므로 동음이의어이다.
② 갈다¹과 갈다²는 둘 다 '갈아서, 갈고' 등으로 활용 형태가 같으므로 어형이
모든 형태에서 동일하다.
③ 갈다¹이 요구하는 문장 성분은 목적어와 부사어이고, 갈다²가 요구하는 문장
성분은 목적어로 서로 필요한 문장 성분이 다르다. 따라서 갈다¹과 갈다²는
절대 동음어가 아니라 부분 동음어에 해당한다.
⑤ 갈다²와 갈다³은 의미상 관련성이 없으며, 활용의 형태도 '갈고, 갈아' 등으로
같고, 요구하는 문장 성분도 목적어로 같기 때문에 절대 동음어에 해당한다.

08 (예시 답) 두 단어는 소리는 같지만 의미가 다르다는 특성을 지닌
다. 즉, 〈보기〉는 동음이의어를 활용한 언어유희에 해당한다.

✔ 고난도 서술형 해결하기

❶ 〈조건〉 확인
언어유희에 활용된 단어의 의미적 특성을 파악해 서술해야 한다.

❷ 〈보기〉 분석
'기저귀 차다.'에 쓰인 '차다'는 '물건을 몸의 한 부분에 달아매거나
끼워서 지니다.'의 의미를 지닌다. '공 차다.'에 쓰인 '차다'는 '발로
내어 지르거나 받아 올리다.'의 의미를 지닌다. 따라서 두 단어는 발
음과 형태가 같으나 의미가 서로 다르다는 특성을 지닌다.

❸ 〈조건〉 적용
주어진 문장 형식에 맞게 서술한다.

평가 기준

두 단어 간의 의미적 특성을 바르게 파악함.

제시된 문장 형식에 맞게 서술함.

09 예시답 '켜다²'는 '켜다⁴'와 달리 둘 이상의 의미를 지니므로 다의어이다.

✓ 고난도 서술형 해결하기

① 〈조건〉 확인
사전 정보를 통해 '켜다²'와 '켜다⁴'의 차이를 파악해 한 문장으로 서술해야 한다.

② 〈보기〉 분석
'켜다²'는 하나의 표제어로 등재된 하나의 단어로, 여러 개의 뜻을 지니고 있는 다의어이다. 이에 비해 '켜다⁴'는 하나의 단어가 하나의 뜻만을 지니고 있다.

③ 〈조건〉 적용
주어진 문장 형식에 맞게 서술한다.

평가 기준
'켜다²'와 '켜다⁴'의 차이점을 바르게 서술함.
제시된 문장 형식에 맞게 서술함.

16 단어의 의미 관계

1단계 개념 연습 문제   93쪽

1 ① 상하 관계 ② 유의 관계 ③ 상보 반의어
2 ① × ② ○ ③ ×
3 ①-ⓒ ②-ⓛ ③-ⓙ
4 ① 흉내 – 시늉 ② 삶 – 죽음 ③ 많다 – 적다
  ④ 올라가다 – 내려오다
5 ① 무뎌지다 ② 떠나다 ③ 앉다 ④ 깎이다

2 ① 상위어가 하위어보다 의미 범위가 넓고, 보다 일반적인 의미를 지닌다.
  ③ 반의 관계가 성립하려면 단어가 지닌 의미 자질 중 단 한 가지만 서로 대립 관계에 놓여 있어야 한다.
3 ① '생물'은 '식물'을 포함하고, '식물'은 '나무'를 포함하며, '나무'는 '사과나무'를 포함하므로 ⓒ은 상하 관계이다.
  ② '항상'과 '늘'은 매우 비슷한 의미를 지니므로 유의 관계이다.
  ③ '합격'과 '불합격'은 서로 대립하는 의미 관계에 있으므로 반의 관계이다.
4 ① '흉내'는 '남이 하는 말이나 행동을 그대로 옮기는 짓.'을 의미하고 '시늉'은 '어떤 모양이나 움직임을 흉내 내어 꾸미는 짓.'을 의미하므로 서로 비슷한 의미를 지닌다.
  ② '삶'과 '죽음'은 두 단어의 개념적 영역이 서로 배타적이어서 중립 지역이 없으므로 상보 반의어이다.
  ③ '많다'와 '적다'는 정도를 나타내면서 반의 관계에 있으므로 등급 반의어이다.
  ④ '올라가다'와 '내려오다'는 방향상 대립 관계를 나타내므로 방향 반의어이다.
5 ① '칼날이 시퍼렇게 서다.'에서 '서다'는 '무딘 것이 날카롭게 되다.'의 뜻이므로 반의어는 '무뎌지다'이다.
  ② '달리던 기차가 갑자기 그 자리에 섰다.'에서 '서다'는 '어떤 곳에서 다른 곳으로 가던 대상이 어느 한 곳에서 멈추다.'의

뜻이므로 반의어는 '떠나다'이다.
  ③ '그녀는 마당에 서서 밤하늘을 바라보았다.'에서 '서다'는 '사람이나 동물이 발을 땅에 대고 다리를 쭉 뻗으며 몸을 곧게 하다.'의 뜻이므로 반의어는 '앉다'이다.
  ④ '아들 앞에서 어머니께 꾸중을 들으니 나는 체면이 서지 않았다.'에서 '서다'는 '체면 따위가 바로 유지되다.'의 뜻이므로 반의어는 '깎이다'이다.

2단계 내신 기출 문제   94~95쪽

01 ①	02 ④	03 ④	04 ①
05 ③	06 ④	07 상하 관계	08 ②
09 해설 참조	10 해설 참조		

01 '모든'과 '온갖'은 다른 언어에서 들어온 단어가 아니므로 ㉠에 들어가기에 적절하지 않다.
| 오답 확인 |
② '안면(顔面)'은 한자에서 들어온 단어이다.
③ '게임'은 영어에서 들어온 단어이다.
④ '마스크'는 영어에서 들어온 단어이다.
⑤ '보너스'는 영어에서 들어온 단어이다.

02 '스크린 도어'는 외래어인데 이를 순화하면서 '안전문'이라는 말이 생겨난 것이므로 ⓛ의 사례로 적절하다.
| 오답 확인 |
① '차림표'는 '메뉴'를 순화하면서 생겨났으므로 ⓛ에 해당한다.
② '염화 나트륨'은 '소금'의 전문어이므로 ⓒ에 해당한다.
③ '벌레'와 '버러지'는 복수 표준어로, 순화의 결과로 생겨난 단어가 아니다.
⑤ '멍게'는 '우렁쉥이'의 방언에서 표준어로 바뀐 사례이므로 ㉠에 해당한다.

03 '덥다'와 '춥다'는 둘 중 하나가 더 기본적으로 쓰인다고 보기 어렵다. 각각 '더위'와 '추위'라는 명사가 존재한다.
| 오답 확인 |
① '깊다'와 '얕다' 중 명사로 쓰이는 것은 '깊이'이므로 '깊다'가 일반적으로 쓰인다고 할 수 있다.
② '크다'와 '작다' 중 명사로 쓰이는 것은 '크기'이므로 '크다'가 일반적으로 쓰인다고 할 수 있다.
③ '높다'와 '낮다' 중 명사로 쓰이는 것은 '높이'이므로 '높다'가 일반적으로 쓰인다고 할 수 있다.
⑤ '빠르다'와 '느리다' 중 명사로 쓰이는 것은 '빠르기'이므로 '빠르다'가 일반적으로 쓰인다고 할 수 있다.

04 '살다 – 죽다'는 상보 반의어, '무겁다 – 가볍다'는 등급 반의어, '사다 – 팔다'는 방향 반의어에 해당한다.
| 오답 확인 |
② '있다 – 없다'는 상보 반의어이다.
③ '쉽다 – 어렵다'와 '뜨겁다 – 차갑다'는 등급 반의어이다.
④ '길다 – 짧다'는 등급 반의어이다.
⑤ '북극 – 남극'은 방향 반의어이다.

05 ⓒ을 통해 상보 반의어는 두 단어를 동시에 부정하면 모순이 된다는 것을 알 수 있다. 따라서 두 단어를 동시에 부정하면 논리적으로 참이 된다는 내용은 적절하지 않다.

06 '물고기 – 아가미'는 한 단어가 다른 단어의 부분이 되는 부분 관계 혹은 부분 – 전체 관계를 형성하는 단어들이다.
| 오답 확인 |
① '새'가 상위어, '까마귀'가 하위어이다.
② '동물'이 상위어, '사람'이 하위어이다.

③ '여자'가 상위어, '어머니'가 하위어이다.
⑤ '공룡'이 상위어, '스피노사우루스'가 하위어이다.

07 '홍옥'은 '사과'의 한 종류로 '사과'는 의미상 '홍옥'을 포함한다. '사과'는 상위어이고, '홍옥'은 하위어로 두 단어는 상하 관계이다. '매화'는 '꽃'의 한 종류로 '꽃'은 의미상 '매화'를 포함한다. '꽃'은 상위어이고, '매화'는 하위어로 두 단어는 상하 관계이다.

08 하위어에서 상위어로 갈수록 의미 성분이 더 추가되는 것이 아니라 상위어에서 하위어로 갈수록 의미 성분이 더 추가된다. '생물'에 비해 '동물'은 [＋동작성]과 같은 의미 성분이 추가되기 때문이다.

09 예시답 '가볍다'의 반의어가 '무거운'일 수 없는 이유는 두 단어의 품사는 같지만 형태가 각각 기본형, 활용형으로 달라 동일 어휘 범주에 속하지 않기 때문이다.

고난도 서술형 해결하기

① 〈조건〉 확인
'가볍다'와 '무거운'이 반의 관계가 아닌 이유를 〈보기〉의 내용과 관련지어 서술해야 한다.

② 〈보기〉 분석
반의 관계에 있는 두 단어는 품사와 형태 면에서 어휘 범주가 동일해야 한다.
• 가볍다: 품사는 형용사이고 기본형이다.
• 무거운: 품사는 형용사이고 '무겁다'의 활용형이다.

③ 〈조건〉 적용
주어진 문장 형식에 맞게 서술한다.

평가 기준

'가볍다'의 반의어가 '무거운'일 수 없는 이유를 '어휘 범주', '품사', '형태' 등의 용어를 사용하여 바르게 서술함.

제시된 문장 형식에 맞게 서술함.

10 예시답 두 단어는 유의 관계를 이루고 있으며, 두 단어의 사회적 의미가 다른 이유는 '화장실'은 다양한 사회·문화적 맥락에서 사용될 수 있으나 '해우소'가 사용될 수 있는 사회·문화적 맥락은 한정적이기 때문이다.

고난도 서술형 해결하기

① 〈조건〉 확인
두 단어의 의미 관계를 밝히고 두 단어의 사회적 의미가 다른 이유를 사회·문화적 맥락과 관련지어 서술해야 한다.

② 〈보기〉 분석
• '화장실'과 '해우소'는 유의 관계를 이루고 있다.
• '해우소'는 절에서 쓰는 말로, 이 단어를 쓰는 사회·문화적 맥락은 제한적이다.

③ 〈조건〉 적용
주어진 문장 형식에 맞게 서술한다.

평가 기준

두 단어의 의미 관계와 사회적 의미가 다른 이유를 모두 바르게 서술함.

제시된 문장 형식에 맞게 서술함.

3단계 수능 기출 문제 96~99쪽

01 ③	02 ①	03 ①	04 ③
05 ②	06 ⑤	07 ③	08 ③
09 ⑤	10 ②		

01 ⓒ의 '마음'은 '사람이 다른 사람이나 사물에 대하여 감정이나 의지, 생각 따위를 느끼거나 일으키는 작용이나 태도.'를 의미하므로 '마음을 쓰는 속 바탕.'을 의미하는 '심보'보다는 '의지'나 '의향'으로 바꾸는 것이 적절하다.

02 ⊙의 '열어'는 '닫히거나 잠긴 것을 트거나 벗기다.'라는 중심적 의미로 사용된 반면, ⓒ의 '열어'는 '모임이나 회의 따위를 시작하다.'라는 주변적 의미로 사용되었다.

| 오답 확인 |
② ⊙의 '먹고'는 '어떤 마음이나 감정을 품다.'라는 주변적 의미로 사용되었고, ⓒ의 '먹지'는 '음식을 입을 통해 배 속에 들여보내다.'라는 중심적 의미로 사용되었다.
③ ⊙의 '잡고'는 '자리, 방향, 날짜 따위를 정하다.'라는 주변적 의미로 사용되었고, ⓒ의 '잡았다'는 '일, 기회 따위를 얻다.'라는 주변적 의미로 사용되었다.
④ ⊙의 '갔다'는 '직책이나 자리를 옮기다.'라는 주변적 의미로 사용되었고, ⓒ의 '갔다'는 '한 곳에서 다른 곳으로 장소를 이동하다.'라는 중심적 의미로 사용되었다.
⑤ ⊙의 '멀었다'는 '시간적으로 사이가 길거나 오래다.'라는 주변적 의미로 사용되었고, ⓒ의 '멀었다'는 '거리가 많이 떨어져 있다.'라는 중심적 의미로 사용되었다.

03 '쓰다'의 반의어가 될 수 있는 예는 '누명을 벗다.'와 '안경을 벗다.', '모자를 벗다.'이고, '배낭을 벗다.'의 반의어는 '어깨에 걸치거나 올려놓다.'를 의미하는 '메다'이다.

04 '빼다'는 '무르다²의 ①-⊙'과 의미가 유사하지 않으므로 유의어가 될 수 없다.

| 오답 확인 |
① 무르다²와 무르다³은 표기와 발음은 같지만 서로 다른 표제어로 등재되어 있으므로 동음이의 관계이다.
② 무르다²는 한 표제어 안에 여러 가지 의미가 제시되어 있으므로 다의어이다.
④ 무르다²는 무르다³과 달리 목적어나 부사어를 필요로 한다는 것을 알 수 있다.
⑤ '마음이 무르다.'는 무르다³의 용례가 될 수 있다.

05 '기분이 개다.'는 '개다¹」1」의 용례가 아니라 '개다¹」2」의 용례이다.

| 오답 확인 |
① '개다¹, 개다², 개다³'은 표기와 발음은 같지만 서로 다른 표제어로 등재되어 있으므로 동음이의어에 해당한다.
③ '개다²'의 의미가 '가루나 덩이진 것에 물이나 기름 따위를 쳐서 서로 섞이거나 풀어지도록 으깨거나 이기다.'이므로 '가루약을 찬물에 개어 먹는다.'는 '개다²'의 용례로 적절하다.
④ '(이부자리를) 개다'와 '(이부자리를) 펴다'는 반의 관계가 성립한다.
⑤ '개다¹'은 주어만 필요로 하고, '개다³'은 목적어도 필요로 한다.

06 '초콜릿이 순식간에 녹았다.'의 '녹다'는 '녹다② ⊙'이 아니라 '녹다① ⓒ'에 해당한다. 따라서 주어 외에 다른 문장 성분을 필요로 하지 않는다.

| 오답 확인 |
① '굳다①'은 동사, '굳다②'는 형용사로 쓰인다.
② 사전에 제시된 반의어 정보를 통해 '굳다① ⊙'의 반의어가 '녹다① ⓒ'임을 알 수 있다.
③ '마음을 굳게 닫다.'의 '굳다'는 '흔들리거나 바뀌지 아니할 만큼 힘이나 뜻이 강하다.'의 뜻을 지니므로 '굳다②'의 용례로 적절하다.
④ '글에는 글쓴이의 생각이 녹아 있다.'의 '녹다'는 '어떤 물체나 현상 따위에 스며들거나 동화되다.'의 의미를 지니므로 '녹다② ⓒ'의 용례로 적절하다.

07 '멈추다 [2]'는 목적어가 필요한 타동사이다. 그러나 '차가 경적을 울리며 멈추다.'에서 '멈추다'는 자동사이다. '경적을'은 '울리며'의 목적어이고, '멈추다'의 목적어는 없기 때문이다. 따라서 '멈추다 [2]'의 용례로 적절하지 않다.

① '그치다 「1」'은 '울음을 그치다.'와 같이 목적어를 요구하는 경우도 있고 '비가 그치다.'와 같이 그렇지 않은 경우도 있으므로 자동사로도 쓰일 수 있고, 타동사로도 쓰일 수 있다.

② '에'와 '으로'는 부사격 조사이므로 '그치다 「2」'는 반드시 부사어를 필요로 한다.

④ '그치다'와 '멈추다'는 각각 두 가지 이상의 의미가 제시되어 있으므로 다의어이다.

⑤ '계속되던 일이나 움직임이 멈추거나 끝나다.'는 '사물의 움직임이나 동작이 그치다.' 혹은 '비나 눈 따위가 그치다.'와 유사한 의미로 볼 수 있다.

08 ㉡은 '주다'의 높임말이므로 '드리다'[1]의 의미이지만, '할머니께 말씀을 드리다.'의 '드리다'는 '윗사람에게 그 사람을 높여 말을 하다.'인 '드리다'[2]의 의미이다.

① ㉠은 '밖에서 속이나 안으로 향해 가거나 오게 하다.'의 의미이므로 ㉠이 포함된 문장은 '들이다'[1]의 용례에 해당한다.

② ㉠은 '들이다'[1]의 의미인 '밖에서 속이나 안으로 향해 가게 하거나 오게 하다.'에 해당한다. 그런데 〈보기 1〉에 제시된 '들이다'[1]의 문형 정보【…을 …에】를 참고할 때 ㉠이 포함된 문장에 목적어가 생략되어 있음을 알 수 있다. 그래서 목적어 '우리를'을 추가하여 문장을 수정한 것이다.

④ ㉢은 '들이다'[2]의 의미인 '어떤 일에 돈, 시간, 노력, 물자 따위를 쓰다.'의 의미로 쓰인 것이므로, '드려'가 아니라 '들여'라고 고쳐야 한다.

⑤ 〈보기 1〉을 참고할 때 '드리다'와 '들이다'는 모두 둘 이상의 의미를 지닌 다의어이다. 따라서 ㉠과 ㉡의 의미는 사전의 표제어 아래 제시된 여러 뜻풀이 중 하나에 해당한다.

✓ [09~10] 지문 분석

1문단 다의어의 정의
2문단 다의어의 특징 ① – 주변 의미의 문법적 제약
3문단 다의어의 특징 ② – 주변 의미의 추상성 강화
4문단 다의어의 특징 ③ – 여러 의미들 간의 관련성
5문단 대립적 관계를 맺는 다의어의 의미들

---

09 '눈이 나빠져서'의 '눈'은 '물체의 존재나 형상을 인식하는 눈의 능력. 시력.'을 가리키는 것으로 기존 의미보다 추상성이 더 강화되었다. 따라서 기존 의미보다 더 구체적이라는 내용은 적절하지 않다.

① '천체의 일부'가 중심 의미이고, '군인의 계급장'이 주변 의미인데 1문단에서 중심 의미가 주변 의미보다 언어 습득의 시기가 빠르다고 했으므로 적절한 추론이다.

② '착석하다'가 중심 의미이고, '직위나 자리를 차지하다.'가 주변 의미인데 1문단에서 중심 의미의 사용 빈도가 주변 의미보다 높다고 했으므로 적절한 추론이다.

③ '결론에 이르다.'의 '이르다'는 '어떤 정도나 범위에 미치다.'라는 의미이고 '포기하기에는 이르다.'의 '이르다'는 '대중이나 기준을 잡은 때보다 앞서거나 빠르다.'라는 의미이다. 두 단어는 의미적 관련성이 없는 동음이의어이므로 중심 의미와 주변 의미의 관계로 볼 수 없다.

④ '팽이를 돌리다.'에서는 '돌다'의 사동형이 가능한데, '군침을 돌리다.'에서는 사동형이 가능하지 않다. 2문단에서 주변 의미로 사용되었을 때는 문법적 제약이 나타난다고 하였으므로 '군침이 돌다.'의 '돌다'는 주변 의미에 해당함을 알 수 있다.

10 〈보기〉에서 민수는 '빚쟁이'를 '남에게 돈을 빌려 준 사람.'의 뜻으로 사용했고, 영희는 '빚을 진 사람.'으로 사용했다. 또한 '금방'은 '금방 문자 메시지가 왔었는데'에서는 말하고 있는 시점 전을 의미하고, '금방 올 거야'에서는 말하는 시점 후를 의미한다. 따라서 다의어의 의미들이 서로 대립적 관계를 맺는 경우의 예로는 '빚쟁이'와 '금방'이 해당한다.

---

17 주성분

1단계 개념 연습 문제 103쪽

1 ① ○ ② × ③ ○ ④ ○
2 ① 무엇이 ② 서술어 ③ 체언, 체언, 을, 를, 보조사 ④ 보어
3 ①–㉢ ②–㉡ ③–㉠ ④–㉢
4 ① 주어, 목적어, 서술어 ② 주어, 보어, 서술어
　③ 주어, 보어, 서술어
5 ① 한 자리 서술어 ② 세 자리 서술어 ③ 두 자리 서술어

1 ② 어절, 구, 절은 모두 문장 성분이 될 수 있다.
④ 목적어를 필요로 하는 동사를 타동사라고 한다. 자동사나 형용사가 서술어일 때는 목적어가 필요하지 않다.

2 ① '무엇이 어찌하다/어떠하다/무엇이다'의 문장 형식에서 '무엇이'에 해당하는 문장 성분이 주어이고, '어찌하다/어떠하다/무엇이다'에 해당하는 것은 서술어이다.

② 국어에서 문장의 구조를 결정하는 것은 서술어의 자릿수이다. 목적어나 필수적 부사어, 보어 등이 필요한지 아닌지는 서술어에 따라 결정되기 때문에 서술어는 다른 문장 성분에 비해 중요도가 크다.

③ 목적어는 체언 혹은 체언 구실을 하는 구나 절에 목적격 조사 '을/를'이 붙어 만들어진다. '영수가 밥을 먹는다.'의 '밥을'이 그런 예이다. 그런데 '영수가 밥 먹는다.'처럼 목적격 조사가 생략될 수도 있고, '영수가 밥만 먹는다.'처럼 보조사가 목적격 조사 대신 붙을 수도 있다.

④ '날씨가 봄이 되었다.'에서 보듯이 '이/가'는 주격 조사로도 사용되고 보격 조사로도 사용된다.

4 ① '현명한 농부가'는 볍씨를 뿌리는 동작의 주체이므로 주어이고, 이때 '현명한'은 '농부'를 꾸미는 관형어이다. '볍씨도'는 뿌리는 동작의 대상이 되는 목적어로, '볍씨'라는 체언에 격 조사 '를' 대신에 보조사 '도'가 붙은 형태이다. '뿌립니다'는 농부의 동작을 나타내는 서술어이다.

② '그 사람이'는 문장의 주체인 주어이고, '되었군요'는 서술어이며, '되다'가 서술어로 사용된 문장이므로 반드시 필요한 성분인 '할아버지가'는 보어이다.

③ '나의 꿈은'은 주어이고, '나의'는 '꿈'을 수식하는 관형어이다. '아니다'는 서술어이고, 서술어가 요구하는 문장 성분 중 주어를 제외한 '사업가는'은 보어이다. 이때 '성공한'은 '사업가'를 수식하는 관형어이고, '성공한 사업가는'도 보어이다.

5 ① '웃는구나'는 주어 '아기가'만을 필수적으로 요구한다.

② '주었다'는 '민지는'이라는 주어, '수경이에게'라는 부사어, '편지를'이라는 목적어 모두를 필수적으로 요구한다.

③ '닮았다'는 '그 아이는'이라는 주어, '아빠와'라는 부사어를 필수적으로 요구한다.

2단계 내신 기출 문제 104~105쪽

01 ③	02 ③	03 ④	04 되다, 아니다
05 ③	06 ②	07 ②	08 ②
09 ②	10 해설 참조	11 해설 참조	

01 주성분에는 주어, 서술어, 목적어, 보어가 있다. ③에서 '아들이'는 주어, '중학생이'는 보어, '되었습니다'는 서술어이다. 따라서 이 문장은 주성분만으로 이루어진 문장이다.
| 오답 확인 |
① '몹시'는 부사어이므로 주성분이 아니다.
② '참', '빨리'는 부사어이므로 주성분이 아니다.
④ '큰', '푸른'은 관형어이므로 주성분이 아니다.
⑤ '너무', '오래'는 부사어이므로 주성분이 아니다.

02 '영웅이'는 '되었다'라는 서술어가 '그는'이라는 주어 외에 반드시 요구하는 문장 성분인 보어이다.
| 오답 확인 |
① '그 아저씨는'은 서술절 '돈이 많다.'의 주어이고, '돈이'는 서술절의 주어이다.
② '아빠와 나는'은 '합쳤다'의 주체이므로 주어이다.
④ '내가'는 '내가 부른'이라는 관형절의 주어이다.
⑤ '나'는 '다녀왔어'의 주체이므로 주어이다.

03 ㉢에서 주어는 체언 구실을 하는 구 '학생 대표'에 보조사 '는'이 붙은 형태이고, ㉣에서 주어는 체언 구실을 하는 구 '모든 사건'에 주격 조사 '이'가 붙은 형태이다.
| 오답 확인 |
① ㉠의 서술어 '울었다'는 동사이므로 주어 '그가'가 동작의 주체인 것이 맞지만, ㉡에서 서술어 '차구나'는 동작이 아니라 상태를 나타내는 형용사이므로, 주어 '밤공기가'가 서술어가 나타내는 동작의 주체라는 내용은 적절하지 않다.
② ㉠의 주어는 '그가'로 주격 조사 '가'가 주어임을 나타내 주고 있지만, ㉢의 주어는 '학생 대표는'으로 보조사 '는'이 붙은 형태이기 때문에 주격 조사가 주어임을 나타내 준다고 보기 어렵다.
③ ㉡에서 주어는 합성어인 '밤공기'라는 명사에 조사 '가'가 붙은 형태이지만, ㉢에서 주어는 합성어가 아닌 명사구 '학생 대표'에 조사 '는'이 붙은 형태이다.
⑤ ㉣은 서술어 '아니다' 때문에 주어와 보어가 필요하다. '모든 사건이'는 주어이고, '현실적인 것이'는 보어이다.

04 보어는 '되다'나 '아니다'라는 서술어가 주어 외에 필수적으로 요구하는 문장 성분이다.

05 ㉠은 서술어가 동사인 문장이므로 '우리 누나가 활짝 웃는다.'가 예문으로 적절하다. ㉡은 서술어가 형용사인 문장이므로 '우리 누나는 착하다.'가 예문으로 적절하다. ㉢은 서술어가 '체언 + 서술격 조사 '이다''인 문장이므로 '우리 누나는 대학생이다.'가 예문으로 적절하다.

06 ㉣의 서술어에는 '사'와 '읽을게'라는 두 개의 용언이 연달아 왔는데, '나도 곧 그 책을 사 꼼꼼히 읽을게.'처럼 두 용언 사이에 다른 말을 삽입하는 것이 가능하고, '나도 곧 그 책을 사서 읽을게.'처럼 앞의 용언에 어미 '-아서'가 결합할 수도 있다. 따라서 '사 읽을게'는 본용언과 본용언이 이어진 경우에 해당한다.
| 오답 확인 |
①, ③, ④, ⑤ 앞 용언과 뒤 용언 사이에 다른 말을 삽입하는 것이 불가능하고, '~ 가서 버려', '~ 먹어서 치웠어', '~ 가고서 있어', '~ 입어서 보았다'와 같이 쓰면 문장의 의미도 달라지므로, 앞의 용언은 본용언이고 뒤의 용언은 보조 용언임을 알 수 있다.

07 '내가 친구의 동생에게 맛있는 과자를 몰래 건넸다.'에서 '건넸다'는 주어('내가')와 부사어('친구의 동생에게'), 그리고 목적어('맛있는 과자를')를 모두 필요로 하는 세 자리 서술어이다.
| 오답 확인 |
① '만나다'는 주어('그는')와 부사어('단짝 친구와')를 요구하는 두 자리 서술어이다.

③ '아니다'는 주어('저는')과 보어('그런 사람이')를 요구하는 두 자리 서술어이다.
④ '마시다'는 주어('그녀가')와 목적어('뜨거운 커피를')를 요구하는 두 자리 서술어이다.
⑤ '들어오다'는 주어('그가')와 부사어('내가 있는 방으로')를 요구하는 두 자리 서술어이다.

08 ㉡에서 '노래도'의 '도'는 목적격 조사가 아니라 보조사이다.
| 오답 확인 |
① ㉠에서 '노래'는 조사 '를'이 생략된 목적어이다.
③ ㉢에서 '노래마저'의 '마저'는 '이미 어떤 것이 포함되고 그 위에 더함의 뜻을 나타내는 보조사.'이다.
④ ㉣에서 '우리의 노래'는 체언 구실을 하는 명사구이다.
⑤ ㉠~㉣은 모두 '부른다'라는 서술어가 나타내는 동작의 대상인 목적어가 있다.

09 ㉠의 '부르는구나'는 주어('형이')와 목적어('저런 노래까지')를 필수적으로 요구하는 두 자리 서술어이다. ㉡의 '단속했습니다'도 주어('정부에서')와 목적어('불법 무기류를')를 필수적으로 요구하는 두 자리 서술어이다.
| 오답 확인 |
① ㉠과 ㉡에는 주성분이 주어, 목적어, 서술어로 각각 3개씩 들어 있다.
③ ㉠의 '저런 노래까지'와 ㉡의 '불법 무기류를'은 모두 목적어이다.
④ ㉠의 '저런'과 ㉡의 '불법'은 모두 보어가 아니다.
⑤ ㉠의 '형이'와 ㉡의 '정부에서'는 모두 주어이다. '에서'는 단체나 기관 등을 가리키는 체언을 주어로 만들 때 쓰는 조사이다.

10 ⟨예시 답⟩ ㉠의 문장 성분은 보어이고, ㉡의 문장 성분은 부사어이다. 왜냐하면 ㉠은 문장에서 '되었다'라는 서술어가 주어 '물이' 이외에 필수적으로 요구하는 문장 성분이고, ㉡은 보어처럼 '되었다'가 필수적으로 요구하는 문장 성분이기는 하지만 보격 조사 '이/가'가 아니라 부사격 조사 '으로'가 결합해 있어서 필수적 부사어로 볼 수 있기 때문이다.

> ✔ **고난도 서술형 해결하기**
>
> ❶ **문제 확인**
> 각 문장 안에서 ㉠과 ㉡이 서술어를 비롯한 다른 성분과 맺는 관계를 파악해 ㉠과 ㉡의 문장 성분을 밝히고 그 이유를 서술해야 한다.
>
> ❷ **⟨보기⟩ 분석**
> ㉠과 ㉡은 모두 '되었다'라는 서술어가 주어 외에도 필수적으로 요구하는 문장 성분이라는 공통점을 갖고 있다. 의미상으로는 서로 다를 바가 없지만 문장 성분에 있어서는 차이가 있다.
> - ㉠: '얼음'과 결합한 조사는 '이'이므로 '얼음이'는 보어이다.
> - ㉡: '얼음'과 결합한 조사는 '으로'이므로 '얼음으로'는 필수적 부사어이다.
>
> ❸ **⟨조건⟩ 적용**
> 주어진 문장 형식에 맞게 서술한다.
>
> **평가 기준**
> ㉠과 ㉡의 문장 성분을 파악하고 판단 이유를 바르게 서술함.
> 주어진 문장 형식에 맞게 서술함.

11 ㉠ 잘못된 점: 필요한 서술어가 없다. / 수정한 문장: 지난 주말에 우리는 등산을 하고 공을 찼다. ㉡ 잘못된 점: 필요한 목적어가 없다. / 수정한 문장: 그는 이웃 사람들에게 기대기도 하지만 때로는 이웃 사람들을 무시하기도 한다.

> ✔ **고난도 서술형 해결하기**
>
> ❶ **⟨보기 1⟩ 확인**
> 문장 성분 간의 호응을 확인하여 잘못된 부분을 바르게 고쳐 쓴다.
>
> ❷ **⟨보기 2⟩ 분석**
> 문장을 올바르게 쓰기 위해서는 문장 성분 간의 호응이 바르게 이루

어져야 한다. 주어와 서술어, 목적어와 서술어가 호응하는지 확인해야 하고, 필요한데 누락된 성분이 있으면 추가해 주어야 한다.
   • ㉠: '찼다'라는 서술어는 '공을'이라는 목적어와만 호응하고, '등산(을)'과는 호응하지 않는다.
   • ㉡: '기대기도 한다'가 요구하는 성분인 부사어('사람들에게')는 존재하지만, '무시하기도 한다'의 대상이 되는 목적어는 없다.
❸ 〈보기 2〉 고치기
   • ㉠: '등산을'이라는 목적어와 호응할 수 있는 '하다'라는 서술어를 추가하여 '지난 주말에 우리는 등산을 하고 공을 찼다.'로 고쳐 쓴다.
   • ㉡: '무시하기도 한다'의 목적어로 '이웃 사람들을'을 추가하여 '그는 이웃 사람들에게 기대기도 하지만 때로는 이웃 사람들을 무시하기도 한다.'로 고쳐 쓴다.

평가 기준

㉠과 ㉡의 잘못된 점을 바르게 파악함.
필요한 문장 성분을 추가해 문장의 호응 관계를 바르게 수정함.

18 부속 성분, 독립 성분

1 ① × ② ○ ③ ×
2 ①-㉠ ② -㉢ ③-㉡
3 ① ㄱ: 관형어, ㄴ: 주어, ㄷ: 부사어, ㄹ: 서술어
   ② ㄱ: 주어, ㄴ: 부사어, ㄷ: 부사어, ㄹ: 서술어
   ③ ㄱ: 관형어, ㄴ: 목적어, ㄷ: 서술어, ㄹ: 부사어, ㅁ: 서술어
   ④ ㄱ: 독립어, ㄴ: 부사어, ㄷ: 관형어, ㄹ: 목적어, ㅁ: 서술어
   ⑤ ㄱ: 독립어, ㄴ: 부사어, ㄷ: 목적어, ㄹ: 서술어
   ⑥ ㄱ: 독립어, ㄴ: 주어, ㄷ: 관형어, ㄹ: 부사어, ㅁ: 부사어,
     ㅂ: 서술어

1 ① 문장에서 필수적으로 요구하는 성분은 부속 성분이 아니라 주성분이다.
   ② '예쁜 꽃이 곱게 피었다.'를 예로 들어 보면 '예쁘다'의 활용형 '예쁜'이 관형어로, '곱다'의 활용형인 '곱게'가 부사어로 사용되었음을 알 수 있다.
   ③ 독립어는 문장의 어느 성분과도 문법적 관계를 맺지 않는다.
3 ① '새로운 생각이'는 주어이고 '떠올랐다'는 서술어이다. 이때 '새로운'은 '생각'을 수식하는 관형어이고, '갑자기'는 서술어를 수식하는 부사어이다.
   ② '눈물이'는 주어, '흘렀다'는 서술어이다. '많이'는 '흘렀다'를, '엄청나게'는 '많이'를 수식하는 부사어이다.
   ③ '옛 생각을 떠올리네요.'와 '가만히 앉아 있네요.'라는 두 개의 문장이 연결된 것으로, '옛 생각을'은 '떠올리다'의 목적어이고, '옛'은 '생각'을 수식하는 관형어이다. '앉아 있네요'는 본용언과 보조 용언이 결합한 서술어이며, '가만히'는 '앉아 있네요'를 수식하는 부사어이다.
   ④ '엄마'는 뒤에 이어지는 문장과 문법적 관계를 맺지 않는 독립어이다. '빨리'는 '들어 보세요'를 수식하는 부사어이며, '들어 보세요'는 본용언과 보조 용언이 결합한 서술어이다. '이 노래'는 '들어 보세요'의 대상이 되는 목적어이다. 여기서

'이'는 '노래'를 수식하는 관형어이다.
   ⑤ '어이쿠'는 뒤에 이어지는 문장과 문법적 관계를 맺지 않는 독립어이다. '괴롭혔구나'는 서술어이고, '너까지'는 '괴롭혔구나'의 목적어이다. 그리고 '괜히'는 '괴롭혔구나'를 수식하는 부사어이다.
   ⑥ '응'은 뒤에 이어지는 문장과 문법적 관계를 맺지 않는 독립어이다. '진규가'는 주어, '똑똑해'는 서술어이다. '우리 학교에서'와 '제일'은 '똑똑해'를 수식하는 부사어인데, '우리 학교에서'의 '우리'는 '학교'를 수식하는 관형어이다.

01 ⑤	02 ①	03 ①	04 ④
05 ⑤	06 ③	07 ④	08 ①
09 해설 참조	10 해설 참조		

01 '우리가 갔던'은 '찻집'을 꾸미는 관형절 형태의 관형어이고, '오늘도'는 부사어이다.
| 오답 확인 |
① '네'와 '뭐'는 모두 다른 성분들과 문법적인 관계를 맺지 않으므로 독립어이다.
② '그의'는 '눈길'을, '푸른'은 '하늘'을 수식하는 관형어이다.
③ '친구에게'와 '급하게'는 모두 '걸었다'를 수식하는 부사어이다.
④ '무척'은 '험상궂게'를, '험상궂게'는 '생겼다'를 수식하는 부사어이다.

02 ㉠의 '바로'가 '오늘'이라는 체언을 수식하는 것은 맞지만, 이 '바로'의 품사는 관형사가 아니라 부사이다.
| 오답 확인 |
② ㉠에서 '주희의'는 체언 '주희'에 관형격 조사 '의'가 결합한 형태의 관형어이다.
③ ㉠에서 '바로'는 '오늘'의 의미를, '주희의'는 '생일'의 의미를 한정해 주고 있다.
④ ㉡의 '네가 준'은 '네가 책을 주다.'라는 문장이 관형절로 안겨 '책'을 수식하고 있는 관형어이다.
⑤ ㉡의 '네가 준'에서 '-(으)ㄴ'은 과거 시제를 표현하는 관형사형 어미이다.

03 '파도'라는 체언을 수식하는 관형어 '큰'은 '크다'라는 용언의 관형사형이므로 ㉠이 아니라 ㉢의 예에 해당한다.
| 오답 확인 |
② '다른'은 '당장 문제 되거나 해당되는 것 이외의.'라는 의미를 지닌 관형사로, 해당 문장에서 '생각'이라는 체언을 수식하는 관형어이다.
③ '친구'는 '엄마'를 수식하는 관형어이다. '친구의 엄마'에서 관형격 조사 '의'가 생략되고 체언이 관형어로 쓰였다.
④ '성공의'는 '성공'이라는 체언에 관형격 조사 '의'가 결합하여 '어머니'를 수식하는 관형어가 되었다.
⑤ '넓은'은 '넓다'라는 용언의 관형사형으로, '집'이라는 체언을 수식하는 관형어이다.

04 '많이'는 '바쁘니까'를 수식해 주므로 성분 부사어이다.
| 오답 확인 |
① '급하게'는 '먹으면'을 수식해 주므로 성분 부사어이다.
② '자꾸'는 '부탁해서'를 수식해 주므로 성분 부사어이다.
③ '가뜩이나'는 '매운'을 수식해 주므로 성분 부사어이다.
⑤ '다행히'는 '우리 집에는 아무런 이상이 없었다.'라는 문장 전체를 수식해 주므로 문장 부사어이다.

05 '아무런 신뢰 없이'라는 부사절에서 '없이'는 어간 '없-'에 부사형 전성 어미 '-이'가 결합한 용언의 부사형이다. 그러나 '많이'

는 용언의 부사형이 아니라 어간 '많-'에 부사 파생 접미사 '-이'가 결합하여 파생된 부사이다.

| 오답 확인 |

① '바닥에'는 '바닥'이란 체언에 조사 '에'가 결합하여 부사어로 쓰였고, '잔뜩'은 '한도에 이를 때까지 가득.'이라는 의미를 지닌 부사이다.
② '바닥에'는 서술어 '내려놓았다'가 목적어와 함께 요구하는 필수적 부사어이다. 그러나 '잔뜩'은 없어도 문장이 성립하기 때문에 수의 성분이다.
③ '과연'은 문장 전체를 수식하는 문장 부사어이고, '무척'은 서술어만 수식하는 성분 부사어이다.
④ '아주'는 '자동차'를 수식하는 관형사인 '헌'을 수식하는 부사어이고, '마구'는 서술어 '몰고 있습니다'를 수식하는 부사어이다.

06 ㉢의 서술어 '다투다'는 '의견이나 이해의 대립으로 서로 따지며 싸우다.'라는 뜻을 가진 단어로, 문장에서 주어 이외에도 행위의 상대를 나타내는 부사어를 반드시 필요로 하는 두 자리 서술어이다. 따라서 ㉢의 부사어 '친구와'는 필수적인 문장 성분이다.

| 오답 확인 |

① ㉠에서 필수적인 문장 성분은 주어 '아이들이'와 서술어 '논다'이다. '놀다'는 한 자리 서술어이다.
② ㉡에서 필수적인 문장 성분은 주어 '아이가', 서술어 '그린다', 목적어 '그림을'이다. 따라서 필수적인 문장 성분은 세 개이다. '유치원에서'는 없어도 문장이 성립하므로 수의 성분이다.
④ ㉣에서 주어인 '걱정스러운 것이'를 이루는 관형어 '걱정스러운'은 의존 명사 '것'을 수식하는 필수적인 성분이므로 생략할 수 없다.
⑤ ㉤에서 보충해야 하는 문장 성분은 '모른다'의 목적어가 아니라 '재개될지'의 주어이다.

07 체언이 단독으로 독립어가 되는 경우는 '청춘, 그것은 듣기만 해도 설레는 말이다.'에서 제시어인 '청춘', 또는 '영수, 이리 좀 와!'에서 부르는 말인 '영수'와 같은 말이다. 〈보기〉에서는 이러한 예를 찾아볼 수 없다.

| 오답 확인 |

① '어머나'와 '아'는 놀람이나 느낌의 의미를 전달하고 있다.
② '아니요', '어머나', '아'는 모두 감탄사가 독립어로 사용된 예이다.
③ '아니요'와 '아우야'는 부름이나 대답을 표현한 독립어이다.
⑤ '아우야'는 체언 '아우'에 호격 조사 '야'가 결합한 형태가 독립어로 실현된 예이다.

08 '이번 일은 용규 시켰어.'에서 '용규'는 격 조사가 생략되어 있는 체언인데 그것이 어떤 성분인지 분명하지 않다. '이번 일은 용규가 시켰어.'인지 '이번 일은 용규를 시켰어.'인지 '이번 일은 용규에게 시켰어.'인지 정확하지 않기 때문이다.

| 오답 확인 |

② '빵'은 목적어 '빵을'에서 조사 '을'이 생략된 것이라고 추측할 수 있다.
③ '사진'은 목적어 '사진을'에서 조사 '을'이 생략된 것이라고 추측할 수 있다.
④ '지민이'는 주어 '지민이가'에서 조사 '가'가 생략된 것이라고 추측할 수 있다.
⑤ '미진이'는 '미진이에게'에서 조사 '에게'가 생략된 것이라고 추측할 수 있다.

09 예시 답 주성분은 주어인 '내가'와 '음악이', 목적어인 '영화를', 서술어인 '보니'와 '좋더라'이다. 부속 성분은 관형어인 '이번'과 '도입부의', 부사어인 '정말'이다. 독립 성분은 독립어인 '와'이다.

고난도 서술형 해결하기

❶ 〈조건〉 확인
제시된 문장 성분을 각각 분석하고, 주성분, 부속 성분, 독립 성분으로 나누어 서술해야 한다.

❷ 〈보기〉 분석
- **주성분** (문장을 구성하는 데에 필수적인 성분)
  앞 절에서는 '보니'가 서술어이고, 그에 호응하는 주어는 '내가'이며, 목적어는 '영화를'이다. 뒤 절에서는 '좋더라'가 서술어이고, 그에 호응하는 주어는 '음악이'이다.
- **부속 성분** (문장에서 주로 수식의 기능을 담당하는 성분)
  '이번'은 '영화'를, '도입부의'는 '음악'을 수식하는 관형어이고, '정말'은 '좋더라'를 수식하는 부사어이다.
- **독립 성분** (문장에서 다른 성분과 문법적 관계를 맺지 않는 성분)
  '와'는 감탄사 '우아'의 준말로, 다른 문장 성분들과 문법적인 관계를 전혀 맺지 않는 독립어이다.

❸ 〈조건〉 적용
주어진 문장 형식에 맞게 서술한다.

평가 기준
문장의 주성분, 부속 성분, 독립 성분을 바르게 파악함.
주어진 문장 형식에 맞게 서술함.

10 예시 답 첫째, 구성 방식에서 차이가 난다. ㉠은 서술성이 없는 구로 구성된 반면, ㉡은 주어와 서술어의 관계를 지닌 절로 구성되었다.
둘째, 필수성 여부에서 차이가 난다. ㉠은 문장에서 반드시 필요한 필수적 부사어인 반면, ㉡은 문장에서 생략되어도 문장이 성립하는 부사어이다.

고난도 서술형 해결하기

❶ 〈조건〉 확인
㉠과 ㉡의 부사어의 차이를 구별하여 서술해야 한다.

❷ 〈보기〉 분석
- ㉠저 사진과: 두 개의 어절로 이루어져 있으나 서술성은 갖추지 못한 '구'이다. 또한 (가)의 서술어 '비슷하다'는 두 자리 서술어로 주어와 부사어가 필수 성분이다. ㉠이 없으면 (가)의 문장은 성립하지 않는다.
- ㉡아이들이 지나가도록: 주어 '아이들이'와 서술어 '지나가다'로 이루어진 절이다. 또한 (나)의 서술어 '세웠다'는 두 자리 서술어로 주어와 목적어가 필수 성분이며 ㉡은 수의 성분이다.

❸ 〈조건〉 적용
㉠과 ㉡의 차이점을 구성 방식과 필수성 측면으로 나누어 서술한다.

평가 기준
㉠과 ㉡의 차이점 두 가지를 바르게 서술함.
주어진 문장 형식에 맞게 서술함.

19 이어진문장

1단계 개념 연습 문제 111쪽

1 ① ○ ② ○ ③ × ④ ○ ⑤ ○
2 ① 대등적, 종속적 ② 대등하게
3 ① 대 ② 대 ③ 종 ④ 종 ⑤ 홑
4 ①-㉡ ②-㉥ ③-㉣ ④-㉢ ⑤-㉠ ⑥-㉤

1 ①, ② 주어와 서술어의 관계가 한 번만 나타나는 문장은 홑문장, 두 번 이상 나타나는 문장은 모두 겹문장이다.
③ 국어에서 홑문장이 아닌 문장은 겹문장이고, 겹문장에는 이어진문장과 안은문장이 있다.

2 ① 연결 어미에는 대등적 연결 어미, 종속적 연결 어미, 보조적 연결 어미가 있는데, 대등적 연결 어미는 대등하게 연결된 이

다'의 필수적 부사어가 아니다.

⑤ 제시된 두 예문에서 '빠지다'가 주어 이외에 필수적으로 요구하는 문장 성분은 '옷에서, 청바지에서'이기 때문에 【…에서】를 '빠지다'의 문형 정보로 추출해야 한다. '깨끗하게, 허옇게'는 생략해도 문장이 성립하므로 '빠지다'의 필수적 부사어가 아니다.

06 관형어 '온갖'은 생략되어도 해당 문장은 성립하므로 필수 성분이 아니라 수의적인 성분이다.

| 오답 확인 |

① '그', '이', '온갖'은 그 자체로 품사가 관형사이며, 문장에서 그 형태 그대로 관형어로 쓰였다.

② '정해진', '있는', '방황했던'은 각각 '정해지다', '있다', '방황하다'라는 용언의 관형사형이 관형어로 쓰인 것이다.

③ '그', '이'는 모두 관형어 역할을 하는 지시 관형사로, 앞에서 이미 언급된 것을 가리키며 뒤에 있는 말을 꾸며 주는 역할을 한다.

④ '나의'와 '사춘기의'는 각각 대명사 '나'와 명사 '사춘기'에 관형격 조사 '의'가 결합하여 관형어로 쓰인 것이다.

07 ③에서 부사어 '너무'는 서술어 '샀다'가 아니라 관형어 '헌'을 수식하고 있다.

| 오답 확인 |

① '눈이 부시다.'가 부사절 '눈이 부시게' 형태로 '하늘이 푸른 날이다.'라는 문장에 안겨 있는데, 이 부사절은 관형어 '푸른'을 꾸미는 부사어로 기능한다.

② '하늘에서'는 체언 '하늘'에 부사격 조사 '에서'가 결합한 부사어이고, '펑펑'은 부사가 부사어로 쓰인 것이다. 이 둘은 모두 서술어 '내리고 있다'를 수식하고 있다.

④ ㉠에서 '엄마와'를 생략하면 비문이 되지만, ㉡에서 '취미로'는 생략해도 비문이 되지 않는다. 따라서 ㉠은 필수 성분, ㉡은 수의 성분임을 알 수 있다.

⑤ ㉠의 부사어 '새로'와 ㉡의 보어 '재가'는 생략하면 문장이 성립하지 않으므로 둘 다 필수 성분이다.

08 ㄱ과 ㄷ은 '암벽 등반은 재미있고 힘들다.', '암벽 등반은 재미있지만 힘들다.'처럼 앞 절과 뒤 절의 순서를 바꾸어도 의미에 변화가 생기지 않는 대등하게 연결된 이어진문장이다. 그러나 ㄴ은 '암벽 등반은 재미있어서 힘들다.'처럼 앞 절과 뒤 절의 순서를 바꾸면 의미에 변화가 생기는 종속적으로 연결된 이어진문장이다.

| 오답 확인 |

①, ③ ㄱ, ㄴ, ㄷ은 모두 '암벽 등반은 힘들다.'와 '암벽 등반은 재미있다.'라는 두 개의 홑문장이 이어진 문장이다. 이때 두 홑문장의 주어가 '암벽 등반은'으로 동일하므로, 뒤 절의 주어는 생략되었다.

④ ㄱ은 대등적 연결 어미 '-고'를 써서 두 개의 홑문장을 나열의 의미 관계로 연결한 것이며, ㄷ은 대등적 연결 어미 '-지만'을 써서 두 개의 홑문장을 대조의 의미 관계로 연결한 것이다.

⑤ ㄴ은 종속적 연결 어미 '-어서'를 통해 두 홑문장을 종속적으로 연결한 것으로, 암벽 등반이 힘들다는 사실에 해당하는 앞 절의 내용이 뒤 절에서 언급한 암벽 등반이 재미있는 이유가 된다.

09 ⓒ의 안은문장은 '동주는 별을 응시했다.'이다. 안긴문장 '별이 반짝이다.'가 관형절의 형태로 안은문장에 안겨 있다. 관형절이 수식하는 체언 '별'은 안긴문장에서 주어로 쓰였으며, '별을'은 안은문장의 목적어이다.

| 오답 확인 |

① ⓐ의 서술어 '삼았다'는 주어 이외에도 목적어 '위기를'과 부사어 '좋은 기회로'를 필수적으로 요구하는 세 자리 서술어이다.

② ⓑ는 부사절 '눈이 부시게'를 '바다가 파랗다.'가 안고 있는 겹문장이다. 따라서 주어 '바다가'와 '눈이'의 서술어는 '파랗다'와 '부시다'로 각각 다르다.

④ ⓐ의 안긴문장은 '기회가 좋다.'이고, ⓒ의 안긴문장은 '별이 반짝이다.'이다. 따라서 '좋은'과 '반짝이는'은 안긴문장의 서술어이다.

⑤ ⓑ의 '눈이 부시게'는 '파랗다'를 수식하는 부사절이고, ⓒ의 '반짝이는'은 '별'을 수식하는 관형절이다.

10 ㉣에서는 '공원'을 수식하는 관형절 '내가 늘 쉬던'이 안긴문장인데 원래 문장은 '내가 늘 공원에서 쉬었다.'이다. 따라서 안긴문장에서는 부사어 '공원에서'가 생략되어 있다.

| 오답 확인 |

① ㉠에는 '자식이 건강하기'라는 명사절이 안겨 있으며, 이 안긴문장은 원래 '자식이 건강하다.'이므로 안긴문장에서 생략된 문장 성분은 없다.

② ㉡에는 '연락도 없이'라는 부사절이 안겨 있으며, 이 안긴문장은 원래 '연락도 없다.'이므로 안긴문장에서 생략된 문장 성분은 없다.

③ ㉢에는 '자신의 판단이 옳았음'이라는 명사절이 안겨 있으며, 이 안긴문장은 원래 '자신의 판단이 옳았다.'이므로 안긴문장에서 생략된 문장 성분은 없다.

⑤ ㉤에는 '아주 어려운'이라는 관형절이 안겨 있으며, 이 안긴문장은 원래 '과제가 아주 어렵다.'이므로 안긴문장에서 주어 '과제가'가 생략되어 있다.

11 ㉢에서 '피곤해하던'이라는 관형절과 '엄마가 모르게'라는 부사절이 각각 관형어와 부사어의 기능을 하고 있고, ㉣에서는 '그가 시장에서 산'이라는 관형절과 '값이 비싸다.'라는 서술절이 각각 관형어와 서술어의 기능을 하고 있다. 따라서 ㉣과 달리 ㉢은 서술절을 안고 있는 문장이 아니다.

| 오답 확인 |

① ㉠에는 체언 '봄'을 수식하는 '따뜻한'이라는 관형절이, ㉡에는 체언 '친구'를 수식하는 '내가 만난'이라는 관형절이 안겨 있다.

③ ㉠에는 '봄이 빨리 오기'라는 명사절 속에 '빨리'라는 부사어가 있고, ㉡에는 '마음이 정말 착하다.'라는 서술절 속에 '정말'이라는 부사어가 있다.

④ ㉠에는 '봄이'라는 주어가 생략된 안긴문장 '따뜻한'이 있고, ㉣에는 '배추를'이라는 목적어가 생략된 안긴문장 '그가 시장에서 산'이 있다.

⑤ ㉢에서는 안긴문장 '엄마가 모르게'가 서술어 '잔다'를 수식하며 부사어의 기능을 한다. ㉣에서는 안긴문장 '그가 시장에서 산'이 체언 '배추'를 수식하며 관형어의 기능을 한다.

☑ [12~13] 지문 분석

1문단 문법적으로 적절한 문장의 요건 ① – 필수적 문장 성분
2문단 국어사전에서 확인할 수 있는 필수적 문장 성분
3문단 문형 정보의 개념과 특징
4문단 문법적으로 적절한 문장의 요건 ② – 문장 성분 간의 호응
5문단 호응이 되지 않는 문장의 예

12 2문단을 보면 '(매듭을) 풀다'는 ①-「1」의 뜻으로 쓰인 것으로, 문형 정보는 【…에 …을】이 아니라 【…을】임을 알 수 있다.

| 오답 확인 |

① ②-「1」의 문형 정보가 【…에 …을】이므로 ②-「1」의 의미로 쓰이는 '풀다'는 부사어와 목적어를 요구한다.

② 3문단에서 문형 정보에는 주어를 제외한 필수적 문장 성분에 대한 정보가 제시된다고 하였으므로 '풀다'가 요구하는 문장 성분이 주어와 목적어임을 알 수 있다.

③ ①-「1」의 문형 정보는 【…을】로 목적어가 요구되고, ②-「1」의 문형 정보는 【…에 …을】로 부사어와 목적어가 요구된다.

④ ①-「1」과 ①-「5」의 문형 정보는 【…을】이므로 필수적 문장 성분의 개수가 2개(주어, 목적어)로 같다.

13 밑줄 친 문장에서 서술어 '풀었다'는 2문단의 사전 정보를 참고할 때 ②-「1」의 의미임을 알 수 있다. 이 서술어는 목적어 '세제와 신발을'에서 '세제'와는 호응하지만 '신발'과는 호응하지 않는다. '풀다'의 목적어로는 '액체나 가루 따위에 해당하는 말'이 와야 호응이 이루어지기 때문이다.

21 종결 표현, 인용 표현

1단계 개념 연습 문제
123쪽

1 ① × ② × ③ ○ ④ ○

2 ① 평서문 ② 의문문 ③ 감탄문 ④ 청유문 ⑤ 명령문

3 ①-ⓒ ②-㉠ ③-ⓒ

4 ① 직접 인용 ② 간접 인용 ③ 직접 인용 ④ 간접 인용

5 ① 예쁘다고 ② 지시, 시간

1 ① 청자의 대답을 요구하는 화자의 의도가 담긴 문장은 의문문 이다.
② 화자가 청자에게 어떤 행동을 하도록 강하게 요구하는 문장 은 명령문이다.
③ 수사 의문문의 문장 형식은 의문문이지만, 대답을 요구하기 위 한 것이 아니라 서술이나 명령, 감탄 등의 효과를 내기 위한 것이다.
④ 간접 인용 표현은 인용하는 내용을 화자의 입장에서 재정리하 여 인용하는 표현 방법으로, 큰따옴표는 사용하지 않고 인용 격 조사 '고'를 사용한다.

2 ① 단순하게 사실을 진술한 문장이므로 평서문이다.
② 청자에게 질문하여 긍정이나 부정의 대답을 요구하므로 의문 문이다.
③ 자신의 느낌을 표현한 감탄문이다.
④ 화자가 청자에게 어떤 행동을 함께 하도록 제안하는 청유문 이다.
⑤ 화자가 청자에게 어떤 행동을 하도록 강하게 요구하는 명령 문이다.

3 ① 의문문으로 '무엇'에 해당하는 구체적인 설명을 요구하고 있다.
② 감탄형 종결 어미 '-구나'를 사용하여 자신의 느낌을 표현하 고 있다.
③ 명령형 종결 어미 '-어라'를 사용하여 청자에게 어떤 행동을 강하게 요구하고 있다.

5 ① 간접 인용 표현으로 바꿀 때는 큰따옴표를 사용하지 않고, 간 접 인용절 뒤에 인용격 조사 '고'를 붙인다.
② 직접 인용은 원래의 말을 그대로 가져다 쓰는 것이지만, 간 접 인용은 화자가 그 내용을 재해석해서 적절히 바꾸는 것이 기 때문에 인칭 표현, 지시 표현, 높임 표현, 시간 표현, 종결 표현 등에서 차이가 난다.

2단계 내신 기출 문제
124~125쪽

01 ⑤ **02** ③ **03** ③ **04** ②

05 (예시 답) ㉠: '공들여 쌓은 탑이 무너질 리 없다.'라는 서술의 의미 이다. ㉡: '텔레비전을 꺼라.'라는 명령의 의미이다.

06 ② **07** ④ **08** ③ **09** 해설 참조

10 해설 참조

01 감탄문의 서술어는 형용사 외에도 동사가 올 수 있다. 예 경치 가 아름답구나!(형용사) / 벚꽃이 만개했구나!(동사)

| 오답 확인 |
① 상대 높임의 등급에 따라서 6단계로 종결 어미가 달라진다.
② 종결 표현의 유형은 종결 어미의 형태에 따라 결정된다.
③ 평서문의 종결 어미에는 '-다', '-네', '-오', '-ㅂ니다' 등이 있다.
④ 명령문의 주어는 청자인 경우가 대부분이라서 생략되는 경우가 많다.

02 의문사 '어디'를 사용한 설명 의문문으로, 청자에게 '어디'에 대한 설명을 요구하고 있다.
| 오답 확인 |
① 감탄형 종결 어미 '-구나'를 활용한 감탄문으로, 화자의 느낌을 전달하고 있 다.
② 청유형 종결 어미 '-ㅂ시다'를 활용한 청유문으로, 청자에게 어떤 행동을 함 께 하도록 요청하고 있다.
④ 평서형 종결 어미 '-다'를 활용한 평서문으로, 청자에게 특별히 요구하는 바 없이 어떤 사실을 단순하게 진술하고 있다.
⑤ 명령형 종결 어미 '-아라/어라'를 활용한 명령문으로, 청자에게 어떤 행동을 하도록 강하게 요구하고 있다.

03 〈보기〉의 내용은 청유문을 설명한 것이다. ③은 화자가 청자에 게 아침 운동을 함께할 것을 요구하는 청유문이다.
| 오답 확인 |
① 명령문 ② 감탄문 ④ 평서문 ⑤ 의문문

04 ㉠은 명령문으로 청자의 행동을 강하게 요구하는 반면, ㉣은 청 유문으로 화자와 청자가 함께 행동할 것을 제안하는 문장이다.
| 오답 확인 |
① ㉠은 명령문이고 ㉣은 청유문이다.
③ 종결 어미 '-아/어', '-아요/어요'는 문장의 끝 억양을 어떻게 하느냐에 따 라서 문장의 유형이 결정된다. 대개 문장의 끝을 내리면 평서문이나 청유문, 올리면 의문문, 평탄하게 하면 명령문이 된다.
④ ㉡은 평서문으로 단순한 사실을 전달한다고 볼 수 있고, ㉢은 설명 의문문으 로 '무엇'에 대한 대답을 요구하고 있다.
⑤ ㉢과 ㉣에는 각각 종결 어미 '-니'와 '-ㅂ시다'가 사용되었는데 이를 통해 청자를 높이는 정도가 다름을 알 수 있다.

05 〈보기〉는 수사 의문문을 설명한 것이다. 수사 의문문은 대답을 요구하지 않고 서술, 명령, 감탄 등의 효과를 내는 의문문이다. ㉠은 공들여 쌓은 탑은 무너지지 않는다는 서술의 의미를 담고 있고, ㉡ 은 내일부터 시험이니까 이제 텔레비전을 끄라는 명령의 의미를 담 고 있다.

06 ㉠의 인용절에 쓰인 종결 어미 '-아'가 ㉡에서는 종결 어미 '- 다'로 바뀌었다. '-ㄴ-'은 현재 시제 선어말 어미이다.
| 오답 확인 |
① ㉠은 큰따옴표와 인용격 조사 '라고'를 활용한 직접 인용 표현이고, ㉡는 간 접 인용절과 인용격 조사 '고'를 활용한 간접 인용 표현이다.
③ 간접 인용은 화자가 인용할 내용을 재해석하여 자신의 입장에서 내용을 전 달한다.
④ ㉠에서는 인용격 조사 '라고'를 활용하고, ㉡에서는 인용격 조사 '고'를 활용 하고 있다.
⑤ 간접 인용은 인용 내용을 화자가 자신의 말로 바꾼 표현이기 때문에 인용 내 용을 간접 인용 표현으로 바꿀 때에는 상대 높임법은 적용되지 않는다.

07 ㉠은 긍정이나 부정의 대답을 요구하는 판정 의문문이고, ㉡은 '이 음악 정말 좋구나!'라는 의미로 감탄의 효과를 내는 수사 의문 문이다.
| 오답 확인 |
① '누굴 기다리니?'는 판정 의문문일 수도 있고 설명 의문문일 수도 있다. 담 화 상황에 따라 '누구'가 미지칭 대명사로 쓰였다면 설명 의문문이고, 부정 칭 대명사로 쓰였다면 판정 의문문이다. '회의에 나까지 가야겠니?'는 '회의 에 참석하고 싶지 않다.'라는 서술의 의미를 지니는 수사 의문문이다.

② '너는 바다가 좋아?'는 '예/아니요'로 대답할 수 있는 판정 의문문이고, '창문 좀 열어 주시겠어요?'는 의문문이지만 명령(요청)을 나타내는 수사 의문문이다.

③ '내가 옷 한 벌 못 사 주겠냐?'는 '내가 옷 한 벌은 사 줄 수 있다.'라는 서술의 의미를 지니고 있고, '조용히 할 수 없겠니?'는 '조용히 해 달라.'라는 명령의 의미를 지니고 있으므로 둘 다 수사 의문문이다.

⑤ '독서 모임을 어디서 하면 좋겠니?'는 설명 의문문이고, '설마 한 달에 한 번 못 만나겠어?'는 '한 달에 한 번은 만날 수 있다.'라는 서술의 의미를 지니고 있는 수사 의문문이다.

더 알아두기

대명사 '누구'의 쓰임과 의문문의 종류

'누구'는 미지칭 대명사로도 쓰이고 부정칭 대명사로도 쓰인다. 지시하는 대상이 정해져 있으나 누구인지 몰라서 알고 싶을 때의 '누구'는 미지칭 대명사이며, 이때의 문장은 설명 의문문이다. 반면 정해진 대상이 없이 '누군가'를 가리키는 의미의 '누구'는 부정칭 대명사이며, 이때의 문장은 판정 의문문이다.

예 A: 저 사람 누구야?
  B: 내 동생.
  → '누구'는 미지칭 대명사이며, A의 발화는 구체적인 설명을 요구하는 설명 의문문이다.

예 A: 누구 만나는 사람 있니?
  B: 아니.
  → '누구'는 부정칭 대명사이며, A의 발화는 긍정이나 부정의 대답을 요구하는 판정 의문문이다.

---

08 ㉠을 간접 인용문으로 바꾸면 '동생은 자기도 함께 가겠다고 말했다.'이고, ㉣을 간접 인용문으로 바꾸면 '그녀는 바람이 정말 시원하다고 중얼거렸다.'이다.

| 오답 확인 |
㉡은 간접 인용문으로 바꾸면 '민주는 식당이 어디에 있냐고 물었다.'이고, ㉢을 간접 인용문으로 바꾸면 '어머니께서는 밥을 맛있게 먹자고 말씀하셨다.'이다.

---

09 예시답 '웃다'는 동사로, 명령형 종결 어미 '-어라'나 청유형 종결 어미 '-자'와 결합이 가능하지만, '예쁘다'는 형용사로, 명령형 종결 어미나 청유형 종결 어미와 결합이 불가능하다.

고난도 서술형 해결하기

❶ 〈조건〉 확인
밑줄 친 말의 품사에 따른 종결 표현의 차이를 서술하되, 종결 어미를 밝혀서 서술해야 한다.

❷ 〈보기〉 분석
• (가): 명령형 종결 어미 '-어라'가 동사 '웃다'와는 결합해 쓰일 수 있지만 형용사 '예쁘다'와는 결합해 쓰이지 못한다.
• (나): 청유형 종결 어미 '-자'가 동사 '웃다'와는 결합해 쓰일 수 있지만 형용사 '예쁘다'와는 결합해 쓰이지 못한다.

❸ 〈조건〉 적용
대조적 연결 어미를 활용하여 한 문장으로 서술한다.

평가 기준
밑줄 친 말의 품사와 종결 어미를 밝힘.
명령문과 청유문에서 종결 표현의 차이를 대조하여 바르게 서술함.

---

10 예시답 민수가 어제 선생님께서 오늘 오신다고 말했다. 인용문의 시간 표현인 '내일'이 '오늘'로 바뀌었고, 종결 표현인 '오십니다'가 '오신다'로 바뀌었다.

고난도 서술형 해결하기

❶ 〈조건〉 확인
직접 인용문을 간접 인용문으로 바꾸고, 이 과정에서 변화가 생긴 문법 요소를 밝혀야 한다.

❷ 〈보기〉 분석
민수가 어제 "선생님께서 내일 오십니다."라고 말했다.
→ 이 문장은 직접 인용 표현으로 큰따옴표(" ")와 인용격 조사 '라고'가 쓰였다. 간접 인용 표현으로 바꾸려면 큰따옴표를 쓰지 않고 인용격 조사 '고'를 붙이면 된다. 이때 인용문은 화자의 말로 바꿔 써야 하므로 '내일'은 '오늘'로, '오십니다'는 '오신다'로 바꿔야 한다.

❸ 〈조건〉 적용
간접 인용문을 한 문장으로 먼저 제시하고, 바뀐 문법 요소를 구체적으로 밝혀서 서술한다.

평가 기준
간접 인용문으로 바르게 바꾸어 씀.
달라진 문법 요소(시간 표현, 종결 표현)가 무엇인지 구체적으로 밝혀 한 문장으로 서술함.

---

22 높임 표현

1단계 개념 연습 문제   127쪽

1 ① ○ ② ○ ③ × ④ ○

2 ① 상대 ② 주체 ③ 주체 ④ 객체 ⑤ 상대 ⑥ 객체 ⑦ 상대
  ⑧ 상대 ⑨ 주체 ⑩ 객체

3 ①-㉠ ②-㉣ ③-㉡ ④-㉢

4 ① 데리고 ② 부르신다 ③ 밝으시다 ④ 께서

---

1 ③ 주체 높임법은 서술의 주체인 주어를 높이는 표현 방법이다.
  ④ 객체 높임법은 서술의 객체를 높이는데, 이때 부사어에 '에게' 대신 '께'를 사용할 수 있다.

2 ② 서술어의 주체인 '선생님'이 높임의 대상이라서 조사 '께서'와 선어말 어미 '-시-'를 통해 실현하고 있다.
  ③ 간접 높임은 높여야 할 대상의 신체 일부분, 소유물, 가족 등을 높임으로써 주체를 간접적으로 높이는 표현이다. 서술어에 주체 높임 선어말 어미 '-(으)시-'를 붙여서 실현하므로, '계시다'가 아니라 '있으시다'로 표현해야 한다.
  ④ 서술어 '뵈다'의 목적어인 '할머니'를 높이는 표현이다.
  ⑨ '부치-+-시-+-었-+-다'로 분석해 볼 수 있다. '-시-'는 서술의 주체인 '어머니'를 높이는 주체 높임 선어말 어미이다.

3 ② '들어요'는 비격식체인 '해요체'이므로 두루 높이는 표현이다.
  ③ '주무신다'는 특수 어휘로, 주체인 할아버지를 높이고 있다.

4 ① '모시다'의 객체가 '너'이므로 '데리고'라고 고쳐야 한다.
  ③ 높임의 대상인 할아버지의 신체 일부인 '귀'를 높이는 것이므로 간접 높임을 실현하려면 '-(으)시-'를 넣어야 한다.

01 ⑤　　02 ②　　03 ①　　04 ①

05 **예시 답** ㉠: 선생님께서 출석을 부르신다.

　　㉡: 말씀으로만 듣던 분을 직접 뵙게 되어 영광입니다.

06 ④　　07 ③　　08 ④　　09 해설 참조

10 해설 참조

01 격식체와 비격식체는 동일한 대화 맥락에서 자연스럽게 함께 사용하기도 한다. 따라서 공식적인 자리에서도 '해요체'와 '하십시오체'를 혼용할 수 있다.

| 오답 확인 |

① 높임 표현은 화자가 어떤 대상에 대해서 그 높고 낮은 정도에 따라 언어적으로 구별해서 표현하는 방식으로, 높이는 대상에 따라 주체 높임법, 상대 높임법, 객체 높임법으로 나뉜다.

② 주체 높임은 높임의 대상을 직접적으로 높이는 방법과 간접적으로 높이는 방법이 있다.

③ 상대 높임법은 화자가 청자에 대해서 높이거나 낮추는 표현으로, 종결 표현에 따라서 격식체 4단계, 비격식체 2단계로 달라진다.

④ 주체 높임법에서는 '진지, 댁, 연세, 약주, 주무시다, 돌아가시다' 등과 같은 특수 어휘를 사용하고, 객체 높임법에서는 '드리다, 모시다, 뵈다(뵙다), 여쭈다(여쭙다)' 등과 같은 특수 어휘를 사용한다.

02 '하게체'는 자기와 비슷하거나 자기보다 낮은 사람을 존중하며 대우해 줄 때 쓴다.

| 오답 확인 |

① 높임 표현은 문장이나 발화 상황에 등장하는 인물의 나이, 신분, 사회적 지위 등에 따라서 결정된다.

③ 객체 높임법은 화자가 목적어나 부사어의 지시 대상, 즉 서술의 객체를 높이는 방법이다.

④ '하게체', '해라체', '해체'는 상대를 낮추는 표현이다.

⑤ 주체 높임법에서는 '진지, 댁, 연세, 약주, 주무시다, 돌아가시다' 등과 같은 특수 어휘를 사용하여 높이기도 한다.

03 ①은 비격식체인 '해요체'로, 상대방을 두루 높여서 표현하고 있다.

| 오답 확인 |

② 격식체인 '하십시오체'를 사용하여 상대를 아주 높이고 있다.

③ 격식체인 '하게체'를 사용하여 상대를 보통 낮추고 있다.

④ 격식체인 '하오체'를 사용하여 상대를 보통 높이고 있다.

⑤ 격식체인 '해라체'를 사용하여 상대를 아주 낮추고 있다.

04 ㉠은 비격식체인 '해요체'이고, ㉡은 격식체인 '하게체'이다.

| 오답 확인 |

② ㉠은 평서문의 '해요체'이고, ㉢은 청유문의 '하오체'로 모두 상대를 높이고 있다.

③ '말씀'은 주체인 선생님을 높이는 특수 어휘이다.

④ '하게체'는 상대를 보통으로 낮추는 표현으로, 화자보다 서열이 낮거나 동등한 대상을 일정 부분 예우하는 표현이다.

⑤ 청유문의 '하오체'로 상대를 보통으로 높이는 표현에 해당한다.

05 ㉠에서는 주체인 선생님을 높여야 하므로 서술어에 주체 높임 선어말 어미 '-(으)시-'를 붙여 높여서 표현해야 한다. ㉡은 서술의 객체인 '말씀으로만 듣던 분'을 높여서 표현해야 하므로 '보게'를 '뵙게'로 고쳐서 표현해야 한다.

06 ㉡에는 비격식체인 '해체'가 사용되었다. '해체'는 공식적인 자리보다는 사적인 상황에서 친근감 있게 사용하는 것이 적절하다.

| 오답 확인 |

① ㉠에서는 화자가 청자를 아주 낮춘 '해라체'를 사용하고 있다.

---

② ㉡에서는 주체인 선생님을 높이기 위해서 '께서'와 '-(으)시-'를 넣었다.

③ ㉢은 서술어 '뵙고'를 통해 객체인 할아버지를 높이고, 종결 어미 '-습니다'를 통해 청자를 높이고 있다.

⑤ ㉢에서는 상대를 아주 높이는 '하십시오체'를 쓰고 있다.

07 ㉠에서는 누나의 신체 일부인 손을 높임으로써 주체인 누나를 간접적으로 높이고 있다. ㉣에서는 서술의 주체인 할아버지를 '께서', '잡수셨다'를 통해 직접 높이고 있다.

| 오답 확인 |

㉡에는 주체 높임이 나타나 있지 않고, ㉢에는 목적어인 '선배님'을 높이는 객체 높임이 나타나 있다. ㉤에는 부사어인 '선생님'을 높이는 객체 높임이 나타나 있다.

08 ④의 '모시다'는 객체를 높이는 용언이고, '부모님'에서 접미사 '-님'은 높여야 할 인물을 직접 높일 때 쓰는 어휘이다.

| 오답 확인 |

① 객체 높임 용언('드리러')과 주체 높임 용언('가셨다')이 나타난다.

② 주체인 할아버지를 높이는 용언('쓰시고', '읽으신다')만 나타난다.

③ 선생님을 높이는 명사('선생님', '성함')만 나타난다.

⑤ 주체인 어머니를 높이는 용언('잡수시고 계신다')과 명사('진지')가 나타난다.

09 **예시 답** ㉠에는 '좋아하시다'의 주체인 아버지를 높이는 주체 높임과 '드리다'의 객체인 아버지를 높이는 객체 높임, 대화의 청자인 손님을 높이는 상대 높임이 나타난다.

✔ 고난도 서술형 해결하기

❶ 〈조건〉 확인

높임 표현의 종류와 그 대상을 밝혀 서술해야 한다.

❷ 〈보기〉 분석

㉠ 아버지께 선물로 드리면 무척 좋아하실 겁니다.

→ 서술어 '좋아할'에 결합된 선어말 어미 '-시-'를 통해 서술의 주체인 '아버지'를 높이고 있다(주체 높임). 어휘 '드리다'와 선물을 드리는 대상인 '아버지'에 결합된 조사 '께'를 통해서는 객체인 아버지를 높이고 있다(객체 높임). 또한 종결 어미 '-ㅂ니다'를 통해 청자를 높이고 있다(상대 높임).

❸ 〈조건〉 적용

㉠에 쓰인 높임 표현이 주체 높임, 객체 높임, 상대 높임임을 밝히고, 높임의 대상을 제시하여 서술한다.

평가 기준

㉠에 쓰인 높임 표현의 종류를 바르게 밝힘.
㉠에서 높이는 대상을 구체적으로 제시해 서술함.

10 **예시 답** ㉠은 [상대 높임 +], [주체 높임 +], [객체 높임 +]로 표시할 수 있다. 상대인 청자를 높이기 위해 '나갔어요'라는 '해요체'를 사용하였고, 주체인 삼촌을 높이기 위해 조사 '께서'와 선어말 어미 '-시-'를 사용하였으며, 객체인 할머니를 높이기 위해 '모시다'라는 특수 어휘를 사용하였다.

✔ 고난도 서술형 해결하기

❶ 〈조건〉 확인

㉠에 쓰인 높임 표현과 실현 방법을 모두 찾고, 높임의 양상을 기호로 나타내야 한다.

❷ 〈보기〉 분석

- 상대 높임: 서술어 '나가셨어요'에서 종결 어미는 '-어요'인데, 이를 통해 해요체로 청자를 높이고 있다.
- 주체 높임: 서술어 '나가다'의 주체는 삼촌으로, 주격 조사 '께서'와 선어말 어미 '-시-'를 통해 삼촌을 높이고 있다.

- **객체 높임**: 높임의 특수 어휘 '모시다'를 통해 목적어가 지시하는 대상인 '할머니'를 높이고 있다.
❸ 〈조건〉 적용

상대 높임, 주체 높임, 객체 높임의 실현 방법이 드러나게 쓰되, 높임과 비높임을 기호로 나타내 서술한다.

평가 기준
높임과 비높임을 바르게 표시함.
문장에 사용된 높임 표현과 실현 방법을 바르게 찾아 서술함.

23 시간 표현

1 ① ○ ② ○ ③ ○ ④ ×
2 ①-ⓒ ②-ⓛ ③-ⓙ
3 ① 미래 시제 ② 현재 시제 ③ 과거 시제 ④ 미래 시제
4 ① 진행상 ② 완료상 ③ 진행상 ④ 완료상
5 ① 내일, -겠- ② 지금, -는, -고 있다 ③ 어제, -고 있다, -었-

1 ② 동사는 현재 시제 선어말 어미 '-ㄴ-', '-는-'을 통해 현재 시제를 나타내지만 형용사는 특정 어미의 결합 없이 현재 시제를 나타낸다.
④ 동작상은 사건시가 아니라 발화시를 기준으로 동작의 양상을 나타낸 것을 말한다.
4 ①, ③ 진행상은 어떤 동작이 진행되고 있음을 나타내는 것으로, '-고 있다', '-아/어 가다', '-(으)면서' 등으로 실현된다.
②, ④ 완료상은 어떤 동작이 이미 완료되었음을 나타내는 것으로, '-아/어 있다', '-아/어 버리다', '-고서' 등으로 실현된다.

01 ⑤   **02** ④   **03** ⑤   **04** ①
05 ⊙: 진행상, 연결 어미 '-(으)면서'
    ⓛ: 완료상, 보조 용언 '-아/어 버리다'
06 ④   **07** ⑤   **08** ④   **09** 해설 참조
10 해설 참조

01 '피-＋-었-＋-다'는 선어말 어미 '-았/었-'을 통해 과거 시제를 표현하고 있다. 나머지는 모두 현재 시제가 나타나 있다.

02 선어말 어미 '-더-'는 단순한 과거가 아니라 과거 어느 때의 일이나 경험을 돌이켜 회상하는 의미를 나타낸다.
| 오답 확인 |
① 시간 부사 '어제, 옛날, 아까' 등은 과거 시제를 표현할 수 있다.
② '갔어'는 '가-(용언의 어간)＋-았-(과거 시제 선어말 어미)＋-어(종결 어미)'이므로 선어말 어미를 통해 과거 시제를 표현한 것이다.
③ 관형사형 어미 '-(으)ㄹ'과 의존 명사 '것'을 통해 미래 시제를 표현할 수 있다.
⑤ 현재 시제 선어말 어미 '-ㄴ-'을 통해 미래에 확실하게 일어날 일을 표현한 것이다.

03 〈보기〉의 설명은 미래 시제에 대한 설명이다. ⑤는 시간 부사 '모레'와 선어말 어미 '-겠-'을 통해 앞으로 일어날 일을 표현한 미래 시제에 해당한다.
| 오답 확인 |
① 시간 부사 '어제'와 선어말 어미 '-었-'을 통해 과거 시제를 나타내고 있다.
② 형용사 '많다'가 기본형 그대로 쓰여 현재 시제를 나타내고 있다.
③ 동사 '가다'에 선어말 어미 '-ㄴ-'이 쓰여 현재 시제를 나타내고 있고, '-어 가다'는 진행상을 나타내고 있다.
④ 동사 '떠났다'에서 선어말 어미 '-았-'이 과거 시제를 나타내고 있다.

04 ⊙의 예문에는 선어말 어미 '-았-'이 쓰이긴 했지만 이는 과거 시제가 아니라 미래에 일어날 일에 대한 확신을 나타낸다. 과거 시제 선어말 어미 '-았/었-'이 특수하게 쓰인 것이므로 ①은 ⊙의 예로 적절하지 않다.
| 오답 확인 |
② '살았었다'의 '-았었-'은 현재와는 단절된 과거의 사건을 표현하고 있다.
③ '덥더라'의 '-더-'는 과거 사건의 회상을 나타낸다.
④ 시간 부사 '옛날'이 선어말 어미 '-었-'과 함께 과거 시제를 실현하고 있다.
⑤ '돋던'은 용언의 어간 '돋-'에 관형사형 어미 '-던'이 결합하여 과거 시제를 실현하고 있다.

05 ⊙에는 연결 어미 '-(으)면서'를 통해 민수가 음악을 들으면서 청소를 한다는 진행상이 나타난다. ⓛ에는 동생이 모레까지 해야 할 숙제를 오늘 이미 끝마쳤다는 완료상이 '-아 버리다'를 통해 나타난다.

06 ⓛ은 형용사 '좋다'가 기본형으로 쓰여 현재 시제임을 나타낸다. ⓒ은 선어말 어미 '-었었-'과 시간 부사 '재작년'이 쓰여 과거 시제임을 나타낸다.
| 오답 확인 |
① ⊙의 '그립다'와 ⓛ의 '좋다'라는 형용사가 기본형 그대로 쓰여 현재 시제를 나타낸다.
②, ③, ⑤ ⓒ은 선어말 어미 '-었었-'을 통해 과거 상황과 단절됨을 드러내는 과거 시제가 실현되었고, ⓔ은 선어말 어미 '-겠-'을 통해 화자의 의지를 드러내는 미래 시제가 실현되었다.

07 ⓜ도 ⓒ과 마찬가지로 선어말 어미 '-ㄴ/는-'이 가까운 미래에 예정된 일, 확실히 일어날 일을 표현하는 특징적 용법으로 쓰인 예에 해당한다.
| 오답 확인 |
① ⊙의 '내린다'는 현재 시제 선어말 어미 '-ㄴ-'이 현재 시제를 실현한 표현이다.

08 ④의 '나빴어'는 과거 체육 대회 때 날씨 상태가 좋지 않았음을 나타낸 말이므로 ⓛ이 아니라 ⊙의 예에 해당한다.
| 오답 확인 |
① '보았어'는 '보-(용언의 어간)＋-았-(선어말 어미)＋-어(종결 어미)로, '-았-'이 '텔레비전을 보다'라는 사건이 과거에 일어난 일임을 나타낸다.
② '갔어'는 '가-(용언의 어간)＋-았-(선어말 어미)＋-어(종결 어미)로, '-았-'이 '선물을 사러 가다'라는 사건이 과거에 일어난 일임을 나타낸다.
③ '잠겼어'는 '잠기-(용언의 어간)＋-었-(선어말 어미)＋-어(종결 어미)로, '-었-'은 '목이 잠기다'라는 과거 사건의 상태가 현재까지 지속되고 있음을 나타낸다.
⑤ '잦어'는 자-(용언의 어간)＋-았-(선어말 어미)＋-어(종결 어미)로, '-았-'이 미래의 사건이나 일이 이미 정해진 사실인 것처럼 확정적임을 나타낸다.

09 **예시답** ⊙은 동사로 관형사형 어미 '-(으)ㄴ'과 결합하여 과거 시제를 표현하고, ⓛ은 형용사로 관형사형 어미 '-(으)ㄴ'과 결합하여 현재 시제를 표현한다.

❶ 〈조건〉 확인

㉠과 ㉡의 품사를 밝히고 각각 관형사형 어미 '-(으)ㄴ'와 결합할 때 시간 표현이 어떻게 다른지 서술해야 한다.

❷ 〈보기〉 분석

• ㉠: '입은'의 기본형은 '입다'로 품사는 동사이다. 어간 '입-'에 관형사형 어미 '-(으)ㄴ'이 결합하여 과거 시제를 표현하고 있다.

• ㉡: '맑은'의 기본형은 '맑다'로 품사는 형용사이다. 어간 '맑-'에 관형사형 어미 '-(으)ㄴ'이 결합하여 현재 시제를 표현하고 있다.

❸ 〈조건〉 적용

㉠은 동사, ㉡은 형용사로 각각 과거 시제와 현재 시제를 나타냄을 서술한다.

평가 기준

㉠과 ㉡의 품사를 바르게 파악함.

관형사형 어미 '-(으)ㄴ'이 품사에 따라 어떤 시제를 표현하는지 정확히 서술함.

제시된 문장 형식에 맞게 서술함.

10 예시답 ㉠은 김밥을 먹는 동작이 진행되고 있다는 의미만으로 해석되고, ㉡은 모자를 쓰는 동작이 진행되고 있거나 모자를 쓴 상태가 지속되고 있다는 두 가지의 의미로 해석된다.

❶ 〈조건〉 확인

㉠과 ㉡에 나타난 동작상의 의미 차이를 서술해야 한다.

❷ 〈보기〉 분석

진행상을 나타내는 여러 표현 중 '-고 있다'는 서술어에 따라 중의성을 갖는다. '(옷을) 입다, (가방을) 메다, (모자를) 쓰다' 등과 같이 신체에 무엇인가를 접촉하게 되는 행위를 나타내는 동사가 '-고 있다'와 결합하면 진행과 상태의 지속 두 가지 의미로 해석되기도 한다.

• ㉠: '-고 있다'를 활용하여 '나'가 김밥을 먹는 동작이 진행 중임을 표현하였다.

• ㉡: '-고 있다'를 활용하여 형이 모자를 쓰는 동작이 진행 중임을 나타낸다고도 볼 수 있고, 모자를 쓴 상태가 지속되고 있음을 나타낸 것으로도 볼 수 있다.

❸ 〈조건〉 적용

〈보기〉를 참고하여 ㉠과 ㉡의 의미가 한 가지로 해석되는지, 두 가지로 해석되는지 서술한다.

평가 기준

㉠과 ㉡에 나타난 동작상의 의미 차이를 바르게 파악함.

제시된 문장 형식에 맞게 서술함.

24 피동 표현, 사동 표현

1 ① ○ ② ○ ③ × ④ ×

2 ① 피동 ② 피동 ③ 사동 ④ 피동 ⑤ 피동 ⑥ 피동 ⑦ 사동 ⑧ 사동 ⑨ 사동 ⑩ 피동

3 ①-㉡ ②-㉠ ③-㉢ ④-㉣

4 ① 꺾였다 / 꺾어졌다 ② 먹였다 / 먹게 했다

1 ③ 주동은 주어가 동작을 직접 하는 것을 말한다. 주어가 남에게 동작을 하도록 시키는 것은 사동이라고 한다.

④ 주동문을 사동문으로 바꿀 때 주동문의 목적어는 사동문에서도 그대로 목적어가 된다.

2 ⑥ '사용되었다'는 체언에 접미사 '-되다'가 결합한 형태로, 파생적 피동문에 해당한다.

3 ① '-게 하다'는 용언의 어간에 결합하여 통사적 사동문, 즉 장형 사동문을 실현한다.

③ '잡혔다'는 동사의 어근에 피동 접미사 '-히-'가 결합하여 파생적 피동문, 즉 단형 피동을 실현한 표현이다.

01 ⑤   **02** ③   **03** ①   **04** ②

05 예시답 누나가 동생에게 직접 옷을 입혔다. 누나가 동생이 스스로 옷을 입도록 시켰다.

06 ⑤   **07** ④   **08** ⑤

09 해설 참조   **10** 해설 참조

01 피동의 상대적 개념이 능동인 것은 맞지만, '날씨가 풀렸다.'와 같은 피동문을 능동문으로 바꿀 때는 구체적인 동작의 주체를 정하기가 어렵다. 따라서 피동문에 대응하는 능동문이 항상 존재한다고 보기는 어렵다.

02 '울렸다'는 '울-(동사의 어근) + -리-(사동 접미사) + -었-(선어말 어미) + -다(종결 어미)'로 분석할 수 있다. 이는 감동적인 드라마가 동생을 울게 했다는 사동 표현으로, 〈보기〉에서 설명하는 피동 표현과는 거리가 멀다.

| 오답 확인 |

① '붙잡혔다'는 '붙잡- + -히- + -었- + -다'로, 피동 접미사 '-히-'로 실현된 파생적 피동 표현이다.

② '뽑혔다'는 '뽑- + -히- + -었- + -다'로, 피동 접미사 '-히-'로 실현된 파생적 피동 표현이다.

④ '깨어졌다'는 '깨- + -어지- + -었- + -다'로, '-어지다'로 실현된 통사적 피동 표현이다.

⑤ '풀어졌다'는 '풀- + -어지- + -었- + -다'로, '-어지다'로 실현된 통사적 피동 표현이다.

03 ㉠의 능동문은 주어가 제힘으로 동작을 하고 있으므로 주어의 동작성이 피동문에 비해서 더 잘 드러난다고 할 수 있다. ㉠의 피동문에서 주어인 '세상'은 '눈'에 의해 덮임을 당하고 있으므로 주어의 동작성이 잘 드러나지 않는다.

| 오답 확인 |

② 용언의 어근 '덮-'에 피동 접미사 '-이-'가 결합하여 파생적 피동문이 되었다.

③ ㉠과 ㉡에서 능동문의 주어 '눈이', '영수가'는 피동문에서 각각 부사어 '눈에', '영수에게'로 바뀌었다.

④ ㉡과 ㉢에서 능동문에 대응하는 피동문이 쓰인 것을 통해 알 수 있다.

⑤ 자동사 '날다'가 어근 '날-'에 피동 접미사 '-리-'가 결합하여 피동사 '날리다'로 바뀐 것을 ㉢을 통해 알 수 있다.

04 '잃게 되었다'는 '잃-(용언의 어간)'에 '-게 되다'가 결합한 통사적 피동 표현으로, 그가 태풍에 의해서 집을 잃게 되는 동작을 당했음을 표현한 피동 표현이다.

05 동사의 어근에 사동 접미사 '-이-, -히-, -리-, -기-, -우-,

–구–, –추–'가 결합해서 만들어진 파생적 사동문은 두 가지 의미로 해석이 된다. ㉠은 '누나가 동생에게 직접 옷을 입혔다.'와 같은 직접 사동, '누나가 동생이 스스로 옷을 입도록 시켰다.'와 같은 간접 사동으로 해석이 가능하다.

06 ㉢과 ㉲은 용언의 어간에 '–게 하다'가 결합한 통사적 사동문으로, 주체의 행위가 객체에 직접 미치지 않는 간접 사동의 의미로만 해석된다.

| 오답 확인 |
① ㉠과 ㉣은 주어가 동작을 직접하는 주동문이다.
② 주동사 '숨다'에 사동 접미사 '–기–'가 결합하여 '숨기다'가 되었다.
③ 용언의 어간에 '–게 하다'가 결합한 통사적 사동문을 장형 사동문이라고 한다.
④ '차다'의 파생적 사동사가 없으므로 파생적 사동문은 존재하지 않는다.

07 ㉣은 용언의 어간에 '–게 하다'를 결합한 통사적 사동문으로, 손녀가 스스로 체육복을 입게 했다는 간접 사동의 한 가지 의미로만 해석된다. 사동사가 쓰인 파생적 사동문은 직접 사동과 간접 사동의 두 가지 의미로 해석될 수 있지만 통사적 사동문은 간접 사동의 의미로만 해석된다.

| 오답 확인 |
① ㉠은 동생이 책을 스스로 읽도록 형이 시켰거나(간접 사동), 형이 함께 책을 읽으면서 동생이 읽게끔 했다는(직접 사동) 의미이다.
② ㉡의 '재우다'는 어근 '자–'에 사동 접미사 '–이–'와 '–우–'가 결합된 것이다.
③ ㉢은 용언의 어간 '타–'에 '–게 하다'가 결합된 통사적 사동문이다.
⑤ ㉤에 쓰인 '먹이다'는 '가축 따위를 기르다.'라는 의미로 쓰인 주동사이다. 이는 동사 '먹다'의 어근 '먹–'에 사동 접미사 '–이–'가 결합한 '먹이다'와 형태가 같지만, 사동의 의미와 다소 멀어져 쓰이는 형태이다. '먹이다'가 사동사로 쓰일 때에는 '강아지에게 밥을 먹이다.'와 같이 쓴다.

08 ㉤의 '믿겨지지'는 '믿–(어근)＋–기–(피동 접미사)＋–어지–(피동 표현)＋–지(연결 어미)'로 피동 표현이 두 번 쓰였다. 이러한 이중 피동은 과도한 표현이므로, '믿어지지'나 '믿기지' 중 하나로 사용하는 것이 바람직하다. ㉣의 '넓혀졌다'는 '넓–(어근)＋–히–(사동 접미사)＋–어지–(피동 표현)＋–었–(선어말 어미)＋–다(종결 어미)'로 피동 표현과 사동 표현이 각각 한 번씩 쓰였다. ㉣은 이중 피동이 아니므로 ⑤는 적절하지 않다.

| 오답 확인 |
① ㉠은 주동문으로 바꾸면 '종이 운다.'인데 종은 스스로 울 수 없으므로 ㉠에 대응하는 주동문은 존재하지 않는다.
② 피동문을 능동문으로 바꿀 때 피동문의 주어는 능동문의 목적어로, 피동문의 부사어는 능동문의 주어로, 피동사는 능동사로 바뀐다. 따라서 '잉어가'는 '잉어를'로, '동생에게'는 '동생이'로, '잡혔다'는 '잡았다'로 바뀐다.
③ '정리되었다'는 '정리(체언)＋–되다(피동 접미사)'의 형태로 피동 표현이 실현되었다.
④ 동사의 어근에 피동 접미사가 결합하거나, 체언에 피동 접미사 '–되다'가 결합된 형태는 파생적 피동문으로 단형 피동, 또는 짧은 피동이라고 한다. ㉡과 ㉢의 서술어 '잡히다'와 '정리되다'는 피동사로 사전에 등재되어 있다.

09 （예시 답） '보여진다'는 이중 피동 표현이므로 문장이 부자연스럽고 어법에 어긋난다. '한류 열풍은 새해에도 계속될 것으로 보인다.'와 같이 수정해야 한다.

> ✔ **고난도 서술형 해결하기**
>
> ❶ 〈조건〉 확인
> 이중 피동 표현을 고쳐 써야 하는 이유를 밝히고, 올바르게 고쳐 쓴 피동문을 포함하여 서술해야 한다.
>
> ❷ 〈보기〉 분석
> '보여진다'는 '보–(용언의 어근)＋–이–(피동 접미사)＋–어지다(피동 표현)'로 이중 피동 표현이다.
>
> ❸ 〈조건〉 적용
> 주어진 〈조건〉에 맞게 서술한다.
>
> **평가 기준**
> 이중 피동을 고쳐 써야 하는 이유를 바르게 서술함.
> 문장을 올바른 피동문으로 바르게 고쳐 씀.

10 （예시 답） ㉠은 우리가 친구에게 우승컵을 안도록 시킨 것이므로 사동사이고, ㉡은 아기 곰이 어미에게 안는 동작을 당한 것이므로 피동사이다.

> ✔ **고난도 서술형 해결하기**
>
> ❶ 〈조건〉 확인
> ㉠과 ㉡에 쓰인 '안기다'가 문장에서 사동사와 피동사 중 어느 것으로 쓰이는지 파악해야 한다.
>
> ❷ 〈보기〉 분석
> • ㉠: '안는' 동작은 친구가 하는 것인데 이것을 주어인 '우리'가 하도록 시키고 있다는 의미이므로 이 문장에서 '안기다'는 사동사이다.
> • ㉡: '안는' 동작은 어미가 하는 것인데 아기 곰이 이 동작을 당하는 것이므로 이 문장에서 '안기다'는 피동사이다.
>
> ❸ 〈조건〉 적용
> '안기다'의 쓰임을 밝혀 한 문장으로 서술한다.
>
> **평가 기준**
> ㉠과 ㉡에 쓰인 '안기다'의 종류를 바르게 파악함.
> 한 문장으로 바르게 서술함.

25 부정 표현

> **1단계** 개념 연습 문제　　　　　　139쪽
>
> **1** ① ○ ② × ③ × ④ ○
> **2** ① '안' 부정문 ② '못' 부정문 ③ '안' 부정문
> **3** ① ㉡ ② ㉱ ③ ㉢ ④ ㉠ ⑤ ㉢ ⑥ ㉠ ⑦ ㉣ ⑧ ㉢ ⑨ ㉠
> **4** ①–㉡ ②–㉠ ③–㉢

1 ② '못' 부정문은 능력 부정이나 외부의 상황이나 원인으로 인한 부정을 나타낼 때 쓰이고, '말다' 부정은 명령문이나 청유문에서 금지의 의미를 나타낼 때 쓰인다.
③ 일반적으로 파생어와 합성어, 음절이 긴 서술어는 용언의 어간에 '–지 아니하다(못하다)'가 결합한 긴 부정문이 잘 어울린다.

> **2단계** 내신 기출 문제　　　　　　140~141쪽
>
> **01** ① 　　**02** ③ 　　**03** ② 　　**04** ③
> **05** （예시 답） ㉠: 숙제를 안 했어요. / 숙제를 하지 않았어요. ㉡: 숙제를 못 했어요. / 숙제를 하지 못했어요.
> **06** ④ 　　**07** ② 　　**08** ② 　　**09** 해설 참조
> **10** 해설 참조

01 의지 부정일 때는 '안' 부정문을 쓰고, 능력 부정이나 외부의 상황이나 원인으로 인한 부정일 때는 '못' 부정문을 쓴다.
| 오답 확인 |
② 짧은 부정문은 '안/못+용언'의 형태로 실현된다.
③ 부정문은 '안(아니)', '못', '−지 않다(아니하다)', '−지 못하다', '−지 말다' 등의 부정 형식을 사용한 문장을 말한다.
④ '날씨가 {안 춥다/춥지 않다}.'와 같이 형용사에 '안' 부정문이 쓰이면 의지 부정이 아니라 상태를 부정하는 의미를 나타낸다. '비가 {안 그친다/그치지 않는다}.'와 같이 동사인 경우에도 단순 부정의 의미를 나타낸다.
⑤ 청유문이나 명령문에서는 동사 어간에 '−지 말다'를 사용하여 부정 표현을 나타낸다.

02 '말다' 부정문은 동사의 어간에 '−지 말다'의 형태로 실현되는데, 금지의 의미를 지니고 명령문이나 청유문의 부정 표현으로 사용된다. 서술어가 형용사인 문장에서는 쓰이지 않지만 '기원'의 의미일 때는 사용 가능하다.
| 오답 확인 |
①, ④ 긴 '못' 부정문에 해당한다.
② '안' 부정문이 이중으로 쓰였다.(안, −지 않았다)
⑤ '안' 부정문에 해당하며, 부사어 '도무지'가 부정 표현과 함께 쓰였다.

03 '먹지 않았다'는 '먹−(용언의 어간)+−지 아니하다'의 형태이므로 긴 '안' 부정문이 실현된 표현이다.

04 ③에서 서술어인 '예쁘다'는 행동 주체의 의지가 작용할 수 없는 형용사이다. 그러므로 의지 부정이 아닌 단순, 혹은 상태 부정에 해당한다.

05 〈보기〉에서 선생님은 학생이 ㉠과 같이 말한 것을 듣고 '숙제가 그렇게 하기 싫었니?'라고 물은 점으로 볼 때, ㉠에는 학생의 의지로 숙제를 하지 않았다는 의미가 드러나는 '안' 부정문이 들어가는 것이 자연스럽다. 그다음 발화에서 학생은 숙제를 하지 못한 이유를 선생님께 밝히고 있다. 외부 원인(정전) 때문에 숙제하는 것이 불가능한 상황이었음이 드러나야 하므로 ㉡에는 '못' 부정문이 들어가는 것이 자연스럽다.

06 '깨닫다', '견디다'와 같이 주체의 의지나 의도가 작용할 수 없는 동사의 경우에는 '안' 부정문으로 쓸 수 없다.
| 오답 확인 |
① 부사 '결코'를 통해 화자의 의지 부정을 강조하는 효과를 얻을 수 있다.
②, ③ '말다' 부정문은 청유문과 명령문에 사용된다.
⑤ ㉠은 의지 부정인 '안' 부정문이고, ㉡은 능력 부정인 '못' 부정문이다.

07 ㉠에는 주체의 능력 부정에 해당하는 짧은 부정문인 '친구가 못 간다.'가 예로 적절하고, ㉡에는 주체의 의지에 의한 행동 부정에 해당하는 긴 부정문인 '친구가 가지 않는다.'가 예로 적절하다.

08 ㉠은 서술어 '예쁘다'가 형용사이므로 부정 부사 '안'을 사용해 상태를 부정하고 있다. ㉡은 '독서하다'를 부정 부사 '안'을 사용해 만든 '안' 부정문이다. 체언 '독서'와 접사 '−하다' 사이에 부사 '안'이 들어가 있다. ㉢은 부사 '도저히'가 부정 표현과 호응해 쓰인 '못' 부정문이다.
| 오답 확인 |
㉣ 긴 '안' 부정문으로 〈보기 1〉의 설명에 해당하는 예가 아니다.
㉤ 긴 '못' 부정문으로 〈보기 1〉의 설명에 해당하는 예가 아니다.

09 [예시 답] '말다' 부정문은 평서문, 감탄문, 의문문에서는 실현되지 않고, 명령문과 청유문에서만 실현된다.

☑ 고난도 서술형 해결하기

❶ 〈조건〉 확인
㉠~㉤의 문장 유형을 파악하고, '말다' 부정문이 실현 가능한 문장과 실현 불가능한 문장으로 분류해야 한다.

❷ 〈보기〉 분석
• ㉠: 평서형 문장으로, 부정문이 실현되지 못했다.
• ㉡: 명령형 문장으로, 부정문이 실현되었다.
• ㉢: 감탄형 문장으로, 부정문이 실현되지 못했다.
• ㉣: 청유형 문장으로, 부정문이 실현되었다.
• ㉤: 의문형 문장으로, 부정문이 실현되지 못했다.

❸ 〈조건〉 적용
문장 유형을 밝혀 한 문장으로 서술한다.

평가 기준

㉠~㉤의 문장 유형을 바르게 파악함.
'말다' 부정문이 실현되는 문장과 실현되지 않는 문장을 바르게 분류함.
제시된 문장 형식에 맞게 한 문장으로 서술함.

10 [예시 답] • 전체 부정의 의미: 모임에 친구들이 한 명도 오지 않았다.
• 부분 부정의 의미: 모임에 친구들이 몇 명은 오고 몇 명은 오지 않았다.

☑ 고난도 서술형 해결하기

❶ 〈조건〉 확인
㉠의 중의성을 파악하고 전체 부정과 부분 부정 각각의 의미가 분명히 드러나도록 ㉠을 고쳐 써야 한다.

❷ 〈보기〉 분석
㉠은 전체를 가리키는 부사 '다'와 부정 표현이 함께 사용되면서 중의성이 생겼다. 즉 '친구들 모두'를 가리키는 전체 부정의 의미로 해석되기도 하고 '친구들 일부'를 가리키는 부분 부정의 의미로 해석되기도 한다.

❸ 〈조건〉 적용
㉠의 의미가 분명해지도록 고쳐 쓴다.

평가 기준

전체 부정의 의미가 드러나도록 바르게 고쳐 씀.
부분 부정의 의미가 드러나도록 바르게 고쳐 씀.
각각 한 문장으로 서술함.

3단계 수능 기출 문제 142~145쪽

01 ①	02 ②	03 ④	04 ①
05 ②	06 ④	07 ④	08 ②
09 ②	10 ④	11 ②	12 ③

01 ㉠은 의문사를 사용해 청자에게 일정한 설명을 요구하는 설명 의문문이고, ㉡은 답변은 요구하지 않고 명령의 의미를 나타내는 수사 의문문이다. ㉮는 '언제, 어디'와 같은 의문사가 포함된 설명 의문문이고, ㉯는 일어나라는 명령의 의미를 지닌 수사 의문문이다.
| 오답 확인 |
㉰는 청자에게 긍정이나 부정의 대답을 요구하는 판정 의문문이고, ㉱는 동생이 억울한 일을 겪은 상황에서 자신의 느낌을 표현한 수사(반어) 의문문이다.

02 ⓑ에서 객체 높임의 대상은 부사어 자리에서 서술의 객체가 되

고 있는 '아버지'이며, 상대 높임의 대상 역시 청자인 '아버지'이다.

| 오답 확인 |

① ⓐ에서 주체 높임의 대상은 '도착하다'의 주체인 '아버지'이고, 상대 높임의 대상 역시 청자인 '아버지'이다.

③ ⓒ에서 객체 높임의 대상은 부사어 자리에서 서술의 객체가 되고 있는 '아버지'이며, 상대 높임의 대상 역시 청자인 '아버지'이다.

④ ⓓ에서 주체 높임의 대상은 '주무시다'의 주체인 '할머니'이지만, 상대 높임의 대상은 청자인 '아버지'이다.

⑤ ⓔ에서 주체 높임의 대상은 '나가시다'의 주체인 '어머니'이고, 객체 높임의 대상은 '모시고'의 대상인 '할머니'이며, 상대 높임의 대상은 청자인 '아버지'이다.

03 ㄹ의 '적었었다'는 '적다'에 선어말 어미 '-었-'이 두 번 겹친 '-었었-'이 결합된 말로, 현재와 다르거나 단절되어 있는 과거, 즉 '작년'의 상황을 나타내고 있다.

| 오답 확인 |

① ㄱ의 '어제'는 '오늘의 바로 하루 전에.'라는 의미를 지닌 시간 부사어로, '그'가 '고향을 떠났다'는 사건이 일어난 시기가 과거임을 드러낸다.

② ㄴ의 '춥더라'에서 '-더-'라는 선어말 어미는 '지난겨울'이라는 과거에 추웠던 경험을 회상하는 상황을 드러내는 데 사용되었다.

③ ㄷ의 '본'은 동사 '보다'의 어간 '보-'에 관형사형 어미 '-(으)ㄴ'이 결합한 형태로, 친구와 함께 영화를 본 것이 과거임을 드러내고 있다.

⑤ ㅁ의 '잤네'에는 과거 시제 선어말 어미 '-았-'이 결합되어 있지만, 이 문장은 과거 사실을 말하는 것이 아니라 확신할 수 있는 미래의 상황을 나타내고 있다.

04 '거기에는 눈이 왔겠다.'에서 '-겠-'은 과거의 사건에 대해서 추측하는 의미이고, '지금 거기에는 눈이 오겠지.'에서 '-겠-'은 현재의 시간에 대해서 추측하는 의미로 쓰였다. 그러므로 '-겠-'이 미래의 사건을 추측하는 데에 쓰이고 있다는 내용은 적절하지 않다.

| 오답 확인 |

② '막차를 놓쳤으니 나는 집에 다 갔다.'에서 '-았-'은 과거 시제를 나타내지 않고 실현되지 않은 미래의 일에 대한 화자의 확신을 드러낸다.

③ '내가 떠날 때 비가 올 것이다.'는 '올 것이다'가 함께 쓰인 미래 시제이므로 관형사형 어미 '-ㄹ'이 미래의 사건을 나타낸다. 그러나 '내가 떠날 때 비가 왔다.'는 과거 시제 선어말 어미 '-았-'이 함께 쓰인 과거 시제이므로 '떠날'은 미래의 사건을 나타내지 않는다.

④ '그는 내년에 진학한다고 한다.'에서 현재 시제 선어말 어미 '-ㄴ-'은 미래 시간을 표현하는 '내년'과 함께 쓰여 현재의 시간이 아닌 미래의 사건을 나타내고 있다.

⑤ '오늘 보니 그는 키가 작다.'는 시간 부사 '오늘'을 통해 현재 시제를 나타내고 있다. 형용사 '작다'의 기본형이 그대로 쓰인 것으로 보아, 현재 시제를 나타낼 때 형용사는 현재 시제 선어말 어미가 결합하지 않음을 알 수 있다.

05 ㄱ의 능동문은 '폭풍이 마을을 휩쓸다.'이다. 피동문을 능동문으로 바꾸기 위해서는 ㄱ의 '폭풍에'를 목적어가 아닌 주어로 만들어야 한다.

| 오답 확인 |

① 어근 '휩쓸-'에 피동 접미사 '-리-'가 결합한 피동 표현이다.

③ ㄴ의 능동문은 '경찰이 도둑을 잡다.'이다. 능동문으로 바꾸면 피동문의 부사어인 '경찰에게'는 주어가 된다.

④ '잡히다'는 피동 접사 '-히-'가 결합된 피동사인데 여기에 '-어지다'를 결합하여 '잡혀지다(잡-+-히-+-어지다)'로 바꾸는 것은 이중 피동이 되므로 지나친 피동 표현이다.

⑤ 용언의 어간 '풀-'에 '-어지다'를 결합하면 통사적 피동 표현이 된다.

06 ㄴ의 주동문과 사동문에서 '가다'의 행위 주체는 모두 '그'이다. 주동문을 사동문으로 바꾸어도 집에 가는 사람은 '그'이므로 행위의 주체는 달라지지 않는다.

| 오답 확인 |

① ㄱ~ㄷ 모두 새로운 주어인 '철수가, 영희가, 어머니께서'가 추가되었다.

② ㄱ에서는 주동문의 주어가 사동문에서 부사어가 되었고, ㄴ과 ㄷ에서는 주동문의 주어가 사동문에서 목적어가 되었다.

③ '먹다'는 사동 접미사 '-시키다'를 결합하여 사동문으로 바꿀 수 없다.

⑤ '가다'는 사동 접미사 '-이-, -하-, -리-, -기-, -우-, -구-, -추-'를 결합하여 사동문으로 바꿀 수 없다.

07 ㉠은 긴 부정문에 대한 설명이고, ㉡은 '안' 부정문 중 단순 부정에 대한 설명이다. ④는 부정 용언 '-지 아니하다'를 통해 긴 '안' 부정문을 실현하고 있고, 어떤 상태가 그렇지 않음을 나타내고 있으므로 ㉠과 ㉡이 모두 적용된 예이다.

| 오답 확인 |

① 짧은 '못' 부정문의 예로 단순한 사실 부정이다.

② 짧은 '안' 부정문의 예로 의지 부정이다.

③ 긴 '못' 부정문의 예로 능력 부정이다.

⑤ 긴 '안' 부정문의 예로 의지 부정이다.

08 ㄴ은 '해가 비치다.'라는 단순한 사실을 부정하는 표현으로, '여기에는 이제 해가 안(못) 비친다.'와 같이 짧은 부정문으로도 쓸 수 있다.

09 직접 인용문에서 외국에 있는 형이 전화한 시점은 '어제'이고, 시험을 치르는 시점은 '내일'이라고 하였다. 그런데 화자의 관점으로 바꾸어 간접 인용문으로 표현할 때의 시점은 '오늘'이므로, 직접 인용문의 '내일'을 간접 인용문에서 '오늘'이 아닌 '내일'로 바꾸어야 한다는 내용은 직절하지 않다.

| 오답 확인 |

① 간접 인용문의 '자기'는 앞서 언급한 형을 다시 가리키는 3인칭 재귀 대명사이므로, 직접 인용문의 '나'를 간접 인용문에서 '자기'로 바르게 바꾸었다는 설명은 적절하다.

③ 직접 인용문의 '이곳'은 이를 간접 인용하는 화자의 관점에서는 '먼 거리'에 해당하므로, 직접 인용문의 '이곳'을 간접 인용문에서 '그곳'으로 바르게 바꾸었다는 설명은 적절하다.

④ 평서문을 간접 인용하여 표현할 때는 종결 어미가 '-다'로 바뀌므로, 직접 인용문의 종결 어미 '-아'가 간접 인용문에서 '-다'로 바르게 바뀌었다는 설명은 적절하다.

⑤ 직접 인용문에서는 조사 '라고'가 쓰이고 간접 인용문에서는 조사 '고'가 쓰이므로, 직접 인용문의 조사 '라고'를 간접 인용문에서 '고'로 바꿔야 한다는 설명은 적절하다.

10 ④의 A에는 '안경을 잃어버렸다'라는 구체적 상황이 제시되어 있다. 이를 통해 '안경 벗고 있다'는 안경을 벗은 상태가 지속되고 있다는 ⓑ의 의미로만 해석된다.

☑ [11~12] 지문 분석

1문단 상대에 따라 달라지는 우리말의 높임 표현

2문단 높임 표현의 개념과 종류

3문단 주체 높임법의 개념과 실현 방법

4문단 상대 높임법의 개념과 실현 방법

5문단 상황에 따른 상대 높임의 사용

6문단 객체 높임법의 개념과 실현 방법

11 ②는 '교수님'의 소유물인 '책'을 '많으시다'라는 표현으로 높임으로써 높임의 대상인 '교수님'을 간접적으로 높이고 있다.

12 ⓒ에서는 객체 높임에 쓰이는 특수 어휘 '뵙다'를 사용하여 서술의 객체인 선생님을 높이고 있다. 객체 높임은 화자가 서술의 객체, 즉 문장의 목적어나 부사어가 지시하는 대상을 높이는 것이다.

③ ㉠에서 첨가된 음운은 'ㄴ'이고 ㉡에서 탈락한 음운은 'ㄹ'이므로 서로 다르다.
⑤ ㉠에서는 'ㄹ'로 인해 유음화라는 동화 현상이 일어난 것이고, ㉡에서는 접미사 '-이'의 모음 'ㅣ'로 인해 구개음화라는 동화 현상이 일어난 것이다.

05 '목도리를 한 코씩 뜨다.'의 '코'는 '그물이나 뜨개질한 물건의 눈마다의 매듭.'의 의미이므로 ㉢에 해당한다.
| 오답 확인 |
① '묽은 코가 옷에 묻어 휴지로 닦았다.'의 '코'는 '콧구멍에서 흘러나오는 액체.'의 의미이므로 ㉡에 해당한다.
② '어부가 쳐 놓은 어망의 코가 끊어졌다.'의 '코'는 '그물이나 뜨개질한 물건의 눈마다의 매듭.'의 의미이므로 ㉢에 해당한다.
③ '코끼리는 긴 코를 자유자재로 사용한다.'의 '코'는 '포유류의 얼굴 중앙에 튀어나온 부분.'의 의미이므로 ㉠에 해당한다.
④ '동생이 갑자기 코를 다쳐서 병원에 갔다.'의 '코'는 '포유류의 얼굴 중앙에 튀어나온 부분.'의 의미이므로 ㉠에 해당한다.

모의고사 5회

| 01 ④ | 02 ① | 03 ⑤ | 04 ⑤ | 05 ⑤ |

[01~02] 지문 분석

1문단 국어의 단어 형성 ① – '어근＋어근', '어근＋파생 접사'가 결합하는 경우
2문단 국어의 단어 형성 ② – '용언 어간＋어미', '체언＋조사'가 새로운 단어가 된 경우
3문단 국어의 단어 형성 ③ – '미지칭 인칭 대명사＋의문 보조사 '고/구''가 새로운 인칭 대명사가 된 경우

01 '깨뜨리는'의 기본형 '깨뜨리다'가 '깨뜨리어, 깨뜨리고, 깨뜨리니' 등으로 활용하는 것을 볼 때, '깨뜨리는'의 어간은 '깨뜨리-'이고, 어미는 '-는'임을 알 수 있다. 용언의 어간에 어미가 붙은 형태는 맞지만 어미 '-리는'이 용언 어간 '깨뜨-'와 결합한 것은 아니다.
| 오답 확인 |
① '아기장수'는 어근 '아기'와 어근 '장수'가 결합한 말이다.
② '맨손'은 접두사 '맨-'과 어근 '손'이 결합한 것으로 파생 접사가 어근 앞에 결합한 말로 볼 수 있다.
③ '쌓인'은 쌓이다, 쌓이니, 쌓이므로' 등으로 활용을 하므로 어간은 '쌓이-'로 볼 수 있다. 이때 '쌓-'이 어근이며, '-이-'는 피동의 의미를 더하는 접미사이다.
⑤ '모습이'는 체언 '모습'과 조사 '이'가 결합한 말이다.

02 (가)에서 현대 국어 '누구'에 해당하는 중세 국어의 미지칭 인칭 대명사는 모두 '누'이다. '누고', '누구'는 미지칭 인칭 대명사 '누'에 의문 보조사 '고/구'가 결합한 형태이다.
| 오답 확인 |
② (나)의 근대 국어에서는 '누고＋고(누구인가), 누구＋고(누구인가)'임을 알 수 있는데, 여기서 '누고, 누구'가 미지칭 인칭 대명사임을 확인할 수 있다.
③ 현대 국어인 (다)에서는 (나)에서 쓰인 '누고'는 나타나지 않으며 '누구'만 쓰임을 확인할 수 있다. 〈보기〉의 탐구 결과에서도 이를 확인할 수 있다.
④ (가)의 '누＋고/구'가 (나)의 '누고/누구＋고'로 변화하였음을 볼 때 체언과 보조사의 결합 형태인 '누＋고/구'가 새 단어 '누고/누구'가 되었음을 확인할 수 있다.

⑤ (나)의 근대 국어에서는 미지칭 인칭 대명사 '누고'와 '누구'가 모두 나타나지만 (다)의 현대 국어에서는 '누구'만 나타남을 확인할 수 있다.

03 '누-＋-이-＋-어'는 ㉤에 따르면 '뉘어'로 적을 수 있고, ㉣에 따르면 '누여'로 적을 수 있다. '-이-'가 앞 음절에 붙어 줄면 '뉘-'가 되고 뒤 음절에 붙으면 '-여'가 되므로 '뉘여'는 잘못된 표기이다.
| 오답 확인 |
① '개었다'는 ㉠에 따라 '-었-'이 준 대로 '갰다'로 적을 수 있고, '베어'는 ㉠에 따라 '-어'가 준 대로 '베'로 적을 수 있다.
② '꼬아'는 ㉡에 따라 'ㅗ'로 끝난 어간이 '-아'와 어울려 '놔'가 될 수 있으므로 '꽈'로 적을 수 있다. '쑤었다'는 ㉡에 따라 'ㅜ'로 끝난 어간이 '-었-'과 어울려 'ㅝㅆ'이 될 수 있으므로 '쒔다'로 적을 수 있다.
③ '차-'에 '-이-'가 붙을 때 ㉢에 따라 '채-'가 될 수 있으므로 여기에 '-었다'가 붙으면 '채었다'로 적을 수 있다.
④ '쏘-'에 '-이-'가 붙을 때 ㉢에 따라 '쐬'가 될 수 있고, 여기에 다시 '-어'가 붙으면 ㉢에 따라 '쐐'로 적을 수 있다.

04 '내가 어제 마신 약은 생각보다 안 쓰더라.'의 '-더-'는 ㉤처럼 꿈속의 일이나 무의식중에 일어난 일을 말하기 위해 쓰인 것이 아니다. ㉡처럼 본인만이 직접 느껴 알 수 있는 감각을 표현하는 형용사(쓰다)가 서술어일 때, 평서문에 1인칭 주어(내가)와 함께 쓰인 경우이다.
| 오답 확인 |
① '아까 수첩을 보니 다음 주에 약속이 있더라.'의 '-더-'는 ㉠과 같이 새삼스럽게 알게 된 내용(다음 주 약속)이 미래의 일이지만, 알아낸 시점이 과거(아까)인 경우에 쓰인 것이다.
② '나는 그의 합격이 놀랍더라.'의 '-더-'는 ㉡처럼 본인만이 직접 느껴 알 수 있는 감정을 표현하는 형용사(놀랍다)가 서술어일 때, 평서문에 1인칭 주어(나는)와 함께 쓰인 경우이다.
③ '영수야, 넌 내가 그리 말했는데도 안 믿더냐?'의 '-더-'는 ㉢과 같이 본인만이 직접 느껴 알 수 있는 감정(믿다)이 서술어인 의문문에서 2인칭 주어(넌)와 함께 쓰인 경우이다.
④ '기어이 우승한 그날, 우리 어찌 아니 기쁘더냐?'의 '-더-'는 ㉣과 같이 본인만이 직접 느껴 알 수 있는 감정(기쁘다)이 서술어인 의문문이기는 하지만, 수사 의문문이기 때문에 1인칭 주어(우리)와 함께 쓰인 경우이다.

05 관형사절 '동생이 찾아뵈려던'에는 객체 높임의 대상인 '선생님'이 생략되어 있는데, 이 '선생님'은 안은문장에서 '만났습니다'의 대상인 목적어로 실현되었다.
| 오답 확인 |
① 관형사절 '편찮으시던'에서 주체인 '어르신'이 생략되어 있고, 이 '어르신'은 안은문장에서 주어로 실현되었다.
② 관형사절 '고향에 계신'에서 주체인 '부모님'이 생략되어 있고, 이 '부모님'은 안은문장에서 목적어로 실현되었다.
③ 관형사절 '할아버지께서 선물을 주신'에서 '나'가 생략되어 있는데 '나'는 서술의 객체이지만 높임의 대상은 아니며, 이 '나'는 안은문장에서 주어로 실현되었다.
④ 관형사절 '다음 주에 인사를 드릴'에서 객체 높임의 대상인 '할머니'가 생략되어 있고, 이 '할머니'는 안은문장에서 부사어로 실현되었다.

정답과 해설 · 59

MEMO